新しい商標と商標権侵害

青木博通［著］

色彩、音からキャッチフレーズまで

青林書院

はしがき

　商標法が改正され，2015年4月1日に，色彩，動き，ホログラム，位置，音からなる新しい商標（新商標）の出願受付が開始され，同日に471件の新商標の出願があった（色彩190件，音144件，位置102件，動き32件，ホログラム3件）。

　新商標法（2014年5月14日公布），政令（2015年1月28日公布），省令（2015年2月20日公布），商標審査基準（第11版）（2015年3月2日公表），改定商標審査便覧（2015年3月25日公表）も出揃った。

　新商標が登録された場合，商標権侵害がどのように判断されるかは，企業の最も注目する点である。新商標の登録には，識別性の点で困難を伴うため，攻めより，むしろ，どのように商標権侵害を回避するか検討している企業が多いからである。

　新商標も従来の商標法の枠組みの中で保護されるものであり，商標権侵害について特別の規定は設けられていない。

　そこで，第1章「伝統的商標と商標権侵害」では，文字商標，図形商標等の伝統的商標の商標権侵害はどのように判断されてきたか，商標の類似，商品・役務の類似，事実表記と商標の使用等について解説する。

　第2章「新しい商標と商標権侵害Ⅰ」では，キャッチフレーズ商標，インターネット商標，立体商標，小売等役務商標，地域団体商標，パロディ商標といった改正前商標法で保護されてきた新種の商標について，商標権侵害事件を中心に裁判例を紹介する。

　第3章「新しい商標と商標権侵害Ⅱ」では，改正商標法で登録が認められる新商標の登録要件，出願方法，補正について，改正商標法，政省令，商標審査基準に基づいて解説する。また，これらの新商標が日本の不正競争防止法や欧米の商標法でどのように保護されてきたかについても言及する。

　第4章「新しい商標の国際的保護」では，各国の商標制度及び意匠制度を国際比較するとともに，商標と意匠の国際登録制度であるマドリッド協定議定書とハーグ協定ジュネーブアクト（2015年5月13日に日本・米国同時発効）の

リスクと対策についても解説する。

　第5章「グローバル企業のブランド戦略」では，グローバル企業がどのようにブランドを守っているか，その現状を紹介する。

　このように，本書は，伝統的商標の商標権侵害の判断手法，日本の不正競争防止法及び欧米の裁判例を検討することにより，新商標の商標権侵害の判断手法を予測するとともに，グローバルな視点で新商標をブランド戦略に活かしていくスキルを身に着けることをねらいとしている。

　2008年から2009年にかけて，産業構造審議会知的財産政策部会商標制度小委員会新しいタイプの商標に関する検討ワーキンググループ委員として，新商標の保護制度の在り方について議論する機会を得た。ご指導頂いた土肥一史委員長（一橋大学大学院教授（当時））をはじめ，特許庁関係者，委員の方々に厚く御礼申し上げる。

　2010年2月19日には，知的財産高等裁判所知的財産権部研究会において，「欧米におけるデザインとブランドの保護」と題して講演を行う機会を与えられた。ご指導頂いた，塚原朋一知的財産高等裁判所所長，飯村敏明同裁判所部総括判事（後に所長），滝澤孝臣同裁判所部総括判事，髙部眞規子同裁判所判事に厚く御礼申し上げる（肩書はいずれも当時）。

　2014年7月26日には，北海道大学情報政策学研究センター知的財産法研究会で，本書と同じテーマ「新しい商標と商標権侵害」について発表する機会を得た。新設された商標法26条1項6号の解釈も含め改正商標法全般について，ご指導頂いた田村善之北海道大学大学院法学研究科教授（上記審議会商標制度小委員会委員）に厚く御礼申し上げる。

　2014年7月29日には，明治大学知的財産法政策研究所で開催されたシンポジウム「改正商標法の評価と課題」で，青木博文特許庁審査業務部商標課長，竹本一志サントリーホールディングス株式会社知的財産部長（日本知的財産協会理事長），鈴木將文名古屋大学大学院法学研究科教授，木村一弘特許庁審査業務部商標審査基準室長（スピーチ順）とともにパネラーを務める機会を与えられた。ご指導頂いた，中山信弘明治大学研究・知的財産戦略機構特任教授（東京大学名誉教授），熊谷健一同大学法科大学院教授，金子敏哉同大学法学部

准教授及びパネラーの方々に厚く御礼申し上げる。
　本書の企画から完成にいたるまで，青林書院編集部の倉成栄一氏，加藤朋子さんにご尽力いただいた。特に，加藤さんには，筆が一向に進まない私を辛抱強く見守っていただいた。記して感謝申し上げたい。

2015年4月　快晴の東京・大手町にて
　　　　　　　　　　　　　　　　　　　　　　　　青　木　博　通

著者紹介

青木 博通(あおき ひろみち)

　1959年埼玉県飯能市生まれ，1981年中央大学法学部法律学科卒業，日本弁理士会意匠委員会委員長，同商標委員会委員長，同不正競争防止法委員会委員長，アジア弁理士協会本部意匠委員会共同議長，商標法条約外交会議及びハーグ協定外交会議出席，北海道大学大学院法学研究科客員教授，筑波大学大学院ビジネス科学研究科企業法学専攻非常勤講師，産業構造審議会臨時委員（新商標）を歴任。

　現在，ユアサハラ法律特許事務所パートナー弁理士，アジア弁理士協会本部理事，国際弁理士連盟日本協会理事，日本商標協会理事，金沢工業大学大学院客員教授，文化ファッション大学院大学非常勤講師。

【主要著作】

- 『サービスマークのすべて——登録手続から管理実務まで』（中央経済社，1992年）
- 『知的財産権としてのブランドとデザイン』（有斐閣，2007年）
- 『意匠の国際登録制度「ハーグ協定」と欧州意匠制度』（経済産業調査会，近刊）
- 『Industrial Design Rights-An International Perspective』（共著，Kluwer，近刊）

凡　例

I　叙述の仕方
(1)　叙述は，原文引用の場合を除いて，原則として常用漢字，現代仮名遣いによった。
(2)　節以下の見出し記号は，原文引用の場合を除いて，原則として，１２３……，(1)(2)(3)……，(a)(b)(c)……，(ア)(イ)(ウ)……の順とした。

II　関係法令
関係法令は，原則として平成27年4月1日までに成立したものによった。

III　法令の表記
日本の法令の表記は，原文引用の場合を除き，原則として，次のように行った。
(1)　地の文では概ね正式名称で表した。
(2)　カッコ内表記は次のように行った。
　(a)　主要な法令は後掲の「法令略語例」により，それ以外のものについては正式名称で表した。
　(b)　多数の法令条項を引用する場合，同一法令の条項は「・」で，異なる法令の条項は「，」で併記した。それぞれ条・項・号を付し，原則として「第」の文字は省いた。

IV　判例の表記
(1)　判例は，原則として，後掲の「判例集・雑誌等略語例」を用いて表した。

(2) カッコ内における判例の出典表示は，原則として，次のように行った。
〔例〕 東京地方裁判所判決，平成17年10月11日，判例時報1923号92頁〔ジェロヴィタール事件〕
→東京地判平17・10・11判時1923号92頁〔ジェロヴィタール事件〕

■法令略語例

商標	商標法	不競	不正競争防止法
商標施令	商標法施行令	民	民法
商標施規	商標法施行規則	民執	民事執行法
意	意匠法	刑	刑法
意施規	意匠法施行規則	刑訴	刑事訴訟法
特許	特許法	EUCTM	欧州共同体商標規則

■判例集・雑誌等略語例

最	最高裁判所		裁判例集
高	高等裁判所	無体集	無体財産関係民事・行政裁判例集
地	地方裁判所		
支	支部	取消集	審決取消訴訟判決集
判	判決	知管	知財管理
決	決定	ジュリ	ジュリスト
民集	最高裁判所（大審院）民事判例集	パテ	パテント
		判時	判例時報
刑集	最高裁判所（大審院）刑事判例集	判タ	判例タイムズ
		AIPPI	月報「A.I.P.P.I.」
行集	行政事件裁判例集	L&T	Law&Technology
知的集	知的財産権関係民事・行政		

目　次

はしがき
著者紹介
凡例

第1章　伝統的商標と商標権侵害

第1節　商標権侵害の要件―――3
1　はじめに……3
2　商標権侵害の要件……3

第2節　商標の類似―――6
1　はじめに……6
2　最高裁判決……6
3　下級審判決……16
(1)　取引の実情……16
(2)　結合商標……21
(3)　図形商標……29
(4)　識別力との関係……32
(5)　周知・著名性との関係……37
4　特許庁と裁判所の違い……39

第3節　商品・役務の類似―――42
1　はじめに……42
2　最高裁判決……42
3　商品同士の類似……44
4　役務同士の類似……46
5　商品と役務の類似……52

第4節　商標の使用―――57
1　はじめに……57
2　使用の定義の拡大（歴史的経緯）……57
3　商標法2条3項の逐条解説……58

(1) 商標法2条3項1号……58
  (2) 商標法2条3項2号……58
  (3) 商標法2条3項3号……59
  (4) 商標法2条3項4号……60
  (5) 商標法2条3項5号……60
  (6) 商標法2条3項6号……61
  (7) 商標法2条3項7号……61
  (8) 商標法2条3項8号……61
  (9) 商標法2条3項9号（2015年4月1日施行）……62
  (10) 商標法2条3項10号（2015年4月1日施行）……62
  (11) 商標法2条4項（2015年4月1日施行）……63
 4 不正競争防止法に使用の定義がない理由……64

第5節　事実表記と商標の使用
——他人の登録商標はどこまで使用できるか—— ————66
 1 はじめに……66
 2 商標権侵害を否定した裁判例……66
  (1) 中古品の広告……66
  (2) 比較広告……68
  (3) 意匠的使用……70
  (4) 商品の内容・用途の説明的使用……71
 3 商標権侵害を肯定した裁判例……74
  (1) 打消表示が不十分な場合……74
  (2) 改　　造……76
 4 並行輸入業者の広告……77
 5 どのように考えるか……77
 6 欧州の裁判例（L'Oréal 香りの比較リスト事件）……79
 7 おわりに……80

第6節　「類似商品・役務審査基準（国際分類第10版対応）」の
改定の主なポイントと留意事項————83
 1 はじめに……83
 2 審査基準が改定された理由……83
 3 改定の主なポイント……84
  (1) 改定された国際分類第10版によるもの……84
  (2) 常用漢字の見直し……84
  (3) 新類似群コードの採用……84

(4) 類似群コードの付替え……85
　4　商標法施行規則別表と〔2012年版〕との関係……85
　5　〔2012年版〕で非類似の商品同士が類似になった例……86
　6　〔2012年版〕で類似の商品同士が非類似になった例……86
　7　〔2012年版〕の下で，新出願をする必要がある場合……86
　8　〔2012年版〕が審査及び裁判所に及ぼす影響……87
　　(1) 審査への影響……87
　　(2) 裁判所への影響……87
　9　更新の際に注意する点……88
　10　外国出願の際に注意する点……89

第7節　オリンピックと商標法　――90
　1　はじめに……90
　2　商標法との関係……90
　3　不正競争防止法との関係……91
　4　アンブッシュ・マーケティング規制法……92

第8節　国旗と知的財産法
　　　　――国旗の商標登録・使用はどこまで可能か？――　――94
　1　はじめに……94
　2　国旗に関する条約・法律の概要……94
　3　パリ条約……95
　4　商　標　法……96
　　(1) 商標法4条1項1号（国旗と同一又は類似の商標の登録禁止）……96
　　(2) 商標法4条1項7号（公序良俗違反）……103
　5　意　匠　法……104
　6　不正競争防止法……105
　　(1) 不正競争防止法2条1項13号（誤認惹起行為）……105
　　(2) 不正競争防止法16条（外国の国旗等の商業上の使用禁止）……109
　7　刑法92条（外国国章損壊罪）……110
　8　不当景品類及び不当表示防止法（景品表示法）4条1項3号（不当な表示の禁止）……112
　9　外国の状況……113

第9節　商標の稀釈化からの保護――各国の比較法的考察と
　　　　AIPPIパリ総会決議（2010年）――　――116
　1　商標の稀釈化について……116

2　日米欧の基本構造……*117*
　　　(1)　日　　　本……*117*
　　　(2)　米　　　国……*120*
　　　(3)　欧州共同体商標規則……*124*
　　　(4)　日米欧の比較……*127*
　　3　各国比較……*127*
　　4　AIPPI パリ総会決議（2010年）……*136*
　　　(1)　AIPPI 決議文……*136*
　　　(2)　決議までのプロセス……*138*
　　　(3)　決議の内容と議論……*138*
　　5　おわりに……*140*

第10節　アンケート調査 —*147*

　　1　はじめに……*147*
　　2　要件事実の把握と実施時期……*147*
　　　(1)　要件事実の把握……*147*
　　　(2)　実施時期……*147*
　　3　質問事項と選択肢……*148*
　　4　母集団……*149*
　　5　標本の抽出……*149*
　　6　評　　価……*152*
　　　(1)　評価対象……*152*
　　　(2)　標本誤差……*152*
　　7　要件事実とアンケート調査の結果の比率……*152*
　　8　裁判例……*153*
　　　(1)　コカ・コーラ立体商標事件（知財高判平20・5・29裁判所ホームページ）――商標法3条2項適用……*153*
　　　(2)　第2次ヤクルト立体商標事件（知財高判平22・11・16裁判所ホームページ）――商標法3条2項適用……*158*
　　　(3)　ROSE'ONEILLKEWPIE／ローズオニールキューピー事件（知財高判平25・3・21裁判所ホームページ）……*162*
　　9　おわりに……*164*

第2章　新しい商標と商標権侵害 I

第1節　はじめに─────────────────────169
第2節　キャッチフレーズ商標─────────────170
 1　キャッチフレーズ・スローガンの商標化……170
 2　キャッチフレーズの登録……171
  (1)　出所識別力……171
  (2)　先行登録商標との類似……172
  (3)　著名なキャッチフレーズとの混同……173
 3　キャッチフレーズと商標権侵害……173
 4　キャッチフレーズと不正競争防止法違反……174
 5　紛争回避の方法……175

第3節　スローガン商標─────────────────176
 1　はじめに……176
 2　スローガン商標の登録状況……176
 3　スローガン商標の問題点……176

第4節　インターネット商標及びドメイン名紛争─────179
 1　はじめに……179
 2　商標権侵害……179
  (1)　メタタグ（Meta tags）……179
  (2)　検索連動型広告（Search Advertising, Keyword Buy）……180
  (3)　インターネットショッピングモール……181
  (4)　ウェブサイトの階層性と商標の類否判断……185
 3　ドメイン名紛争……187
  (1)　一般トップレベルドメイン名の不正登録と対応策……187
  (2)　JPドメイン名の不正登録に対する不競法の適用……189
  (3)　JPドメイン名不正登録に対する紛争処理方針（JP-DRP）の利用……197
 4　ドメイン名の登録件数……203

第5節　キャラクター商標─────────────────206
 1　キャラクターの種類……206
 2　キャラクター商標の登録の実態……207
 3　キャラクター商標の登録可能性……207
 4　キャラクター商標の侵害事件……214
 5　キャラクター商標の意匠法による保護……217

6　キャラクター商標の著作権法による保護……*217*
　　7　キャラクター商標の不正競争防止法による保護……*218*

第6節　アイコン商標 —————————————*219*
　　1　はじめに……*219*
　　2　アイコン意匠の登録例……*219*
　　3　アイコン商標の登録例……*219*
　　4　アイコンの意匠としての保護と商標としての保護……*220*

第7節　立体商標制度の基本構造とその解釈
　　　　——日米欧の比較法的考察—— —————————*222*
　　1　はじめに……*222*
　　2　立体商標制度の基本構造と学説……*222*
　　　(1)　立体商標制度の基本構造……*222*
　　　(2)　学　　説……*223*
　　3　特許庁『商標審査基準』……*224*
　　4　商標法3条1項3号に関する裁判例……*225*
　　　(1)　3つの裁判例……*225*
　　　(2)　検　　討……*231*
　　5　米国の立体商標制度の基本構造……*233*
　　6　欧州共同体商標規則の立体商標制度の基本構造……*236*
　　　(1)　普通標章・機能性・本質的価値（美的機能性）……*237*
　　　(2)　記述的表示……*240*
　　　(3)　識　別　性……*240*
　　　(4)　類似・混同・名声（登録要件・商標権の効力）……*243*
　　　(5)　意匠権等との抵触……*246*
　　7　日米欧の基本構造の比較……*247*
　　8　日米欧の基本構造からみた商標法3条1項3号の解釈……*248*
　　9　その後の進展……*249*

第8節　小売等役務商標 —————————————*258*
　　1　はじめに……*258*
　　2　小売等役務商標制度導入までの経緯……*258*
　　　(1)　サービスマーク制度の導入（1992年）……*258*
　　　(2)　ESPRIT事件（2001年）……*259*
　　　(3)　法改正による小売等役務商標制度の導入……*259*
　　3　小売等役務商標制度の概要……*261*

(1)　小売等役務商標の意義……261
　(2)　「総合小売等役務」と「特定小売等役務」……261
　(3)　製造小売……262
　(4)　小売等役務の種類と商品商標とのクロスサーチ……262
　(5)　補　　　正……264
　(6)　商品又は商品の包装への使用……264
4　登録要件……265
　(1)　商標法4条1項11号……265
　(2)　商標法4条1項15号……266
　(3)　商標法4条1項19号……267
5　商標権侵害……267
6　不使用取消審判……271
7　小売等役務商標の登録例の検討……273
8　企業の対応策……274
　(1)　特例期間内の出願……274
　(2)　継続的使用権……274
　(3)　商品商標の取扱い……274
　(4)　親会社及び子会社の留意点……275

第9節　地域団体商標と地理的表示（GI）――地域団体商標制度の基本構造と侵害判断基準――　　277

1　はじめに……277
2　地域団体商標制度の基本構造……278
　(1)　地域団体商標制度の基本構造……278
　(2)　地域団体商標制度の趣旨（産業政策説，行為規制定型化説，その他）……280
　(3)　米国商標法との比較（主登録簿と補助登録簿）……283
3　地域団体商標の侵害判断基準……284
　(1)　商標権侵害の要件……284
　(2)　商標の類否判断について……284
　(3)　商品・役務の類否判断について……285
　(4)　商標権の効力の制限規定（商標26条）……286
　(5)　裁　判　例……287
4　おわりに――次のステップとしての商標法3条2項……289
5　その後の進展――地理的表示（GI）の保護……290
　(1)　「特定農林水産物等」及び「地理的表示」の定義……290
　(2)　登　　　録……290
　(3)　特定農林水産物等の名称の保護……290

第10節　パロディ商標 ―――― 295
1　はじめに……295
2　商標法4条1項7号（公序良俗違反）……296
3　商標法4条1項10号（他人の周知商標）……300
4　商標法4条1項11号（先願に係る他人の登録商標）……302
5　商標法4条1項15号（商品又は役務の出所の混同）……303
6　商標法4条1項19号（不正の目的をもって使用する商標）……307
7　商標権侵害……307
8　不正競争防止法2条1項1号（混同惹起行為）……309
9　不正競争防止法2条1項2号（著名表示冒用行為）……310
10　不正競争防止法2条1項3号（商品形態模倣）……312
11　外国の事案……313
　(1)　米　　国……313
　(2)　欧　　州……314

第3章　新しい商標と商標権侵害 II

第1節　改正商標法の概要 ―――― 321
1　改正商標法の施行日……321
2　新商標導入の趣旨……322
3　新商標の種類……322
4　商標の使用の定義の拡大……324
5　新商標の登録要件……325
　(1)　識　別　性……325
　(2)　類　似　性……326
　(3)　公序良俗違反……327
　(4)　機　能　性……327
6　新商標の出願方法……328
7　商標権侵害と効力の制限……332
　(1)　商標権侵害……332
　(2)　商標権の効力の制限……333
8　色彩の特例……334
9　経過措置……334
　(1)　出願，異議申立て，無効審判……334
　(2)　継続的使用権……335
　(3)　先使用権……335

(4)　防護標章登録……335
　　(5)　新商標を拡大する場合の経過措置……335

第2節　色彩のみからなる商標 ────────338
　1　はじめに……338
　2　色彩のみからなる商標の使用の定義……339
　3　色彩のみからなる商標の出願方法……339
　4　色彩のみからなる商標の登録要件……341
　　(1)　識　別　性……341
　　(2)　類　似　性……343
　　(3)　機　能　性……345
　5　商標権侵害……346
　　(1)　商標権侵害……346
　　(2)　商標権の効力の制限……347
　6　色彩の特例……347
　7　色彩のみからなる商標に関する不正競争防止法事件……348
　　(1)　単　一　色……348
　　(2)　色彩の組合せ……352
　8　外国における色彩のみからなる商標の登録例……356
　　(1)　米　　　国……356
　　(2)　欧　　　州……361
　9　外国における色彩のみからなる商標の商標権侵害事件……366
　　(1)　米　　　国……366
　　(2)　欧　　　州……368
　10　色彩のみからなる商標に関する欧米の比較……371

第3節　位置商標 ────────378
　1　はじめに……378
　2　位置商標の使用の定義……378
　3　位置商標の出願方法……379
　4　位置商標の登録要件……380
　　(1)　識　別　性……380
　　(2)　類　似　性……381
　　(3)　機　能　性……382
　5　商標権侵害……382
　　(1)　商標権侵害……382
　　(2)　商標権の効力の制限……382

6　位置商標に関する不正競争防止法事件……*383*
　7　外国における位置商標の登録例……*385*
　　(1)　米　　　国……*385*
　　(2)　欧　　　州……*388*
　8　外国における位置商標の商標権侵害……*390*
　　(1)　米　　　国……*390*
　　(2)　欧　　　州……*392*

第4節　動き商標 ─────────────────────── *394*
　1　はじめに……*394*
　2　動き商標の使用の定義……*394*
　3　動き商標の出願方法……*394*
　4　動き商標の登録要件……*395*
　　(1)　識　別　性……*395*
　　(2)　類　似　性……*397*
　5　商標権侵害……*398*
　　(1)　商標権侵害……*398*
　　(2)　商標権の効力の制限……*398*
　6　経過措置……*399*
　7　動き商標に関する不正競争防止法事件……*399*
　　(1)　かに道楽事件（大阪地判昭62・5・27（昭和56年（ワ）第9093号）無体集19巻2号174頁）……*399*
　　(2)　スペースインベーダーゲーム事件（東京地判昭57・9・27（昭和54年（ワ）第8223号）無体集14巻3号593頁）……*401*
　　(3)　ファイアーエンブレム事件（東京地判平14・11・14（平成13年（ワ）第15594号）裁判所ホームページ）……*402*
　　(4)　釣りゲーム事件（知財高判平24・8・8（平成24年（ネ）第10027号）判時2165号42頁）……*404*
　8　外国における動き商標の登録例……*406*
　　(1)　米　　　国……*406*
　　(2)　欧　　　州……*407*
　9　外国における動き商標の商標権侵害……*410*

第5節　ホログラム商標 ───────────────────── *411*
　1　はじめに……*411*
　2　ホログラム商標の使用の定義……*411*
　3　ホログラム商標の出願方法……*411*

    4　ホログラム商標の登録要件……*412*
      (1)　識　別　性……*412*
      (2)　類　似　性……*413*
      (3)　一商標一出願……*414*
    5　商標権侵害……*416*
      (1)　商標権侵害……*416*
      (2)　商標権の効力の制限……*416*
    6　経過措置……*416*
    7　ホログラム商標に関する不正競争防止法事件……*416*
    8　外国におけるホログラム商標の登録例……*416*
      (1)　米　　　国……*416*
      (2)　欧　　　州……*418*
    9　外国におけるホログラム商標の商標権侵害……*419*

第6節　音　商　標 ─────────────── *420*

    1　はじめに……*420*
    2　音商標の使用の定義……*421*
    3　音商標の出願方法……*422*
      (1)　商標法3条1項柱書……*422*
      (2)　新商標法5条5項，新商標法施行規則4条の5，同4条の8……*423*
    4　音商標の登録要件……*424*
      (1)　識　別　性……*424*
      (2)　類　似　性……*426*
      (3)　公序良俗違反……*426*
      (4)　機　能　性……*427*
      (5)　著作権・著作隣接権との関係……*428*
    5　商標権侵害……*429*
      (1)　商標権侵害……*429*
      (2)　商標権の効力の制限……*430*
    6　外国における音商標の登録例……*430*
      (1)　米　　　国……*430*
      (2)　欧　　　州……*433*
    7　外国における音商標の商標権侵害事例……*436*
      (1)　アヒルの鳴き声事件……*436*
      (2)　AFLAC事件……*437*

第7節　香りの商標 ─────────────────────── 441
　　1　はじめに……441
　　2　香りの商標の使用の定義……441
　　3　香りの商標の特定方法……441
　　4　香りの商標の登録要件……442
　　　(1)　識別性……442
　　　(2)　類似性……445
　　　(3)　機能性……445
　　5　商標権侵害……446
　　　(1)　商標権侵害……446
　　　(2)　商標権の効力の制限……446
　　6　経過措置……446
　　7　香りの商標に関する不正競争防止法事件……446
　　8　外国における香りの商標の登録例……447
　　　(1)　米　国……447
　　　(2)　欧　州……449
　　9　外国における香りの商標の商標権侵害……450

第8節　触覚の商標 ─────────────────────── 452
　　1　はじめに……452
　　2　触覚の商標の使用の定義……452
　　3　触覚の商標の特定方法……452
　　4　触覚の商標の登録要件……452
　　　(1)　識別性……452
　　　(2)　類似性……453
　　　(3)　機能性……453
　　5　商標権侵害……454
　　　(1)　商標権侵害……454
　　　(2)　商標権の効力の制限……454
　　6　経過措置……454
　　7　触覚の商標に関する不正競争防止法事件……454
　　8　外国における触覚の商標の登録例……454
　　　(1)　米　国……454
　　　(2)　欧　州……455

第9節　味の商標 ─────────────────────── 458
　　1　はじめに……458

2　味の商標の使用の定義……*458*
　　3　味の商標の特定方法……*458*
　　4　味の商標の登録要件……*459*
　　　(1)　識　別　性……*459*
　　　(2)　類　似　性……*459*
　　　(3)　機　能　性……*459*
　　5　商標権侵害……*460*
　　　(1)　商標権侵害……*460*
　　　(2)　商標権の効力の制限……*460*
　　6　経過措置……*460*
　　7　味の商標に関する不正競争防止法事件……*460*
　　8　外国における味の商標の登録例……*460*
　　　(1)　米　　　国……*460*
　　　(2)　欧　　　州……*461*

第10節　トレードドレス ―― *462*
　　1　はじめに……*462*
　　2　トレードドレスの使用の定義……*462*
　　3　トレードドレスの特定方法……*463*
　　4　トレードドレスの登録要件……*463*
　　　(1)　識　別　性……*463*
　　　(2)　類　似　性……*463*
　　　(3)　機　能　性……*464*
　　5　商標権侵害……*464*
　　　(1)　商標権侵害……*464*
　　　(2)　商標権の効力の制限……*464*
　　6　経過措置……*464*
　　7　トレードドレスに関する不正競争防止法事件……*465*
　　　(1)　ユニクロ事件――店舗の内装……*465*
　　　(2)　まいどおおきに食堂事件――店舗の外観・内装（大阪高判平19・12・4（平成19年(ネ)第2261号）裁判所ホームページ）……*465*
　　　(3)　西松屋事件――商品陳列デザイン（大阪地判平22・12・16（平成21年(ワ)第6755号）判時2118号120頁）……*466*
　　8　外国におけるトレードドレスの登録例……*468*
　　9　外国におけるトレードドレスの裁判例……*471*

第11節 補　正 —————————————————————————473
1　一般的な考え方（「商標審査基準〔第11版〕」より）……473
2　要旨変更とならない例となる例（「商標審査基準〔第11版〕」より）……474
　(1)　動き商標について……474
　(2)　ホログラム商標について……474
　(3)　色彩のみからなる商標について……474
　(4)　音商標について……475
　(5)　位置商標について……475

第12節　マドプロ出願の取扱い —————————————————476
1　「Indication relating to the nature or kind of marks」との関係……476
2　「Description of the mark」との関係……476
3　上記1又は2より商標のタイプが判断できない場合……477
4　商標の詳細な説明について……477
5　物件について……477

第4章　新しい商標の国際的保護

第1節　商標制度の国際比較 —————————————————481
1　はじめに……481
2　商標に関する条約……481
　(1)　パリ条約……481
　(2)　WTO TRIPS協定……482
　(3)　商標法条約……482
　(4)　商標法に関するシンガポール条約……483
　(5)　ニース協定……483
　(6)　欧州共同体商標規則……484
　(7)　バンギ協定（アフリカ知的財産機関／OAPI）……485
　(8)　マドリッド協定議定書……485
3　各国商標制度の基本構造……485
　(1)　登録主義と使用主義……485
　(2)　審査主義と無審査主義……485
　(3)　商標法と不正競争防止法・パッシングオフ……486
　(4)　米国商標法……487
4　日本からみた各国の特異な制度……488

(1) 商標の対象……*488*
　　(2) 商標の種類……*489*
　　(3) 出　　　願……*489*
　　(4) 登録要件……*490*
　　(5) 異議申立て……*491*
　　(6) 商　標　権……*492*
　　(7) 存続期間……*492*
　　(8) 更　　　新……*493*
　　(9) 移　　　転……*493*
　　(10) ライセンス……*493*
　　(11) 商標権侵害……*493*
　　(12) 使用義務……*494*
　　(13) 登録表示……*494*
　5　国際商標実務……*495*
　　(1) 商標調査……*495*
　　(2) 権利形成……*496*
　　(3) 商標管理……*497*

第2節　意匠制度の国際比較 ―――――*499*
　1　はじめに……*499*
　2　意匠に関する条約……*499*
　　(1) パリ条約……*499*
　　(2) WTO TRIPS協定……*499*
　　(3) 調和条約……*499*
　　(4) 欧州共同体意匠規則（EU）……*500*
　　(5) バンギ協定（アフリカ知的財産機関／OAPI）……*500*
　　(6) 意匠の国際登録制度「ハーグ協定ジュネーブアクト」……*500*
　3　各国意匠制度の基本構造……*501*
　　(1) パテントアプローチ，コピーライトアプローチ，デザインアプローチ……*501*
　　(2) 審査主義と無審査主義……*501*
　　(3) 英法系の国……*502*
　4　日本からみた各国の特異な制度……*502*
　　(1) 意匠の保護対象……*502*
　　(2) 登録要件……*503*
　　(3) 手続要件……*503*
　　(4) 存続期間……*504*
　　(5) 権利の拡張……*504*

(6) 意匠権侵害……505
　5 おわりに……506

第3節　商標の国際登録制度「マドリッド協定議定書」のリスクと対策 ——507
　1 はじめに……507
　2 マドリッド協定議定書の概要……507
　　(1) マドリッド協定議定書採択までの経緯……507
　　(2) マドリッド協定議定書のメリットとデメリット……508
　　(3) 国際出願と国際登録日の認定……509
　　(4) 国際登録の効果と代替……512
　　(5) 暫定拒絶通報……512
　　(6) 存続期間と更新……514
　　(7) 事後の領域指定……514
　　(8) セントラルアタック（国際登録の基礎出願・登録への従属性）……514
　　(9) 欧州連合の指定と転換——Opting Back……514
　　(10) 手　数　料……515
　　(11) ライセンスと担保権……515
　　(12) 商品等の限定又は放棄，国際登録の取消し……516
　　(13) 日本の宣言……516
　3 マドリッド協定議定書と関係する日本の商標法……517
　　(1) 国際登録出願……517
　　(2) 国際商標登録出願……518
　　(3) 国際登録の取消し後及びマドプロ廃棄後の商標登録出願の特例……520
　　(4) 拒絶理由通知を行うことができる期間の法定化……521
　　(5) 設定の登録前の金銭的請求権……521
　　(6) 出願公開制度……521
　4 マドリッド協定議定書のリスクと対策……522
　　(1) 基本構造からくるリスク……522
　　(2) 各国代理人を利用しないことによるリスク……525
　5 グローバル企業のマドリッド協定議定書の利用状況……527
　6 おわりに……530

第4節　意匠の国際登録制度「ハーグ協定ジュネーブアクト」のリスクと対策 ——533
　1 はじめに……533
　2 ハーグ協定ジュネーブアクト（日本→WIPO）……534

(1) はじめに……534
　　　(2) 出願手続……534
　　　(3) 国際登録の効果……539
　　3 ジュネーブアクトのリスクと対策……540
　　　(1) はじめに……540
　　　(2) 国際意匠登録制度の基本構造からのリスクと対策……540
　　　(3) 各国代理人を使用しないことによるリスクと対策……544
　　4 新意匠法の概要……545
　　　(1) 国際登録出願（日本→日本国特許庁→WIPO）……545
　　　(2) 国際意匠登録出願（加盟国→WIPO→日本）……545

第5章　グローバル企業のブランド戦略

第1節　はじめに────553

第2節　日本における商標実務
　　　　　──新しい商標，残す商標，捨てる商標──────554
　　1 はじめに……554
　　2 新しい商標を採択する場合のフロー……554
　　　(1) 商標調査……554
　　　(2) 商標出願……555
　　　(3) 拒絶理由に対する対応……556
　　3 既存の商標のブラッシュアップのフロー……556
　　　(1) 商標の抽出……556
　　　(2) 登録商標のブラッシュアップ……557
　　　(3) 商標管理……558

第3節　グローバルな商標実務────560
　　1 グローバル企業の出願動向……560
　　2 商標調査……561
　　3 権利形成……562
　　　(1) だれを商標権者とするか……562
　　　(2) どの商標，商品，役務を出願するか……563
　　　(3) どのルートで出願するか……564
　　　(4) どの国へ出願するか……565
　　　(5) 登　録　後……566

第4節　強いブランドの権利形成───567
1　強いブランドと出所識別力の関係……567
2　商標調査の3つのポイント……570
3　ブランド拡張（brand extension）と商標登録出願……572
4　ブランド戦略と拒絶理由への対応……573

第5節　商標の普通名称化と出版社への商標表示請求権
───日本，欧州，米国の比較法的考察と立法論───575
1　はじめに……575
2　商標権へのダメージの類型……575
3　商標の普通名称化の判断基準……576
4　商標の普通名称化の要因……577
5　欧米の状況……578
　(1)　制度枠組み……578
　(2)　欧米における普通名称化の判断基準……581
6　出版社への商標表示請求権……583
7　立　法　論……586
8　おわりに……587

第6節　商標，意匠，デザインに関する法的リスクの見落とし事例───595
1　商標法に規定のない拒絶理由「精神拒絶」……595
2　適法な真正商品の並行輸入が突然商標権侵害に……596
3　商標権者の使用が商標権侵害に……597
4　検索連動型広告は商標権侵害か……598
5　インターネットの世界性と属地主義・商標契約……599
6　米国では通用しない日本流・商標ライセンス契約……600
7　意匠権侵害を回避できても不十分……600

初出一覧……603
事項索引……605

第 1 章●

伝統的商標と商標権侵害

第1節 商標権侵害の要件

1 はじめに

本節では，商標権侵害の要件について簡単に解説する。

本章第2節乃至**第5節**で，商標権侵害の要件の内，重要な商標の類似，商品・役務の類似，商標の使用，事実表記と商標の使用（商標としての使用）について解説する。

2 商標権侵害の要件

商標権侵害の要件は，抗弁事由も含めると以下のとおり整理される[*1]。
① 登録商標が存在すること。
② 被告標章が登録商標と同一又は類似すること。
③ 被告標章の使用する商品又は役務が登録商標の指定商品又は指定役務と同一又は類似すること。
④ 被告標章の使用が商標法2条3項各号，同2条4項の「使用」に該当すること。
⑤ 被告標章が商標として使用されていること。
⑥ 商標権の効力の制限規定（商標26条）に該当しないこと。
⑦ 商標権者等の権利行使の制限（商標39条，準用特許104条の3）に該当しないこと。
⑧ 被告に故意又は過失があること（損害賠償請求のみ）。
⑨ 被告の行為によって原告が損害を被ったこと（損害賠償請求のみ）。

①の確認には，商標登録原簿のチェックが不可欠である。不使用取消審判請求又は無効審判請求により，指定商品又は指定役務が一部取り消され，無効になっている場合がある。

②の商標の類似については，**本章第2節**で解説する。審決取消訴訟と商標権侵害訴訟で判断の手法が異なるので注意が必要である（取引の実情の部分）。

③の商品・役務の類似については，**本章第3節**で解説する。商品と役務，役務同士の紛争が増加の傾向にある。

④の商標の使用については，**本章第4節**で解説する。刑事罰との関係もあり，限定列挙となっており，商標の使用の定義に当てはまらないと商標権侵害は原則否定される。

⑤の商標としての使用については，**本章第5節**事実表記と商標の使用で扱う。商標としての使用の立証責任については，原告説と被告説に分かれている[*2]。

平成26年法律第36号による改正商標法26条1項6号に「前各号に掲げるもののほか，需要者が何人かの業務に係る商品又は役務であることを認識することができる態様により使用されていない商標」と規定された。

立法者は次のように立法趣旨について解説している[*3]。

「(i) 従来の制度及び改正の必要性

商標は，本来的には自他商品等の識別のために使用すべきものであり，自他商品等の識別機能を発揮する形での商標の使用はいわゆる『商標的使用』と称されている。こうした『商標的使用』でない商標の使用については商標権侵害を構成しないものとする裁判例はこれまで数多く蓄積されているが，こうした裁判例は商標法上の特定の規定を根拠とするものではない。

そのため，本来保護すべき範囲以上の権利を商標権者に与えるような事態や，当該商標権者以外による商標の使用が必要以上に自粛されるような事態等の発生をあらかじめ防ぐべく，これら裁判例の積み重ねを明文化する必要がある。

(ii) 改正条文の解説

いわゆる『商標的使用』がされていない商標，すなわち『需要者が何人かの業務に係る商品又は役務であることを認識することができる態様により使用されていない商標』に対しては，商標権の効力が及ばないこととした。」

この解説によると，商標的使用については，すべて，商標法26条1項6号に移行したように読めるが，商標的使用についても様々なバリエーションが

あるため，例えば，比較広告で他人の商標を使用するような事案は本号に当てはまらないとの議論も今後ありえよう。

⑥の商標権の効力の制限（商標26条）は，抗弁事由となるので，被告が立証責任を追う。商標法3条1項1号乃至3号が過誤登録された場合，登録商標の類似部分が普通名称等に該当する場合（例：「アスカレーター」の類似である普通名称「エスカレーター」），後発的に本条に該当する場合（商標登録後に同一名称の都市ができた場合）が該当する。無効審判を請求するまでもなく，商標権の効力が制限される。特に，除斥期間（商標47条）が経過した後に実益がある(＊4)。

商標法3条1項4号，5号，6号に相当する規定が商標法26条に設けられていない理由について，田村善之教授は，取引の円滑な遂行に支障を来すとか，市場や競争に悪い影響を与えるというおそれはないので，無効審判により決するという選択肢が採用されていると説明されている(＊5)。

⑦は，商標権者等の権利行使の制限規定であり，抗弁事由となっている。除斥期間（商標47条）経過後に権利濫用の抗弁が提出できるか否かについては，肯定する裁判例（東京地判平17・10・11判時1923号92頁〔ジェロヴィタール事件〕）と否定することを前提にした裁判例（東京地判平13・9・28判タ1095号240頁〔モズライト1審事件〕）に分かれている(＊6)。

⑧及び⑨は，損害賠償請求の時に要件となる。

【注】
(＊1) 商標権侵害訴訟の要件事実については，西田義昭＝熊倉禎男＝青柳玲子編『民事弁護と裁判実務(8)知的財産権』（ぎょうせい，1998年）461頁乃至475頁〔田中俊次〕参照。
(＊2) 拙著『知的財産権としてのブランドとデザイン』（有斐閣，2007年）229頁，300頁。
(＊3) 特許庁総務部総務課制度審議室編『平成26年 特許法等の一部改正 産業財産権法の解説』（発明推進協会，2014年）180頁，181頁。
(＊4) 特許庁編『工業所有権法（産業財産権法）逐条解説〔第19版〕』（発明推進協会，2012年）1374頁，1375頁。
(＊5) 田村善之『商標法概説〔第2版〕』（弘文堂，2000年）196頁，197頁。
(＊6) 知的財産裁判実務研究会編『知的財産訴訟の実務〔改訂版〕』（法曹会，2014年）154頁乃至156頁〔佐野信〕。

第2節

商標の類似

1 はじめに

商標の類似に関する最高裁判決及び下級審の判決を紹介する。

いずれの判決も，査定係と侵害系を含み，また，文字商標，図形商標，文字の結合商標及び文字と図形の結合商標について類否判断をしたものが含まれる。

商標の類否は，後述する氷山印事件判決（最判昭43・2・27民集22巻2号399頁）にあるように，「対比される両商標が同一または類似の商品に使用された場合に，商品の出所につき誤認混同を生ずるおそれがあるか否かによつて決すべきであるが，それには，そのような商品に使用された商標がその外観，観念，称呼等によつて取引者に与える印象，記憶，連想等を総合して全体的に考察すべく，しかもその商品の取引の実情を明らかにしうるかぎり，その具体的な取引状況に基づいて判断」される。

すなわち，商標の類否は，対比される両商標が同一又は類似商品に使用された場合に，商品の出所につき誤認混同が生ずるか否かにより判断されるが，その際に，取引の実情を踏まえ，商標の外観，観念，称呼等が取引者に与える印象，記憶，連想等を総合して全体的に考察される（■図表1−2−1参照）。

取引の実情が，商標の類否の判断に影響を与える場合が多い。

査定系の事件における取引の実情は，恒常的なものであり，侵害系の事件における取引の実情は，その時点での具体的なものとなる。

2 最高裁判決

■ 氷山印事件（最判昭43・2・27民集22巻2号399頁）——査定系（非類似）——取引の実情（称呼のみで取引を行わない）

■図表１－２－１　商標の類否判断の手法

外観，観念，称呼等　→　取引者に与える印象，記憶，連想
　　　　　　　　　　　　↑
　　　　　　　　取引の実情　→　出所の混同のおそれがない　→　非類似
　　　　　　　　　　　　（氷山印事件（前掲）—称呼のみで取引を行わない）
　　　　　　　　　　　　（小僧寿し事件（後掲）——被告が著名）
　　　　　　　　　出所の混同のおそれがある　→　類似
　　　　　　　　　　　　（シンカ事件(＊１)——引用商標が著名）

〔事案の概要〕

　糸一般を指定商品とし「しようざん」の称呼をもつ商標と硝子繊維糸のみを指定商品とし「ひようざん」の称呼をもつ商標とでは，右両商標が外観及び観念において著しく異なり，かつ，硝子繊維糸の取引では，商標の称呼のみによって商標を識別しひいて商品の出所を知り品質を認識するようなことがほとんど行われないのが実情であるとして，両者は類似でないと判断された（■図表１－２－１も参照)(＊２)。

　　　　　（出願商標）　　　　　　　　　（引用登録商標）

　　≠　　

〔判決〕

　「商標の類否は，対比される両商標が同一または類似の商品に使用された場合に，商品の出所につき誤認混同を生ずるおそれがあるか否かによつて決すべきであるが，それには，そのような商品に使用された商標がその外観，

観念,称呼等によつて取引者に与える印象,記憶,連想等を総合して全体的に考察すべく,しかもその商品の取引の実情を明らかにしうるかぎり,その具体的な取引状況に基づいて判断するのを相当とする。

ところで,本件出願商標は,硝子繊維糸のみを指定商品とし,また商標の構成のうえからも硝子繊維糸以外の商品に使用されるものでないことは明らかである。従つて,原判決が,その商標の類否を判定するにあたり,硝子繊維糸の現実の取引状況を取りあげ,その取引では商標の称呼のみによつて商標を識別し,ひいて商品の出所を知り品質を認識するようなことはほとんど行なわれないものと認め,このような指定商品に係る商標については,称呼の対比考察を比較的緩かに解しても,商品の出所の誤認混同を生ずるおそれがない旨を判示したのを失当ということはできない。論旨は,これに対して,原判決は商号取引一般の経験則を商標の類否の判断に適用する過誤をおかしたものと非難するが,原判決は,硝子繊維糸の取引において,商標が商品の出所を識別する機能を有することを無視したわけではなく,そこには商標の称呼の類似から商品の出所の混同を生ずるというような一般取引における経験則はそのままには適用しがたく,商標の称呼は,取引者が商品の出所を識別するうえで一般取引におけるような重要さをもちえない旨を判示したものにほかならない。論旨は原判示を正解しないものというべきである。」

「同第二点および第三点について。

商標の外観,観念または称呼の類似は,その商標を使用した商品につき出所の誤認混同のおそれを推測させる一応の基準にすぎず,従つて,右三点のうちその一において類似するものでも,他の二点において著しく相違することその他取引の実情等によつて,なんら商品の出所に誤認混同をきたすおそれの認めがたいものについては,これを類似商標と解すべきではない。

本件についてみるに,出願商標は氷山の図形のほか『硝子繊維』,『氷山印』,『日東紡績』の文字を含むものであるのに対し,引用登録商標は単に『しようざん』の文字のみから成る商標であるから,両者が外観を異にすることは明白であり,また後者から氷山を意味するような観念を生ずる余地のないことも疑なく,これらの点における非類似は,原審において上告人も争わないところである。そこで原判決は,上記のような商標の構成から生ずる称呼

が，前者は『ひようざんじるし』ないし『ひようざん』，後者は『しようざんじるし』ないし『しようざん』であつて，両者の称呼がよし比較的近似するものであるとしても，その外観および観念の差異を考慮すべく，単に両者の抽出された語音を対比して称呼の類否を決定して足れりとすべきでない旨を説示したものと認められる。そして，原判決は，両商標の称呼は近似するとはいえ，なお称呼上の差異は容易に認識しえられるのであるから，『ひ』と『し』の発音が明確に区別されにくい傾向のある一部地域があることその他諸般の事情を考慮しても，硝子繊維糸の前叙のような特殊な取引の実情のもとにおいては，外観および観念が著しく相違するうえ称呼においても右の程度に区別できる両商標をとりちがえて商品の出所の誤認混同を生ずるおそれは考えられず，両者は非類似と解したものと理解することができる。原判決が右両者は称呼において類似するものでない旨を判示した点は，論旨の非難するところであるが，硝子繊維糸の取引の実情に徴し，称呼対比考察を比較的緩かに解して妨げないこと前叙のとおりであつて，この見地から右の程度の称呼の相違をもつてなお非類似と解したものと認められる右判示を，あながち失当というべきではない。」

■ 図形商標事件（最判昭49・4・25取消集昭和47年483頁）——査定系（類似）
〔事案の概要〕
　類否判断における取引の実情は，恒常的なそれを指すものであって，単に該商標が現在使用されている商品についてのみの特殊的，限定的なそれを指すものでないとして，両商標は類似すると判断した図形商標に関する事案。

本願商標

指定商品第3類
染料，顔料，塗料（電気絶縁塗料を除く），
印刷インキ（謄写版用のインキを除く），
くつずみ，つや出し剤

＝

引用商標
登録第595188号

指定商品
染料，顔料，塗料
（電気絶縁塗料を除く）

〔判決〕

「商標の類否判断に当たり考慮することのできる取引の実情とは、その指定商品全般についての一般的、恒常的なそれを指すものであって、単に該商標が現在使用されている商品についてのみの特殊的、限定的なそれを指すものでないことは明らかであり、所論引用の判例（注：氷山印事件最高裁判決）も、これを前提とするものと解される。」

■ 大林森事件（最判平4・9・22判時1437号139頁）──侵害系（類似）──取引の実情（訪問販売又は店頭販売）

〔事案の概要〕

頭皮用育毛剤及びシャンプーに使用される被告標章「木林森」が、原告登録商標「大森林」に類似すると判断された事案。

本件は、侵害事件であり、被告標章が、訪問販売又は店頭販売のいずれか、後者の場合、展示態様はいかなるものかについての取引の実情を具体的な認定を行う必要があると判示している。

（原告登録商標）　　　　　　　（被告標章）

大森林 ＝ 木林森

〔判決〕

「商標の類否は、同一又は類似の商品に使用された商標がその外観、観念、称呼等によって取引者に与える印象、記憶、連想等を総合して全体的に考察すべきであり、しかもその商品の取引の実情を明らかにし得る限り、その具体的な取引状況に基づいて判断すべきものであって（最高裁昭和39年（行ツ）第110号同43年2月27日第三小法廷判決・民集22巻2号399頁参照）、綿密に観察する限りでは外観、観念、称呼において個別的には類似しない商標であっても、具体的な取引状況いかんによっては類似する場合があり、したがって、外観、観念、称呼についての総合的な類似性の有無も、具体的な取引状況によって異なってくる場合もあることに思いを致すべきである。」

「2　本件についてこれをみるのに、本件商標と被上告人標章とは、使用

されている文字が『森』と『林』の二つにおいて一致しており，一致していない『大』と『木』の字は，筆運びによっては紛らわしくなるものであること，被上告人標章は意味を持たない造語にすぎないこと，そして，両者は，いずれも構成する文字からして増毛効果を連想させる樹木を想起させるものであることからすると，全体的に観察し対比してみて，両者は少なくとも外観，観念において紛らわしい関係にあることが明らかであり，取引の状況によっては，需要者が両者を見誤る可能性は否定できず，ひいては両者が類似する関係にあるものと認める余地もあるものといわなければならない。」

「3　原審は，観念による類否について説示するに当たり，本件商標及び被上告人標章が付されている頭皮用育毛剤等の需要者は育毛，増毛を強く望む男性であるところ，かかる需要者は当該商品に付された標章に深い関心を抱き，注意深く商品を選択するものと推認されるなどとしているのであるが，必ずしも右のような需要者ばかりであるとは断定できないことは経験則に照らして明らかであるし，上告人は，本件商標権について通常使用権を許諾し，通常使用権者は薬用頭皮用育毛料に本件商標を付してその関連会社に販売させていると主張しているのであるから，この主張事実から現れる可能性のある商品の取引の状況も勘案した上，本件商標と被上告人標章との類否判断がされなければならない。したがって，原審がした右の推認事実のみをもってしては，両者が類似しないとする理由として十分でないといわざるを得ない。原審は，右のほかに，本件商標が使用される指定商品の想定可能な取引の状況及び被上告人標章が使用された被上告人商品について現に行われている取引の状況を考慮しても，両者は観念において類似するものと認めることはできないとしたのみであり，被上告人商品が訪問販売によっているのかあるいは店頭販売によっているのか，後者であるとしてその展示態様はいかなるものであるのかなどの取引の状況についての具体的な認定のないままに，本件商標と被上告人標章との間の類否を認定判断したものであって，原判決には，判決に影響を及ぼすことが明らかな法令の解釈適用の誤りないしは理由不備の違法があるというべきである。

三　よって，右の点をいう論旨は理由があり，原判決は破棄を免れず，本件については，更に審理を尽くさせるため原審に差し戻すこととし，民訴法

407条1項に従い,裁判官全員一致の意見で,主文のとおり判決する。」

■ SEIKO EYE 事件（最判平5・9・10民集47巻7号5009頁）——査定系（非類似）——結合商標——要部認定

〔事案の概要〕

出願商標「eye/miyuki」（時計，眼鏡）が，引用商標「SEIKO EYE」（時計，眼鏡）に類似しないと判断された文字商標からなる結合商標の事案。

「SEIKO」の部分が著名で強く支配的な部分であるから，普遍的な文字「EYE」の部分から，独立して出所の識別標識としての称呼，観念は生じないと判断されている。

（出願商標）　　　　　　　　（引用商標）

 ≠ SEIKO EYE

〔判決〕

「『SEIKO』の文字と『EYE』の文字の結合から成る審決引用商標が指定商品である眼鏡に使用された場合には，『SEIKO』の部分が取引者，需要者に対して商品の出所の識別標識として強く支配的な印象を与えるから，それとの対比において，眼鏡と密接に関連しかつ一般的，普遍的な文字である『EYE』の部分のみからは，具体的取引の実情においてこれが出所の識別標識として使用されている等の特段の事情が認められない限り，出所の識別標識としての称呼，観念は生じず，『SEIKOEYE』全体として若しくは『SEIKO』の部分としてのみ称呼，観念が生じるというべきである。」

■ 小僧寿し事件（最判平9・3・11民集51巻3号1055頁）——侵害系（非類似）——取引の実情（コゾウズシと一連に称呼される）

〔事案の概要〕

被告標章は，「コゾウズシ」と一連に称呼されてきた取引の実情を考慮して，登録商標「小僧」とは類似しないと判断された。

第2節　商標の類似

（原告登録商標）　　　　　（被告標章）

 ≠ 小僧寿し
KOZOSUSI

〔判決〕

「商標の類否は，同一又は類似の商品に使用された商標が外観，観念，称呼等によって取引者，需要者に与える印象，記憶，連想等を総合して全体的に考察すべきであり，かつ，その商品の取引の実情を明らかにし得る限り，その具体的な取引状況に基づいて判断すべきものである。右のとおり，商標の外観，観念又は称呼の類似は，その商標を使用した商品につき出所を誤認混同するおそれを推測させる一応の基準にすぎず，したがって，右三点のうち類似する点があるとしても，他の点において著しく相違するか，又は取引の実情等によって，何ら商品の出所を誤認混同するおそれが認められないものについては，これを類似商標と解することはできないというべきである（最高裁昭和39年(行ツ)第110号同43年2月27日第三小法廷判決・民集22巻2号399頁参照)。

（中略）標章については，一般需要者が『小僧寿し』なる文字を見，あるいは『コゾウズシ』又は『コゾウスシ』なる称呼を聞いたときには，本件商品の製造販売業者としての小僧寿し本部又は小僧寿しチェーンを直ちに想起するものというべきである。そして，『小僧寿し』は，一般需要者によって一連のものとして称呼されるのが通常であるというのであるから，右によれば，遅くとも昭和五三年以降においては，『小僧寿し』『KOZOSUSHI』『KOZOSUSI』『KOZO ZUSHI』の各標章は，全体が不可分一体のものとして，『コゾウズシ』又は『コゾウスシ』の称呼を生じ，企業グループとしての小僧寿しチェーン又はその製造販売に係る本件商品を観念させるものとなっていたと解するのが相当であって，右各標章の『小僧』又は『KOZO』の部分

のみから『コゾウ』なる称呼を生ずるということはできず，右部分から『商店で使われている年少の男子店員』を観念させるということもできない。」

■　つつみのおひなっこや事件（最判平20・9・8裁判所ホームページ）——査定系（非類似）——結合商標（原則一部抽出を行わない）

〔事案の概要〕

「つつみのおひなっこや」（28類・土人形）が，引用登録商標「つゝみ」，「堤」に類似しないと判断された文字商標からなる結合商標の事案。

結合商標の一部を抽出し，この部分だけを他人の商標と比較して商標そのものの類否を判断することは，①その部分が取引者，需要者に対し商品又は役務の出所識別標識として強く支配的な印象を与えるものと認められる場合や，②それ以外の部分から出所識別標識としての称呼，観念が生じないと認められる場合などを除き，許されないとしている。すなわち，結合商標は，①又は②のような特段の事情がない限り，一連に称呼，観念されることになる[*3]。

〔判決〕

「商標法4条1項11号に係る商標の類否は，同一又は類似の商品又は役務に使用された商標が，その外観，観念，称呼等によって取引者，需要者に与える印象，記憶，連想等を総合して，その商品又は役務に係る取引の実情を踏まえつつ全体的に考察すべきものであり（最高裁昭和39年（行ツ）第110号同43年2月27日第三小法廷判決・民集22巻2号399頁参照），複数の構成部分を組み合わせた結合商標と解されるものについて，商標の構成部分の一部を抽出し，この部分だけを他人の商標と比較して商標そのものの類否を判断することは，その部分が取引者，需要者に対し商品又は役務の出所識別標識として強く支配的な印象を与えるものと認められる場合や，それ以外の部分から出所識別標識としての称呼，観念が生じないと認められる場合などを除き，許されないというべきである（最高裁昭和37年（オ）第953号同38年12月5日第一小法廷判決・民集17巻12号1621頁，最高裁平成3年（行ツ）第103号同5年9月10日第二小法廷判決・民集47巻7号5009頁参照）。

(2)　これを本件についてみるに，本件商標の構成中には，称呼については引用各商標と同じである『つつみ』という文字部分が含まれているが，本件

商標は,『つつみのおひなっこや』の文字を標準文字で横書きして成るものであり,各文字の大きさ及び書体は同一であって,その全体が等間隔に1行でまとまりよく表されているものであるから,『つつみ』の文字部分だけが独立して見る者の注意をひくように構成されているということはできない。また,前記事実関係によれば,引用各商標は平成3年に商標登録されたものであるが,上告人の祖父は遅くとも昭和56年には堤人形を製造するようになったというのであるから,本件指定商品の販売業者等の取引者には本件審決当時,堤人形は仙台市堤町で製造される堤焼の人形としてよく知られており,本件商標の構成中の『つつみ』の文字部分から地名,人名としての『堤』ないし堤人形の『堤』の観念が生じるとしても,本件審決当時,それを超えて,上記『つつみ』の文字部分が,本件指定商品の取引者や需要者に対し引用各商標の商標権者である被上告人が本件指定商品の出所である旨を示す識別標識として強く支配的な印象を与えるものであったということはできず,他にこのようにいえるだけの原審認定事実は存しない。さらに,本件商標の構成中の『おひなっこや』の文字部分については,これに接した全国の本件指定商品の取引者,需要者は,ひな人形ないしそれに関係する物品の製造,販売等を営む者を表す言葉と受け取るとしても,『ひな人形屋』を表すものとして一般に用いられている言葉ではないから,新たに造られた言葉として理解するのが通常であると考えられる。そうすると,上記部分は,土人形等に密接に関連する一般的,普遍的な文字であるとはいえず,自他商品を識別する機能がないということはできない。

　このほか,本件商標について,その構成中の『つつみ』の文字部分を取り出して観察することを正当化するような事情を見いだすことはできないから,本件商標と引用各商標の類否を判断するに当たっては,その構成部分全体を対比するのが相当であり,本件商標の構成中の『つつみ』の文字部分だけを引用各商標と比較して本件商標と引用各商標の類否を判断することは許されないというべきである。

　(3) そして,前記事実関係によれば,本件商標と引用各商標は,本件商標を構成する10文字中3文字において共通性を見いだし得るにすぎず,その外観,称呼において異なるものであることは明らかであるから,いずれの商標

からも堤人形に関係するものという観念が生じ得るとしても，全体として類似する商標であるということはできない。

5　以上によれば，本件商標と引用各商標が類似するとした原審の判断には，商標の類否に関する法令の解釈適用を誤った違法があり，この違法は原判決の結論に影響を及ぼすことが明らかである。論旨は理由があり，原判決は破棄を免れない。そして，被上告人が主張するその余の本件商標登録の無効理由につき更に審理を尽くさせるため，本件を知的財産高等裁判所に差し戻すこととする。」

3　下級審判決

(1)　取引の実情

■　SPA 及び図形事件（東京高判平8・4・17知的集28巻2号406頁）──査定系（非類似）──商標の現実の取引の実情に踏み込んだ事例

（出願商標）　　　　　　　　　　　（引用登録商標）

SPA　≠　SPAR／スパー

出願商標「SPA 及び図形」（鉱泉水等）は，引用登録商標「SPAR／スパー」は，外観，観念が異なるが，称呼は類似する。「本願商標の前示現実の使用状況からすると取引の場において，本願商標を使用した商品が引用商標を使用した商品とその出所につき誤認混同するおそれはほとんどないというのを相当とするから，審決が，図形部分と文字部分を分離し，単に本願商標の文字部分の称呼が引用商標の称呼と類似することのみを理由に本願商標と引用商標との類否を判断したことは誤りであるとうべきである。」（取引の実情：辞書に「SPA」について，ベルギーの有名な鉱泉保養地としての地名の説明があり，実際のボトルにもそのような説明があり図形と一緒に使用されているので，本願商標も一体不可分に観察すべき合理的な理由がある）

■ 魚耕事件（東京高判平16・11・29裁判所ホームページ）──査定系（非類似）

（登録商標）　　　　　　　　　　（引用登録商標）
　　　　　　　　　　　　　　　　　魚　幸

 ≠

　商品「食用魚介類」については，店舗に出向いて購入するのが通常であるから，商標の外観が重視され，また，店頭販売以外，例えば，電話注文の場合でも，注文の前にチラシ，インターネットホームページなどで，店舗名や電話番号を確認した上で注文するので，登録商標「魚耕及び魚の図形」と先行登録商標「魚幸」は，称呼「ウオコー」が共通するものの，出所について誤認混同のおそれはないと判断されている。（取引の実情：魚介類の取引では商標の外観を重視）

■ BALMAIN事件（知財高判平17・4・19裁判所ホームページ）──査定系（非類似）

　　　　　（出願商標）　　　　　　　（引用登録商標）
　　　　　BALMAIN　　≠　　　Valman

　リアルな世界でも，指定商品「被服」の需要者は，商品を手にとり，ブランド，価格，色等を確かめて商品を購入し，取引者は商品の品番により取引する。「BALMAIN」の周知性といった取引の実情も参酌され，出願商標「BALMAIN」は，引用登録商標「Valman」，「バルマン」に類似しないと判断されている。（取引の実情：被服は手にとってブランドを確認，出願商標の周知性）

■ 源気事件（知財高判平18・4・27裁判所ホームページ）──査定系（非類似）
　　──登録商標の現実の取引の実情に踏み込んだ事例

　　　　（登録商標）　　　　　　　　（引用登録商標）
　　　　　げんき
　　　　　源　気　　　≠　　　　元　気

本件登録商標「げんき／源気」（薬剤）と引用登録商標「元気」（玄米を粉状にして酵素を培養して顆粒状あるいはミール状にした食料品）とは，外観（半分が異なる），観念が異なるので非類似。（取引の実情：称呼のみによって取引されている実情はない。引用商標の商標権者自身は，「ハイ・ゲンキ」を使用し，本件商標の商標権者も，「ナンパオ源気」を使用している。健康食品は，自己の健康にかかわるものであるから手にとって慎重に選ぶ）

■ CUBS事件（知財高判平19・8・8裁判所ホームページ（3部））──査定系（非類似）──取引の実情（コンセント，カブスとして周知・著名）

「引用商標2ないし4の商標権者であるUBS社は，本願商標の出願人である原告に対して，原告が本願商標を第9類，第16類及び第41類の商品について登録することに同意していること（甲54）に照らすならば，UBS社も，本願商標と引用商標とは，互いに出所の混同を来さないと認識，理解しているものと推認される。
（中略）以上のとおり，本願商標は，シカゴ・カブスのロゴと同一形状で

あること，シカゴ・カブスの名称は我が国においてよく知られ，また，シカゴ・カブスのロゴは我が国において相当程度知られていること，英文字等で構成される商標において，先頭の『C』を，他の文字を囲む形状で大きく表記する例は少なくないこと等に照らすならば，本願商標では，『円輪郭状図形』ないし『C』部分と『UBS』部分とを，一体のものと理解して，『CUBS』すなわち『カブス』と認識するのが自然であり，そうすると，本願商標からは，『カブス』の称呼のみが生じ，『ユービーエス』の称呼は生じないと解するのが相当である。」
〔コメント〕
　同意書（コンセント）も考慮された。
　実際の使用態様（C，UBS の部分が赤色で，その周りが青色）で出願した方が登録されやすかったと思われる。←出願戦略
■　POUT 事件（知財高判平19・6・27裁判所ホームページ）——査定系（非類似）——インターネット上の読み方，類似語の読み方，国際商標登録出願の例

（本願商標）　　　　　　　　　（引用商標）
POUT　　　　　≠　　　　　PORT

〔出願の概要〕
　原告は，「POUT」の欧文字を書してなる国際登録第791489号の商標（優先権主張2002年8月2日〔英国〕，国際登録日2002年（平成14年）11月1日，指定商品は第3類「Perfumery；cosmetics；skin care products；eye care lotions and products；toiletries, shampoos, conditioners, hair care products, hair spray, hair dyes and colorants；dentifrices；nail care preparations；essential oils；depilatories；sun tanning preparations；cotton wool and cotton sticks for cosmetic purposes；non-medicated toilet preparations.」（以下「本願商標」という。））について，平成16年3月18日発送の拒絶査定を受け，同年6月16日，同査定に対する不服の審判（不服2004—65044号事件）を請求した。
〔判決〕
　「前記のとおり，『POUT』という英単語は，あまり親しまれてはいない

ものの，中学程度の英語学習に用いられる辞典にも掲載されているごく平易な単語であること，『OUT』との綴りが『アウト』と発音される例が数多く知られていること，インターネット上には，『POUT』の欧文字を『パウト』とカタカナ表記した日本語のホームページ（甲23～39），『LIP POUT』についても『リップパウト』とカタカナ表記したホームページ（甲40，41），『POUT』の語義を『不機嫌』『唇を尖らせる』などと説明したホームページ（甲34，36）等が多数存在することに照らすならば，『LIP POUT』を『リップポート』と誤記されたホームページ（乙3の6）という例が存在したことをもって，『POUT』の欧文字に接する取引者・需要者が，これを『パウト』又は『ポート』と称呼する場合が，少なくないと認めることはできない。（中略）本願商標から生じる自然な称呼である『パウト』と，引用商標から生じる『ポート』の称呼とは，その3音のうち，最初の2音において異なり，聴覚的に異なる印象を与えるものであるから，称呼において相違する。」

■ CHOOP事件（知財高判平23・6・29判時2132号113頁）――査定系（非類似）

登録商標「CHOOP（図案化）」（25類：セーター等）は，引用商標「Shoop」（25類：衣服等）に類似しないと判断された事案。

本件は査定事件であるが，「CHOOP」は，ティーン世代の少女向け，「Shoop」は，セクシーなB系ファッション向けといった，現時点での具体的な取引の事情を参酌している。

「本件商標と引用商標は，『シュープ』の称呼を生じ得る点で称呼において類似するものの，外観において相違する。また，特定の観念は生じないと解されるから，観念において類否を判断することはできない。また，本件商標に係る取引の実情をみると，原告は，前記1の(4)のとおり，商標『CHOOP』について，長期にわたり，指定商品等への使用を継続してきたこと，雑誌，

新聞，テレビや飛行機内での番組提供，テレビCM等を利用して，宣伝広告活動を実施してきたこと，ファッションブランド誌や業界誌にも紹介されていること，『ティーン世代の少女層向けの可愛いカジュアルファッションブランド』を想起させるものとして，需要者層を開拓してきたこと，その結果，同商標は，ティーン世代の需要者に対して周知となっていることが認められる。他方，引用商標を構成する『Shoop』の欧文字は，『セクシーなB系ファッションブランド』を想起させるものとして，需要者層を開拓してきた，そして，商標『CHOOP』の使用された商品に関心を示す，『ティーン世代の少女層向けの可愛いカジュアルファッション』を好む需要者層と，引用商標の使用された商品に関心を示す，いわゆる『セクシーなB系ファッション』を好む需要者層とは，被服の趣向（好み，テイスト）や動機（着用目的，着用場所等）において相違することが認められる。

そうすると，本件商標と引用商標とは，外観が明らかに相違し，取引の実情等において，原告による『CHOOP』商標が広く周知されていること，需要者層の被服の趣向（好み，テイスト）や動機（着用目的，着用場所等）が相違することに照らすならば，本件商標が指定商品に使用された場合に取引者，需要者に与える印象，記憶，連想は，引用商標のそれとは大きく異なるものと認められ，称呼を共通にすることによる商品の出所の誤認混同を生じるおそれはないというべきである。

したがって，本件商標と引用商標は類似しないと判断すべきである。」

(2) 結合商標

(a) 文字と図形（図形が近似する場合）の結合商標

■ Panther事件（東京高判平6・10・25判時1523号145頁）────査定系（非類似）

（本件商標）　　　　　　　　　　（引用商標）
（旧21類かばん等）　　　　　　　（旧21類かばん等）

「文字と図形の組合せよりなる結合商標と他の商標（引用商標）との類否を判断するに当たっては，当該結合商標の文字と図形が，構成上どのような結合態様となっているか，外観，称呼，観念において関連性を有しているか否か，識別力の点で一方が特に顕著性を有していないか否かなどの点を考慮すると共に，当該結合商標が使用されている場合には，その使用されている商品の取引の実情，あるいは取引者や需要者に当該結合商標が著名，周知であるか否かなどを考慮して，当該結合商標の文字と図形の両者が不可分一体をなして一個の外観，称呼，観念を形成するものとして認識される場合には，これに基づいて引用商標との対比をなし，対比される両商標が同一又は類似の商品に使用された際，取引者，需要者において，商品の出所につき誤認，混同を生じるおそれがあるか否かによって決すべきものと解するのが相当である。」

■ CONVERSE 事件（東京高判平6・3・31判時1503号137頁）──査定系（非類似）──取引の実情（一体となって著名）

「ところで，本願商標のように文字と図形の結合からなる結合商標の類否を判断するにあたっては，当該商標が使用されている商品の取引の実情，すなわち，取引者や需要者における当該商標の著名性や周知性，当該商品の属する分野における取引の形態，当該商品の特質等を考慮し，当該商標の文字と図形の両者が不可分一体をなして一個の称呼，観念を形成している場合には，これに基づいて引用商標との対比をなし，対比される両商標が同一又は類似の商品に使用された際，取引者，需要者において，商品の出所につき誤認，混同を生じるおそれがあるか否かによってけっすべきものである。（中略）本願商標の構成中の『CONVERSE』なる文字と『星』の図形とは，その両者が不可分一体をなして，原告の著名なブランドのバスケットシューズ

を中心とする各種スポーツ用品ないし原告の商号の略称を表示するものと取引者，需要者に認識されているものと認められる。(中略) 本願商標が指定商品に使用された場合には，著名なブランドを表示する，『CONVERSE』なる文字部分の観念あるいは『コンバース』の称呼が取引者，需要者に対して商品の出所の識別標識として強く支配的な印象を与えるから，それとの対比において，『星』の図形の部分のみからは，商品の出所を識別する機能としての称呼，観念は生ぜず，本願商標の『CONVERSE』なる文字部分あるいは『星』の図形部分と『CONVERSE』なる文字部分を一体として，『コンバース』，あるいは『ホシのコンバース』，『星のコンバース』の称呼，観念が生じるものである。」

■ KELME事件（東京高判平10・6・30判時1666号131頁）──査定系（非類似）──面積比，出願商標の図形が単純

（本願商標）　　　　　　　　　　　　　　（引用商標）
（旧24類　運道具）　　　　　　　　　　（旧24類　運動用特殊被服）

 ≠

　文字部分が図形部分の5倍程度あり，文字部分が造語であり，図形部分が，比較的写実的な印象を与える引用商標の図形よりやや単純化されており，「動物の足跡」，「足跡」を表すものとして格別特徴的でないことから，図形部分自体に独立した自他商品の識別力が存するとまでは認められないとしている。

■ STEAK HOUSE hama事件（東京高判平13・12・18裁判所ホームページ）──査定系（非類似）──「ハマ」の称呼が生じる可能性は，類否判断に考慮すべきものではない。

(本願商標)　　　　　　　　　　　(引用商標)

役務「42類 ステーキを主とする飲食物の提供」

「以上によれば，原告の長期間にわたる本願商標の使用の実績，宣伝広告及び原告店についての紹介記事等によって，本願商標は，遅くとも引用商標の出願時である平成４年９月までに，『ステーキハウスハマ』と一連のものとして，一般に称呼され，また，『ステーキハウスハマ』ないし『STEAK HOUSE hama』と文字表記されており，本願商標は，『ステーキハウスハマ』との称呼によって，原告の営業に係る『ステーキを主とする飲食物の提供』の役務の出所を表示する標識として，その取引者・需要者に広く認識されるに至っており，それ以降，本願商標の出願に対する原査定時である平成10年12月ないし審決時である平成13年２月の時点においても，同様の状況にあったものと認められる。

これらの事実に，上記(3)に判示したとおり，本願商標の構成態様からすると，本願商標に接する取引者・需要者は，一般に，本願商標の構成の全体について，役務の出所を表示する識別標識であると理解，認識して，本願商標から『ステーキハウスハマ』と称呼することが多いであろうと推認し得ることを総合すると，本願商標は，本願商標の構成の全体から『ステーキハウスハマ』の称呼が一般に生ずるものと認めるのが相当であるというべきであり，本願商標から『ハマ』との称呼が生ずる可能性を完全に否定することができないとしても，その可能性は商標の類否判断において特に考慮すべき程度のものであるとは認められない。」

「そうとすれば，本願商標と引用商標とでは，その外観，観念において相違することについては審決も前提とするところであり，特に，両者それぞれの外観は，顕著に異なり一見して識別することができるものであり，それぞ

れに接する取引者・需要者に与える印象，記憶，連想には，格段の相違があるものと認められる。

　以上の商標の類否判断における称呼，外観，観念の各要素を総合すると，本願商標は，引用商標と類似するものであるとすることはできない。」

(b)　文字と図形（文字が近似する場合）の結合商標

■　Gibelty 事件（東京高判平 7・3・29 判時 1565 号 131 頁）——査定系（非類似）

（本願商標）　　　　　　　　　　　　　　　（引用商標）

「黒猫の図形＋Gibelty」は「GIBALTI／ギバルティ」（9類）と類似しないと判断された事案。

「本願商標から『ギベルティー』の称呼が生じるとしても，それは常にその特長ある黒猫の図形と共に想起されるものである上，（中略）そうとすると図形部分の持つ情報伝達機能を十分留意せず，図形部分と文字部分を切り離し，単に本願商標の文字部分を引用商標の称呼と類似することのみを理由に，本願商標が引用商標に類似するものとした審決は違法」

■　Town&Country 事件（東京高判平 12・1・31 裁判所ホームページ）——査定系（非類似）

（本件商標）　　　　　　　　　　　（引用商標）

「TOWN&COUNTRY／Surf Designs／Pearl City Hawaii 及び図形」は「タウンアンドカントリー／Town&Country」（旧17類）と類似しないと判断

された事案。

「本件商標については，前示のとおり，『Town & Country Surf Designs』の各欧文字が，同書，同大でまとまりよく構成され，『陰陽曲玉巴』という独特の図形部分とも極めて自然に調和し，全体的一体的に認識把握され，その結果，仮名文字及び欧文字だけからなる引用商標と，外観上明確に区別し得る差異を有すること，通常は『タウンアンドカントリーサーフデザインズ』という一連の称呼を生じること，単に『町や田舎』という観念を生じる余地がないことなどが認めれ，また，サーフィンに関する日本及び米国の業界雑誌において，図形及び文字部分からなる本件商標と同一又は類似の商標が，サーフボード等の商品に付されたり，一般的広告表示とされたりして頻繁に掲載され（甲第13〜15号証，乙第2号証），本件商標と同一又は類似の構成を有する商標が，被告の業務に係る商品を表示するものとして，需要者，取引者の間で認識されているものと認められることを併せ考慮すると，本件商標から『タウンアンドカントリー』の称呼をも生じ，その限りにおいて引用商標の称呼と一致するとしても，両商標は，一般の需要者，取引者にとって，互いに紛れるおそれのない非類似の商標といわなければならない。」

(c) 文字と文字の結合商標

■ Love/passport 事件（知財高判平19・6・28裁判所ホームページ）──当事者系（非類似）

本件登録商標は，「ラブ」とは読まれないとのアンケート結果も踏まえ，引用登録商標と類似しないと判断された事案。

「ひとまとまりの『Lovepassport』として認識されるのであって，『LOVE』

のシリーズ商標といった認識を持たせるというものではない。」
〔アンケート調査〕
　「証拠（甲70，71の1・2，72）によると，原告が株式会社ケーアンドリサーチデータに委託して，15歳（高校生）以上の男女814人を対象に，東京都の街頭において，本件商標が付された包装箱を示して，包装箱のブランド名を何と読むか尋ねる調査をしたところ，①最初に包装箱のブランド名を何と読むか尋ねた結果は，『ラブパスポート』が49.6％，『ラブ』が33.3％，『その他』6.9％，『わからない』10.2％であった，②そこで，他に読めるブランド名があるか重ねて尋ねた結果は，『ある』が12％，『ない』が88％であった，③『ある』と答えた者に何と読むか尋ねた結果は，『パスポート』が38.8％，『ラブパスポート』が13.3％，『ラブ』が2％，『その他』45.9％であった，と認められる。
　上記調査結果によると，本件商標が付された包装箱について，最初に包装箱のブランド名を何と読むか尋ねたときには，『ラブパスポート』と答えた者が約半数存し，他に読めるブランド名があるか重ねて尋ねたときにブランド名を答えた者では，『パスポート』と『ラブパスポート』の合計が約半数存したのに対し，最初に包装箱のブランド名を何と読むか尋ねたときには，『ラブ』と答えた者は約3分の1であり，他に読めるブランド名があるか重ねて尋ねたときにブランド名を答えた者では，『ラブ』と答えた者は2％にすぎなかったのであるから，これらの調査結果から，本件商標は通常『ラブ』と読まれるということはできない。なお，上記調査において，最初に包装箱のブランド名を何と読むか尋ねたときに，15歳から19歳の女性の51.1％が『ラブ』と答えたことが認められる（甲70）が，15歳から19歳の女性は，女性全体の5.5％にすぎず（甲70），これから直ちに本件商標は通常『ラブ』と読まれるということはできない。
　むしろ，上記調査結果からすると，本件商標は『ラブ』ではない読まれ方をするというべきである。」
　■　Love cosmetic・ラブコスメ事件（大阪高判平20・11・7 裁判所ホームページ）――侵害系（非類似）

（原告登録商標）　　　　　　　　　（被告標章１）

LOVE　　≠

（被告標章２）

ラブコスメ

　被告標章「Love cosmetic 及び図形」，「ラブコスメ」（化粧品）は，原告登録商標「LOVE」（化粧品）に類似しないから，商標権侵害を構成しないと判断された事案。被告標章「Love cosmetic」を一体として要部と判断している。
　しかしながら，査定系の事件（知財高判平20・6・25裁判所ホームページ）では，出願商標「Love cosmetic 及び図形」は，引用登録商標「LOVE」に類似すると判断されている。出願商標の内「cosmetic」は化粧品を意味し，出所識別機能がなく，「Love」の部分に出所識別機能があると判断されたためである。
　「『Love』は，我が国においても極めて周知度の高い英語であり，『愛』『恋愛』という観念から，肯定的に受容され，普遍的に好感を持たれる語ということができ，化粧品に限っても，『Love』『ラブ』の語を含む登録商標は多数に上ることが認められ（乙32，弁論の全趣旨），化粧品以外の商品・役務においても，これらの語を含む商品名やブランド名等が多数存在することは公知である。そして，それゆえに，これらの語は商品等の標章に用いるものとしてはやや陳腐であって，少なくとも『Love』『ラブ』単独では，化粧品に限らず，商品識別・出所表示の機能は弱く，他の語と連結されることによりそれと一体のものとして商品識別機能を果たす場合も多いものと考えられる。
　他方，『cosmetic』は，『化粧品』を意味する英語で，比較的周知度が高いとはいえ，日本人にとって必ずしも易しい単語とはいえないから，通常の需要者が，控訴人標章中『cosmetic』の部分を，『化粧品』と同等に，控訴人商品が化粧品であると意味するにすぎないと直ちに理解するとまではいえず，この語に自他商品識別能力がまったくないとはいえない（この点

は,「Love cosmetic」ないし「ラブコスメティック」と,これらと観念上はほぼ同一といえる「ラブ化粧品」という表記とを対比すれば明らかである。)。加えて,『Love』と『cosmetic』がいずれもアルファベット表記であることを考慮すると,『Love』と『cosmetic』とを結合した一体の標章として認識されやすく,称呼としても通常『らぶこすめてぃっく』と一連のものとして称呼されるものと考えられるから,必ずしも『Love』のみが要部であるということはできず,むしろ『Love cosmetic』が一体として要部となるとみるのが相当である。」

「以上の事情に加え,被控訴人商標の使用実績が微々たるものにとどまることも併せ考えると,通常の化粧品の需要者が,控訴人HPや控訴人カタログ掲載の商品を通常の化粧品と誤認して購入する可能性や,被控訴人商品の需要者が控訴人商品を被控訴人商品と誤認混同し,又は出所を誤認混同するとはいえない。」

■ Agatha Naomi 事件（知財高判平21・10・13裁判所ホームページ）——侵害系（類似）

被告標章「Agatha Naomi」(装身具)は,原告登録商標「AGATHA」(装身具)に類似し,商標権侵害を構成すると判断された事案。

原審（東京地判平21・2・27判時2034号95頁）は,被告標章の構成部分全体を原告登録商標と対比すべきであるから,原告登録商標と類似しないと判断していた。

「アクセサリーの分野において『AGATHA』が周知性を有し,取引者,需要者に対し商品の出所識別標識として強く支配的な印象を与えることに照らすと,被控訴人各標章からは,『Agatha Naomi』という一連の称呼・観念が生じるとしても,それだけでなく,『Agatha』という称呼・観念も生じ得るものと解するのが相当である。」

「『Agatha』がアクセサリーや宝飾品に使用されるときは,称呼及び観念が同一又は類似であることに照らすと,デパートにおける販売とインターネットを通じた通信販売という販売方法の相違を考慮してもなお,被控訴人各標章中の『Agatha』は,周知の『AGATHA』との出所を誤認混同するおそれがあるといわざるを得ず,両者は,全体として類似といわざるを得ない。」

(3) **図形商標**

■　日本テレコム事件（東京高判平12・9・21裁判所ホームページ）――査定系
（類似）

　本件商標「図形」（電気通信機械器具）が，引用商標「図形」（電気通信機械器具）と類似すると判断された事案。
　「取引者・需要者が，図柄によって構成される商標について，必ずしも，図柄の細部まで正確に観察し，記憶し，想起してこれによって商品の出所を識別するとは限らず，商標全体の主たる印象によって商品の出所を識別する場合が少なくない。これは，我々の日常の経験に照らして明らかである。また，商標の使用は，種々の態様において行われ，大きさ，向き，その上に商標を示すもの（紙か板か布か金属かなど）等において多様であり得ることも，当裁判所に顕著である。
　これらのことを前提にして考えると，本件商標と引用Ａ商標について，時と所を違えて離隔的観察をした場合，外観上，最も看者に強い印象を与えるのは，大リングと小リングが相互に一部重なるように配置されている点であるというべきである。この点が一見したとき最初に認識し得る基本的な特徴であるからである。
　外観上，次に看者に強い印象を与えるのは，大リングが楕円形で，楕円の長径の一端におけるリングの肉厚が最大とされている点であるというべきである。この点が商標全体における最も大きな部分を占め，前記の基本的な特徴に次ぐ主要な特徴といい得るものであるからである。したがって，時と所を違えて離隔的観察をした場合，看者は，一般に，本件商標と引用Ａ商標の上記一致点について強い印象を受け，これを記憶し，想起するものと認める

ことができる。

相違点についてみると，小リングの具体的形状，大リングに対する大きさの比率の違い，大小リングの配置も，無論，看者に印象を与えないということはないものの，本件商標における小リングの形状，大小リングの配置等は，商標の類否判断の観点からは，いずれも，引用Ａ商標と比べて些細な変形，変種としかみることができない。したがって，本件商標と引用Ａ商標とは，商標の構成全体の有する外観上の印象が相紛らわしいものといわざるを得ない。」

■ 犬のシルエット事件（東京高判平13・10・24裁判所ホームページ）──査定系（類似）

（登録商標）　　　　　　　（引用商標）

登録商標「犬のシルエット」（被服）が，引用商標（被服）に類似すると判断された事案。

■ 犬のシルエット商標権侵害事件（東京高判平15・3・13裁判所ホームページ）──侵害系（類似）

（原告登録商標）　　　　　　（被告標章1）

上記犬のシルエット事件で，登録が取り消された被告標章が原告登録商標

に類似するとして，商標権侵害が認容された事案。被告は，損害賠償金約4894万円の支払を命じられた。被告標章の登録は異議申立てで取り消されたため，中用権も認められなかった。

「両者の犬の図形はいずれも，尾をほぼ水平方向に延ばし，左向きで立った姿勢を保ち，黒塗りで描かれているという特徴が共通であり，このような基本的な特徴が，これに接した一般需要者に強く印象付けられるというべきであるから，両者は外観（観念及び称呼も同様と考えられる。）において類似する。

確かに，被告標章1と原告商標1とは，以下のとおりの若干の相違点が存する。すなわち，被告標章1の犬の図形は，①足先が太く，前足と後足をそれぞれ開き，交互に踏み出している，②頭部が左水平方向に向いている，③胴部が全体的にわたって太い，④尾が右水平方向よりやや上方に延びて，全体に太いという点があるのに対して，原告商標1の犬の図形は，①足先が細く，前足はそろえ，後足はやや開いている，②頭部が水平方向よりやや上方に向いている，③胴部の中央付近が大きく絞られている，④尾が右水平方向に延びて，先端が細くすぼまっている点があるので，若干相違する。

しかし，被告標章1及び原告商標1もともに，被服等にワンポイントマークとして縫いつけられたり，刺繍されたりするなど，比較的小さく表示され，上記の細部における相違点はほとんど目立たないものと認められる（証拠）ことに照らすならば，上記の相違点は，被告標章1が原告商標1に類似するとの前記判断に消長を来さないというべきある。」

「登録異議申立ては，商標掲載公報発行の日から2月以内という短期間に限り，申し立てることができるものであるから（同43条の2），無効審判請求の場合において長年にわたる努力により信用を蓄積してきた企業について中用権を認めることを正当化するような事情は，登録異議申立ての制度において認めることはできない。したがって，商標法33条の規定を，登録異議申立てがなされた場合に類推適用することはできない。」

(4) 識別力との関係

① 登録商標の識別力のない部分からは，商品の出所識別標識としての称呼，観念は生じない。

② 使用商標の識別力のない部分からは，商品の出所識別標識としての称

呼，観念は生じない。

③　識別力のない語を付加することにより非類似となる場合がある。

(a)　審決取消事件

■　函館こがね事件（東京高判平1・7・27判例工業所有権法7251の18頁）

引用商標「小金」（登録第659916号／32類味付さきいか）

「ハコダテコガネ」の称呼のみが生ずる。引用商標に非類似。

「こがね」の部分の識別力が弱く，それに地名が結合し，称呼も7音にすぎない簡潔な商標である。

■　HYPERchannel事件（東京高判平7・11・14知的集27巻4号880頁）

引用商標「NEW HYPER」，「NATIONAL HYPER」（登録第959780号，登録第1904420号）

出願商標「HYPERchannel」（旧11類電子計算機用デジタルデータ信号高速転送装置）は，引用商標に類似する。

「HYPER」に識別力がないとはいえない。簡易迅速を尊ぶ取引の実際においては，大文字「HYPER」と小文字「channel」に分離されて認識される。

■　南アルプス天然水事件（東京高判平10・11・26判例集未登載）

引用商標「南アルプス」（登録第2669597号／平成6年5月31日登録／旧29類ミネラルウォーター）

「南アルプス天然水」の文字は，「南アルプス山麓から湧き出した自然の水」の意を理解させるものであり，「南アルプス」の文字部分を単に商品の品質，産地を表示したものと理解するに止まり，自他商品の識別標識として機能する文字とはいえない。してみれば，出願商標「SUNTORY／南アルプス天然水」からは，「サントリー」の称呼のみが生ずる。よって，引用商標に類似しない。

■　うどんすき事件（最判平10・12・17判例集未登載）

引用商標「うどんすき／UDONSUKI／ウドンスキ」（登録第553621号／昭和35年7月29日登録／45類他類に属しない食料品及び加味品）外

出願商標「杵屋（きねや）うどんすき」は，引用商標に類似しない。

「うどんすき」の文字は，取引者，需要者に「うどんを主材料とし魚介類，鶏肉，野菜類等の各種の具を合わせて食べるなべ料理」の一般名称と認識さ

れており，一般名称化している。
- おとなの特選街事件（東京地判昭62・10・23判時1255号32頁）

登録商標「特選街」と「おとなの特選街」を非類似と判断

(b) 侵害事件
- ORGANIC BEER 事件（東京地判平10・12・22判時1678号146頁）

原告商標「ORGANIC」（登録第2632333号／平成6年3月31日登録／旧28類酒類）

「ORGANIC」は，有機栽培の農作物及びこれを原材料に用いた加工品という，農産物及びその加工品の品質，原材料等を意味するものと広く認識されているので，被告標章「ORGANIC BEER」は，原告商標に類似しない。

- 河内ワイン事件（大阪地判平11・1・26判例集未登載）

原告商標「河内ワイン」（登録第230541号，2721569号／平成3年4月30日，平成9年5月23日登録／旧28類ぶどう酒）

「河内」は，大阪府南東部地域の旧国名であり，現在も同地域一体を指す呼称として使用されている産地表示であり，また，「ワイン」はぶどう酒を意味し，「河内ワイン」からは，河内地方で産出したぶどうを原料として製造されたぶどう酒，又は，河内地方で製造されたぶどう酒を想起するものと認められる。原告商標は，商標法3条2項により登録されたものであるが，これは誤って登録されたものである。原告商標の「河内ワイン」の部分は原告商標の要部ということはできない。

- コダック QT 事件（東京地判平11・7・23裁判所ホームページ，東京高判平12・1・26裁判所ホームページ）――侵害系（非類似）

原告商標「Cutie」（登録第2237796号／平成2年6月28日登録／旧10類写真材料等）。被告の標章「QT」（レンズ付きフィルム）は，原告商標に類似しないと判断された事案。
〔東京地裁判決〕
　「被告商品の包装袋上には，被告標章が付されている他に，『Kodak』，『スナップキッズ』，『ADVANTIX』，包装袋の中央にデザイン化した『Q』の図形の標章等が付されている（甲三）。また，被告がインターネット上で行った被告商品の広告においては，被告標章の他に，『クールなフェイスの，キュートなQt。』『おしゃれ心いっぱい！ちょっぴり大人のキュートなQt』，『FUN COLORS，APS対応レンズ付きフィルム Qt』等の表示がされたり，『Qt ははずせない』等の台詞が流されたりしている（甲一〇，一二ないし一五）。
　3　右認定した事実を基礎に，被告標章と本件登録商標の類否について検討する。
　被告標章は，前記のとおり，欧文字の『Q』及び『t』との印象を与える図形から構成されるが，それぞれの図形は，一部に奇抜な形状を用いたり，水玉や縞模様による装飾を施したりして，全体としては，やや統一性に欠け，多様性を重視したような図柄が選択され，そのために，『にぎやか』，『はなやか』あるいは『雑然とした』印象を与え，主に若者に対し，強い訴求力を持つものとなっている。
　そうすると，本件登録商標が，さほど特徴があるとはいえない欧文字の『Cutie』からなるのに対し，被告標章は，前記のような特徴を備えた特有の図形からなるものであり，両者は，その外観において著しく異なり，前記取引，広告等の状況等を考慮すると，一般消費者が，商品の出所について，誤認混同する恐れはないと解される。したがって，被告標章は本件登録商標と類似しない。
　確かに，被告標章からは『キューティ』の称呼が生じ，被告標章と原告登録商標とは称呼において類似するといえるが，両者の外観における相違点が著しい点に照らすならば，称呼が類似する点を考慮してもなお商品の出所の誤認混同を来すことはないと解され，したがって，前記の判断を左右するものとはいえない。

また，被告は，被告商品の広告において，装飾を施さない欧文字『Qt』を用いたりした例があるが，この点も，格別，前記の判断を左右するものではない。さらに，被告は，被告商品の広告において，『キュートな』との点を強調している例があるが，そのような修飾語が付加されたとしても，被告標章に『キュートな』との観念が生ずるとまではいえない。」
〔東京高裁判決〕
　「右認定に係る本件登録商標及び被控訴人標章の外観，観念，称呼によれば，両者の称呼は同一であるものの，本件登録商標が『Cutie』とのさほど特徴があるといえない欧文字からなるのに対し，被控訴人標章は，部分的に奇抜な形状を用いたり，水玉模様や縞模様による装飾を施したりした図形の印象を与えるものであり，たとえこれを図案化した文字からなると見るとしても，その文字は『Q』と『t』であるから，両者は外観において著しく相違するものと認められ，さらに，本件登録商標から『かわいい娘（女の子）』との観念が生じることもあるのに対し，被控訴人商標からは特定の観念が生じないものであって，これらの外観，観念，称呼に基づく印象，記憶，連想等を総合して，全体的に考慮し，さらに，前示被控訴人商品に係る取引及び広告の実情をも併せ考えると，被控訴人標章及び本件登録商標が，同一又は類似の商品に使用されたとしても，取引者・需要者が，商品の出所につき誤認混同を来たすおそれはないものと認められる。」

　■　「TASTEA」事件（東京地決平11・11・10（平成11年（ヨ）第22130号））

　缶コーヒーに「TASTY」と表示することは，登録商標「テースティ／TASTEA」（登録第2724057号／平成10年4月3日）の商標権侵害を構成しない。

　債権者商標は，外観上，「TASTY」の語と「TEA」の語が一体化したかのような「TASTEA」という文字部分を有し，この外観によって，取引者・需要者に対し「おいしいお茶」という意味の観念を想起させ得るところに，自他商品の識別に関する特徴を有し，「テースティ」なる称呼のみには，自他商品の識別に関する特徴を見出すことはできない。

　債務者商標「TASTY」には，このような外観はなく，観念もない。そして，「TASTY／テイスティ」なる語が元来自他商品の識別力に乏しいこと（取引者・需要者に広く認識されている）を考えあわせれば，称呼において債権者

商標と類似するとしても、取引者・需要者に与える印象は債権者商標のそれと著しく異なるといわざるを得ず、両者が類似すると認めることはできない。
■ 「TASTEA」抗告事件（東京高決平12・1・25（平成11年（ラ）第2581号））
「GEORGIA」の文字よりも本件缶コーヒーの表示程度に目につくように表示することは、普通に用いられる方法の範囲内（Morinagaミルクココアでもミルクココアが大きく使用されている）。よって、債務者標章の使用は、商標法26条1項2号に該当する。

(5) 周知・著名性との関係
① 引用商標が著名な場合には、引用商標と出願商標を類似と判断する可能性が高くなる。
② 出願商標が著名な場合には、引用商標と非類似と判断する可能性が高くなる。
③ 双方著名な場合も非類似と判断する傾向が高くなる。
(a) 原告商標が著名な場合——同じ分野・他分野での類否判断
■ 松浦漬事件（福岡地判昭42・3・31判夕209号225頁）——同分野登録商標「松浦漬」（旧45類粕漬け等）の周知著名性を斟酌して、使用商標「美鶴松浦」及び「美鶴松浦漬」との類似を認定した判決である。
■ EXXON事件（東京高判昭55・9・18判例工業所有権法2695の100頁）——他分野
登録第835279号商標「EXXON」（旧1類化学品等）は、「EXXON」が世界最大の石油会社であることが考慮され、引用商標「エキソ」（旧1類：化学品等）と類似しないと判断されている。
■ 寳事件（東京高判昭60・10・15無体集17巻3号444頁）——他分野
出願商標「寳」（旧32類加工穀物等）は、酒類等のメーカーである出願人の商標として周知・著名であり、当該商標が使用された指定商品は、取引者、需要者により、出願人の製造販売にかかるものと認識される蓋然性が高いとして、当該商標は、引用商標「宝福一」（32類野菜のつけ物等）と類似しないと判断されている。
■ KODAK事件（東京高判平2・9・10無体集22巻3号551頁）——他分野・双方著名

出願商標「KODAK」(旧1類化学品等)は，カメラ・フィルムについて著名であり，指定商品については，著名でないとしても，指定商品に当該商標が使用された場合，出願人の製造・販売にかかる商品であると認識される蓋然性が高いとして，当該商標は，引用商標「コザック」(旧1類化学品等)に類似しないと判断されている。

■ LANCEL 事件（東京高判平5・6・29判例集未登載）――他分野

出願商標「LANCEL」(旧25類紙類，文房具類)は，バッグについて著名であり，ごく日常的な身回品であるバックと文房具類の取引者ないし需要者層が重なりあう場合が多いため，当該商標の付された文房具類は，出願人の製造販売に係る商品であると認識するとして，当該商標は，引用商標「ラッセル／RUSSELL」(旧51類文具類)と類似しないと判断されている。

■ Dogers 事件（東京高判平4・3・10知的集24巻1号384頁）――他分野

出願商標「Dogers 及び図形」(旧30類菓子，パン)は，当該商標から，米国プロ野球大リーグ所属のチームである「ドジャーズ」を想起するから，引用商標「ロヂャーズ」(旧30類菓子，パン)と類似しないと判断されている。

■ TokyoWalker 事件（東京高判平15・10・21裁判所ホームページ）――他分野

登録第3302571号商標「TokyoWalker」(25類被服等)は，当該商標は雑誌名として全国で周知著名であり，雑誌と被服の消費者は一般消費者で重なり，当該商標が使用された被服に接した消費者は，登録権利者又は雑誌に関係する商品であると想起することが考慮され，当該商標は，引用商標「ウォーカー」(旧17類被服等)と類似しないと判断されている。

■ BALMAIN 事件（知財高判平17・4・19裁判所ホームページ）――同分野

（出願商標）		（引用登録商標）
BALMAIN	≠	Valman

リアルな世界でも，指定商品「被服」の需要者は，商品を手にとり，ブランド，価格，色等を確かめて商品を購入し，取引者は商品の品番により取引する，「BALMAIN」の周知性といった取引の実情も参酌され，出願商標「BALMAIN」は，引用登録商標「Valman」，「バルマン」に類似しないと判断されている。(取引の実情：被服は手にとってブランドを確認，出願商標の周知性)

(b) 被告商標が著名な場合
■ CAMEL事件（大阪地判平4・1・30判時1419号101頁）

世界的に著名なタバコの商標「CAMEL」及び「CAMEL及びラクダの図形」の商品「トレーナー」への使用について，当該商標の著名性を斟酌して，登録第407360号商標「ラクダ印メリヤス」（旧36類シャツ等）と類似しないとした判決がある。

■ 小僧寿し事件（最判平9・3・11民集51巻3号1055頁）

原告登録商標「小僧」（旧45類他類に属しない食料品及び加味品）と被告商標「小僧寿し」を，「小僧寿し」が著名なフランチャイズチェーンの略称として需要者の間で広く認識されている場合において，右フランチャイズチェーンにより使用されている「小僧寿し」，「KOZO ZUSHI」等の文字標章は，標章全体としてのみ称呼，観念を生じ，「小僧」又は「KOZO」の部分から出所の識別表示としての称呼，観念は生じないものであって，「小僧」なる登録商標と類似しない。

4　特許庁と裁判所の違い

特許庁[*4]と裁判所[*5]の類否判断の違いをざっくりと整理すると，以下のとおりとなる（■図表1−2−2も参照）。

審査官のサーチツールが歴史的に称呼をベースにできており，多くの登録商標（170万件以上存続している）との類否判断をしなければならない事情も，審査官が称呼を重視する点に影響していると考えられる（マルチの判断）。

審判及び裁判は，1対1の関係で商標の類否を判断すれば足りるので，総

■図表1−2−2

判断主体	傾　　　向
審査官	称呼重視。音声学・音韻学。サーチの関係もある。
審判官	審査官と裁判所の中間。最近，外観・観念を重視する傾向がみられる。
裁判所	外観，取引の実情を重視。
外　国	外観を重視するところが多い。

合的な判断をしやすいといえよう（バイの判断）。

　歴史的にみると，商標条例施行細則15条（明治25年12月1日施行）は，「同一商品に使用セントスル二箇以上ノ商標ニシテ左ニ記載スル場合ノ一ニ該当スルトキハ互ニ類似シタルモノトス
　一　離隔上ノ観察ニ於テ差異ナキトキ
　二　商標上ヨリ生スヘキ自然ノ称呼同一ナルカ又は相紛ハシキトキ」と規定していた。

　すなわち，称呼が同一又は紛らわしいときは，類似と判断するように商標条例施行細則で定めていた(＊6)。

　音商標の導入が，商標の類否判断にどのように影響を与えるのか注目される。文字商標同士の場合でも，称呼同一の場合には，外観，観念が異なっても，類似するとの判断がでる可能性も考えられる。

【注】
(＊1)　出願商標「SINKA」（ミシン）が，引用登録商標「シンガー」（ミシン）を，シンガーの世界的な著名性を具体的取引事情を考慮して，類似と判断（旧商標法2条1項9号）。最判昭35・10・4民集14巻12号2408頁。
(＊2)　判例評釈として，飯村敏明「商標の類否に関する判例と拘束力——最三小判昭和43年2月27日判決を中心として」L&T 52号（2011年7月）51頁乃至59頁がある。飯村敏明弁護士（元知的財産高等裁判所所長）は，「同最高裁判決が，商標の類否について，類型的・画一的な判断手法を否定して，個別具体的な取引の実情を基礎にした適切な判断を導くことができるような手法を意図して創造した判例であることが伺える。」と指摘している。
(＊3)　判例評釈として，土肥一史「結合商標の類否定判断」高林龍＝三村量一＝竹中俊子編『現代知的財産法講座Ⅲ　知的財産法の国際的交錯』（日本評論社，2012年）231頁乃至250頁がある。
(＊4)　審判，裁判所の最近の傾向を分析し，批判を加える論文として，松田治躬「氷山の一角『氷山事件』は怒っている——三点観察（外観・称呼・観念の類似）と取引の実情」パテ58巻9号（2005年）52頁乃至69頁，同「【続】『氷山事件』は怒っている——商標法第4条第1項第11号『商標の類似』と『取引の実情』について」パテ62巻1号（2009年）1頁乃至16頁参照。
(＊5)　牧野利秋＝飯田秀郷＝富岡英次他「牧野利秋先生に聞く——知財裁判……勇にして仁なる解決を求めて」L&T 54号（2012年）10頁，11頁参照。
(＊6)　この細則は，2014年2月15日にインドの裁判所で三村量一弁護士（元知的財産高

等裁判所判事）とともに，日本における商標の類否判断を紹介する準備をしている際に発見した。現地でご指導頂いた三村先生，JETROデリー事務所今浦陽恵知的財産部長に記して感謝申し上げる。

第3節

商品・役務の類似

1 はじめに

本節では，商品の類似，役務の類似，商品と役務の類似は，どのように判断されるか，裁判例をもとに解説する。

裁判所は，商品・役務の類否を判断するにあたり，以下の取引の実情を考慮している。

	類型	取引の実情
1	商品同士	同一営業主の製造又は販売にかかる商品か否か
2	役務同士	同一営業主の提供する役務か否か。役務提供の手段，目的，場所，提供に関連する物品（情報），需要者の範囲の同一性
3	商品と役務	同一の営業主の製造，販売，提供する商品と役務か？　需要者同一性，商品と役務の内容の共通性

2 最高裁判決

商品の類似に関する最高裁判決としては，以下のものがある。

■ 橘正宗事件（最判昭36・6・27民集15巻6号1730頁）——査定系（類似）

商品「清酒」と「焼酎」が類似するか否かが争われ，裁判所は，以下のとおり，両商品は類似すると判断している。

「指定商品が類似のものであるかどうかは，原判示のように，商品自体が取引上誤認混同の虞があるかどうかにより判定すべきものではなく，それらの商品が通常同一営業主により製造又は販売されている等の事情により，それらの商品に同一又は類似の商標を使用するときは同一営業主の製造又は販売にかかる商品と誤認される虞があると認められる場合には，たとえ，商品自体が互いに誤認混同を生ずる虞がないものであっても，（中略）類似の商品

にあたると解するのが相当である。」

■ サンヨウタイヤ事件（最判昭38・10・4（昭和36年（オ）第1388号）商標権侵害禁止請求事件　民集17巻9号1155頁）――侵害（差戻し）

商品「自転車」と商品「タイヤー」の類否が争われた事案で，最高裁は以下のとおり判示して，事件を破棄差し戻した。

「原判決は，この点について，各種タイヤと自転車及びその部分品は類似商品であるとして被上告人の請求を容認したのであるが，その理由とするところは，自転車用タイヤと自転車及びその部分品とは，その用途において密接な関連を有し，同一の店舗で同一の需要者に販売されるのが通常であるからというのである。商標権の効力として，商標権者が，指定商品のみならず，類似商品についても，類似商標の使用禁止を求めることができるのは，商品の出所について誤認混同を生ずる虞があるためであることは原判示のとおりである。しかし，商品の出所について誤認混同を生ずる虞の有無，すなわち，商品の類似するかどうかは，場合々々に応じて判断せられるべき問題であつて，類似商品に対する禁止権をあまりに広く認めることは，商標権者を保護するのあまり，他の者の営業に関する自由な活動を不当に制限する虞がないとはいえない。本件のように，タイヤーを指定商品とする商標と類似する商標を完成品たる自転車に使用したからといつて，直ちに，自転車とタイヤーとその出所について誤認混同を生ずる虞があるとは考えられない。要するに，二つの商品が用途において密接な関係があり，同一店舗において同一需要者に販売されるということだけで，両者を類似商品として被上告人の請求を全面的に容認した原判示は首肯することができない。また，自転車の部分品中タイヤーについては，被上告人の商標と類似する商標を上告人が使用することができないのはいうまでもないが，自転車の部品中には，他にもタイヤーと類似商品とすべきものもあるであろうし，そうでないものもあるであろう。さらに，自転車そのものをタイヤーの類似商品とするについては，詳細な説明を必要とするのであつて，この点に関する原判示は，理由として十分でないものがあるといわざるを得ない。論旨は理由があることに帰し，他の論点について判断するまでもなく，原判決は破棄を免れない。」

3 商品同士の類似

■ SUMCO事件（東京高判平16・7・26（平成15年(行ケ)第456号）商標権 行政訴訟事件 判時1874号122頁）——査定系（非類似）

	出願商標	引用商標
商　標	SUMCO	サームコ
商　品	「半導体ウエハ」	「電子応用機械器具」
分　類	9類	9類
類似群コード	(11c01)	(11c01)

　ウエハメーカーの専業化，それを加工できるものが限定されていることの取引の実情を考慮し，専業メーカーにより，商品が同一営業主の製造又は販売に係る商品であると誤認混同されるおそれはない。

　出願商標「SUMCO」9類「半導体ウエハ」（Cチップの製造に使われる半導体でできた薄い板（円盤状））は，先登録商標「サームコ」，「THERMCO」（電子応用機械器具）に類似すると審判で判断されたが，東京高裁は，以下の判決にあるように，商品が類似しないので，類似しないと判断した。

　「商標法4条1項11号に規定する指定商品の類否は，取引の実情に照らし，それらの商品が通常同一営業主により製造又は販売されている等の事情により，それらの商品に同一又は類似の商標を使用するときは同一営業主の製造又は販売に係る商品と誤認混同されるおそれがあるか否かによって判断されるべきである（旧商標法〔大正10年法律第99号〕2条1項9号の適用事案に係る昭和36年最判及び昭和39年最判参照。なお，同項10号〔現行商標法4条1項13号（筆者注：現在は削除）に相当〕の適用事案に係る最高裁昭和43年11月15日第二小法廷判決・民集22巻12号2559頁も同旨。）。本件において，上記(2)の認定事実に弁論の全趣旨を参酌すれば，審決時（平成15年8月22日）においては，集積回路等の生産とその原料である半導体ウエハの生産とは分業化が進み，少なくとも単結晶シリコンウエハについては，専業の半導体ウエハメーカーがこれを生産し，集積回路等を生産するデバイスメーカー等は，これを半導体ウエハメーカーから購入す

ることが，半導体ウエハ取引における常態となっていたものと認めるのが相当である。

　もっとも，上記(2)のイ(エ)のとおり，半導体ウエハメーカーの中には，半導体ウエハと集積回路等との双方を製造又は販売する兼業ウエハメーカーも見られるが，その数は決して多いとまではいえない上，そうした兼業ウエハメーカー中，比較的大手とみられるメーカーは，いずれも化合物半導体ウエハのみを取り扱っていることが認められる。他方，上記(2)のア(イ)のとおり，半導体ウエハの原料として，最も広く用いられているのはシリコンであり，シリコンは，半導体産業を支える『主要材料』ないし『代表選手』であるとされ，市場実績でも単結晶シリコンウエハと化合物半導体ウエハとの間には5倍以上もの大差があり，化合物半導体ウエハの日本市場の規模は，単結晶半導体ウエハを含めた半導体ウエハ日本市場全体の約15％を占めるにすぎないことからすれば，結局，上記兼業ウエハメーカーの存在を考慮しても，半導体ウエハという商品全体について，それと集積回路等の電子応用機械器具とが，通常，同一営業主により製造又は販売される関係にあるとまでは認められないというべきである。

　そして，半導体ウエハは，一般需要者向けの商品ではなく，半導体ウエハの需要者はデバイスメーカー等であること，半導体ウエハや半導体素子の品質及び歩留まりは，ナノ（10—9）メートル・オーダーの極微の世界で制御されるため，半導体ウエハに対する一連の加工は，大気中の微粒子を極限までろ過し，温度，湿度も制御されたクリーン・ルーム内でしか行うことができないから，その取引当事者は，こうしたクリーン・ルーム設備を保有する者だけに限られることは，当事者間に争いがない。これらの諸事情を総合考慮すれば，半導体ウエハと集積回路等の電子応用機械器具とについて，同一又は類似の商標が使用されたときに，半導体ウエハの需要者であるデバイスメーカー等において，それらの商品が同一営業主の製造又は販売に係る商品であると誤認混同されるおそれはないというほかはない。」

■ 航空機の塗装用塗料拒絶査定不服審判事件（不服2010—10565）——査定系（非類似）
商標「JETFLEX」2類「航空機の塗装用塗料」と引用商標「JETFLEXX」

2類「プラスチック基板上に使われる工業用の塗料」等は類似しない。航空機用の塗料は専門化されていて，航空機用の塗料を製造販売しているところが他の塗料を扱っていないからである。

4 役務同士の類似

■ SIMPO事件（知財高判平19・6・27裁判所ホームページ）登録——査定系
（類似）

	登録商標	引用登録商標
商　標	SIMPO	SHINPO
役　務	「機械・装置若しくは器具（これらの部品を含む。）又はこれらにより構成される設備の設計」	「ロースター又は厨房用の排気装置の設計」
分　類	42類	42類
類似群コード	42N03	42N01 （特許庁が付したもの）

　引用登録商標の指定役務，42類「ロースター又は厨房用の排気装置の設計」が登録商標の役務，42類「機械・装置若しくは器具（これらの部品を含む。）又はこれらにより構成される設備の設計」と類似群コードは異なるが類似すると判断された事案。

　「『ロースター又は厨房用の排気装置』は，『機械・装置』の一種であり，『ロースター又は厨房用の排気装置の設計』は，『機械・装置の設計』の一種であるというべきである。そうすると，引用商標の指定役務であるロースター又は厨房用の排気装置の設計は，本件商標の指定役務中，『機械・装置若しくは器具（これらの部品を含む。）又はこれらにより構成される設備の設計』の『装置の設計』の範疇に属すべき役務であるといえるから，引用商標の指定役務と，本件商標の指定役務中『機械・装置若しくは器具（これらの部品を含む。）又はこれらにより構成される設備の設計』とは，類似する役務というべきである。」

　「類似群コード番号を記載した『類似商品・役務の審査基準』は，特許庁における商標登録出願の審査事務等の便宜と統一のために定められた内規にすぎず，法規としての効力を有するものではない。」

■ HEIWA 商標権侵害事件（東京地判平18・6・30裁判所ホームページ）――
侵害系（類似）

	登録商標	使用商標
商　標	HEIWA	「Project HEIWA」 「プロジェクトヘイワ」
役　務	41類「技芸・スポーツ又は知識の教授」	パチンコ機及びスロット機の「打ち子」を募集し、登録した「打ち子」には「メーカー情報」を含むパチンコ機、スロット機の攻略情報を提供するとの内容を掲載

　登録商標の指定役務、41類「技芸・スポーツ又は知識の教授」が、被告の役務「パチンコ機及びスロット機の『打ち子』を募集し、登録した『打ち子』には『メーカー情報』を含むパチンコ機、スロット機の攻略情報を提供」と類似すると判断された事案。

　「本件ウェブページによって提供される役務は、パチンコ機、スロット機の攻略情報を提供するというものであるから、パチンコ機、スロット機に係る『技芸の教授』といい得るものであり、本件商標権の指定役務である『技芸・スポーツ又は知識の教授』と類似すると認められる。」

■ IE 一橋学院事件（東京高判平17・3・24判時1915号142頁）――査定系（類似）

	登録商標	引用使用商標
商　標	IE 一橋学院	一橋学院
役　務	41類「学習塾における教授、教育情報の提供、学習塾における模擬テストの実施」	「大学受験指導に関する役務」

　登録商標の指定役務、41類「学習塾における教授、教育情報の提供、学習塾における模擬テストの実施」が、引用使用商標の役務「大学受験指導に関する役務」に類似し、商標法4条1項10号に該当すると判断された事案。

　「原告は、原告が経営主体となって全国展開を進める『IE 一橋学院』は、主に小中学生を対象とした『個別指導塾』であるのに対して、被告が経営する『一橋学院』は、専ら大学受験に特化し、地域的にも東京都に限定された大学受験予備校であるなど、営業形態が需要者にとって全く異なってお

り，本件商標と被告使用商標との類否判断に当たっては，上記取引の実情を考慮すべきであると主張する。役務に係る商標の類比は，対比される両商標が同一又は類似の役務に使用された場合に，役務の出所につき誤認混同を生じるおそれがあるか否かによって決すべきであり，それには，そのような役務に使用された商標がその外観，観念，称呼等によって取引者，需要者に与える印象，記憶，連想等を総合して全体的に考察すべく，しかもその役務の取引の実情を明らかにし得る限り，その具体的な取引状況に基づいて判断するのが相当である（最高裁昭和43年2月27日第三小法廷判決・民集22巻2号399頁参照）。そこで，取引の実情についてみると，確かに，被告経営の大学受験予備校に係る役務は『大学受験指導に関する役務』であるところ，本件商標の指定役務は，第41類『学習塾における教授，教育情報の提供，学習塾における模擬テストの実施』であり，被告が小中学生を対象とした学習塾を経営しているものと認めるに足りる証拠はない。しかしながら，一般に，多くの学習塾や予備校において，大学受験生のみならず，小中学生をも対象とするクラスを設置している例が，少なからず見受けられるところであって，一般的な需要者の多くも，そのことを認識していることは当裁判所に顕著である。そうすると，本件商標の指定役務に係る上記の具体的な取引状況に照らし，一般的な需要者において普通に払われる注意力を基準にして判断すれば，本件商標が指定役務に使用された場合，役務の出所につき誤認混同を生じるおそれがあると認めるのが相当である。」

「上記(2)エの判示に照らせば，引用商標に係る役務『大学受験指導に関する役務』と本件商標の指定役務である第41類『学習塾における教授，教育情報の提供，学習塾における模擬テストの実施』とは，同一又は類似するものというべきである。」

第3節　商品・役務の類似

■ Careerjapan.jp 第1事件・Career-Japan 第2事件（大阪地判平16・4・20裁判所ホームページ）――侵害系（類似）

当事者	登録商標	行　為
（株）学情 第1事件原告 第2事件被告	登録商標：Career-Japan 登録番号：4409084 登録日：2000年8月18日 出願日：1999年3月19日 役務：35類――電子計算機通信ネットワークによる広告の代理，広告文の作成	被告標章「Career-Japan」が役務「求人事項のサイトへの掲載」（求人情報の提供）について，第2事件原告の出願日前に周知になっていた。1999年4月より使用開始，ドメイン名「career-japan」は，1999年1月25日に登録。 ←商標法32条の先使用権が認められる。
（株）ディスコ 第1事件被告 第2事件原告	登録商標：CAREER JAPAN 登録番号：4641861 登録日：2003年1月31日 出願日：2002年7月2日 役務：35類――求人情報の提供，職業のあっせん，電子計算機通信ネットワークによる求人情報の提供及び職業のあっせん	被告標章，「Careerjapan.jp」，「DISCOCAREERJAPAN.JP」，「DISCO CareerJapan.jp」を役務「インターネットという電子計算機通信ネットワークを利用して，採用希望企業の名称，所在地，給与，勤務時間，職務内容等の求人事項，並びに，当該企業の経営理念や活動目的，将来像，それらに適合する採用傾向等の情報を，興味・関心を惹くような構成に整理編集した上で，誰もが閲覧し得る状況に置くことによって，提供している」に使用していた。 ←電子計算機ネットワークによる広告の代理に該当。商標権侵害。

　原告の登録商標の指定役務，35類「ネットワークによる広告の代理」が，被告の役務「求人情報の提供」に類似すると判断された事案。被告の登録商標は，原告の登録商標の後に出願され，登録されていたため，被告標章の使用は商標権侵害を構成すると判断された。

〔第1事件〕

　Careerjapan.jp 事件（大阪地判平16・4・20裁判所ホームページ）では，原告登録商標の指定役務「電子計算機通信ネットワークによる広告の代理」と被告の役務「求人情報の提供」が抵触するかが問題となり，裁判所は，「被告は，

インターネットという電子計算機通信ネットワークを利用して，採用希望企業の名称，所在地，給与，勤務時間，職務内容等の求人事項，並びに，当該企業の経営理念や活動目的，将来像，それらに適合する採用傾向等の情報を，興味・関心を惹くような構成に整理編集した上で，誰もが閲覧し得る状況に置くことによって，提供しているということができる。そして，求人情報の提供，広告，広告代理といった業種を同一企業が営んでいる例があり，被告自身も広告代理をその業務の1つとしている（なお，商標法施行令及び同法施行規則による役務の区分において，「求人情報の提供」は，従前は，気象情報の提供と並べて第42類に分類されていたが，平成13年の改正により，「広告」と同じ第35類に移されていることも，現代では両者が近い関係にあるとされていることを示しているといえる。）。したがって，役務の提供の手段，目的又は場所の点においても，提供に関連する物品（本件の場合は情報）においても，需要者の範囲においても，業種の同一性においても，被告が被告サイトにて行っている業務は，広告代理業務と同一ないし類似するということができる。」と判示して，役務の類似性を肯定している。

〔第2事件〕

第1事件原告には，商標法32条の先使用権が認められるので，商標権侵害を構成しない。

「原告は，被告商標が出願されるより約2年半前から，20歳代から30歳代の高学歴の男女を対象とし，東京，大阪あるいは名古屋を中心とする地域に所在する企業の求人事項を，原告標章を使用した原告サイトにおいて掲載しており，そのことは原告サイト立上げ以降原告が打ち出した広告等により，徐々に東京，大阪あるいは名古屋を中心とする地域において認識されるに至っていたということができる。そして，被告商標出願時には，原告標章は，インターネット上で求人事項の掲載等を行う原告の役務を示すものとして，東京，大阪あるいは名古屋を中心とする地域において，就職情報に関心を持つ需要者層の間で広く認識されていたと認めるのが相当である。したがって，原告商標は，商標法32条1項所定の周知性の要件を満たすものというべきである。」

■ tabitama 事件（東京地判平17・3・31裁判所ホームページ）——侵害系（非類似）

	登録商標	被告標章
商　標	たびたま TABITAMA	tabitama.net
役　務	35類「広告」	「宿泊施設の情報の提供」

　被告の役務「宿泊施設の情報の提供」は，「宿泊契約締結の媒介」に付随する役務であるとして，原告の登録商標の指定役務「広告」との類似性を否定している。

　「被告サイト上の宿泊施設に関する情報提供は，利用者が個別の宿泊施設について宿泊契約を締結するかどうかを判断するために必要な情報を提供するものであるから，当該媒介業務を行うに当たって必然的に伴うものとして，第42類の役務の内容に当然含まれるものである。上記のとおり，被告が被告サイトにおいて行っている宿泊施設に関する情報提供は，宿泊契約締結の媒介業務の一部として行われているにすぎず，広告主のために広告主を明示して広告主の商品等の情報を表示することにより対価を得るという広告役務（第35類）とは異なるものというべきである。」と判示して，被告の提供している「宿泊施設の情報の提供」は，原告の指定役務「広告」に該当ないし類似しないと判断している。

■ ユニバーサルハウス商標権侵害事件（東京地判平11・8・27裁判所ホームページ）——侵害系（非類似）

	登録商標	被告標章 被告商号
商　標	U 図形 +Universal Home	U 図形 ユニヴァーサルハウス株式会社
役　務	35類「建築又は建築専用材料等の販売に関する情報の提供等」 6類「窓枠，床板，タイル等」	「受注販売住宅の設計，施工又はその管理，資材の提供」

　原告の登録商標の指定役務，35類「建築又は建築専用材料等の販売に関する情報の提供等」が，被告の役務「受注販売住宅の設計，施工又はその管理，

資材の提供」と類似しないと判断された事案。

「役務相互が類似するかどうかは、それらの役務に同一又は類似の商標を使用した場合に、それらの役務が同一の事業者の提供に係る役務と誤認されるおそれがあるかどうかという観点から判断されるべきところ、本件商標権のうちの第35類に属する指定役務の内容と被告役務の内容とを対比して見ると、両者の内容は全く異なり、本件商標権の指定役務の提供と自ら企画した住宅を注文販売し、その際、建物を設計し、施工又は施工の管理を行い、建築には被告の建築資材を使用するという役務（被告役務）の提供が通常同一の事業者によって行われるとはいえず、また、右指定役務の需要者は主として建築等の業者であるから、一般消費者を需要者とする被告役務と需要者の範囲が一致するともいえず、さらに、指定役務の提供場所と被告役務の提供場所が一致するともいえないことからすると、被告役務に本件商標権のうちの第35類に属する役務を指定した登録商標に同一又は類似する商標を使用しても、指定役務を提供する事業者の提供に係る役務と誤認されるおそれがあるとは認められない。」

5　商品と役務の類似

■　アイコム審決取消事件（東京高判平12・10・10裁判所ホームページ）——当事者系（非類似）

	登録商標	引用登録商標
商　標	株式会社アイコム	アイコム株式会社
役　務 商　品	42類「電子計算機のプログラムの設計・作成又は保守、電子計算機による計算処理その他の情報の処理、電子計算機のプログラムの設計・作成又は保守のコンサルティング、電子計算機用プログラムを記憶させた電子回路・磁気ディスク・磁気テープの貸与」	11類「電気機械器具、電気通信機械器具、電子応用機械器具（医療機械器具に属するものを除く）、電気材料」

登録商標の指定役務、42類「電子計算機のプログラムの設計・作成又は保守、電子計算機による計算処理その他の情報の処理、電子計算機のプログ

ラムの設計・作成又は保守のコンサルティング，電子計算機用プログラムを記憶させた電子回路・磁気ディスク・磁気テープの貸与」が，引用登録商標の指定商品，旧11類「電気機械器具，電気通信機械器具，電子応用機械器具（医療機械器具に属するものを除く），電気材料」と類似しないと判断された事案。

登録商標「株式会社アイコム」と引用登録商標「アイコム株式会社」等は類似するが，役務と商品は類似しないと判断している。

「本件役務は，『電子計算機のプログラムの設計・作成又は保守』等であるのに対し，引用商標の指定商品は旧第11類の『電気機械器具，電気通信機械器具，電子応用機械器具（医療機械器具に属するものを除く），電気材料』であるところ，旧別表第11類掲記の機械器具は多種多様なものにわたっており（現行では，第9類及び第11類に含まれている。），例えば，『電気機械器具』には，民生用電気機械器具として電気洗たく機，電気冷蔵庫，電気がま，電気掃除機等があり，また，『電気通信機械器具』には，放送用機械器具としてラジオ送受信機，テレビジョン送受信機があり，『電子応用機械器具』には電子計算機がある。そして，これらの機械器具には電子計算機のプログラムが格納されることが多く，今日において，マイコンチップに埋め込まれたプログラムは多くの電化製品に組み込まれて使用されていることは，当裁判所に顕著である。この場合において取引の対象，形態等の観点からみれば，電子計算機のプログラムがこれらの機械器具の部品に相当するものということができる。他方，これら機械器具に収められずに機能する電子計算機のプログラムも存在するのも事実である（甲第14号証は，被告が提供する役務である『移動体管理配車支援システム』のパンフレットであるが，そこには，パーソナルコンピューター等の電気機械器具等を有機的に関連付ける電子計算機のプログラムの概念図が示されており，全体としてのプログラムは特定の機械器具のみに組み込まれるものでないことが明らかである。）。そもそも，電子計算機のプログラムはそれ自体で取引される性質を有し，例えば，原始的ではあるが，プログラムの内容を印刷して提供することもあり得るし，近時はインターネットを介してプログラムが供給される機会も多くなっているから，プログラムと電気機械器具等の供給が別個に消費者に提供される可能性も高い。プログラムの提供がその提供者自らの手によって電気機械器具等に組み込まれることもあり得る。電気機械器具等がパー

ソナルコンピューターのように汎用性の高い製品であれば，そのためのプログラムは機械器具との取引上の独立性は高く，プログラムと機械器具とは別個に消費者に供給される可能性は高まるということができる。さらに，本件役務のうち，『電子計算機のプログラムの設計・作成又は保守，電子計算機による計算処理その他の情報の処理，電子計算機のプログラムの設計・作成又は保守のコンサルティング』が，一般的には引用商標の指定商品とは別個に提供されるものであることはいうまでもない。

　これらの事実関係からすると，本件役務と，引用商標の指定商品とは取引の対象，形態，流通経路を共通にする場合があり得るとしても，多くの取引の対象，形態，流通経路について共通するものではないというべきであり，一部共通する場合のあり得ることをもって，両者が直ちに類似するものであるということはできない。」

■　ICOM商標権侵害事件（大阪地判平13・4・26裁判所ホームページ）——侵害系（非類似）

	登録商標	被告標章
商　標	ICOM アコム 株式会社アイコム	アイコム AVM システム （自動車両位置表示システム）
役　務	42類：電子計算機のプログラムの設計・作成又は保守	自動車両位置表示システム
当事者	原告：株式会社アイコム	被告：アイコム株式会社

　原告の登録商標の指定役務，42類「電子計算機のプログラムの設計・作成又は保守」が，被告の商品「自動車両位置表示システム」に類似しないので，商標権侵害が否定された事案。

　「本件被告システムは，GPS（Global PositioningSystem）で車両の位置を把握し，そのデータを無線で転送し，車両の位置や進行方向，作業状況等を指令局（事務所）のコンピュータ画面にリアルタイムで表示するシステムである。……以上の事実からすれば，本件被告システムは，全体として，商標法上の商品（通信機器に類似するもの）というべきであり，本件被告標章(1)及び(2)は，当該商品の出所を表示するものとして使用されているというべきである。本

件被告システムには，フロッピーディスクに記憶されたシステムソフトウエア『AV—100B』が含まれているが，本件被告標章(1)及び(2)の使用状況からすれば，同標章はあくまでも本件被告システム全体の出所を識別するものとして機能していると認められる上，本件被告システムに含まれる上記システムソフトウエアは，予め，被告において開発されたソフトウエアが記憶媒体に記憶されたものであり，需要者の求めに応じて個別的に開発作成されるソフトウエアではないから，上記システムソフトウエアが本件被告システムに含まれていることをもって，本件被告システムの販売を，ソフトウエアの作成という役務の提供と見ることはできない。」

「原告は，被告が，本件被告システムについての電子計算機のプログラムの設計・作成又は保守に関する役務を行っていると主張する。しかし，『役務』とは，他人のためにする労務又は便益であって，独立して商取引の目的たり得るものをいうと解するのが相当であるところ，上記のとおり，被告は，本件被告システムの販売に先立ち，同システム用のソフトウエアを開発したにすぎず，そのような開発行為自体を独立の商取引と見る余地はなく，需要者との関係で被告が行っているのは，そのように完成したソフトウエアを含む本件被告システムを商品として販売しているにすぎないから，原告の主張は採用することができない。」

「原告は，本件被告システムの性質上，既存のコンピュータにセットすれば足りる汎用性はなく，個別の顧客の必要に応じた設定，変更がシステムの優劣を決し重要であるとも主張する。しかし，仮に，被告が，本件被告システムを顧客に対して販売するに際して，一部その使用をカスタマイズしたとしても，それは本件被告システムという商品の販売に伴う付随的役務にすぎず，それ自体独立の商取引として行われるものではないから，そのような被告の付随的役務をもって，被告が商標法上の役務を行っていると見ることはできないというべきである。」

「商品である本件被告システムと本件商標権1及び2の指定役務である『電子計算機のプログラムの設計・作成又は保守』とが類似するかどうかについても念のために検討しておくと（この点については原告は主張していない。），証拠（乙10の1ないし10）によれば，現在のところ，本件被告システムと同種

のものは市場において商品として提供されていることが認められ，役務として提供されているものがあるとは認められない。そして，本件全証拠によっても，本件被告システムという商品が，電子計算機のプログラムの設計・作成又は保守という役務と類似することを根拠付けるような事情は認められないから，本件被告システムが電子計算機のプログラムの設計，作成又は保守と類似するとは認められないというべきである。」

■　ウイルスバスター商標権侵害事件（東京地判平11・4・28判時1691号136頁）──侵害系（類似）

	登録商標	被告標章
商　標	ウィルスバスター	ウイルスバスター ウイルスバスターNT
役　務	42類：電子計算機のプログラムの設計・作成又は保守	電子計算機用プログラムを記憶させた磁気ディスクその他の記憶装置
当事者	原告：ネットワークアソシエイツ（株）	被告：トレンドマイクロ（株）

　原告の登録商標の指定役務，42類「電子計算機のプログラムの設計・作成又は保守」が，被告の役務「電子計算機用プログラムを記憶させた磁気ディスクその他の記憶装置」と類似すると判断されたが，権利濫用により，商標権侵害が否定された事案。

　「役務に商品が類似するとは，当該役務と当該商品に同一又は類似の商標を使用した場合に，当該商品が当該役務を提供する事業者の製造又は販売に係る商品と誤認されるおそれがあることをいうものと解されるところ，ウイルス対策用ディスクと本件指定役務はその内容からともにコンピュータ利用者を需要者とするものであると認められるから，両者は需要者が同一である上，ウイルス対策用ディスクは，電子計算機のプログラムの保守に使用されるものであるから，ウイルス対策用ディスクの商品の内容と本件指定役務の内容は共通することを考慮すると，ウイルス対策用ディスクに本件商標に類似する被告標章（被告標章7を除く。以下同じ。）を使用すれば，本件指定役務を提供する事業者においてこれを製造又は販売しているものと需要者に誤認されるおそれがあるものと認められる。したがって，ウイルス対策用ディスクは本件指定役務に類似する商品に当たるというべきである。」

第4節 商標の使用

1 はじめに

　商標の使用は，不使用取消審判（商標50条），商標権侵害（商標25条・37条）において，商標権者が登録商標を使用しているか否か，被告標章の使用が商標権侵害を構成するか否か(*1)を判断する重要な概念である。

　罪刑法定主義との関係もあり，商標法2条3項に「使用」の定義について限定列挙されている。

　商標法2条3項は，「標章」についての「使用」を定義している。商標法2条1項との関係で相互に一方の定義を他方の定義に使う結果となり，問に答えるのに問をもってする結果となるのを避けるためである。「標章の使用」には，「商標の使用」が含まれる。

　本節では，「使用」の定義について，歴史的経緯も踏まえ，逐条的に解説する。

2 使用の定義の拡大（歴史的経緯）

商標の定義の拡大（商標2条1項・2項），インターネットの普及に伴い，法改正により，以下のとおり，商標の「使用」の定義も拡大している。

- 昭和34年法（昭和35年4月1日施行）──はじめて，商標の使用について定義規定が設けられた。
- 平成3年改正（平成4年4月1日施行）──サービスマーク登録制度の導入に伴い，商品に関する行為のほか，役務（サービス）の提供に関する行為（商標2条3項3号乃至6号）を追加した。役務が無形の財であり，直接標章を付することができないため，有形物を介して「使用」されることになること，また，需要者の目にふれることにより自他役務の識別

標識として機能し得るものを「使用」とすべきこととの考え方により定義。
・ 平成8年改正（平成9年4月1日施行）──立体商標制度導入にともない，立体商標についての「付する」の意味を明らかにした（商標2条4項）。
・ 平成14年改正（平成14年9月1日施行）──ネットワーク上の商標の使用行為が商標の使用にあたることを明確化（商標2条3項2号・7号・8号）。
・ 平成18年改正（平成19年1月1日施行）──「輸出」を追加した（商標2条3項2号）。
・ 平成26年改正（平成27年4月1日施行）──音商標の導入により，「音の標章を発する行為」を追加した（商標2条3項9号）。

3　商標法2条3項の逐条解説

(1)　商標法2条3項1号
〔条文〕
　1号　商品又は商品の包装に標章を付する行為
〔解説〕
　「商品」──商取引の目的たりうべき物，特に動産をいう。
　「包装」──容器を含む。しかし，未だ実際に商品を包むのに用いられていない包装用紙等は含まれない。
　「付する行為」──立体商標については，商標法2条4項を参照。
　「ダウンロード可能な出版物」，「ダウンロード可能なプログラム」は，2000年10月に採択され，2001年1月から発効したニース協定に9類の商品に含まれる商品として追加された。日本でも2002年1月1日施行の商標法施行規則6条で9類に追加し，無対物であっても商取引の対象になる場合は商品として取り扱うことを明確化した。ダウンロードしないものは，41類「電子出版物の提供」，42類「電子計算機用プログラムの提供」の役務として取り扱われる。

(2)　商標法2条3項2号
〔条文〕
　2号　商品又は商品の包装に標章を付したものを譲渡し，引き渡し，譲渡若し

くは引渡しのために展示し，輸出し，輸入し，又は電気通信回線を通じて提供する行為

〔解説〕

「引渡し」──物の上の現実の支配を移転すること。

「商品の包装に標章を付したもの」──商標の電磁的な情報が当該プログラム起動時や作業時のインターフェースに顧客が商標として視認できるよう，商標の電磁的な情報を組み込む行為をいう。コンピュータプログラムのコードデータ又はメタタグ等に商標を埋め込むことも標章を付する行為と観念的に捉えることができるが，視覚的に商標の出所表示機能を果たしていない場合には，商標としての使用から排除されることが多いと考えられる。

「輸出」──内外貨物を外国に送り出す行為。水際において輸出される段階で模倣品が発見された場合に差止等が行えるようにした。輸出行為自体は，国内で行われる行為であり，我が国の産業財産権の効力を直接的に海外における譲渡等の行為に対して及ぼすものでないため，属地主義に反しない。

「通過」──通過には，①外国から到着した貨物が単に我が国の領域を通過する場合，②我が国を仕向地としない貨物が荷操りの都合上いったん我が国で陸揚げされた後に当初仕向地に向けて運送される場合，③我が国を仕向地として保税地域に置かれた貨物が必要に応じ改装，仕分け等が行われた後に通関されることなく，我が国を積み出し国として外国に向けて送り出される場合があり，③の通過は，「輸出」に含まれる。この場合は，我が国の領域内にある。

「電気通信回線」──有線，無線，光ファイバよる通信網も含まれる。「回線」は，両方向からの通信を伝送するための無線又は有線と解されている。プログラムのダウンロードは，本号に該当するが，プログラムをダウンロードしない，すなわち，電子情報財を提供者の手許に残したまま利用させること（機能提供型ASP）は，商品とはいえないため，本号に該当しない。プログラムをCD-ROM等に記録して販売する流通行為は，従来どおり，「譲渡」，「引渡し」に含まれる。

(3) **商標法2条3項3号**

〔条文〕

3号　役務の提供に当たりその提供を受ける者の利用に供する物（譲渡し，又は貸し渡す物を含む。以下同じ。）に標章を付する行為

〔解説〕

「利用に供する物」——運送サービスにおけるバス，飲食サービスにおける食器類。

「譲渡し」——教育サービスにおいてテキストを譲渡する場合。

「貸し渡し」——自動車の貸与における自動車。

(4)　商標法2条3項4号

〔条文〕

4号　役務の提供に当たりその提供を受ける者の利用に供する物に標章を付したものを用いて役務を提供する行為

〔解説〕

実際のサービス取引の局面での「使用」を規定。

例えば，飲食サービスにおいて，食器に標章を付して，飲食物を提供する場合。

貨物空輸用コンテナに登録商標が付してある事案において，裁判所は，貨物空輸用コンテナは，「航空機による輸送」の役務における「その提供を受ける者の利用に供する物」に該当すると判示している[*2]。

(5)　商標法2条3項5号

〔条文〕

5号　役務の提供の用に供する物（役務の提供に当たりその提供を受ける者の利用に供する物を含む。以下同じ。）に標章を付したものを役務の提供のために展示する行為

〔解説〕

「展示」——役務の提供の用に供する物を店頭又は店内等に並べていわゆる客待ちにある状態をいう。

貨物空輸用コンテナに登録商標が付してある事案において，裁判所は，貨物空輸用コンテナは，「航空機による輸送」の役務における「役務の提供の用に供する物」に該当し，それが空港内で車両により牽引され移動し，若しくは機体に搬入又は機体から搬出される過程で，同役務の取引者・需要者で

ある航空機の乗客や貨物代理店の従業者により，登録商標が視認できるので，「役務の提供のために展示」に該当すると判示している[*3]。

「提供の用に供する物」——喫茶サービスで標章を付したコーヒーサイフォンを店内におく場合。

「提供を受ける者の利用に供する物」——レンタカーサービスで標章を付した自動車を店頭に並べる例。

(6) 商標法2条3項6号

〔条文〕

6号　役務の提供に当たりその提供を受ける者の当該役務の提供に係る物に標章を付する行為

〔解説〕

例えば，クリーニングサービスのクリーニング後のじゅうたん，自動車修理サービスの修理後の自動車。

(7) 商標法2条3項7号

〔条文〕

7号　電磁的方法（電子的方法，磁気的方法その他の人の知覚によつて認識することができない方法をいう。次号において同じ。）により行う映像面を介した役務の提供に当たりその映像面に標章を表示して役務を提供する行為

〔解説〕

「映像面」——事業者及び顧客の映像面。ネットバンキング等。

「その映像面」——サービス提供時の映像面と密接なつながりのある画面において商標が表示される必要があることを特定するため。

「電磁的方法」——一方向にしか情報を送れない放送も含める趣旨。

(8) 商標法2条3項8号

〔条文〕

8号　商品若しくは役務に関する広告，価格表若しくは取引書類に標章を付して展示し，若しくは頒布し，又はこれらを内容とする情報に標章を付して電磁的方法により提供する行為

〔解説〕

8号は広告宣伝手段の発達に伴う商標の広告的機能の増大を重視した結果，

「使用」の一態様の中に加えられたものである。すなわち，商標の広告的な使い方にも信用の蓄積作用があり，また，このような他人の使い方は商標の信用の毀損を招くという理由で，商標を広告等に用いる場合もその「使用」とみるべきだという見地から，現行法ではこれを商標の使用の一態様として捉えたのである。したがって，商品が製造される前あるいは役務が提供される前にその商品又は役務に使う予定の商標をあらかじめ新聞，雑誌などに広告するような場合は，その広告は既に商標の使用となるのである(*4)。

「広告」には，旧法の看板，引札を含む。さらに，街頭のネオンサイン，飛行機が空に描いたもの，テレビによる広告，カレンダー等も含まれる。

「取引書類」——注文書，納品書，送り状，出荷案内書，物品領収書，カタログ，金融サービスの預金通帳，輸送サービスの乗車券，娯楽サービスの入場券。

「これらを内容とする情報」——広告，価格表又は取引書類を内容とする情報。ホームページ上のバナー広告，自己のホームページの出所を示す広告，オンライン取引や双方向デジタルテレビ放送における契約フォーム等。

(9) 商標法2条3項9号（2015年4月1日施行）

〔条文〕
　9号　音の標章にあつては，前各号に掲げるもののほか，商品の譲渡若しくは引渡し又は役務の提供のために音の標章を発する行為

〔解説〕
　音商標に対応するため，追加された定義である。
　音の標章について，機器を用いて再生する行為や楽器を用いて演奏する行為といった，商品の譲渡若しくは引渡し又は役務の提供のために実際に音を発する行為を標章の使用行為として追加した(*5)。

(10) 商標法2条3項10号（2015年4月1日施行）

〔条文〕
　10号　前各号に掲げるもののほか，政令で定める行為

〔解説〕
　商標法2条1項に規定する「その他政令で定める」標章が追加された際に（例：TPP交渉の結果により香りの商標が導入されるような場合），当該標章に必要な

使用行為についても併せて整備することができるように，標章の使用の定義を政令委任することとした[*6]。

(11) **商標法2条4項**（2015年4月1日施行）
〔条文〕
4項　前項において，商品その他の物に標章を付することには，次の各号に掲げる各標章については，それぞれ当該各号に掲げることが含まれるものとする。
　1号　文字，図形，記号若しくは立体的形状若しくはこれらの結合又はこれらと色彩との結合の標章　商品若しくは商品の包装，役務の提供の用に供する物又は商品若しくは役務に関する広告を標章の形状とすること。
　2号　音の標章　商品，役務の提供の用に供する物又は商品若しくは役務に関する広告に記録媒体が取り付けられている場合（商品，役務の提供の用に供する物又は商品若しくは役務に関する広告自体が記録媒体である場合を含む。）において，当該記録媒体に標章を記録すること。

〔解説〕[*7]
　商標法2条4項は同条3項に規定する「商品その他の物に標章を付すること」についての解釈規定であるが，改正前の同条4項で既に明確化されている，文字や立体的形状等の標章を「付す」行為には，商品若しくは商品の包装，役務の提供の用に供する物又は商品若しくは役務に関する広告を標章の形状とすることが含まれる旨を1号として規定するとともに，今回保護対象に追加する音の標章について，標章を「付す」行為に該当するものとして，記録媒体に音を記録することが含まれる旨を2号として新たに明確化することとした。
　当該行為としては，「商品，役務の提供の用に供する物又は商品若しくは役務に関する広告」に音を記録するための記録媒体が取り付けられている場合に，当該記録媒体に音を記録する行為を想定しているが，DVDカタログのように商品等それ自体が記録媒体である場合も存在することから，これに音を記録する行為についても，音の標章を「付す」行為に含まれる旨を明確化することとした。
　なお，同号には「商品の包装」に記録媒体が取り付けられている場合を規定していないが，これは，商品の包装に音を記録するための記録媒体が取り

付けられる場合について商標法の保護を及ぼす必要性が、現状では想定されにくいためである。

「その他の物」──商品の包装、役務の提供の用に供する物（役務の提供に当たりその提供を受ける者の利用に供する物を含む）及び商品又は役務に関する広告をいう。

「広告」──広告塔、店頭人形等が含まれる。

4　不正競争防止法に使用の定義がない理由

不正競争防止法に「使用」の定義がない理由について、田村善之教授は、「商標法は使用主義ではなく登録主義を採用している関係上、未使用の商標権についても権利範囲を確定する必要があるなどのために、混同を生ぜしめる行為という判断基準を採用していない。そこで、抽象的に権利範囲を確定するために、混同基準からは価値中立的に『使用』概念をこと細かに規定しているのである。これに対して、具体的に混同を生ぜしめる行為を対象とすることとしている不正競争防止法においてはこのような硬直的かつ画一的な商標法の概念に過度に囚われる必要なく、また囚われるべきでもない。」と説明している(*8)。

【注】
(＊1)　カリカセラピ事件（大阪地判平19・9・13裁判所ホームページ）で裁判所は、「原告商品の名称及び原告商標をキーワードとして検索した検索結果ページに被告が広告を掲載することがなぜ原告商標の使用に該当するのか、原告は明らかにしない。のみならず、上記の被告の行為は、商標法2条3項各号に記載された標章の『使用』のいずれの場合にも該当するとは認め難いから、本件における商標法に基づく原告の主張は失当である。」として、広告主の商標権侵害を否定している。一方、楽天インターネットショッピングモール事件控訴審判決（知財高判平24・2・14判時2161号86頁）は、インターネットショッピングモール運営者の行為が商標権侵害を構成するか否か問題となった事件で、「もっとも商標法は、その第37条で侵害とみなす行為を法定しているが、商標権は『指定商品又は指定役務について登録商標の使用をする権利を専有する』権利であり（同法25条）、商標権者は『自己の商標権……を侵害する者又は侵害するおそれがある者に対し、その侵害の停止又は予防を請求することができる』（同法36条1項）のであるから、侵害者が商標法2

条 3 項に規定する『使用』をしている場合に限らず，社会的・経済的な観点から行為の主体を検討することも可能というべきであり，商標法が，間接侵害に関する上記明文規定（同法37条）を置いているからといって，商標権侵害となるのは上記明文規定に該当する場合に限られるとまで解する必要はないというべきである。」と判示している。

（＊2） 知財高判平27・1・29裁判所ホームページ〔JAS事件〕。
（＊3） 知財高判平27・1・29裁判所ホームページ〔JAS事件〕。
（＊4） 特許庁編『工業所有権（産業財産権法）逐条解説〔第19版〕』（発明推進協会，2012年）1264頁，1265頁。
（＊5） 特許庁総務部総務課制度審議室編『平成26年 特許法等の一部改正 産業財産権法の解説』（発明推進協会，2014年）163頁，164頁。
（＊6） 特許庁総務部総務課制度審議室編『平成26年 特許法等の一部改正 産業財産権法の解説』（発明推進協会，2014年）164頁。
（＊7） 特許庁総務部総務課制度審議室編『平成26年 特許法等の一部改正 産業財産権法の解説』（発明推進協会，2014年）164頁。
（＊8） 田村善之『不正競争法概説〔第2版〕』（有斐閣，2003年）96頁。

第5節●
事実表記と商標の使用
──他人の登録商標はどこまで使用できるか──

1 はじめに

　登録商標の保有者以外の者が，登録商標を使用している広告をよく見かける。例えば，家電量販店が，家電メーカーの登録商標と商品を広告に使用している例がある。

　また，比較広告で，商品を比較するために，他人の登録商標と自社の登録商標を一緒に使用する例がある。

　このような使用は，他人の登録商標について許諾を得ていないものであり，形式的には，商標権侵害に該当するが，原則，商標権侵害が否定されている。その理由について，実務家（特に企業の知的財産担当者）の間では，大ざっぱに，このような商標の使用は，事実表記に過ぎないので商標権侵害が否定されると説明されることがある。

　本節では，他人による登録商標の使用について，商標権侵害を否定した裁判例，肯定した裁判例を紹介し，事実表記と商標の使用の問題について，裁判例を通して考えてみたいと思う。

　また，最後に，比較広告について日本と異なった考え方をとる欧州の裁判例（L'Oréal香りの比較リスト事件）についても紹介する。

　なお，新商標法26条1項6号に商標的使用論が抗弁事由として規定されたので，今後は，事実表記の問題も主に本号中心に議論されることになる。

2 商標権侵害を否定した裁判例

(1) **中古品の広告**
■　ヘルストロン事件（大阪地判平15・3・20（平成14年(ワ)第10309号）裁判所ホームページ）

第5節　事実表記と商標の使用

〔事案〕

　登録商標「ヘルストロン」（10類：医療機械器具等）を保有し，「ヘルストロン」という名称の電位治療器（原告商品）を製造販売している原告が，「ヘルストロン」という表示を付した広告を行って中古の原告商品を販売している被告に対して商標権侵害を理由に訴えた事案で，このような使用は，登録商標の出所表示機能を害するものではないとして，裁判所は商標権侵害を否定している。

〔判決〕

「被告が，中古の原告商品の販売のために新聞，インターネットなどに掲載した広告は，『中古』又は『中古品』の文字が記載されており，その態様からして，それを見た者は，販売されている原告商品が中古品である旨を認識し，したがって，広告主である被告が，原告を出所とする中古の原告商品を販売していることを認識するものであって，広告主である被告が原告商品の出所であると認識することはないものと認められる。（中略）そうすると，被告がこのような広告を行うことは，形式的には，本件登録商標の指定商品に関する広告に本件登録商標と同一又は類似の標章を付して展示し，若しくは頒布し，又はそのような広告を内容とする情報に本件登録商標と同一又は類似の標章を付して電磁的方法により提供する行為（商標法2条3項8号，37条1号）に該当するが，商品の出所混同を招くおそれがなく，登録商標の出所表示機能を害することがないから，実質的違法性を欠くものというべきである。したがって，被告が，中古の原告商品の販売のために，新聞，インターネットなどに『ヘルストロン』の表示を付した広告を掲載していることは，商標法との関係では違法ではないというべきである。」

〔コメント〕

　本件は，事実表記と商標の使用について正面から扱った事例の1つで参考になる。需要者は，広告主である被告が，原告を出所とする中古の原告商品を販売していることを認識するものであって，広告主である被告が原告商品の出所であると認識することはないので，登録商標の出所表示機能を害することがなく，実質的違法性を欠くと判断している。被告の広告は，「ヘルストロン」の中古品を扱っていることを示す事実表記に過ぎないので，登録商

標の出所表示機能を害することはなく，商標権侵害が否定されたことになる。

(2) 比較広告

■ サントリー黒烏龍茶事件（東京地判平20・12・26（平成19年（ワ）第11899号）判時2032号11頁）

〔事案〕

被告の比較広告（■図表1－5－1）に原告の登録商標「SUNTORY」等を使用した行為が記述的表示であるとして，商標権侵害が否定されている。しかしながら，当該比較広告の内容は，虚偽の事実であるので，不正競争防止法2条1項14号（信用毀損行為）に該当すると判断されている。

〔判決〕

「本件各比較広告において，被告ら商品Bの含有成分の量と原告商品のそれとを比較し，前者の方が優れていることを示すことで，被告ら商品Bの宣伝を行うために，原告商品に付された本件各登録商標を使用したものと認められ，これに接した一般需要者も，そのように認識するのが通常であるといえる。したがって，被告オールライフサービスによる本件各登録商標の使用は，比較の対象である原告商品を示し，その宣伝内容を説明するための記述的表示であって，自他商品の識別機能を果たす態様で使用されたものではないというべきであり，商標として使用されたものとは認められない。」

〔コメント〕

原告商品と被告商品を比較するために，原告登録商標を被告は記述的表示

■図表1－5－1　被告の比較広告

（事実表記）として使用しているに過ぎないので，商標としての使用ではなく，商標権侵害が否定されている。

■ SWEET LOVER・香りのタイプ事件（東京高判昭56・2・25無体集13巻1号134頁）

〔事案〕

原告の著名な香水の商標「Chanel No.5」等と対応する被告の香水の標章「SWEET LOVER No.121」等のリスト（■図表1—5—2）が，旧不正競争防止法1条1項1号（現行法の不正競争防止法2条1項1号に該当）に該当するか否かが争われた事案で，裁判所は以下のとおり，否定している。

〔判決〕

「被控訴人は，その商品を『SWEET LOVER』若しくは『スイートラバー』又はこれに一定の番号を付したものを自己の商品であるとして販売，宣伝しているにほかならないのであり，控訴人らの商品に付された名称又はその名称に類似するものを使用するなど，控訴人らの商品であることを示す表示と同一又は類似のものを使用しているわけではなく，ただ，自己の商品である香水の香りのタイプ又は調子が，控訴人らのこれに対応する商品のそれ

■図表1—5—2　被告の香水の比較リスト

SWEET LOVER	この香りは世界の名香のタイプで言えば…………
No. 120	Miss Dior
No. 121	Chanel No.5
No. 122	Rive Gauche
No. 123	Arpege
No. 124	Caleche
No. 125	Mitsuko
No. 126	Fidji
No. 127	Joy
No. 131	L'Interdit
No. 132	L'Air-du-Temps
No. 134	Chanel No.19
No. 136	Madame Rochas

と同じであるとしているにすぎない。そうだとすると、被控訴人の商品又は右広告に接する者は、被控訴人の前示の具体的表示とその用い方に徴し、その商品を世界的に著名であるとされる控訴人らの商品（香水）とその香りが似ているとの認識を抱き、その認識のもとに取引に当ることはあつても、被控訴人の商品を控訴人らのそれと誤認し又は誤認するおそれがあるものとは考えられない。そうすると、被控訴人が不正競争防止法第1条第1項第1号にいう他人たる控訴人らの商品であることを示す表示と同一又は類似のものを使用しその商品と混同を生じさせているものとはいえないから、控訴人らの同号の規定に基づく差止の請求も理由がない。」

〔コメント〕

　香りの比較リストは、被告標章「SWEET LOVER No.121」の香水の香りが原告の著名な商標「Chanel No.5」の香水の香りと対応することを示す事実表記にすぎず、混同のおそれはないと判断されている。本件のような事案は、6で解説するように欧州では商標権侵害になる。

(3) 意匠的使用

■ Marlboro事件（東京地判平5・11・19判タ844号247頁）

〔事案〕

　商品「シール」に使用されている被告標章「Marlboro」は、モデルカー上に表現するシールの図柄として使用されるものであり（■図表1－5－3）、かつ、他社の商標も並列的に配置されており、商品の出所を表示する商標としては使用されるものではないので、登録商標「Marlboro」の商標権侵害

■図表1－5－3　被告標章

を構成しないと判断されている。
〔判決〕
　「Y商品にはY標章が使用されているが，それは，実物のF1レース用自動車に表示されているY標章を，プラスチックモデルカー愛好者が，モデルカー上に再現表示するためのシールの図柄として使用しているものであり，しかも，他の多くの有名企業や標章等のシールと並列的に配置されているものであって，Y標章のみが特に他の企業名称や標章等と異なる取り扱いをされているものではないから，Y標章はY商品の出所を表示し又はその品質を保証する標章，即ち商標としてY商品に使用されているものでないことは明らかである。」
〔コメント〕
　被告標章は，商標として使用されていないので，商標権侵害が否定されている。他社のシールも並列的に使用されており，このようなシールがモデルカー用のシールとして販売される慣行があり，同一平面上に被告の商標「F1サーカス presented by 5E Co., Ltd.」が使用されていた事情が斟酌されている。

(4) 商品の内容・用途の説明的使用
　■ 巨峰事件（福岡地飯塚支判昭46・9・17無体集3巻2号317頁）
〔事案〕
　段ボール箱に「巨峰」と表示する被告の行為（■図表1－5－4）が，登録商標「巨峰／キョホウー」（包装容器）の商標権侵害を構成するか否かが争われた事案である。
〔判決〕
　「要するに本件A・B各段ボール箱に表示された『巨峰』『KYOHO』の標

■図表1－5－4　被告標章

章は，その客観的機能からみても，又これを製造している被申請人の主観的意図からみても，内容物たる巨峰ぶどうの表示であり，包装用容器たる段ボール箱についての標章の使用ではないというべきである。しかりとすれば，被申請人の別紙目録記載の物件の製造販売は，申請人の本件商標権に対する侵害行為を構成するものとは認められず，他に，別紙目録記載の物件が，申請人の本件商標権の侵害物件であることを認めるに足りる疎明はない。」

〔コメント〕

　包装用容器の見やすい位置に見やすい方法で表示されるのは，内容物の商品名若しくは商品の出所を示す標章とみられるという取引上の経験則があり，被告標章の使用は，原告登録商標の指定商品「包装容器」の出所を表示しているものではないと判断されている。包装容器の中身が「巨峰ぶどう」であるとの事実表記に該当するので商標権侵害が否定されたことになる。

■ brother 事件 （東京地判平16・6・23判時1872号109頁）[*1]

〔事案〕

　被告標章「brother」，「ブラザー」は，小さく，「For」，「用」の用途を示す語とともに，「For brother」，「ブラザー用」と使用され，また，被告標章「ブラザー」は，「対応表」の「メーカー」欄の真下の欄に記載され（■図表1—5—5），被告製品の自他商品識別機能ないし出所表示機能を有する態様で使用する行為，すなわち，商標としての使用行為であると解することはできないから，登録商標「Brother」（インクリボン）の商標権侵害を構成しないと判断されている。

〔判決〕

　「当該機器類と消耗品との適合関係が限定されているような場合に，ユーザーが誤って自己の使用する機器類に適合しない消耗品を購入することがないように，商品の外箱等に適合機種を表示することが通常行われており，消

■図表1—5—5　被告標章—パッケージ上の対応表

メーカー	適用機種	純正リボン
ブラザー	FAX-750/750TA/750CL/750HS	PC-300RF PC-304RF

費者も，そのようなことを十分に認識し，消耗品購入の際の参考としている。また，被告製品は，原告の製造に係るファクシミリの特定の機種にのみ使用できるインクリボンであって，被告が，インクリボンを販売するに当たっては，消費者が，他社製のファクシミリに使用する目的で当該インクリボンを誤って購入することがないよう注意を喚起することが不可欠であり，そのような目的に照らすならば，被告標章の表示は，ごく通常の表記態様であると解される。以上の点を総合すれば，被告が被告製品において前記認定の態様で被告標章を用いた行為は，被告標章を，被告製品の自他商品識別機能ないし出所表示機能を有する態様で使用する行為，すなわち商標としての使用行為であると解することはできない。」

〔コメント〕

被告標章は，「For」，「用」の用途表示とともに小さく使用されており，対応表においてもメーカー欄の真下に使用されていた。消費者が間違って適合機種に適合しないインクリボンを購入しないように，商品の外箱に適合機種名を表示することが一般に行われ，消費者もこのような慣行を十分に認識し，消耗品購入の際の参考としており，このような表示は消費者が誤って適合しないインクリボンを購入することがないようにする不可欠の手段であるという事情があった。適合機種を示す事実表記に過ぎないため，商標権侵害が否定された事案である。

■ ベレッタ92Fモデルガン事件（東京地判平12・6・29（平成10年（ワ）第21508号）判時1728号101頁・東京高判平15・10・29（平成12年（ネ）第3780号）裁判所ホームページ）[*2]

〔事案〕

不正競争防止法2条1項1号について，実銃の商標「BERETTA」と同一の商標をモデルガンに付す行為が，「商品等表示として」の使用に当たるか否かが争われた事案で，裁判所は以下のとおり判示して，否定している。また，不正競争防止法2条1項2号については，著名性を否定している。

〔地裁判決〕

「被告各商品は，我が国においては，市場において流通することがなく，所持することも一般に禁じられている実銃であるM92Fを対象に，その外観

を忠実に再現したモデルガンであり，実銃の備える本質的機能である殺傷能力を有するものではなく，実銃とは別個の市場において，あくまで実銃とは区別された模造品として取引されているものであって，その取引者・需要者は，原告実銃の形状及びそれに付された表示と同一の形状・表示を有する多数のモデルガンの中から，その本体やパッケージ等に付された当該モデルガンの製造者を示す表示等によって各商品を識別し，そのモデルガンとしての性能や品質について評価した上で，これを選択し，購入しているものと認められる。したがって，原告実銃において原告各表示が原告ベレッタの商品であることを示す表示として使用されており，また，被告各商品に原告実銃に付されている原告各表示と同一ないし類似の被告各表示が付されているとしても，被告各表示は，いずれも出所表示機能，自他商品識別機能を有する態様で使用されているものではないというべきである。」

〔控訴審判決〕

「実銃に付された実銃メーカーの業務に係る商品等表示の使用について，実銃メーカーの許諾を得る慣行が確立し，このような慣行の存在について取引者，需要者の認識が定着している場合には，被控訴人各商品に控訴人表示一を付すことが，広義の混同惹起行為に該当することもあり得るというべきである。したがって，被控訴人各商品に控訴人表示一を付すことが，直ちに商品等表示としての使用に当たらないということはできない」と説示し，本件ではこのような慣行はないので，広義の混同が生じないと判示している。

〔コメント〕

控訴審の判決を見ると，モデルガンの業者が実銃メーカーからライセンスを受ける慣行がある場合には，広義の混同の可能性も生じ，不正競争防止法2条1項1号が適用される可能性もでてくる。この場合には，他人の商標は事実表記の域を出て，商品の出所表示に該当することになる。

3　商標権侵害を肯定した裁判例

(1)　打消表示が不十分な場合

■　CHANEL No.5事件（東京地判平5・3・24判時1457号137頁）

〔事案〕

第5節　事実表記と商標の使用　75

　商品のパッケージに「もし貴方が**CHANEL No. 5** ®の香りをお好きなら Cinq 5 を愛好されるでしょう」（打消表示）との意味を有する文章が英文で「If You Like The Fragrance of **CHANEL No. 5** ® You'll Love Cinq 5」と7段で表記され，その「CHANEL No. 5 ®」の部分が太字で表現されているため，需要者は，「CHANEL No. 5」の部分を商品の出所を表示する標章として認識することになるとの理由により，裁判所は，登録商標「Chanel No. 5」の商標権侵害を認めている。

〔判決〕
　省略
〔コメント〕
　打消表示が英語で表記されており，「CHANEL No. 5」の部分のみが太字で，登録商標の表示「®」とともに表記されており，「CHANEL No. 5」が著名であるという事情があり，商標権侵害が肯定された。打消表示が不十分であったため，事実表記と認識されなかった事案である。

■　ポンプ部品SVA型式事件（大阪地判平17・7・25判時1926号130頁）[*3]
〔事案〕
　被告が，被告の商品「ポンプ用の部品」の包装のシール（■図表1－5－6）に，「型式：SVA-200」と記載する行為が，原告の登録商標「SVA」（ポンプ等）の商標権を侵害するか否かが争われた事案で，商標権侵害が肯定されている。
〔判決〕
　「ある商標が，商品の型式名として使用されている場合であっても，そのこと故に，これが自他識別機能・出所表示機能を有しないというものではない。なぜならば，需要者が，当該型式名の商品について，特定の出所に係る商品であると認識するならば，その型式名すなわち商標が，出所を表示して

■図表1－5－6　被告の包装におけるシール

名称	MAIN. COOL'S. W. PUMP
型式	SVA-200
品名	01400 IMPELLER

いるということになるのであって，このように，需要者において，型式名に基づいて，特定の出所を認識することは可能だからである。
　そして，上記ア認定の事実によれば，被告は，本件各商標の指定商品について，被告各標章を，自他識別機能・出所表示機能を有し得る態様で使用しているというべきである。」
〔コメント〕
　前掲 brother 事件（東京地判平16・6・23）と異なり，「FOR」，「用」の文字が使用されていないといった事情があった。このような適合機種表示があった場合には，商標権侵害が否定された可能性もある。

(2) 改　　造
■ Nintendo HACKER JUNIOR 事件（東京地判平4・5・27知的集24巻2号412頁）

〔事案〕
　登録商標「Nintendo」の商標権者の商品「家庭用カセット式テレビゲーム機」の価格の54％にも及ぶ内部構造を改造し，自らの商品表示「HACKER JUNIOR」の表示を付し，登録商標「Nintendo」の表示を残した状態で改造後の商品を販売した行為が，商標権侵害に該当すると判断された。

〔判決〕
「改造後の原告商品である被告商品に原告の本件登録商標が付されていると，改造後の商品が原告により販売されたとの誤認を生ずるおそれがあり，これによって，原告の本件登録商標の持つ出所表示機能が害されるおそれがあると認められる。さらに，改造後の商品については，原告がその品質につき責任を負うことができないところ，それにもかかわらずこれに原告の本件登録商標が付されていると，当該商標の持つ品質表示機能が害されるおそれがあるとも認められる。したがって，被告が，原告商品を改造した後も本件登録商標を付したままにして被告商品を販売する行為は，原告の本件商標権を侵害するものというべきである。」

〔コメント〕
　本件では，商品の改造により，商品の内容が変わってしまい，商標の出所表示機能，品質表示機能が害されるので，商標権侵害になると判断された。

4 並行輸入業者の広告

外国から輸入した商品については、並行輸入業者の広告が問題となる。正規輸入代理店からすれば、正規輸入代理店の広告にただ乗りする並行輸入業者の商品の輸入・販売を差し止めたいところであり、その際に、商標権侵害を理由に並行輸入業者の広告（並行輸入業者が新たに商標を付す行為）を差し止められるかどうかが問題となる。

並行輸入業者の広告が商標権侵害に該当するか否かについては、裁判例がないが、学説は、肯定説と否定説に分かれている。

肯定説は、並行輸入品をショウウインドウに置く広告までは、禁止権の消耗の生じる範囲内で許容するが、並行輸入業者がリーフレットを作成して商標を使用する行為は、その範囲外となり、商標権侵害を構成するとする[*4]。

否定説は、並行輸入品について新たに商標を使用して広告したとしても、商標の出所識別機能を害さないので、商標権侵害を構成しないとする[*5]。

3で述べた裁判例の流れによると、その広告の態様にもよるが、裁判所は、否定説をとる可能性が高いと考える。

なお、並行輸入業者があたかも正規輸入代理店かのような混同を生じさせる場合には、不正競争防止法2条1項1号に該当する可能性がある[*6]。

5 どのように考えるか

裁判例をみると、商標の出所表示機能を害さない場合には商標権侵害が否定され、商標の出所表示機能を害する場合には、商標権侵害が肯定されていることが分かる。品質保証機能単独で商標権侵害を認容した裁判例はない。

被告商標が「商標として」使用（use as a trademark）されていない場合には、商標の出所表示機能は害されないことになる（■図表1—5—7参照）。

上記2で検討したように、①原告の中古品の販売をしていることを示すために原告登録商標を使用する場合（前掲大阪地判平15・3・20〔ヘルストロン事件〕）、②自己の商品の宣伝内容を説明するために原告登録商標を記述的に比較広告として使用する場合（前掲東京地判平20・12・26〔サントリー黒烏龍茶事件〕）、③被告商品の香りが原告商品の香りと似ていることを示すために原告登録商標

■図表１－５－７　商標の使用（日本）

商標の使用─┬─記述的使用（事実表記）──非侵害
　　　　　└─商標としての使用（出所表示機能）──侵害

を使用する場合（前掲東京高判昭56・2・25〔SWEET LOVER・香りのタイプ事件〕），④原告登録商標を意匠的に使用する場合（前掲東京地判平5・11・19〔Marlboro事件〕），⑤原告登録商標を内容物の表示として使用する場合（前掲福岡地飯塚支判昭46・9・17〔巨峰事件〕），⑥原告登録商標を適合機種を示すために使用する場合（前掲東京地判平16・6・23〔brother事件〕），⑦モデルガンの種類を示すために使用する場合（前掲東京地判平12・6・29，前掲東京高判平15・10・29〔ベレッタ92Fモデルガン事件〕）には，商標権侵害が否定され，また，不正競争防止法2条1項1号の適用も否定されている。

　上記の①～⑦の表示方法は，大ざっぱにいえば，「商標としての使用」ではなく，「事実表記」ということになる。

　これに対して，上記3で見たように，①打消表示が不十分な場合（前掲東京地判平5・3・24〔CHANEL No.5事件〕，前掲大阪地判平17・7・25〔ポンプ部品SVA型式事件〕），②登録商標の使用に係る商品が改造された場合（前掲東京地判平4・5・27〔Nintendo HACKER JUNIOR事件〕）には，登録商標の出所表示機能が害されるので，商標権侵害を構成することになる。このような使用は，「商標としての使用」に該当し，「事実表記」に該当しないことになる。

　このように，日本では，被告標章の使用が，「商標としての使用（use as a trademark）」に該当しない場合には，商標の本質的機能である，出所表示機能（source identification function）が害されないので商標権侵害を構成しないことになるが，欧州では，**6**で説明するように，出所表示機能を害さない場合にも商標権侵害を構成するとの裁判例がある（■図表１－５－８参照）。

■図表１－５－８　商標の使用（欧州）

商標の使用─┬─記述的使用──非侵害
　　　　　├─商標としての使用──出所表示機能──侵害
　　　　　└─広告機能，投資機能，伝達機能等──侵害

6　欧州の裁判例（L'Oréal 香りの比較リスト事件）

　欧州共同体商標規則9条(1)(a)(b)(c)^(*7)は，商標権の効力範囲について，①商標・商品・役務が同一範囲（double identity），②商標・商品・役務が類似範囲で混同の可能性がある場合，③名声等へのフリーライド（ただ乗り）・稀釈化の場合の3つのパターンを規定している。

　①は日本の商標法25条，②は商標法37条1号，不正競争防止法2条1項1号（混同惹起行為），③は不正競争防止法2条1項2号（著名表示冒用行為）に近い規定といえる。

　欧州では L'Oréal 香りの比較リスト事件判決があり，原告の L'Oréal 社の香水と同じ香りの香水を製造した被告の Bellure 社が，L'Oréal 社の香水の商標と自社の香水の商標を併記して，同じ香りである旨を記載した比較リスト（■図表1－5－9）を小売店に配布した行為が，上記①及び③に該当するかが英国控訴院^(*8)で問題となった。

　欧州司法裁判所（現在，欧州連合裁判所）は，商標の本質的機能である出所表示機能（the essential function of the trade mark, which is to guarantee to consumers the origin of the goods or services）を害さなくとも，他の機能，品質保証機能，伝達機能，投資機能，広告機能（function of guaranteeing the quality of the goods or services, functions of communication, investment or advertising.）を害する場合にも，①の商標権侵害を構成し，また，他人の商標の名声を利用する場合（フリーライド）には③に該当するとの先行判決を言い渡した^(*9)。

　これを受けて，英国控訴院は，本比較リストは，商標の広告機能との関係

■図表1－5－9　被告の比較リスト（イメージ）

	L'Oreal 社	Bellure 社
1	Trésor	La Valeur Coffrerd'Or
2	Miracle	Pink Wonder
3	Anaïs-Anaïs	Nice Flower
4	Noa	Sweet Pearls

で①に，また，原告商標の名声のもつ経済的利益を補償の支払なしにフリーライドするので，③に該当すると判断した[*10]（■図表１―５―８参照）。

「投資機能」について，Interflora事件で欧州連合裁判所は，消費者の誘引や忠誠心の保持を可能とする評判を獲得し，維持するための機能と定義し，これらの機能を害する場合には，商標権侵害を構成するとする[*11]。

7　おわりに

日本では，比較広告は，商標の出所表示機能を害するものではないとして商標権侵害が否定されているが，欧州では，6で見たように，比較広告の態様によっては，商標の広告機能等を害するとして，商標権侵害が認められている。

欧州の判決は，商標法の保護法益を出所表示機能以外の機能に拡大するものである。この考え方が日本でとられるようになると，従来，日本で事実表記として，商標権侵害を免れていた使用も，その態様によっては，商標権侵害を構成することになる[*12]。

商標法の保護法益拡大については，積極説[*13]と消極説[*14]に学説が分かれている[*15]。裁判所（下級審）は，商標権侵害の有無を判断する際に，商標法の保護法益を出所表示機能，品質保証機能としているので（ただし，品質保証機能単独で商標権侵害を認容した裁判例はない），広告機能等その他の機能も商標法の保護法益といえるか否かについては，最高裁の判断を仰ぐことになる。

新商標法26条1項6号に「需要者が何人かの業務に係る商品又は役務であることを認識することができる態様により使用されていない商標」には商標権の効力が及ばないと，所謂「商標的使用論」が抗弁事由として規定された。同一商標同一商品・役務（double identity）についての侵害事件（例：比較広告）において，出所表示として原告登録商標を使用していないことを立証した場合に，本号の下で商標権侵害が否定されるのか，欧州のような考え方が採用される余地があるのか，注目される。

【注】
(＊1) 判例評釈として、水谷直樹「インクリボン外箱上の適合機種メーカー名の表示が、商標権侵害に該当しないと判示された事例」発明101巻9号（2004年）83頁がある。
(＊2) 判例評釈として、光石俊郎「不正競争防止法2条1項1号・2号の『使用』の意義」知管51巻6号（2001年）949頁ないし955頁があり、本件を、商品等表示の使用について、初めて判断を示した判例として紹介している。
(＊3) 本件は、東京地判平16・6・23判時1872号109頁〔brother事件〕と類似した消耗品ビジネス・非純正品ビジネスの事案であるが、事情の違い（「FOR」、「用」の表示の有無）により、判断が分かれている。両事件を比較した評釈として、吉田広志「商標的使用否定の法理（SVA事例）──ブラザー事件との比較検討」知管57巻11号（2007年）1743頁ないし1753頁、古城春美「補修部品・消耗品に用いる表示と商標の『使用』──ポンプ部品事件とインクリボン事件から」『日本弁理士会中央知的財産研究所研究報告第25号「商標の使用について」』パテ62巻4号別冊1号（2009年）167頁ないし178頁。
(＊4) 桑田三郎「並行輸入品をめぐる広告方法について」同『国際商標法の諸問題』（中央大学出版部、1992年）186頁ないし187頁。
(＊5) 渋谷達紀「商標品の並行輸入に対する警告行為について」AIPPI Bulletin15号（1987年）2頁、田村善之『商標法概説〔第2版〕』（弘文堂、2000年）162頁。
(＊6) 田村善之『商標法概説〔第2版〕』（弘文堂、2000年）163頁。
(＊7) 欧州共同体商標指令5条(1)(a)(b)、同条(2)、英国商標法10条(1), (2), (3)も同様に規定する。
(＊8) 2007年10月10日／[2007] EWCA Civ 968
(＊9) L'Oréal SA v Bellure NV, Case C-487/07, decision of June 18, 2009. Mary LaFrance・矢野敏樹訳「詐称通用（パッシングオフ）と不正競争：競争法における対立とコンバージェンス」知的財産法政策学研究37巻（2012年）1頁ないし35頁も参照。
(＊10) Court of appeal decision of May 21, 2010, L'Oreal SA v BELLURE NV [2010] EWCA CIV535
(＊11) Case C-323/09, Interflora Inc. and Interflora British Unit v Marks & Spencer plc and Flowers Direct Online Ltd., EUCJ, Sept. 22, 2011, "a trade mark may also be used by its proprietor to acquire or preserve a reputation capable of attracting consumers and retaining their loyalty." 62項 "When the use by a third party, such as a competitor of the trade mark proprietor, of a sign identical with the trade mark in relation to goods or services identical with those for which the mark is registered substantially interferes with the proprietor's use of its trade mark to acquire or preserve a reputation capable of attracting consumers and retaining their loyalty, the third party's use must be regarded as adversely affecting the

trade mark's investment function. The proprietor is, as a consequence, entitled to prevent such use under Article 5 (1)(a) of Directive 89/104 or, in the case of a Community trade mark, under Article 9 (1)(a) of Regulation No 40/94.".

(＊12)　拙著「『商標として』の使用，『自己の商品等表示として』の使用は必要か？——欧州からみた，日本の商標権侵害要件及び不正競争防止法 2 条 1 項 1 号・同 2 号」CIPIC ジャーナル200号（2011年）37頁ないし63頁，古城春実「商標の識別力の利用と比較広告—— 2 つの事例から」パテ64巻 5 号別冊 5 号（2011年）150頁ないし159頁参照。

(＊13)　土肥一史「著名商標の保護」L&T43号（2009年）64頁ないし71頁，同「商標的使用と商標権の効力」パテ62巻 4 号別冊 1 号（2009年）215頁ないし233頁，土肥一史「ブランドイメージの保護」『松田治躬先生古稀記念論文集』（東洋法規出版，2011年） 3 頁ないし15頁，大西育子『商標権侵害と商標的使用』（信山社，2011年）246頁，同「商標の使用と権利侵害——欧州商標法からみたわが国の商標的使用」日本工業所有権法学会年報37号（2013年）89頁，90頁。

(＊14)　田村善之「商標法の保護法益」第二東京弁護士会知的財産権法研究会編『新商標法の論点』（商事法務，2007年）53ないし96頁，田村善之＝小嶋崇弘「商標法上の混同概念の時的拡張とその限界」第二東京弁護士会知的財産権法研究会編『「ブランド」と法』（商事法務，2010年）241頁ないし246頁。

(＊15)　両説を紹介するものとして，拙著・前掲（＊12）61頁，62頁，拙著「商標の稀釈化からの保護——各国の比較法的考察と AIPPI パリ総会決議（2010年）」『松田治躬先生古稀記念論文集』（東洋法規出版，2011年）533頁ないし560頁参照。

第6節 「類似商品・役務審査基準(国際分類第10版対応)」の改定の主なポイントと留意事項

1 はじめに

「類似商品・役務審査基準」(以下,〔2012年版〕という)が改定され,2012年1月1日以降の商標登録出願に適用された。

登録商標と同一又は類似の商標で,指定商品・役務が同一又は類似の場合には,当該商標を登録することはできず,また,商標権侵害を構成することになった。

よって,商品又は役務の類似は商標法では重要な概念であり,解釈が難しいが,商品又は役務に類似群コードを付して,あらかじめ商品又は役務の類似範囲を決めたのが,「類似商品・役務審査基準」である。

2 審査基準が改定された理由

今回の改定の背景には,以下の2点がある。

1点目は,国際分類[*1]第10版との関係である。国際分類第9版が2010年11月のWIPOの会合で改定されることになり,2012年1月1日から国際分類第10版が発効することになった。国際分類第10版では商品及び区分(分類)の変更があり,それに合わせて〔2012年版〕も区分の変更をする必要があった。

2点目は,経済の実態や取引の実情の変化に応じて,商品及び役務の類似関係に変動が生じたことである。今回,変化に応じて類似関係を整理し,その結果,従来類似関係にない商品・役務同士が類似関係になったものもあり,実務上注意する必要がある。

3　改定の主なポイント

主なポイントは以下のとおりである。

(1)　改定された国際分類第10版によるもの

国際分類第10版が2012年1月1日に発効されたため、これに合わせて、商品・役務の区分も変更された。

「サプリメント」が5類に新規に追加された。これにより、〔2011年版〕で29類及び30類で採択されていた「いわゆる健康食品」は、5類の商品として採用されることになった。

「おむつ」が5類に新規に追加されている。材質や用途により5類、16類、25類で採択されていた「おしめ」に関連する商品は、5類の商品として採用されている。

「貯金箱」が材質を問わず、21類で採用されている。

「自動販売機」は9類から7類へ、「自動車用シガーライター」は9類から12類へ、「電気式ヘアカラー」は9類から26類へ、「業務用テレビゲーム機」は9類から28類へ、「金庫の貸与」は39類から45類へ区分が変更になった。

(2)　常用漢字の見直し

常用漢字の変更に伴い、6類「さく」は「柵」へ、11類「かいろ」は「懐炉」へ、21類「べんとう箱」は「弁当箱」へ、31類「だいこん」は「大根」へ変更されている。

(3)　新類似群コードの採用

1類「植物成長調整剤類」(01b02)、9類「電子顕微鏡」(11c02)、6類「鍵」(13c02)、10類「医療用手袋」(17a09)、11類「家庭用浄水器」(19a07)、11類「洗浄機能付き便座」(19b56)、11類「ストーブ類（電気式のものを除く。）」(20a02)、20類「スリーピングバッグ」(24c03)、9類「レコード、インターネットを利用して受信し、及び保存することができる音楽ファイル」(24e02)、5類「食餌療法用飲料」(32f16)、「車椅子の貸与」(39l10) 等については、括弧書の新類似群コード[*2]が付されている。

よって、旧類似群コードの商品・役務とは非類似の関係になったことになり、以前より権利が取得しやすくなったといえる。

(4) 類似群コードの付替え

21類「魚ぐし」（13a02→19a05），25類「セーター類，ワイシャツ類」（17a02→17a01），33類「酎ハイ」（28a01→28a02），32類「飲料用野菜ジュース」（32f04→29c01），30類「サンドイッチ」（32f06→30a01），35類「自己防護用手袋・医療用手袋・絶縁手袋・家事用手袋の小売又は卸売の業務において行われる顧客に対する便益の提供」（35k02→35k99），35類「インターネットを利用して受信し，及び保存することができる画像ファイル，録画済みビデオディスク及びビデオテープの小売又は卸売の業務において行われる顧客に対する便益の提供」（35k99→35k19），39類「企画旅行の実施，旅行者の案内，旅行に関する契約（宿泊施設の提供の契約の媒介又は取次ぎ）」（39g01→42a02），41類「図書の貸与」（41m05→41c02）等については，類似群コードの付替えが行われている。

これらは，既存の類似群コードに付替えが行われたもので，付替え前の類似群コードとの抵触関係はなくなったが，付替え後の類似群コードとの関係で新たに抵触関係が生じることになる。

新しい類似群コードに付け替えられたものについては，上記(3)を参照。

4　商標法施行規則別表と〔2012年版〕との関係

商標法6条1項及び2項は，「1項　商標登録出願は，商標の使用をする一又は二以上の商品又は役務を指定して，商標ごとにしなければならない。2項　前項の指定は，政令で定める商品及び役務の区分に従つてしなければならない。」と規定している。

これを受けて，商標法施行令1条は，「商標法第6条第2項の政令で定める商品及び役務の区分は，別表のとおりとし，各区分に属する商品又は役務は，（中略）ニース協定第1条に規定する国際分類に即して，経済産業省令で定める。」と規定している。

さらに，これを受けて，商標法施行規則6条は，「商標法施行令（昭和35年政令第19号）第2条の規定による商品及び役務の区分（中略）に属する商品又は役務は，別表のとおりとする。」と規定している。

商標法施行規則6条の別表も国際分類第10版に合わせて改定された。しかしながら，規則別表は，商品又は役務の類似範囲を定めるものではない。そ

こで，〔2012年版〕では，商品又は役務の類似範囲を法的拘束力はないものの，類似群コードを用いて定めている。

規則別表と〔2012年版〕の商品や役務の表記は一致するものがほとんどであるが，一致しないものもある。例えば，規則別表に書いてある8類「殺虫剤用噴霧器（手持ち工具に当たるものに限る。）」は，〔2012年版〕には記載されていない。また，規則別表では，35類「広告」とあるのが〔2012年版〕では「広告業」となっている。

出願時には，「殺虫剤用噴霧器（手持ち工具に当たるものに限る。）」，「広告」，「広告業」いずれを指定しても問題ない。

5 〔2012年版〕で非類似の商品同士が類似になった例

17類「洋服，コート」と17類「セーター類，ワイシャツ類」(17a01)，9類「インターネットを利用して受信し，及び保存することができる音楽ファイル」(24e02)と9類「インターネットを利用して受信し，及び保存することができる画像ファイル，録画済みビデオディスク及びビデオテープ」(24e02, 26d01)，32類「飲料用野菜ジュース」と32類「清涼飲料」(29c01)，30類「菓子，パン」と30類「サンドイッチ」(30a01)，41類「電子出版物の提供」と41類「図書の貸与」(41c02) などが，〔2011年版〕では非類似であったが，〔2012年版〕では類似となっている。

6 〔2012年版〕で類似の商品同士が非類似になった例

5類「薬剤（農薬に当たるものを除く。）」(01b01)と1類「植物成長調整剤類」(01b02)，33類「日本酒」(28a01)と33類「酎ハイ」(28a02)，30類「サンドイッチ」(30a01)と30類「弁当」(32f06)などが〔2011年版〕では類似であったが，〔2012年版〕では非類似となっている。

7 〔2012年版〕の下で，新出願をする必要がある場合

国際分類が分かれていても，〔2011年版〕では類似群コードが同じため，一方の国際分類についてのみ商標登録し，他の国際分類については，コストを抑えるため，商標権の類似範囲が及ぶとの理解で出願をしないケースがあ

った。

　しかしながら，〔2012年版〕で，類似群コードが同じでなくなった場合には，他社に他の国際分類の商品について権利取得される可能性がある。これを回避するためには，新出願をする必要がある。

　例えば，10類「家庭用電気マッサージ器」と11類「美容用又は衛生用の家庭用伝熱用品類」は，〔2011年版〕では類似群コードがともに11a06だったが，〔2012年版〕では，ともに類似群コードが変更になり，11a07と11a08に分かれたので，他人に権利をとられたくない場合には，双方の商品について出願をする必要がある。

8　〔2012年版〕が審査及び裁判所に及ぼす影響

(1)　審査への影響

　〔2012年版〕は，2012年1月1日以降の出願に適用されるのが大原則である。

　優先権主張出願の場合，第1国出願日が2012年1月1日前でも，日本の出願が2012年1月1日以降であれば，〔2012年版〕が適用される。

　商標法3条1項柱書（使用意思）の審査については，2012年1月1日前の出願については，〔2011年版〕が適用される。

　同様に，商標法4条1項11号（先行登録商標との類否）の審査についても，2012年1月1日前の出願については，出願人の予見可能性確保の観点から，〔2011年版〕が適用される。

　しかしながら，審査の過程において，出願人から〔2012年版〕に沿った取引の実情に関する主張及び立証があった場合には，〔2012年版〕が適用される可能性がある。この場合には，〔2011年版〕では類似と判断される商品同士が，類似しないと判断されることになる。

　商標法4条1項11号の引例は，〔2012年版〕の類似群コードの書き換えられたものが引用されることになる。

　防護標章登録出願にも〔2012年版〕が適用される。

(2)　裁判所への影響

　審査基準には，法的拘束力がないので，裁判所の判断には影響を与えない。

裁判所は，最高裁の判断基準（最判昭36・6・23民集15巻6号1689頁〔橘正宗事件〕），すなわち，「指定商品が類似のものであるかどうかは，原判示のように，商品自体が取引上誤認混同の虞があるかどうかにより判定すべきものではなく，それらの商品が通常同一営業主により製造又は販売されている等の事情により，それらの商品に同一又は類似の商標を使用するときは同一営業主の製造又は販売にかかる商品と誤認される虞があると認められる場合には，たとえ，商品自体が互いに誤認混同を生ずる虞がないものであっても，（中略）類似の商品にあたると解するのが相当である。」によって判断することになる。双方の商品・役務が同一営業主により製造，販売又は提供されているかどうかが重要な決め手となる。

もっとも，〔2012年版〕も業界団体の意見を聞いて作成されており，取引の実情を踏まえたものであるので，審査基準と裁判所の判断が一致する場合が多いと考える。

9　更新の際に注意する点

〔2011年版〕では，類似しないとして，併存登録された商品同士が，〔2012年版〕では，類似すると記載されているものがあり，更新をしないで，新出願に切り替えると，新出願の商標が登録できなくなる場合があるので注意が必要である。

例えば，32類「飲料用野菜ジュース（旧：32F04，新：29C01）」につき保有していた商標を更新せず，2012年1月1日以降に新出願を行った場合，〔2012年版〕の適用を受け，以前は非類似の商品である32類「清涼飲料」（新旧：29C01）における同一・類似の先行出願・登録の存在があった場合，登録を受けられないことになる。

国際分類第10版の前の国際分類で登録された登録商標は，当時の分類で更新されることになる。例えば，9類（国際分類第9版）「業務用テレビゲーム機」で登録されたものは，9類のまま更新され，28類（国際分類第10版）に書き換えられることはない。

10　外国出願の際に注意する点

　ニース協定に加盟している他の国も2012年1月1日から国際分類第10版を採用しているので，外国出願をする場合にも，国際分類第10版をベースに出願する必要がある。

　マドリッド協定プロトコルを利用する場合も，基礎出願又は登録の指定商品又は指定役務が国際分類第9版のものでも，国際登録出願の際には，第10版の分類で出願する必要がある。

【注】
（＊1）　国際分類とは，「標章の登録のための商品及びサービスの国際分類に関するニース協定（Nice Agreement Concerning the International Classification of Goods and Services for the Purposes of the Registration of Marks）」に基づく分類をいう。国際分類は，5年ごとに改訂されており，旧版は，2007年1月1日に発効した第9版となっている。第10版より，商品及びサービスの表示に係る追加・変更・削除についての変更は毎年行われ，国際分類表の表題には，「版の数―発行年」を用いることになった。類の移行や新設をともなう変更は，従来どおり5年に1度の改訂において行われる。
（＊2）　互いに類似すると推定される指定商品・役務をグルーピングしたコード。指定商品・役務の類否を判断する際，同一類似群コードが付与された指定商品・役務は類似するものとして審査が行われる。ただし，法的拘束力はない。

第7節 オリンピックと商標法

1 はじめに

2020年にオリンピックが東京で開催されることが決定し，祝賀ムードでいっぱいであるが，オリンピック関連表示をどこまで使用できるのか，各企業とも悩んでいるところである。

そこで，本節では，オリンピック関連表示と商標法，不正競争防止法との関係について検討してみたい。

2 商標法との関係

公益団体の標章で著名なものと同一又は類似の商標は登録できないことになっており（商標4条1項6号），この条項との関係で，第三者は「オリンピック」，「OLYMPIC」，「五輪の図形」と類似する商標を登録することができない。長野オリンピックのときは，五輪と同じ色（青，黒，赤，黄，緑）からなるリンゴを5つ並べた商標が，本号に該当するとして，登録無効になっている（■図表1－7－1参照）。

国際オリンピック委員会（IOC）又は日本オリンピック委員会（JOC）は，「オリンピック」，「OLYMPIC」，「OLYMPIAN」，「五輪の図形」「五輪とJapanの図形」，「がんばれ！ニッポン！」，「JAPAN OLYMPIC TEAM」，「マリンピック」，「Citius Altius Fortius」（「より早く，より高く，より強く」を意味するオリンピックモットー）を商標登録している（■図表1－7－2参照）。

■図表1－7－1　登録無効となった図形商標

■図表1—7—2　オリンピックの図形商標（登録済み）

　第三者が，これらの登録商標と同一又は類似の商標を，同一又は類似の指定商品・役務に，商標として（自己の商品・役務の出所を表示する態様）使用した場合は，商標権侵害を構成することになる。「商標として」の使用が要件となっているので，自己の商品・役務の出所を表示する態様でない場合，例えば，比較広告や新聞・雑誌等の記事は商標権侵害を構成しないことになる。
　商標「TOKYO2020」は，特定非営利活動法人東京2020オリンピック・パラリンピック招致委員会により出願されたが，「地名」+「数字」で構成されており，識別力がないとの拒絶理由通知書が出された。しかしながら，今回，東京がオリンピック開催地に決定され，「TOKYO2020」が周知・著名となったので，最終的に登録された（商標登録第5626678号）。「LONDON2012」も登録済み。出願中の商標でも，無断で商標として使用すると，登録後，金銭的請求権（商標13条の2）を行使されるので注意を要する。
　なお，旧法時代に民間企業により「OLYMPIC」が一部の商品について登録されていたが（商標登録第99160号），東京オリンピック決定後，IOCに移転されている。

3　不正競争防止法との関係

　「4年に一度の祭典がやってくる」，「おめでとう東京」，「日本選手，目指せ金メダル！」といった表示は使用できないと一部報道にあったが，これらの表示は商標登録されていない（未登録商標）。よって，これらの表示を無断で使用しても商標権侵害を構成することはない。
　しかしながら，未登録商標でも，その表示が周知になり，第三者が類似

の表示を使用して，混同を生じさせる可能性がでてくると，不正競争防止法2条1項1号違反となる。この「混同」には狭義の混同（オリンピックの主催者が行っている）と広義の混同（オリンピック主催者と何らかの関係のある団体が行っている）が含まれる。「混同」が要件となっているので，第三者が「商品等表示として」（自己の商品の出所を表示する態様）未登録商標を使用していない場合には，混同が生じないので，本号違反にはならないことになる。

未登録商標が著名になった場合には，その表示と類似する表示を使用すると，不正競争防止法2条1項2号違反となる。「著名性」が要件となっているので，「混同」は要件となっていない。しかしながら，第三者が「自己の商品等表示として」未登録商標を使用していない場合には本号は適用されない。

経済産業省令で指定する国際機関の標章と類似する標章を「商標として」使用することも禁じられている（不競17条）。「IOC」，「五輪の図形」等が指定されている。

4　アンブッシュ・マーケティング規制法

上述のとおり，オリンピック関連表示を，「商標として」又は「自己の商品等表示として」使用していない場合には，商標法又は不正競争防止法の適用はない。

そこで，①オリンピック関連表示の商業的使用，②オリンピックと関連があると誤認させる行為を広く規制するアンブッシュ・マーケティング規制法をオリンピック開催国が設けるのが一般的である[*1]。

アンブッシュ・マーケティング（Ambush Marketing）とは，オリンピックの公式スポンサーではないが，公式スポンサーのような印象を消費者に与えるマーケティングをいう。

この法律によると，「商標として」，「自己の商品等表示として」の使用は要件ではなくなり，広くオリンピック関連表示を規制できる。

ロンドンオリンピックのときは，「London Olympic Association Right」が規定され，リストA「Games, Two Thousand and Twelve, 2012, Twenty-Twelve」とリストB「London, medals, sponsors, summer, gold, silver, bronze」の言葉の組合せ等（例：Supporting the London Games）が規制の対象となった。

　日本が，ロンドンオリンピックと同様に，公式スポンサー保護のために，このような法律を作るかどうか注目される。●

【注】

（＊１）　足立勝「著名商標の保護について──アンブッシュマーケティング規制の検討を中心に──」日大知財ジャーナル6号（2013年）33頁ないし45頁。

第8節

国旗と知的財産法
——国旗の商標登録・使用はどこまで可能か？——

1 はじめに

オリンピックのような国際的なスポーツイベントが近づくと，相談が多くなる案件に，国旗の法律問題がある。

企業が国際的なスポーツイベントや国旗の顧客吸引力にあやかって，商品の売上げを伸ばすため，国旗をモチーフにした商品・販促品を作ったり，国旗を用いた広告を打ったりするためである。

しかしながら，国旗は，国家を象徴する標識なので，その登録及び使用については，国旗の権威が保持されるように，国際条約や国内法で規制されている。

もっとも，国旗を含む商標の登録や国旗の使用が全く許されないわけではない。

本節では，国旗の商標登録及び使用は，どこまで許されるのか，関連する知的財産法について，解説することとする。

2 国旗に関する条約・法律の概要

国旗に関する条約・法律については，まず，パリ条約6条の3（国の紋章等の保護）の規定があり，国旗の模倣からなる商標又はそれを構成部分とする商標の登録及び使用を禁止している。

商標法4条1項1号（国旗と同一又は類似の商標の登録禁止）及び不正競争防止法16条（外国の国旗等の商業上の使用禁止）は，パリ条約6条の3を履行するための規定である。よって，これらの規定は，パリ条約6条の3に基づいて解釈されることになる。

これらの法律以外に，国旗からなる商標の登録を排除する規定として，商

標法4条1項7号（公序良俗違反），国旗からなる意匠の登録を排除する規定として，意匠法5条1号（公序良俗違反）がある。

また，国旗からなる商標の使用により，原産地等の誤認が生じた場合には，不正競争防止法2条1項13号（誤認惹起行為）又は不当景品類及び不当表示防止法4条1項3号の規定が適用され，外国に対して侮辱を加える目的で，その国の国旗その他の国章を損壊した場合には，刑法92条（外国国章損壊罪）が適用される。

国旗及び国歌に関する法律（平成11年8月13日法律第127号）は，国旗の態様について具体的に定めている。

以下，パリ条約，商標法，意匠法，不正競争防止法，刑法，景品表示法の順に解説する。

3 パリ条約

パリ条約6条の3（国の紋章等の保護）は，国旗からなる商標の登録及び使用について，以下のとおり規定している。本規定は，1925年のパリ条約ヘーグ改正会議で導入されている。

【規定】パリ条約6条の3（国の紋章等の保護）

「(1) (a) 同盟国は，同盟国の国の紋章，旗章その他の記章，同盟国が採用する監督用及び証明用の公の記号及び印章並びに紋章学上それらの模倣と認められるものの商標又はその構成部分としての登録を拒絶し又は無効とし，また，権限のある官庁の許可を受けずにこれらを商標又はその構成部分として使用することを適当な方法によつて禁止する。

(b) (a)の規定は，1又は2以上の同盟国が加盟している政府間国際機関の紋章，旗章その他の記章，略称及び名称についても，同様に適用する。ただし，既に保護を保障するための現行の国際協定の対象となつている紋章，旗章その他の記章，略称及び名称については，この限りでない。」

【趣旨】

「その国の紋章及び旗章（Flag）をも含むものである。この理由は，そのような登録または使用が，主権の象徴の使用を管理する国家の権利を侵すものであり，さらにそのような商標の付された商品の出所に関して公衆を誤認さ

せるかもしれないからである。」(*1)
【解釈】
　「紋章学上それらの模倣」──「このように禁止された模倣は，通常商標間で認められないと考えられている模倣の幅より狭くなっている。その理由は，国の記章が，ライオン，熊，太陽などのそれ自体ありふれており，記章の模倣が記章を相互に識別する紋章学的特徴に関するものでないかぎり，商標中に自由に使わせなければならないような表象を含むことが多いからである。もっとも，同盟国が国の記章を一層広く保護することは自由である。」(*2)
　「商標又はその構成部分として（either as trademarks or as elements of trademarks）の登録（中略）使用」──この意味について，G.H.Cボーデンハウゼン教授『注解パリ条約』（AIPPI, 1976年）に特に解説されていない。

4　商　標　法

(1)　商標法4条1項1号（国旗と同一又は類似の商標の登録禁止）

　パリ条約6条の3を履行するために，設けられたのが，商標法4条1項1号であり，以下のとおり規定している。
【規定】
　「国旗……又は外国の国旗と同一又は類似の商標」は商標登録を受けることができない。
【趣旨】
　パリ条約6条の3の義務（登録禁止，使用禁止）の登録禁止の部分を履行するものである。
　本規定は，「国旗等の権威の保持」のための規定である(*3)。
　網野誠博士は，本規定は，「一般私人に独占させることにより，国家・皇室・勲功者等の尊厳性を害し，公益上支障のあるような標章を商標として登録しない旨を定めたものであるから，国旗等と類似するか否かも，国旗等と紛らわしいため国旗等の権威を損じ，国家等の尊厳性を害する程度のものであるか否かを判断の基準としなければならない。すなわち，たとえば国旗等が商品の識別標識として使用され，これらの商品が市場に流通した場合にお

いて，これらの国旗等を使用する商品が，国旗等が表彰するものと出所の混同を生ずるおそれがあるかどうかというような出所標識としての角度から，両者の類否を判断すべきでない。(中略) 国旗等と類似するか否かはもっぱら外観のみから判断すれば足りる」ことになるとの見解をとられる[*4]。

【解釈】

「外国の国旗」——現に存在するものに限る[*5]。

「外国」——我が国が承認していない国も含める[*6]。

「類似」

——条約では，「紋章学上の模倣」となっているため，外観類似により判断される[*7]。

——商標の一部に国旗又は外国の国旗の図形を顕著に有するときは，国旗又は外国の国旗に類似するものと判断される[*8]。

——国旗又は外国の国旗の尊厳を害するような方法で表示した図形を有する商標は，たとえ，それらと類似しない場合であっても，商標法4条1項7号の規定に該当するものとすることになる[*9]。

【適用例】

本号を適用した特許庁審決としては，以下のものがある。

審決では，外観類似に重きを置き，国旗の尊厳を害するか否かをポイントに判断されている。商標審査基準と同様の判断手法である[*10]。

■　審判不服2007-2079（8類：手動工具）

「本願商標（■図表1－8－1）は，前記認定のとおり，アメリカ合衆国の国旗と類似の図形を顕著に有してなるものであり，これを一私人が私権として独占し，自己の取引において商品に使用することは，特段の事情がない限り，当該国家の威信に係わり，尊厳性を害するおそれがあるものとみるのが相当というべきである。」

■図表1−8−1

■　審判不服2002-12117（37類：建築一式工事等）

「本願商標は，別掲（■図表1−8−2）のとおり，図形部分と文字部分とからなる結合商標である。図形部分は，ホームベース型の5角形の形状よりなり，青色に黄色の十字を表したものであって，十字の交差部は中心よりやや左側によっているものである。また，文字部分は，『ROYAL FORT SWEDEN』の欧文字を一連に表したものである。

　そして，本願商標の図形部分は，その形状がたとえ5角形であったとしても，青色と黄色の配色，十字の交差部が中心よりやや左側によって表されていることから，スウェーデン国の国旗と外観において類似するばかりでなく，図形の下に表されている『SWEDEN』の文字との関係においても，該図形部分よりはスウェーデン国の国旗を容易に認識させるものとみるのが相当である。

　してみれば，本願商標は，『スウェーデン国の国旗』を想起させる図形を顕著に有してなり，それが独立して看取されるから，『スウェーデン国の国旗』と類似の商標というべきである。」

■図表1-8-2

■　審判不服1993-23746（旧12類：輸送機械器具等）

「本願商標（■図表1-8-3）の『英』の文字と『屋』文字との間に表された図形は，他の二文字と同じ大きさで表されたものであり，そして，国旗の輪郭とほぼ同じ形状の長方形の中央に十字に巾広の直線を黒色で配し，長方形の四隅と十字の中心とを放射状に巾広の黒色の直線で結び，放射状の直線の両側を白抜きにするために黒色の細線を配してなるもので，これらにより構成される図形は，別紙(2)の英国国旗と基本的構成を同じくするものと認められる。」

「本願商標は，前記認定のとおり，英国国旗と類似の図形を顕著に有してなるものであり，これを一私人が私権として独占し，自己の取引において商品に使用することは，特段の事情がない限り，当該国家の威信に係わり，また尊厳性を害する虞があるとみるのが相当と言うべきである。」

■図表1-8-3

【否定例】

本号に該当しないと判断された，特許庁審決としては，以下のものがある。
国旗がデザインの一部に溶け込んでいる場合や，国旗を直接想起しないものについては，本号該当性が否定されている。

日本の国旗を含む登録例としては、財務省大臣官房会計課長が商標権者となっているもの（登録第5198608号），(財)日本野球連盟が商標権者となっているもの（登録第4613598号）がある。

■ 審判不服2005-2961（37類及び42類）

「該旗部分（■図表1−8−4）が建物部分に比べて特別大きく描かれているという程のものではなく，加えて，該旗図形の黄色と青色の色彩は，屋根及び窓の色彩と同一であることから，本願商標の図形部分は，旗を掲げる建物図形を描いた一体的な図形として看取されるというのが相当であって，該図形より旗部分のみを抽出して認識されるとはいい難いものである。してみれば，本願商標は，その構成中にスウェーデン王国の国旗の図形を顕著に有するものとはいえないから，外国の国旗と同一又は類似の商標には該当しないといわなければならない。」

■図表1−8−4

■ 審判不服2006-14720（17類：アルミ等）

本件では，審査段階で，商標法4条1項1号及び同7号（公序良俗違反）で拒絶されたが，審判で，両号に該当しないと判断されている。

「本願商標（■図表1−8−5）は，別掲のとおりの構成よりなるところ，該構成中の二つの国の国旗と思しきものを表したという図形部分について検討するに，本願商標のかかる構成においては，スイス国及びカナダ国の国旗に類似するものを表示したということはいい得ず，前述の二カ国の国旗とは異なるものとして認識されると判断するのが相当である。」

■図表1—8—5

LOGOS ✚ 🍁 LIFE LINE

■　審判不服2000-7371（14類：身飾品等）

「本願商標（■図表1—8—6）は，別掲のとおり，図形と文字よりなるものであって，該図形部分と文字部分とは，視覚上分離して看取されるばかりでなく常に一体不可分のものとしてみなければならない特段の理由も見当たらないものであるから，図形部分も独立して自他商品の識別標識としての機能を果たし得るものと判断するのが相当である。

そこで，本願商標の図形部分と原審において引用したアメリカ合衆国の国旗とを比較すると，両者は，横長の長方形状に構成され，その左角部に設けられた青色の横長長方形内に星を配し，残余の部分に赤色横線を一定間隔に描いてなる点において共通するところがあるとしても，前記左角部において，本願商標中の図形はU字状に星を配置した構成においてアメリカ合衆国の国旗と顕著な差異を有するものである。そして，本願商標中の図形は，その特徴的な差異によりアメリカ合衆国の国旗と区別して認識されるものと認められるから，アメリカ合衆国の国旗に類似するものではない。」

■図表1—8—6

■　審判不服2005-65077（35類：広告等）

「スイス連邦の国旗を想起させるものであるとしても，前記したように，

本願商標（■図表1－8－7）の図形部分は，一体的に表してなるものであるから，当該十字図形のみが強く看者の目をひくとはいい難く，正方形の中央に白十字を配した構成に特徴を有するスイス連邦の国旗と類似するものとはいうことができない。してみれば，本願商標は，その構成中にスイス連邦の国旗の図形を顕著に有するものとはいえないから，外国の国旗と同一又は類似の商標には該当しないものである。」

■図表1－8－7

■　審判不服2003-17003（32類：清涼飲料等）

「その構成中『SANA』及び『＋』の文字は，いずれも丸ゴシック体風の同じ書体で表されており，かつ，両文字とも前記輪郭内にまとまりよく一体的に表されてなるものであるから，本願商標は，その構成全体をもって不可分一体のものとして看取されるというのが相当であって，構成中の赤地に『＋』の図形部分のみが独立してスイス国の国旗を表したものと認識されるとはいい難いものである。

してみれば，本願商標（■図表1－8－8）は，その構成中にスイス国の国旗の図形を顕著に有するものとはいえないから，外国の国旗と同一又は類似の商標には該当しないものである。」

■図表1－8－8

(2) 商標法4条1項7号（公序良俗違反）

国旗と同一又は類似しない商標で，商標法4条1項1号に該当しない場合でも，公序良俗に反する場合には，本号に該当することになる。

【規定】──商標法4条1項7号（公序良俗違反）

「公の秩序又は善良の風俗を害するおそれがある商標」は登録することができない。

【趣旨】

「商標法4条1項7号の適用対象に，当該登録商標を認めて商標権の行使を許容することが公序または良俗を害するおそれがある場合も含まれると理解することは必ずしも文理に反しない。」と指摘されている[*11]。なお，「本号を解釈するにあたっては，むやみに解釈の幅を広げるべきでなく，1号から6号までを考慮して行う」必要がある[*12]。

「他の法律によって，その使用等が禁止されている商標，特定の国若しくはその国民を侮辱する商標又は一般に国際信義に反する商標は，本号の規定に該当する」ことになる[*13]。

また，「国旗又は外国の国旗の尊厳を害するような方法で表示した図形を有する商標は，たとえ，それらと類似しない場合であっても，第4条1項第7号の規定に該当する」ことになる[*14]。

【適用例】

本号を適用した審決としては，以下のものがある。

なお，本号否定例としては，上記商標法4条1項1号の否定例で解説した審判不服2006-14720「LOGOS，図形，LIFELINE」の審決がある。

■ 不服審判2002-15736（16類：印刷物等）

「本願商標（■図表1－8－9）は，別掲のとおり，『KENNEDY』の文字とアメリカ合衆国の国旗である星条旗をややデザイン化し，その青色の部分の中央に鷲の紋章の様な図形と『K』の文字を配してなるものである。

そして，本願商標は，その図形部分が星条旗をデザイン化したものであると容易に理解されるものであって，かつ，その『KENNEDY』の文字部分が該図形部分との関係から，アメリカ合衆国第35代大統領故 John Fitzgerald Kennedy 氏を想起せしめるものというのが相当である。

してみると，本願商標を一私人である請求人が私的独占使用を目的として採択することは，アメリカ合衆国の尊厳，ひいては国際間の信義則を保つ観点から，穏当ではないものといわざるを得ない。

したがって，本願商標が商標法第4条第1項第7号に該当するとして本願を拒絶した原査定は，妥当であって，取り消すべきでない。」

■図表1－8－9

5　意匠法

国旗を表した意匠は，意匠法5条1号（公序良俗違反）に該当する。

【規定】──意匠法5条1号（公序良俗違反）

「公の秩序又は善良の風俗を害するおそれがある意匠」は登録することができない。

【趣旨】

「日本若しくは外国の元首の像又は国旗を表した意匠，わが国の皇室の菊花紋章や外国の王室の紋章（類似するものを含む。）等を表した意匠は，国や皇室又は王室に対する尊厳を害するおそれが多く，公の秩序を害するおそれがあるものと認められるので，このような意匠は，意匠登録を受けることができない。

ただし，模様として表された運動会風景中の万国旗等のように公の秩序を害するおそれがないと認められる場合は含まれない」[*15]。

6　不正競争防止法

(1)　不正競争防止法2条1項13号（誤認惹起行為）

国旗の使用によって，原産地表示の誤認を生じさせる場合には，不正競争防止法2条1項13号が適用され，差止請求（不競3条），損害賠償請求（不競4条），刑事罰の対象（不競21条2項1号・22条1項）となる。

【規定】——不正競争防止法2条1項13号（誤認惹起行為）

「商品若しくは役務若しくはその広告若しくは取引に用いる書類若しくは通信にその商品の原産地，品質，内容，製造方法，用途若しくは数量若しくはその役務の質，内容，用途若しくは数量について誤認させるような表示をし，又はその表示をした商品を譲渡し，引き渡し，譲渡若しくは引渡しのために展示し，輸出し，輸入し，若しくは電気通信回線を通じて提供し，若しくはその表示をして役務を提供する行為」

【趣旨】

「パリ条約10条1項，10条の2第3項3，虚偽又は誤認を生じさせる原産地表示の防止に関するマドリッド協定3条の2によって課せられた義務を履践するもの」であり[*16]，また，「商品・役務の原産地等について誤認を生じさせるような表示を行う行為等を『不正競争』の一類型として定めた規定」である[*17]。

【解釈】

「原産地」——商品が生産，製造又は加工された商品価値が付与された地のことをいう。原産地表示であることが明記されていなくても，表示が付された商品全体を観察し，商品の需要者又は取引者が，当該表示を商品の原産地表示と認識する表示であれば原産地表示にあたる[*18]。

「誤認させるような表示」——列挙された事実を直接誤認させる表示をしていなくても，間接的に品質，内容等を誤認させるような表示であれば，誤認惹起行為に該当し得る[*19]。

打消し表示が付加された場合には，それにより需要者に誤認を生ぜしめる

おそれがなくなっていれば，本号に該当しないことになる[*20]。

【適用例】

本号が適用された裁判例としては，以下の世界のヘアピンコレクション事件判決がある。本件の判例評釈については，青柳昤子〔判評〕468号判例時報1621号があり，打消し表示としては，日本語による「日本製」，「国産」等の表示が必要であるとしている。

■　世界のヘアピンコレクション事件（大阪地判平8・9・26裁判所ホームページ）

容器に商号等が英語で記載されていたり，説明書に「世界中のピンを集大成」等の言葉が盛られていたという事情も考慮して，外国製でない商品に外国国旗が大きく表示されているシールを貼付する行為が本号に該当すると判断された。

〔使用態様〕（■図表1-8-10）

「(一)　商品目録1の商品について

(1)　包装袋表面のシール

左上に『イタリアンタイプ ⑬ 横ずれしにくい ボブピン』という文言とイタリア国旗が印刷されたシールが貼られている。

(2)　缶容器の蓋

『Y.S. PARK』，そのすぐ右下に小さく『NEW YORK』と記載され，さらに下に『PIN OF THE WORLD……COLLECTION』，小さく『FROM INTERNATIONAL PROFESSIONAL HAIR ARTIST MANUFACTURE BY 555……IS A BEST』といずれも英語で記載されている。

(3)　裏面側に入れられた説明書

『Y.S. PARK 世界のヘアピンコレクション』，そのすぐ下に小さく『世界で初めて……世界中のピンを集大成――57種類――』と記載され，そして，『このピンは……』『特徴』と題してピンの特徴が詳しく記載されているほか，ピンの具体的な使用方法がイラスト入りで説明されている。右下に，『Produced by Y.S.PARK NEW YORK CO., LTD. Tel △△-△△△△-△△△△（代）』『Manufacture by 555 (GORIKI KOGYO CO., LTD.) Tel △△△△-△△-△△△△（代）』と記載されている。」

〔誤認可能性〕

「本件商品には，いずれも，透明の包装袋の表面に，外国国旗が端的にセールスポイントを示す文言とともに又は単独で印刷されたシールが貼られており，しかも，右シールは，その色彩，貼付位置により消費者の注意を惹くものであるところ，商品に右のような態様で外国国旗が表示されている場合，当該商品が当該外国製であることを容易に想起させるものであり，本件商品に接した消費者をして当該外国において製造されたものと誤認させる可能性が高いものといわなければならない（それ故，告示第三四号も，商品の原産国に関する不当な表示の一類型として外国の国旗を表示する場合を指定しているものと解される。）。

加えて，商品であるヘアピンを入れた缶容器の蓋には，被告ワイ・エス・パークの商号の要部が『Y.S.PARK』『NEW YORK』というように英語で記載され（商品目録1ないし5，15ないし26の各商品については，さらに下に『PIN OF THE WORLD……COLLECTION』『FROM INTERNATIONAL PROFESSIONAL HAIR ARTIST MANUFACUTRE BY 555……IS A BEST』と英語で記載されている。）さらに，透明の包装袋の裏面側に入れられた説明書には，『Y.S. PARK 世界のヘアピンコレクション』，『世界で初めて……世界中のピンを集大成——57種類——』（商品目録1ないし5，15ないし26の各商品），『Y.S. PARK PIN OF THE WORLD』『Professional hair stylist Young-soo ParK scientifically formulated total hair care products for proven results.』『Y.S. PARK　世界のヘアーピン』（商品目録6，9，11，13，14の各商品），又は『Y.S.PARK　世界のヘアーピン』『世界で初めて……世界中のピンを集大成——35種類——』『商品目録7，8，10，12の各商品』と記載されており，これらの記載は，消費者の前記のような誤認をいっそう強めるものというべきである。」

〔打消し表示1〕

「ヘアピンのタイプを表示するものであることは明確であると主張するが，右のような『……タイプ』との文言は，例えば，『made in Japan』『日本製』『国産』というような表示とは異なり，ヘアピンが当該外国製であることと相反するものではなくて両立しうるものであり，前示のとおり，ヘアピンのタイプを表示するものとして外国国旗を使用することが一般的に行わ

れていると認めるに足りる証拠はないこと，商品であるヘアピンを入れた缶容器の蓋及び透明の包装袋の裏面側に入れられた説明書における前示のような記載を併せ考えれば，右のように外国国旗の表示のほかに『イタリアンタイプ』『ブリティッシュタイプ』『アメリカンタイプ』『フレンチタイプ』との文言が当該外国国旗が表示されているのと同じ面（表面）において表示されているからといって，外国国旗の表示が前示のとおり消費者をして当該外国において製造されたものと誤認させる可能性を打ち消しあるいは減殺させるものということはできないから，被告らの右主張は採用することができない。」

〔打消し表示2〕

「商品の説明書には，『Manufacture by 555（GORIKI KOGYO CO., LTD.）Tel △△△△-△△-△△△△（代）』と記載されているが，これは本件商品の裏面側に入れられた説明書の右下に小さく，しかも英語で表記されているにすぎないのみならず，右記載自体日本製であることを明確に表示しているとはいいがたいのに対して，外国国旗は透明の包装袋の表面に貼られたシールに印刷されていて，右の表面を消費者に見えやすいように陳列すると考えられる通常の陳列状態においては，外国国旗の表示がその色彩，貼付位置により，右のような説明書の記載と比べて格段に強く消費者の注意を惹くものであることは明らかであるから，右のような説明書の記載が外国国旗の表示による前記誤認を打ち消しあるいは減殺させることはないというべきである。したがって，右被告らの主張も採用することができない。」

■図表1—8—10　使用態様

（包装用袋表面）　　　　　　　　（裏面説明書）

(2) **不正競争防止法16条**（外国の国旗等の商業上の使用禁止）

パリ条約6条の3の国旗の使用に関する部分を履行するために設けられた規定である。

本条違反に対しては，刑事罰の適用があるが（不競21条2項7号・22条1項），民事的救済についての規定はない。

なお，本条は，外国の国旗となっており，日本の国旗は対象となっていない。日本の国旗は，商標登録はできないが，他の法律に違反しなければ，商標として使用することができる。

【規定】──不正競争防止法16条（外国の国旗等の商業上の使用禁止）

「1項　何人も，外国の国旗若しくは国の紋章その他の記章であって経済産業省令で定めるもの（以下「外国国旗等」という。）と同一若しくは類似のもの（以下「外国国旗等類似記章」という。）を商標として使用し，又は外国国旗等類似記章を商標として使用した商品を譲渡し，引き渡し，譲渡若しくは引渡しのために展示し，輸出し，輸入し，若しくは電気通信回線を通じて提供し，若しくは外国国旗等類似記章を商標として使用して役務を提供してはならない。ただし，その外国国旗等の使用の許可（許可に類する行政処分を含む。以下同じ。）を行う権限を有する外国の官庁の許可を受けたときは，この限りでない。」

【趣旨】

「パリ条約6条の3の規定（国の紋章等の保護）を実施するため，外国の国旗等の商業上の使用を禁止する規定であり，その保護法益は外国の国の威信，国民の名誉感情」である[*21]。

【解釈】

「類似」──本条における類似について，茶園茂樹教授は，「外形的観察による類似のみを考察すればよいとされる。国の記章は，ライオン，熊，鷲，王冠，星，太陽等それ自体ありふれたものが素材として共通に用いられていることが多く，観念類似を問題とするのは困難で，またその称呼は複雑であるのに対して，外観の類否判断で国の記章の保護は十分と考えられるからである（小野＝松村・新概説632～633頁，山本・要説351頁，金井外（窪木登志子）・コンメンタール255頁）。パリ条約では『紋章学上』の模倣という語が用いられてい

るが，これも外観類似を意味すると解されている（吉原隆次＝佐伯一郎・工業所有権保護同盟条約説義116頁，夢優美・工業所有権法解説（パリ条約条解編）115頁）」と解説されている[*22]。

「商標として」——とくに解説はない[*23]。パリ条約6条の3の規定（国の紋章等の保護）における「商標または商標の構成部分として（either as trademarks or as elements of trademarks）」を翻訳したものである。

「外国官庁の許可」——外国官庁の許可を得れば，外国の国旗を商標として使用できる。

【適用例】——なし[*24]。

7　刑法92条（外国国章損壊罪）

外国国旗を損壊した場合には，外国国章損壊罪となる。

今後，バーチャルな世界（ウェブ上）での外国国章損壊罪を問われる例が増えてくるものと思われる。

【規定】——刑法92条（外国国章損壊罪）

「1項　外国に対して侮辱を加える目的で，その国の国旗その他の国章を損壊し，除去し，又は汚損した者は，2年以下の懲役又は20万円以下の罰金に処する。

2項　前項の罪は，外国政府の請求がなければ公訴を提起することができない。」

【趣旨】

「本罪は，外国の国章に対する損壊等の方法によって，外国に対して侮辱を加える行為を処罰しようとする。国章は，国家の象徴とみられるからである。」[*25]。

【解釈】

「外国」——日本と正式の外交関係を結んでいない国も含まれるが，国連などの国際団体は含まれない[*26]。

「外国に対して侮辱を加える」——国章に対する行為によって，当該国家に対する侮辱の意思を表示することである。目的犯である。この目的を欠く行為は，器物損壊罪（刑261条）にあたるにすぎない。

「国旗」——私人の掲揚する外国の国章に対する侮辱的行為に対しても適用があるとする説と，国家の権威を象徴するものとして掲揚されたものでなければならないとする説がある。大塚仁教授は，前説をとる[*27]が，前田雅英教授は後説をとり，国旗の私的掲揚には本条は該当しないとする[*28]。

「損壊」——国旗などの国章を物理的に破壊し，外国の威信・尊厳を侵害する程度に外観に変更を加えることをいう[*29]（大阪高判昭38・11・27刑集19巻3号150頁）。

「除去」——国章自体に損壊を生じさせることなく，場所的移転，遮蔽などによって国章が現に所在する場所において果てしているその威信・尊厳を象徴する効用を滅失又は減少させることをいう（最判昭40・4・16刑集19巻3号143頁）。

「汚損」——人に嫌悪の情をいだかせる物を国章自体に付着又は付置させて，国章としての効用を滅失又は減少させることをいう。墨汁を塗るとか，泥靴で踏むなどもこれにあたる。国旗の色合いの変更のような無形的毀損については，損壊に含める説もあるが，大塚仁教授は，「汚損」に含める。

「請求」——請求は捜査機関に対して処罰を求める意思表示で，告訴と同様に訴訟条件（刑訴338条4号）となっている[*30]。

【適用例】
■ 建造物損壊，建造物侵入，侮辱，外国国章除去被告事件（前掲最判昭40・4・16）

〔判決要旨〕
「中華民国駐大阪総領事館邸の一階正面出入口上部中央に掲げられた，青天白日の同国国章を刻んだ横額の前面に，これとほぼ同形の，白地に黒く『台湾共和国大阪総領事館』と大書したベニヤ板製看板を，針金を用い，右横額上部の釘等に巻きつけ，これに重なり合うように密接して垂下させ，右国章を遮蔽する所為は，刑法第92条にいう除去にあたる。」

〔判決〕
「（原審の認定した事実関係の下において，被告人らのなした中華民国国章の遮蔽の方法は，右国章の効用を減却させるものであり，刑法92条にいう除去に当るとした原判示は正当である。）また記録を調べても刑訴法411条を適用すべきものとは認められ

ない。」

8 不当景品類及び不当表示防止法（景品表示法）4条1項3号（不当な表示の禁止）

不当景品類及び不当表示防止法，いわゆる景品表示法は，4条1項3号で，以下のとおり規定し，商品の原産国の不当な表示を規制している。

本条に違反する場合には，内閣総理大臣より，措置命令（行為の差止め等）が出される。

【規定】──景品表示法4条1項3号（不当な表示の禁止）

「1項 事業者は，自己の供給する商品又は役務の取引について，次の各号のいずれかに該当する表示をしてはならない。

1号～2号（略）

3号 前2号に掲げるもののほか，商品又は役務の取引に関する事項について一般消費者に誤認されるおそれがある表示であつて，不当に顧客を誘引し，一般消費者による自主的かつ合理的な選択を阻害するおそれがあると認めて内閣総理大臣が指定するもの」

【運用基準】

「商品の原産国に関する不当な表示」（昭和48年公正取引委員会告示第34号）の運用基準第11項に基づく，衣料品の表示に関する運用細則（衣料品）では，国産の衣料品に，■図表1－8－11にある表示をすることは，不当な表示に該当すると記載されている。

■図表1－8－11

9 外国の状況

外国でもパリ条約6条の3を履行するための規定が設けられており、その解釈は各国により異なる。また、その国独自の国旗を保護する法律がある。

米国商標法2条(b)は、「合衆国、何れかの州若しくは地方公共団体、又は何れかの外国の旗章、紋章若しくはその他の記章又はそれらの擬態から成り、又はそれらを含む」商標は登録できない旨規定し、米国商標審査マニュアル（TMEP1204.01）は、■図表1−8−12の商標は登録できないが、■図表1−8−13の商標は図案化してあるので登録できるとしている。

中国では、国旗法があり、しばしば問題となる。例えば、バッグの赤い星印のデザインが中国の国旗に似ている、レストランの顧客に配布した卓上カレンダーのニワトリの胸に描かれた赤い星印が中国の国旗に似ているとして、国旗法違反の疑いにより商品を回収したり、中国出身のアイドルが日本と中国の国旗の上に水着姿でポーズをとっている写真を掲載した写真集が、国旗法に違反すると騒がれたりした例が、ウェブのニュースで報道されている。

国旗の使用にあたっては、国の尊厳を傷つけないように使用するとともに、各国の専門家に事前に相談する必要がある[*31]。

■図表1−8−12

■図表1−8−13

【注】
(＊1) G.H.Cボーデンハウゼン教授『注解パリ条約』（AIPPI、1976年）89頁。英文名：Professor G. H. C. Bodenhausen, Director of BIRPI "Guide to the application of the Paris Convention for the protection of industrial property".
(＊2) G.H.Cボーデンハウゼン教授『注解パリ条約』（AIPPI、1976年）89頁。
(＊3) 田村善之『商標法概説〔第2版〕』（有斐閣、2000年）215頁。

(＊4) 網野誠『商標〔第6版〕』（有斐閣，2002年）317頁。
(＊5) 特許庁商標課編『商標審査基準〔改訂第10版〕』（発明協会，2012年）23頁。
(＊6) 特許庁商標課編『商標審査基準〔改訂第10版〕』（発明協会，2012年）23頁。
(＊7) 後藤晴男『パリ条約講話〔第13版〕』（発明協会，2007年）378頁，379頁。
(＊8) 特許庁商標課編『商標審査基準〔改訂第10版〕』（発明協会，2012年）23頁。
(＊9) 特許庁商標課編『商標審査基準〔改訂第10版〕』（発明協会，2012年）23頁。
(＊10) 特許庁商標課編『商標審査基準〔改訂第10版〕』（発明協会，2012年）23頁。
(＊11) 田村善之『商標法概説〔第2版〕』（有斐閣，2000年）106頁。
(＊12) 特許庁編『工業所有権法（産業財産権法）逐条解説〔第17版〕』（発明協会，2008年）1181頁。
(＊13) 特許庁商標課編『商標審査基準〔改訂第10版〕』（発明協会，2012年）30頁。
(＊14) 特許庁商標課編『商標審査基準〔改訂第10版〕』（発明協会，2012年）23頁。
(＊15) 特許庁意匠課編『意匠審査基準』58頁。
(＊16) 田村善之『不正競争法概説〔第2版〕』（有斐閣，2003年）415頁。
(＊17) 経済産業省知的財産政策室編著『逐条解説不正競争防止法〔平成18年改正版〕』（有斐閣，2007年）87頁。
(＊18) 経済産業省知的財産政策室編著『逐条解説不正競争防止法〔平成18年改正版〕』（有斐閣，2007年）88頁。
(＊19) 経済産業省知的財産政策室編著『逐条解説不正競争防止法〔平成18年改正版〕』（有斐閣，2007年）90頁。
(＊20) 田村善之『不正競争法概説〔第2版〕』（有斐閣，2003年）423頁。
(＊21) 経済産業省知的財産政策室編著『逐条解説不正競争防止法〔平成18年改正版〕』（有斐閣，2007年）135頁。
(＊22) 小野昌延編著『新・注解不正競争防止法〔第3版〕(下)』（青林書院，2012年）1208頁〔茶園茂樹〕参照。
(＊23) 経済産業省知的財産政策室に電話で確認したときには（2009年4月27日確認），商品の出所を識別する態様という回答があった。
(＊24) 経済産業省知的財産政策室に確認したところ，まだ，適用例はないとのことであった（2009年4月27日確認）。日本の国旗については，本号の適用はない。日本の国旗については，内閣府（旧総理府）が所轄となるが，「国旗及び国歌に関する法律」を策定したときに，罰則規定は特に設けなかったとのことである（2009年4月27日確認）。但し，刑法92条の適用はある。
(＊25) 大塚仁『刑法各論(下)』（青林書院，1968年）715頁。
(＊26) 前田雅英『刑法各論講義〔第4版〕』（東大出版会，2008年）583頁。
(＊27) 大塚仁『刑法各論(下)』（青林書院，1968年）715頁。
(＊28) 前田雅英『刑法各論講義〔第4版〕』（東大出版会，2008年）584頁。
(＊29) 前田雅英『刑法各論講義〔第4版〕』（東大出版会，2008年）584頁。

（＊30）　前田雅英『刑法各論講義〔第4版〕』（東大出版会，2008年）584頁。
（＊31）　データとして古いが（平成11年（1999年）9月），各国の国旗の取扱いについては，文部科学省の「諸外国における国旗，国歌の取り扱い」を参照。

第9節●
商標の稀釈化からの保護
―― 各国の比較法的考察とAIPPIパリ総会決議(2010年)――

1　商標の稀釈化について

　商標の稀釈化とは，商品の出所の混同は生じないが，商標の識別力が薄まったり，又は，商標の名声が毀損されたりする場合をいう。米国商標法43条(c)は，前者を「不鮮明化による稀釈化（Dilution by blurring）」，後者を「汚染による稀釈化（Dilution by tarnishment）」と規定している。

　例えば，他の企業が，著名商標と同一の商標を，著名商標の使用されている商品と全く関係のない商品に使用した場合に前者の稀釈化が，食品の著名商標と同一の商標を，食品のイメージを毀損する商品に使用した場合に後者の稀釈化が生ずる。

　商標の稀釈化は，1920年代のドイツの判例理論（Odol事件：水はみがきで著名なOdolを鋼製品に使用した事件）から発生し，それが米国の学説に影響を与え，商標の稀釈化について有名なフランク・I・シェヒターの論文（1927年）[*1]へと繋がることになる。

　著名商標の保護を広く認めたという点では，満田重昭千葉大学名誉教授の解説[*2]によると，カメラについての著名商標「Kodak」を自転車に使用する行為を不法行為「詐称通用（passing off）」にあたるとして，登録抹消と差止めを認めた1889年の英国の判決が最も古く，これに対応するために，英国で防護標章制度が設けられ，日本に引き継がれたようである。

　米国では，まず，州法で商標の稀釈化について規定された。判例検索システムの商標「Lexis」が，トヨタ社の自動車「Lexus」によって，稀釈化されるとして，米国のMead社がニューヨーク州法に基づき，米国トヨタ自動車販売を訴え，控訴審で稀釈化は生じないと判断された事件が有名である[*3]。

米国の商標法で、商標の稀釈化の規定が制定・施行されたのは、1996年になってからである[*4]。稀釈化の規定を含む欧州共同体商標規則も同じ年に施行された[*5]。

日本は、欧米より一足早く、稀釈化に関する規定が不正競争防止法2条1項2号に規定された（1994年5月1日施行）。

このように、商標の稀釈化からの保護について、各国の法制度が整備され、裁判例がでてきたこともあり、2010年のAIPPI[*6]議題として議題214「商標の稀釈化からの保護」が決定された[*7]。この議題に対応するため、AIPPI日本部会で委員会が設けられ[*8]、当該委員会の委員としてAIPPI本部からの質問状について検討し、パリ総会（2010年10月3日～6日）にも出席し、世界の動向を肌で感じることができた。

（AIPPIの質問状に対して回答のあった45か国）
Argentina, Australia, Austria, Belgium, Brazil, Bulgaria, Canada, Chile, China, Czech Republic, Denmark, Ecuador, Egypt, Estonia, Finland, France, Germany, Hungary, India, Indonesia, Israel, Italy, Japan, Latvia, Malaysia, Mexico, Netherlands, New Zealand, Panama, Paraguay, Peru, Philippines, Poland, Portugal, Romania, Russia, Singapore, South Africa, Spain, Sweden, Switzerland, Thailand, Turkey, United Kingdom, United States

この議題に関する質問状への各国の回答のまとめ[*9]とAIPPIパリ総会での議論を紹介することにより、商標の稀釈化からの保護についての世界の動向とその問題点について言及することとしたい。

2　日米欧の基本構造

(1)　日　本

商標の稀釈化に関する規定は、不正競争防止法2条1項2号、3条、4条、21条2項2号にある。他人の商標を稀釈化する商標の登録排除の規定については、商標法4条1項19号に規定がある。ただし、「稀釈化」の文言は、法律上使用されていない。

不正競争防止法21条2項2号は、平成17年の改正で導入されたものであるが、文言からすると欧州共同体商標規則9条(1)(c)も参考にしたものと推察さ

れる^(*10)。

〔不正競争防止法2条1項等〕
2条（定義）
1項　この法律において「不正競争」とは，次に掲げるものをいう。
　2号　自己の商品等表示として他人の著名な商品等表示と同一若しくは類似の
　　ものを使用し，又はその商品等表示を使用した商品を譲渡し，引き渡し，譲
　　渡若しくは引渡しのために展示し，輸出し，輸入し，若しくは電気通信回線
　　を通じて提供する行為
3条（差止請求権）
　　……営業上の利益を侵害され，……
4条（損害賠償）
　　……他人の営業上の利益を侵害した者は，……
21条（罰則）
2項　次の各号のいずれかに該当する者は，五年以下の懲役若しくは五百万円以
　　下の罰金に処し，又はこれを併科する。
　2号　他人の著名な商品等表示に係る信用若しくは名声を利用して不正の利益
　　を得る目的で，又は当該信用若しくは名声を害する目的で第2条第1項第2
　　号に掲げる不正競争を行った者

　不正競争防止法2条1項2号の「趣旨」について，裁判所は，「同号の趣旨は，著名な商品等表示について，その顧客吸引力を利用するただ乗りを防止するとともに，その出所表示機能及び品質表示機能が稀釈化により害されることを防止するところにある。」と判示している（東京地判平12・7・18判時1729号116頁〔リズシャルメル事件〕）。
　「自己の商品等表示として」とした理由について，起草者は，「例えば，自己の業務に係る商品または営業を表示するものではなく，例えば，商品の模様に使用する等の行為まで規制すると，規制の対象範囲が不明確になり，事業活動に過度な萎縮効果を与えるおそれがあることから，規制の対象としませんでした。」と解説している^(*11)。また，田村善之教授は，「『自己の商品

等表示として』使用することが要件となる。著名表示が冒用者商品等表示として使用されて初めて、1対1対応が崩れ、ダイリューション現象が発生することになるからである。(中略)混同のおそれという要件を持たない2号にあっては、1号と異なり、商品等表示としての使用という要件が、保護範囲を画する機能を発揮することになる（判時1728号103頁のコメントを参照）」と述べている[*12]。

裁判所は、「同号の不正競争行為というためには、単に他人の著名な商品等表示と同一又は類似の表示を商品に付しているというだけでは足りず、それが商品の出所を表示し、自他商品を識別する機能を果たす態様で用いられていることを要するというべきである。けだし、そのような態様で用いられていない表示によっては、著名な商品等表示の顧客吸引力を利用し、出所表示機能及び品質表示機能を害することにはならないからである。」と説示して、表示も含め実銃を模したモデルガンの形態は、自己の商品等表示としての使用にはあたらないと判示している（東京地判平12・6・29裁判所ホームページ〔ベレッタM93Rファーストバージョン事件〕）。

「著名性」について明確な判断基準を判示した判決はなく[*13]、今後、全国的な著名性が必要とされるか（地域的範囲）、顧客層の範囲（ニッチ市場でよいか）が問題になってくると考える。顧客層については、「原告名称は、遅くとも平成11年3月までには、原告が行う教育事業及び原告が運営する各学校を表す名称として、学校教育及びこれと関連する分野において著名なものになっていたものと認めることができる。」と判示して、特定の分野での著名性で足りるとした判決がある[*14]。学説としては、全国的著名性を必要とせず、一定の顧客層（少なくとも被告の需要者の範囲内）との見解が有力である[*15]。

「類似」について、傍論ではあるが、裁判所は、「不正競争防止法2条1項2号における類似性の判断基準も、同項1号におけるそれと基本的には同様であるが、両規定の趣旨に鑑み、同項1号においては、混同が発生する可能性があるのか否かが重視されるべきであるのに対し、同項2号にあっては、著名な商品等表示とそれを有する著名な事業主との一対一の対応関係を崩し、稀釈化を引き起こすような程度に類似しているような表示か否か、すなわち、

容易に著名な商品等表示を想起させるほど類似しているような表示か否かを検討すべきものと解するのが相当である。」と判示し(*16)、「混同」を要件とする不正競争防止法2条1項1号とは異なる判断基準をとっている。後述する欧州における「結びつき（link）」、米国における「連想（association）」に通ずるものがある。

「営業上の利益」については、「本件ウェブサイト上において、いわゆる大人の玩具の販売広告や特定の企業を誹謗中傷する文章など原告の信用を毀損する内容の表示をしていたことに照らせば、被告は、原告の営業上の利益を侵害することを認識しながら、あえて上記のような行為を行ったものと認められるものであって、故意により不正競争行為を行ったものというべきである。」と判示するものがある（東京地判平13・4・24判時1755号43頁〔j-phone.co.jp事件〕）。

田村善之教授は、造語標章のような強いマークの場合には、不鮮明化による稀釈化レベルで「営業上の利益の侵害」を認めてもよいが、弱いマークの場合には、具体的な不利益を主張・立証する必要があるとする（例：汚染による稀釈化）(*17)。

(2) 米　国

商標の稀釈化について、米国商標法43条(c)は、以下のとおり規定している。

稀釈化の虞のある商標については、登録異議申立て、登録取消事由となっている（米国商標法13条・14条）。

2006年10月6日施行の改正で、旧法のように「実際の稀釈化（actual dilution）」を立証する必要はなく、「稀釈化の虞（likelihood of dilution）」を立証すれば足り(*18)、また、汚染による稀釈化も含まれることが明確に規定されている(*19)。

著名商標に実質的に類似（substantial similarity）しない場合でも、稀釈化の可能性がある(*20)。

パロディは、一定の条件の下で抗弁事由となる。

主登録簿に登録されていないトレードドレス(*21)の立証責任については、特別規定が設けられている。

〔米国商標法43条(c)〕

(a) 省略

(b) 省略

(c) 不鮮明化による稀釈化（Dilution by Blurring）；汚染による稀釈化（Dilution by Tarnishment）

(1) 差止命令による救済――衡平法の諸原則（principles of equity）に従うことを条件として，本来的に又は獲得した識別性により（inherently or through acquired distinctiveness），識別性を有する著名標章の所有者は，他人であって，当該所有者の標章が著名になった後に，その著名標章（famous marks）について不鮮明化による稀釈化又は汚染による稀釈化を生ずる虞のある（is likely to cause dilution by blurring or dilution by tarnishment）標章又は商号の取引における使用を開始した者を相手として，実際の又は生じる虞のある混同（the presence or absence of actual or likely confusion），競争又は現実の経済的侵害があるか否かに拘らず，差止命令の付与を受ける権原を有するものとする。

(2) 定義――(A) (1)の適用上，標章が合衆国の一般消費者（general consuming public）により，その標章所有者に係る商品又はサービスの出所の指定として広く認識されている（widely recognized）場合は，その標章は，著名（famous）である。標章が必要な程度の認識（requisite degree of recognition）を受けているか否かを決定するときは，裁判所は，次の事項を含め，一切の関連事項（all relevant factors）を考慮することができる。

　(i) その標章に関する広告及び宣伝に係る期間，程度及び地理的到達領域。広告又は宣伝がその所有者によって行われたか又は第三者によって行われたかを問わない。

　(ii) その標章の下で提供される商品又はサービスの販売に係る金額，数量及び地理的範囲

　(iii) その標章についての現実の認識の程度

　(iv) その標章が1881年3月3日の法律，若しくは1905年2月20日の法律に基づいて，又は主登録簿上に，登録されていたか否か

(B) (1)の適用上，「不鮮明化による稀釈化」とは，1の標章又は商号と1の

著名標章との間での類似性から生ずる連想であって（association arising from the similarity between a mark or trade name and a famous mark），著名標章の識別性を毀損するものをいう（impairs the distinctiveness of the famous mark）。1の標章又は商号が不鮮明化による稀釈化を生じさせる虞があるか否かを決定するに際し，裁判所は，次の事項を含め，一切の関連事項を考慮することができる。

(i) その標章又は商号と著名標章との間での類似性の程度（degree of similarity）

(ii) その著名標章についての本来の又は獲得された識別性の程度（degree of inherent or acquired distinctiveness）

(iii) その著名標章の所有者が，その標章を実質的に排他的使用している範囲

(iv) その著名標章についての認識の程度

(v) その標章又は商号の使用者が，著名商標との連想を造成するよう意図していたか否か（intended to create an association with the famous mark）

(vi) その標章又は商号とその著名商標との間での現実の連想がある場合（any actual association）は，その連想

(C) (1)の適用上，「汚染による希釈化」とは，1の標章又は商号と1の著名標章の類似性から生ずる連想であって，著名標章の名声を毀損するものをいう（harms the reputation of the famous mark）。

(3) 除外事項——次の事項は，本項に基づく不鮮明化による稀釈化又は汚染による稀釈化を理由として，訴訟を提起することができる事項ではないものとする。

(A) 他人による，指名的又は記述的な公正使用（a nominative or descriptive fair use）を含む著名標章の公正な使用又は当該公正使用の援助であって，当該人の商品又はサービスの出所指定（designation of source）としていないものであり，次の事項に関連する使用を含む。

(i) 消費者が商品又はサービスを比較できるようにするための広告若しくは促進，又は

(ii) 著名標章の所有者，又は著名標章の所有者の商品又はサービスを特定し，かつ，風刺（parodying），批評又は論評すること
(B) あらゆる種類のニュース報道及びニュース論評
(C) 標章の非営業的使用（noncommercial use）
(4) 立証責任——主登録簿に登録されていないトレードドレス（trade dress）に関しての本法に基づくトレードドレス稀釈化の民事訴訟においては，トレードドレスの保護を主張する者は，次の事項についての立証責任を負う。
(A) 権利主張の対象とするトレードドレスは，全体としてみたとき，機能的なものではなく，かつ，著名であること，及び
(B) 権利主張の対象とするトレードドレスが主登録簿に登録されている1又は2以上の標章を含んでいる場合は，無登録部分が，全体としてみたとき，当該登録標章とは別に，著名であること
(5) 追加の救済手段——本項に基づいて提起される訴訟においては，著名標章の所有者は，第34条に記載される差止命令による救済を受ける権原を有する。著名標章の所有者はまた，次の条件が満たされる場合は，裁判所の裁量及び衡平法の諸原則に従うことを条件として，第35条(a)及び第36条に記載される救済を受ける権原を有する。
(A) 不鮮明化による稀釈化又は質の低下による希釈化を生じさせる虞のある標章又は商号が，2006年の商標稀釈化改正法の施行日後に，求めている差止命令の対象とされている者によって初めて取引において使用されたこと，及び
(B) 本項に基づく請求に関しては，
(i) 不鮮明化による稀釈化を理由としている場合は，求めている差止命令の対象者とされている者がその著名標章についての認識を故意に利用しようとしたこと，又は
(ii) 汚染による稀釈化を理由としている場合は，求めている差止命令の対象者とされている者がその著名標章の名声を故意に害そうとしていたこと

（以下，省略）

(3) 欧州共同体商標規則

欧州共同体商標規則（EUCTM）9条では，共同体商標により与えられる権利について，以下のとおり規定している。EUCTM9条(1)(c)が商標の稀釈化に関する条文である（欧州商標理事会指令5条が対応）。

登録要件についても，以下と同じ条文があり，異議申立てをまって審査される（EUCTM8条）。

なお，「稀釈化」の文言は，法律上使用されていない。

〔欧州共同体商標規則9条　共同体商標により与えられる権利〕
(1) 共同体商標は，その所有者にその商標についての排他的権利を与える。所有者は，自己の同意を得ないで全ての第三者が次に掲げる標識を取引上使用することを阻止する権利を有する。
　(a) 共同体商標が登録されている商品又はサービスと同一の商品又はサービスについて共同体商標と同一の標識
　(b) 共同体商標と当該標識との同一性又は類似性並びに共同体商標及びその標識に包含される商品又はサービスの同一性又は類似性のために，公衆の側に混同を生じる虞（a likelihood of confusion on the part of the public）がある場合は，その標識。この場合の混同の虞には，その標識と商標との間に連想の虞（the likelihood of association between the sign and the trade mark）があるときを含む。
　(c) 共同体商標が共同体において名声（reputation）を得ている場合であって，当該標識の正当な理由のない使用（use of that sign without due cause）が共同体商標の識別性若しくは名声を不正に利用し又は害するとき（takes unfair advantage of, or is detrimental to, the distinctive character or the repute）は，共同体商標が登録されている商品又はサービスと類似しない商品又はサービスに関する共同体商標と同一又は類似の標識

（■図表1―9―1参照）

　(a) EUCTM9条(1)(a)（同一範囲）　　商標，商品又は役務が同一の場合（Double Identity）に保護される。商標の大文字，小文字の違いは，本項で処

■図表1－9－1　EUCTM9条の基本構造

	商標	商品・役務	混同(連想)	名声	識別性・名声を不正に利用・害する	正当な理由のない使用
9条(1)(a)	同一	同一	不要	不要	不要	不要
9条(1)(b)	同一・類似	同一・類似	必要	不要	不要	不要
9条(1)(c)	同一・類似	非類似 同一・類似	不要	必要	必要	必要

理されるが，スペルの違いは，(b)項で処理されることになる。

(a)項で保護される商標の機能は，商標の本質的機能である出所表示機能だけでなく，他の機能，特に，問題となった商品・役務の質の保証，コミュニケーション，投資[*22]，広告などの機能も含まれ[*23]，これらの機能を害する場合も商標権侵害を構成することになる[*24]。

(b) EUCTM9条(1)(b)（類似範囲）　**(a)**と異なり，商標・商品・役務が類似の場合には，混同が要件とされる。

(c) EUCTM9条(1)(c)（非類似商品・役務）　商標が同一又は類似することが必要であり，類似には，名声を有する標章と後の標章との「結びつき(link)」が必要となるが，先の標章と後の標章との間の類似の程度，商品と役務の性質及び類似性，先の標章の名声（reputation）の強さ，先の標章の識別性の程度，混同を生ずるおそれ（独立した要件ではないが，混同を生ずるおそれがある場合には，結びつきが確立したことになる）が全体的に考慮される[*25]。

商品・役務が非類似の場合に適用されるが，同一・類似商品・役務についても適用される[*26]。

「名声（reputation）」は，関連公衆におけるある程度の認識（a certain degree of knowledge amongst the relevant public）を前提とし，EU加盟国1か国で認められればよい[*27]。

「名声を不正に利用（takes unfair advantage of the repute）」とは，名声へのただ乗り（free-riding）を意味する。商標「BIBA」（化粧品）は，商標「BIBA」（雑誌）の名声を不正に利用するとして登録できなかった（OHIMにおける登録

要件に関する事案)(*28)。

「識別性を不正に利用 (takes unfair advantage of the distinctive character)」とは，識別性へのただ乗り (free-riding) を意味する。

「識別性若しくは名声を不正に利用する」ことは，混同のおそれも識別性又は名声を害するおそれも，一般的には商標権者に対する損害のおそれも必要ではない。名声を有する標章と類似する標章の第三者の使用から生ずる利益は，第三者が，その標章のイメージの創造や維持するために標章の保有者によりなされるマーケティングの努力を経済的な補償の支払なしに利用し，その標章の引き付ける力（顧客吸引力）・名声・威信から利益を得るために，名声を有する標章の威光を利用することを求める場合に，その標章の識別性又は名声を伴う標章の第三者による不正に利用する利益であると解されている(*29)。

先の標章の名声が強いほど，識別性又は名声への不正の利用が容易に認定される(*30)。

「正当な理由 (due cause)」とは，第三者が，商標を使用する権利を有する場合をいう。

「識別性を害する (is detrimental to the distinctive character)」とは，不鮮明化 (detriment by blurring) をいう(*31)。商標「INTEL」が商品「セミコンダクターチップ」について国際的な名声を得ている場合に，商標「INTEL-PLAY」の商品「子供用パズル」への使用は，ハイテク製品に長年使用され，その商品の高品質と莫大な広告により築かれた Intel 標章の識別性を弱化させることはほぼ確実であると判断されている（英国における登録要件に関する事案)(*32)。

Intel Corp v CPM (UK) Ltd 事件において欧州司法裁判所は，商標の稀釈化の申立てにおいてそれが認められるためには，商標権者は，後の標章が使用された結果，先の標章の登録されている商品又は役務の平均的な消費者の経済行動に変化が生じたこと，又は，少なくともそのような変化が将来に起きる重大な可能性があることを示す証拠 (evidence of a change in the economic behavior of the average consumer of the goods or services for which the earlier mark was registered consequent on the use of the later mark, or a serious likelihood that such a change will occur in the future.）が必要であると判示しているが（*33），「経済行動の変化」の意味については，具体的に判示していない。

「名声を害する（is detrimental to the repute）」とは，汚染（detriment by tarnishment）をいう。被告の商品・役務が，マイナスの響き（negative connotations）があるか否かにより決まる。商標「HOLLYWOOD」がフランスにおいて商品「ガム」について周知な場合，商標「HOLLYWOOD」の商品「タバコ」についての使用は名声を害すると判断されている（OHIM における登録要件に関する事案）（*34）。

(4) **日米欧の比較**

商標の稀釈化からの保護について，その基本構造をみると，米国は，稀釈化の定義規定を設け，稀釈化を判断する場合の考慮事項まで規定しており，欧州は，稀釈化について定義を設けていないが，稀釈化行為を規制できる場合を，不鮮明化による稀釈化と汚染による稀釈化を含むかたちで類型的に細かく規定している（*35）。

これに対して，日本は，①自己の商品等表示としての使用，②著名性，③類似性，④営業上の利益への侵害を立証すれば，簡単に稀釈化行為を排除できる基本構造になっている（刑事罰については細かく規定）。日本が一番シンプルで，稀釈化が生じているか，又は，その可能性があるかを立証する必要がなく（*36），稀釈化行為を規制し易いといえる。

しかしながら，「自己の商品等表示としての使用」が要件となっているので，被告が自己の商品等表示として使用していない場合には，事実上稀釈化が生じていたとしても，規制することができない。日本の場合には，「自己の商品等表示としての使用」を要件とすることにより，稀釈化行為の規制の拡大に歯止めをかけているといえる（*37）。

3　各国比較

AIPPI の質問状に対する各国の回答の概要は，以下のとおりである（*38）。主要国を中心に，類型別にまとめた。

(1) 貴国の法律では商標の稀釈化からの保護が規定されているか。規定されている場合は，どの法律であるか。

日本は，不正競争防止法でのみ保護されているが，日本以外の国には，商標法にも保護規定がある。

コモン・ロー上の Passing Off（ニュージーランド，インド，イスラエル），Fair Trading Act（ニュージーランド），Marketing Act（スウェーデン）でも保護できる国がある。

(2) 貴国の法律又は判例法では稀釈化の法律上の定義はあるか。

米国は，商標法に定義規定があり，①不鮮明化による稀釈化（Dilution by blurring）と②汚染による稀釈化（Dilution by tarnishment）について規定されている。

シンガポールでは，稀釈化の定義規定（商標法2条(1)）で，不鮮明化による稀釈化のみ規定されている。しかしながら，シンガポール控訴裁判所は，汚染による稀釈化も稀釈化の定義に含めると解している（Novelty Pte Ltd v Amanresorts Ltd (2009) SGCA 13, March 13, 2009）。

その他の国には，法律上の定義はないが，稀釈化には，①不鮮明化による稀釈化と②汚染による稀釈化の2種類が含まれると理解されている。

なお，ドイツでは，伝統的には，稀釈化は，不鮮明化による稀釈化のみを指していたが，現在では，汚染による稀釈化も含む。

(3)—1 稀釈化からの保護の与えられる商標はどのようなものか。その保護適格性基準はどのようなものか（ここでは，簡潔にのみ保護適格性基準を列挙）。

日本，スイス，米国では，著名商標（famous marks）のみが保護される。

EUやEU加盟国では，「名声（reputation）」のある，及び／又は，周知である（well-known）商標が保護される。

カナダ，中国，ニュージーランド，マレーシア，メキシコ，ロシア，南アフリカ，シンガポール，トルコ等では，周知（well-known）商標が保護される。

フランス，イタリア，英国では，パリ条約6条の2の下で，周知商標（well-known trademark）も稀釈化から保護される。

(3)—2 稀釈化からの保護適格性を有するためには，標章は識別力を要するか。その場合，標章が生来的に識別力を有しているかによって保護されるかが決まるか。それとも，使用により識別力を獲得した標章も保護されるか。

シンガポール及びブラジル以外では，標章が生来的に識別力があるか，又

は，使用により識別力を獲得した場合に，保護される。

シンガポールの法律では，識別力が特に要件となっていない。

ブラジルでは，生来的に識別力のない商標は保護される可能性が高くない。

フランス及びポルトガルでは，使用により識別力を獲得した標章が稀釈化から保護された例はない。

(3)—3—1 稀釈化からの保護適格性を有するためには，標章は名声（reputation）を有している必要があるか。それとも，広く認識されているか（well-known），著名（famous）である必要があるか。その場合，標章が名声を有している，広く認識されている，著名であるとは，どういう場合をいうか。1999年 WIPO 共同勧告2条（質問前文15項）と米国商標法43条(c)に規定する考慮事項（質問前文22項）で挙げられた要因は，ある標章が名声を有している，広く認識されている，著名であるかどうかを判断する上で関連があるか。どの時点についてこの評価をする必要があるか。

(a) 「名声」，「周知性」，「著名性」について　日本，スイス，米国では，標章は，著名である必要がある。

米国，パナマでは，一般消費者（general consuming public）に広く認識されている必要がある。

スイスにおいて，著名標章の特徴は，傑出した認知（outstanding recognition），特異性（uniqueness）及び一般的名声・評判（general reputation）である。

EU では，名声の要件を満たすためには，公衆の相当な部分（significant part of the public）により知られていればよく，地域的範囲は，国の相当な部分（Substantial part of the relevant territory）に知られていればよい[*39]。

アルゼンチン，カナダ，チリ，中国，エジプト，ニュージーランド，ペルー，南アフリカ，ロシア及びシンガポールにおいては，商標は，周知（well-known）である必要がある。

インドでは，名声（reputation）を立証するために，商標が周知（well-known）又は著名（famous）である必要はない。

ハンガリーでは，名声を有する商標と著名商標は同じである。

インドネシア，フィリピン及びメキシコにおいては，周知商標と著名商標

は同じである。

(b) 「名声」,「周知性」,「著名性」の判断時　日本, ドイツでは, 最初の侵害行為時であるが, 差止めについては, 口頭弁論終結時 (last oral hearing) である。

米国においては, 著名性は, 後使用者の最初の使用時期に必要である。

デンマーク, フィンランド, ハンガリー, スペイン, スウェーデン及び英国では, 最初の侵害行為時に必要である。

(3)—3—2　ある標章が名声を有する, 広く認識されている, 著名であると考えられるためには, その標章は一定の認識・認知基準 (a certain knowledge or recognition threshold) を充足しなければならないか。その場合, その基準とはどういうものか。人口の何パーセントが認識している必要があるか。認識はどの程度国内全土 (cross the country) に及んでいなければならないか。標章がある国で広く認識されているか, 著名である場合に, 他の国について効果を有するのであれば, それはどのような効果であるか。

日本[*40]及びスイスでは, 一般公衆全般 (general public at large) に認識されている必要がある。

カナダでは, 国の相当な部分 (substantial part of the country), 例えば, ケベック州で周知である必要がある。

南アフリカでは, 相当数の人 (a substantial number of people) に知られていれば, 周知である。

ポーランドでは, 潜在的顧客の少なくとも50％の認識 (knowledge threshold of at least 50% among potential customers) が必要である。

ペルーでは, Andean 裁判所が, 60％の認知で周知性が認められると判断している。

スイスでは, パリ条約6条の2における周知性については, 少なくとも50％の認知度が必要であるとスイス連邦最高裁判所が判断している (BGE 130 III, 267, 283-Tripp Trapp III)。著名といえるためには, 60％の認知率が必要である。このような認知率がなく, 著名といえるためには, 商標がユニーク及び／又は強い名声を有している必要がある。

日本では, 16.6％, 18.3％との認知率 (アンケート調査結果) で, 周知性は

認めたが，著名性を認めなかった裁判例がある（東京地判平12・6・28判時1713号115頁〔LEVI'S弓形ステッチ事件〕）。

米国では，認知は全国的なものが必要で，米国以外での著名性は，米国での著名性の証拠にならない。日本も同様である。

CTMの場合，EU加盟国1か国で名声が認められればよい(*41)。

(3)-3-3 標章の認識（knowledge）・認知（recognition）・著名性（fame）を判断するにあたって関連する人口は，一般公衆（general public）であるか，関連公衆（relevant sector of public）であるか。限られた製品市場（「ニッチ市場」）（a limited product market）での認知又は著名性で十分であるか。

ブラジル，日本，パナマ，スイス，米国では，ニッチ市場では足りない。

オーストラリア，カナダ，チリ，中国，エクアドル，イスラエル，ニュージーランド，マレーシア，メキシコ，パラグアイ，ペルー，フィリピン，EU加盟国では，ニッチ市場でもよい。

スペインでは，名声を有する商標の場合には一般公衆（general public）であり，周知商標の場合には，製品に関連する公衆（public concerned by the product）である。

(3)-4 稀釈化からの保護適格性を有するためには，保護が求められている国において当該標章が使用されることが求められるか，それとも，当該国において当該標章が登録されていること又はその登録出願が提出されていることが求められるか。

ブラジル，ポーランド，米国では使用が必要となる。これに対して，オーストラリア，カナダ，イタリア，日本，フランス，英国等では，使用は必要ない。

カナダ，エジプト，英国，ドイツ，オランダ，インド，ロシア，スペイン等では，登録が必要となる。これに対して，チェコ，イスラエル，イタリア，日本等では，登録は必要ない。

ニュージーランドでは，商標登録がなくとも異議理由となるが，権利行使の際には，登録が要件となっている。

ポルトガルでは，①登録又は出願，②商標の使用のいずれかが要件となっている。

(3)—5　ある標章が稀釈化からの保護適格性を有するために従わなければならないその他の基準はあるか。

　米国では，商標法に規定している事項は，限定ではないので，裁判所は，他の事項を考慮することができる。

　(3)—6　稀釈化からの保護適格性の問題は，法律事項（a matter of law）か，それとも事実の問題（an issue of fact）か。適格性基準に関する立証責任（burden of proof）はだれが負うか。ある標章が適格性基準を充足するとの証明はどのように行われるか。売上高や広告のデータで十分であるか，それとも調査証拠（survey evidence）が必要とされるか。この証拠が充足しなければならない証拠基準はどのようなものか。

　アルゼンチン，チェコ，デンマーク，エジプト，フィンランド，イタリア，インド，マレーシア，ペルー，フィリピン，ロシア，スペイン，スウェーデン，米国では事実の問題である。

　インドネシア，ブルガリア，パナマ，パラグアイ，ポルトガル，スイス，トルコ，英国，メキシコでは，法律事項である。

　イスラエル，日本，シンガポール，カナダでは，法律事項であるとともに事実の問題である。

　ドイツでは，名声の事実上の基礎（factual underpinnings）は事実問題で，名声の法律概念と事実の評価は，法律事項となる。

　調査証拠は，いずれの国においても義務ではないが，ペルー，スウェーデンでは，重要である。オーストラリアでは，調査証拠は懐疑的（skepticism）に捉えられている。

　オーストラリア，カナダ，英国では，証明の基準は，可能性のバランスでみるが（balance of probabilities），米国，フィリピンでは，証拠基準は，証拠の圧倒的多数（preponderance of the evidence）による。

　スイスでは，証拠は，合理的な疑いを払拭しなければならない。

　(3)—7　貴国では保護適格性を有する標章の登録簿（registry）が存在するか。その場合，その登録の証拠としての価値（evidentiary value）はどのようなものか。訴訟においてそれに異議を唱えることは可能か。

　ブルガリアでは，名声を伴う商標の公式の登録簿があり，公告後，第三者

は，Sofia City Court へ不服申立てをすることができる。登録は，重要な証拠としての価値をもつ。

フィンランド，トルコ，ロシアにおいても，特許庁に名声を有する商標のリストがある。

このリストは，重要な証拠としての価値をもつ。不服申立てが可能で，トルコの場合には，裁判所へ行う。

メキシコでは，商標所有者が，商標が周知・著名であることの証拠を提出した場合には，メキシコ工業所有権庁（MIIP）が著名宣言書（declaration of notoriety）を発行する。

日本では，周知・著名リストが特許庁の外郭団体により発行されており，また，AIPPI 日本部会が周知・著名リストを発行している。

(4) 貴国の法律では，先の商標と後の商標との間の「精神的な関連性（mental association）」又は「結びつき（link）」の存在が求められるか。その場合，どのような状況において先の商標と後の商標との間の「精神的な関連性」又は「結びつき」が存在するか。上記前文27項と28項で挙げられた要因は，そのような「精神的な関連性」又は「結びつき」の存在を判断する上で妥当であるか。その他考慮する要因（factors to take into account）はあるか。結びつきを判断することは，事実の問題か（つまり，市場の調査により立証できるものであるか），それとも，そうした要因に基づき，裁判所又は当局が立証するべき法律の問題であるか。

パラグアイ，パナマ，インドネシア，シンガポール及び米国を除き，「精神的な関連性（mental association）」又は「結びつき（link）」の存在が必要である。

米国では，必要ではないが，不鮮明化による稀釈化を判断する際の考慮事項になっている。汚染による稀釈化については，考慮事項になっていない。米国では，2つの商標の類似性を理由に，潜在的な消費者が，後の標章をみて，先の標章と後の標章を考えるときに，精神的な関連性が生じる。

オランダでは，関連する公衆が後の標章に直面したときに，先の標章を思い起こさせる場合に，精神的な関連性が認められる。

デンマークでは，表示を専ら装飾（embellishment）であると関連する公衆

が見る場合には，精神的な関連性は生じない。

　結びつきの判断は，オーストラリア，デンマーク，ペルー，スイス，ハンガリー，トルコ及びチリでは，法律事項であり，インド，ドイツ，イスラエル，スペイン，ポルトガル，イタリア，フィリピンでは，事実の問題であり，日本と英国は，結びつきの判断は，法律事項であるとともに事実の問題である。

　(5)　先の商標と後の商標との間の「精神的な関連性」又は「結びつき」は，先の商標の名声又は識別性を低下させる結果を自動的にもたらすか。それとも，「精神的な関連性」又は「結びつき」の存在以上に低下が証明されなければならないか。

　アルゼンチン，中国及びメキシコでは，先の標章と後の標章の精神的関連性等は自動的に名声・識別性を害することになる。他の国では，名声・識別性を害することになるか別途立証しなければならない。

　(6)　低下の存在について判断するためには (to assess the existence of detriment)，結びつきについて既に論じられた要因と同じ要因が考慮されるか。それ以外に追加的な要因はあるか。

　ほとんどの国で，結びつきについて論じられた要因と同じ要因が考慮される。

　ハンガリーでは，さらに，商品の性質，市場浸透度 (market penetration)，広告，使用期間が考慮される。

　EUでは，さらに，平均的な消費者の経済行動の変化が要求される。

　(7)　実際の稀釈化 (actual dilution) が証明されなければならないか，それとも稀釈化のおそれ (likelihood of dilution) が証明されれば十分であるか。立証責任はだれが負うか。稀釈化又は稀釈化が生じるおそれをどのように証明するか。低下 (detriment) について平均的な消費者の経済行動に変化があったことの証拠 (a change in the economic behavior of the average consumer) を要するか，又は行動へのこうした変化の可能性があればよいか。その場合，平均的な需要者の経済行動への変化とはどういったものであるか。先の標章を付して販売された商品の購入意欲が減じれば，経済行動の変化であるか。平均的な需要者の経済行動の変化又はそのように行動の変化が生じるおそれがあ

ることをどのように証明するか。

　フィリピン，エジプト及びインドネシアでは，実際の稀釈化が必要であるが，その他の国では，稀釈化の可能性でよい。

　稀釈化の可能性の立証は，チリでは年毎の売上高（sales figures），ハンガリーでは世論調査（opinion poll），市場調査，販売・広告に関するデータ，販売促進の資料に基づきなされる。米国では，不鮮明化による稀釈化については，米国商標法43条(c)(2)(B)(1)(i)〜(vi)の6つの事項が考慮されるが，汚染による稀釈化については，このような事項は考慮されない。

　EUでは，平均的な消費者の経済行動に変化があったこと，又は，そのおそれについて立証する必要がある。インドネシア，トルコでは，平均的な消費者の経済行動の変化を立証する必要がある。インドでは，平均的な消費者の経済行動の変化は商標保有者の手助けとなる。

　デンマーク，インドネシア，イスラエル，インド，ブルガリア，ハンガリー及びスイスでは，先行する商標の商品を購入する意欲の減退（reduced willingness to buy goods sold under the earlier mark）が，経済行動の変化を意味する。

　ブルガリア，チェコ，インドネシアは，市場調査により，経済行動の変化を立証できるとしている。

(8)　稀釈化からの保護に適格な標章に与えられる保護の範囲はどのようなものであるか。先の商標の権利者が次のことに反対することはできるか。
・　後の商標の登録
・　後の商標の実際の使用
・　非類似の商品のみできるか，又は類似の商品についてもできるか

　多くの国で，異議が可能であり，また，類似商品，非類似商品について使用について異議を唱えることができる。

(9)　法的救済措置（legal remedies）にはどういったものがあるか。先の商標の権利者は，異議申立て又は取消訴訟を提起することができるか。当該の権利者は，差止命令による救済措置又は仮差止命令（preliminary injunctive relief）による救済措置を求めることができるか。貴国の商標庁は稀釈化の生じるおそれを理由として，後の商標の登録を拒絶するか。

多くの国で，異議，取消事由になっているが，スイスでは異議理由になっていない。

多くの国で，差止請求可能であるが，アルゼンチン及びエジプトでは，差止請求できない。

多くの国で，損害賠償請求が可能であるが，米国では，米国商標法43条(c)(5)(A)，(B)の要件（故意）を満たすことにより，損害賠償を請求できる。すなわち，不鮮明化による稀釈化を理由としている場合は，求めている差止命令の対象者とされている者がその著名標章についての認識を故意（is sought willfully intended）に利用しようとしたこと，汚染による稀釈化を理由としている場合は，求めている差止命令の対象者とされている者がその著名標章の名声を故意に害そうとしていたことである。

4　AIPPIパリ総会決議（2010年）

(1)　AIPPI決議文

3でまとめた45か国からのレポートを下に，パリ総会で議論され，2010年10月6日のAIPPI総会で，以下の決議が採択された。

留意事項（省略）
考慮事項（省略）
決議事項
1)　商品やサービスの同一，類似，非類似にかかわらず，以下を条件として，一定の商標に，稀釈化からの保護適格性を認めるべきである。
　　a. 関連する消費者層の相当の割合（significant part of the relevant public）から認知（recognition）され，または，著名性（fame）を得ていると定義される商標。そうした認知度（recognition）や著名性を判断する際には，当該商標の使用の活発さ，地理的範囲，使用期間，当該商標の下での売上額（amount of sales），当該商標の広告（advertising）や宣伝（promoting）を行うための投資（investment）の規模，その商標が保有するマーケットシェアなど，関連するあらゆる要因を考慮に入れる。
　　b. 標章の認知度や著名性を判断する際の関連する消費者層は，対象となる商品

やサービスによって異なる。すなわち，商標が使用される商品やサービスに関連する消費者層であり，限定的な商品市場（「ニッチ市場」）になることも考えられる。

　　c. 識別力（Distinctiveness）も，商標法の通常の原則に従って判断すべき要件として，生来的な識別力だけでなく，大規模な使用や宣伝を通じて獲得した識別力も認める。

2）　不鮮明行為による希釈化と汚染行為による稀釈化は，両者とも認めるべきである。

　　a. 標章の識別力の毀損（impairment），あるいは低下（reduction）に起因する，不鮮明行為による稀釈化（Dilution by blurring）

　　b. 標章の名声（reputation）の毀損（harm）に起因する，汚染行為による稀釈化（Dilution by tarnishment）

3）　商標が稀釈化されたと主張する権利者は，疑わしい標章またはその他の標識が，当該国で最初に使用された日または出願日より以前に，当該商標が認知されていたか著名で，かつ識別力があったことを証明しなければならない。

4）　当該国での使用は，稀釈化からの保護適格性の要件とすべきではない。

5）　当該国における登録，または登録出願係属中であることは，稀釈化からの保護適格性の要件とすべきではない。

6）　稀釈化からの保護適格性がある標章の原簿は，そうした手順によって解決策以上に問題が生じるため，設けるべきではない。

7）　疑わしい標章またはその他の標識による「連想（mental association or link）」は，稀釈化の行為とみなすための要件とすべきである。

8）　関連する公衆の経済行動における実際の変化やその可能性（actual or potential change in the economic behavior of the relevant public）は，考慮すべき要因に含まれ得るが，個別の要件にすべきではない。

9）　起訴する時点での，第三者による同一または類似の標章やその他の標識の使用の有無とその程度は，考慮すべき要因になり得る。

10）　標章の稀釈化は，

　　a. 国内に手続きが存在する限りにおいて，異議申立（opposition），取消（cancellation），無効（nullification or revocation）などの理由とすべきである。

b. 裁判所またはその他の所轄官庁（other competent authorities）における訴訟において，差止命令や損害賠償を含むがこれに限定されない救済の対象とすべきである。

(2) 決議までのプロセス

本議題については，事前に45か国からのレポートがあり，会議の直前に，Chairman として Mr. Robert Sacoff 弁護士（米国），Co-Chairwoman として Ms. Aleli Angela G. Quirino 弁護士（フィリピン），Co-Chairman として Hiromichi Aoki 弁理士（日本），Secretary として Ms. Anne Marie Verschuur 弁護士（オランダ）が選出された。

Chairman がレゾリューション（決議文）のドラフトを作成して，これを Deputy Reporter General（現在，Reporter General）の Mr. Therry Calame 弁護士（スイス）が修正した。

当初のドラフトは米国よりのものであったが，修正案には，欧州的な考え方も反映され，Working Committee に提出された。

2010年10月3日の Working Committee には，日本の福田秀幸弁理士，江幡奈歩弁護士，ドイツの Mühlendahl 弁護士（元欧州共同体商標意匠庁副長官で，ドイツ司法省時代に欧州共同体商標規則を起草），イタリアの Galli 教授（弁護士），オランダの Gielen 教授（弁護士）などの論客が参加し，活発な議論が交わされ，今回のレゾリューションの内容がほぼ固まった。

その後，10月5日の Plenary Session Ⅲで，デレゲートも入れて議論をし，10月6日の EXCO Session 1 で，賛成93％，反対7％で，レゾリューションが採択された。

議論の中で，レゾリューション（案）と異なる意見のある人は，具体的な提案をすることになっており，それを Secretary の Anne Marie Verschuur 弁護士（オランダ）が英文にしてスクリーンに映し出して，電子投票で採決する方法がとられ，スムーズに決議文が決定されていった。

(3) 決議の内容と議論

まず，稀釈化から保護される商標の定義でもめた。「Well-known Marks」，「Reputation Marks」などの意見がでたが，「Certain Marks」として，稀釈

化から保護される条件を付け加えることで落ち着いた。

　条件は、①関連公衆のかなりの部分において認識されているか、又は、著名であること、②関連公衆には、限定されたニッチマーケットにおける者も含まれること、③識別性（生来的なもの、使用によるもの双方を含む）があることである。

　①は、著名性を要求する日米と要求しない欧州の現状を踏まえたもので、②は、欧州勢の、Product Mark（特定の製品にのみ付す商標）の稀釈化からの保護に必要であるとの強い主張に基づくものである。

　稀釈化には、①不鮮明化による希釈化（Dilution by blurring）と②汚染による希釈化（Dilution by tarnishment）の2種類があることについては、共通の認識の下、あっさりと決まった。

　稀釈化からの保護を訴える者は、その商標が第三者の使用開始前・出願前に、関連公衆のかなりの部分に認識され、又は、著名となっていることを立証する必要がある。

　商標の出願、登録、使用を保護要件としないとの決議は、使用主義をとる米国にとっては、厳しい内容となった。

　稀釈化から保護されるべき商標の登録簿を作成することは、問題の解決より、問題をクリエイトすることになるとの理由で否定的に決議された。

　2つの商標の間における「精神的な関連性」又は「結びつき」は保護の要件とすることになった。当初、独立の要件とするとなっていたが、日本の江幡奈歩弁護士の発言により、「独立」の語が削除された。サントリー黒烏龍茶事件（東京地判平20・12・26判時2032号11頁）において、「結びつき」が類似概念の中で判断されていることを踏まえたものである。

　欧州司法裁判所における、稀釈化が認められるためには、「関連公衆の経済行動における実際の変化やその可能性があること（actual or potential change in the economic behavior of the relevant public）」を立証する必要があるとの判決（Intel Corp v CPM（UK）Ltd 事件）[*42]についても議論されたが、決議としては、稀釈化の要件ではなく、考慮事情の一つに落とし込むことになった。

　米国の代表からは、「経済行動の変化」とは具体的に何を意味するのか？と皮肉交じりの質問がでたが、これには、欧州勢も具体的には何も答えられ

なかった。

　商標としての使用（use as a trademark）を要件とすることについては，「No more!」と欧州勢から猛烈な反対があった。ブランド・イメージの保護にとってはマイナスの要件となるからであろう。

　救済措置については，「差止命令や損害賠償を含むがこれに限定されない救済の対象とすべきである。」となっており，日本が主張した刑事罰の適用も含まれる内容となっている。

　今回の議論を通じて，稀釈化から保護される Super Mark の対象を広げたいとの欧州勢の強い意欲を実感した。

5　おわりに

　欧州には，歴史のある高級ブランド（文字商標だけでなく，トレードドレスも含まれる）がたくさんあり，そのブランド・イメージ（高級感，ファッション性，清潔感，健康的等）を財産的価値のあるものとして大切にしており，ブランド・イメージをコントロールするために，ブランド・イメージにダメージを与える行為を排除したいとの強い思いが商標保有者にある。

　商標保有者は，ブランド・イメージを，あやふやでなく鮮明なものとし（鏡に鮮明に映る），汚染されていない良いブランド・イメージを作り出し，それを維持するために，かなりの時間，費用，そして労力を費やしているのである。時には，顧客さえ選ぶ場合もある。

　ブランド・イメージのダメージには，商標の不鮮明化及び商標の汚染行為があることが，世界の共通認識になっており，これを排除するために，商標の稀釈化からの保護の規定が設けられている[*43]。

　しかしながら，ブランド・イメージを保護するための過度な規制は，商標選択の幅を狭めることも含め，経済活動を規制し過ぎることになる。欧州司法裁判所が，Intel Corp v CPM (UK) Ltd 事件[*44]において，商標の稀釈化について「関連公衆の経済行動における実際の変化やその可能性があること (actual or potential change in the economic behavior of the relevant public)」の立証を求めた理由もそこにあると考えられる。今回，AIPPI の決議では，この点は要件とせず，考慮事項に落とすことになった。ブランド・イメージを容易

に保護するには，その方が都合がよいからである。

　日本の不正競争防止法も，「営業上の利益への侵害」，「自己の商品等表示として」の要件により，一定の歯止めをかけている。

　産業構造審議会知的財産分科会商標制度小委員会（委員長：土肥一史日本大学大学院知的財産研究科教授）では，著名商標の保護も含め商標法改正について，平成15年6月26日以来検討されているが，経済活動を過度に規制することなく，ブランド・イメージを保護するためには，どのような制度設計をするのが良いか，商標法と不正競争防止法の役割分担，立証のコスト軽減・容易さ[*45]にも目配りをして，慎重に検討する必要があると考える[*46]。●

【注】

(＊1)　Frank I. Schechter, "The Rational Basis of Trademark Protection", 40 Harv. L. Rev. 813 (1927), reprinted in 60 Trademark Rep. 334 (1970), 訳文については，日本商標協会ブランド・マネジメント委員会「商標保護の理論的根拠」日本商標協会誌68号（2009年）2頁ないし24頁参照。

(＊2)　満田重昭『不正競業法の研究』（発明協会，1985年）88頁，89頁。

(＊3)　In Mead Data Central Inc. v. Toyota Motor Sales, USA, Inc., 875 F. 2d 1026 (2d Cir. 1989)

(＊4)　"The Federal Trademark Dilution Act of 1995" は，1996年1月16日に成立し，即日施行され，米国商標法43条(c)に組み込まれている。

(＊5)　"Council Regulation (EC) No. 40/94 of 20 December 1993 on the Community Trade Mark, as amended by Council Regulation (EC) No. 3288/94 of 22" は，1996年1月1日に施行された。

(＊6)　知的財産に関する国際的民間団体である国際知的財産保護協会（Association Internationale pour la Protection de la Propriété Intellectuelle）の略。

(＊7)　世界各国における商標の稀釈化に関する規定が整備されてくる中で，商標の稀釈化に対する保護について，統一規則を作りたいというのが，本議題の狙いとなっている。

(＊8)　委員は，村木清司弁理士（担当理事），新井悟弁理士，江幡奈歩弁護士，杉田梨愛委員（日立製作所），中山真理子弁理士，橋本智香子弁理士，林いづみ弁護士，福田秀幸弁理士，宮川美津子弁護士，青木博通弁理士（委員長）である。

(＊9)　各国のまとめについては，AIPPI本部のWEBを参照（https://www.aippi.org/?sel=questions&sub=listingcommittees&viewQ=214#214）。不正競争防止について，各国制度を俯瞰的に解説する比較的新しいものとして，経済産業省委託報告書『平

成18年度 東アジア大における不正競争及び営業秘密に関する法制度の調査研究報告——欧米の法制度との対比において——』、同『平成19年度 東アジア大における不正競争及び原産地等に係る表示に関する法制度の調査研究報告——欧米豪の法制度との対比において——』（経済産業省のWEBより入手可能）、当該委託研究をさらに発展させた、牧山嘉道＝森山義子「不正競争防止に関する各国の法制度——12カ国の制度と運用」国際商事法務2008年7号864頁～2010年3号207頁がある。

(＊10) 経済産業省知的財産政策室編著『逐条解説 不正競争防止法〔平成16・17年改正版〕』（有斐閣、2005年）164頁は、「民事的規制の対象となる行為のうち、特に悪性の高い行為として、『著名な商品等表示に係る信用又は名声を利用して不正の利益を得ること』（フリーライド）及び『著名な商品等表示に係る信用又は名声を害すること』（ポリューション）を目的とする行為について、刑事罰の対象とするものである。なお、信用・名声の利用や信用・名声の毀損等の結果発生などの客観的構成要件を設けなかったのは、抽象的な結果発生を立証するのは困難であり、抑止効果が限定的になるためである」と解説している。

(＊11) 通商産業省産業政策局知的財産政策室『一問一答 新しい不正競争防止法』（商事法務研究会、1994年）40頁参照。

(＊12) 田村善之『不正競争法概説〔第2版〕』（有斐閣、2003年）252頁参照。

(＊13) 田村善之『不正競争法概説〔第2版〕』（有斐閣、2003年）243頁ないし245頁、渋谷達紀『知的財産法講義Ⅲ〔第2版〕』（有斐閣、2008年）95頁、96頁参照。裁判例としては、全国的な著名性を認定するものが多いが、それを要件とするものではない。

(＊14) 東京地判平13・7・19判時1815号148頁〔呉青山学院中学校事件〕。判例評釈については、永井紀昭「著名商品等表示(1)——一般〔呉青山学院中学校事件〕」『商標・意匠・不正競争判例百選』（有斐閣、2007年）162頁及び163頁参照。

(＊15) 田村善之『不正競争法概説〔第2版〕』（有斐閣、2003年）243頁、244頁、永井紀昭「著名商品等表示(1)——一般〔呉青山学院中学校事件〕」『商標・意匠・不正競争判例百選』（有斐閣、2007年）別ジュリ188号162頁及び163頁参照。

(＊16) 東京地判平20・12・26判時2032号11頁〔サントリー黒烏龍茶事件〕は、田村善之『不正競争法概説〔第2版〕』（有斐閣、2003年）246頁の考え方を採用したものといえよう。商標法4条1項19号の類似で、「連想」が争点となった事件として、東京地判平22・7・12裁判所ホームページ〔SHI-SA事件〕がある。

(＊17) 田村善之『知的財産法〔第5版〕』（有斐閣、2010年）93頁ないし95頁。

(＊18) 条文上、「causes dilution」とある以上実際の稀釈化が必要と判示した最高裁判決（2003年3月4日）として、MOSELEY V. V SECRET CATALOGUE, INC. (01-1015) 537 U.S. 418 (2003) がある。

(＊19) 著名商標「Victoria Secret」（女性用下着）について、被告標章「Victor's Little Secret」（大人のおもちゃ）の使用により、汚染による稀釈化が生ずると判断され

ている（V Secret Catalogue, Inc. v. Moseley, 605 F. 3d 382（6 th Cir. 2010））。本件は，MOSELEY V. V SECRET CATALOGUE, INC.（01-1015）537 U.S. 418（2003）の差戻審における判決で，改正法に基づき判断された。

(＊20) 著名商標「Starbucks」と被告標章「Mister Charbucks」（コーヒーブレンド）の間における不鮮明化による稀釈化が争われた事案で，第2巡回区控訴裁判所は，実質的に類似しない場合でも稀釈化が成立する可能性があるとして，事件を地裁に差し戻した（Starbucks Corp. v. Wolfe's Borough Coffee, Inc., 588 F. 3d 97（2d Cir. 2009））。本件では，電話調査の結果，600名の3分の1が「Charbucks」を聞いたときに，「Starbucks」を想起していた。竹中俊子「米国における知財の動き」『知財年報2010』（商事法務，2010年）131頁参照。

(＊21) 金魚の形状のクラッカーのトレードドレスについて，本項を適用した事例として，Nabisco, Inc. v. PF Brands, Inc. 51 USPQ 2d 1882 (CA 2, 1999) がある。事件の解説については，中山健一「米国におけるダイリューションに対する標章の保護――ランハム法による保護を中心として――」パテ56巻3号（2003年）24頁，牧山嘉道＝森山義子「不正競争防止に関する各国の法制度――12カ国の制度と運用」国際商事法務（2008年）37巻6号771頁参照。

(＊22) 金久美子『特許庁委託 平成20年度産業財産権研究推進事業（平成20～22年度報告書 商標としての使用――侵害訴訟における解釈及びその問題点について――)』（知的財産研究所，2010年6月）21頁は，「コミュニケーション機能」及び「投資機能」について，「具体的にどのようなものをいうかということは判決においては明らかにされていない。WIPO SCT16/5（September 1, 2006）によれば，伝達機能は生産者と消費者の間におけるつながりに関する機能であり，投資機能は，マークのイメージ形成のために，商標権者等による広告や販売促進における投資によって得られる機能であると説明されている（WIPO SCT16/5（September 1, 2006), para 20）。Google France 事件の法務官意見においても，商標は商標権者が商品・サービスにおいて行った投資を保護し，更なるイノベーションや投資のための経済的インセンティブを創造するとして，L'Oreal 判決において述べられた本質的機能以外の機能はイノベーションや投資の促進に関係するものであると説明している（OPINION OF ADVOCATE GENERAL POIARES MADURO（September 22, 2009) in Joined Cases C-236/08, C-237/08, and C-236/08（Google France Cases), para 96.)」と説明している。「投資機能」については，**第1章第5節6**を参照。

(＊23) L'Oreal v. Bellure 事件欧州司法裁判所（ECJ）2009年6月18日判決（Case C-487/07, L'Oreal SA and others v Bellure NV and others）58項は，「The Court has already held that the exclusive right under Article 5 (1)(a) of Directive 89/104 was conferred in order to enable the trade mark proprietor to protect his specific interests as proprietor, that is, to ensure that the trade mark can fulfil its functions and that, therefore, the exercise of that right must be reserved to cases in which a third party's use of the sign affects or is liable to affect the functions of the trade mark (Case C-206/01 *Arsenal Football Club* [2002] ECR I-10273, paragraph 51 ; Case C-245/02 *Anheuser-Busch* [2004] ECR I-10989, paragraph 59 ; and Case C-48/05 *Adam Opel* [2007] ECR I-1017, paragraph 21). These functions include not only the essential function of the trade mark, which is to guarantee to consumers the origin of the goods or services, but also its other functions, in particular that of guaranteeing the quality of the goods or services in question and those of communication, investment or advertising.」と判示している。判決内容については，CIPIC 事務局「欧州情報 欧州裁判所がイミテーション商品の比較広告の使用は違法と判決」CIPIC ジャーナル191号（2009年8月）84頁，志賀典之「検索キーワード広告と商標権に関するドイツの近年の裁判例」季刊企業と法創造「特集・知的財産法制研究V」（2010年3月）通巻22号197頁，198頁，金久美子「商標としての使用——侵害訴訟における解釈及びその問題点——」知財研紀要（2010年）3頁，4頁参照。この先行判決を受けた英国控訴裁判所は，Bellure 社の L'Oreal 社との香りの比較リストは，コミュニケーション，投資及び広告の機能に影響を与える広告を目的とした使用で，記述的な使用ではないので欧州商標理事会指令5条(1)(a)に該当し，また，L'Oreal 社の商標の威光にフリーライドするものであるから指令5条(2)に該当し，商標権侵害を構成すると判示した（court of appeal decision of May 21, 2010, L'Oreal SA v BELLURE NV [2010] EWCA CIV535)。

(＊24) Tobias Cohen Jehoram, Constand van Nispen & Tny Huydecoper, *European Trademark Law* (Wolters Kluwer, 2010) para. 8. 4. 1
(＊25) Adidas-Salomon AG v. Fitnessworld Trading Ltd., [2003] 1 C. M. L. R. 14, Intel Corp Inc v. Sihra [2002] EWHC 17, [2003] All ER 212
(＊26) Davidoff & Cie v Gofkid Ltd (Case C-292/00) [2003] 1 WLR 1714
(＊27) Pago International GmbH v Tirolmilch registrierte Genossenschaft mbH, Case C-301/07, decision of Oct. 9, 2009 of ECJ.
(＊28) Hachel v Excelsior Publications (Biba) Case R-472/2001-1, decision of November 30, 2001 OHIM Boar of Appeal.
(＊29) L'Oreal v. Bellure 事件欧州司法裁判所（ECJ）2009年6月18日判決（Case C-487/07, L'Oreal SA and others v Bellure NV and others) は，「Article 5(2) of First Council Directive 89/104/EEC of 21 December 1988 to approximate the laws of the Member States relating to trade marks must be interpreted as meaning that the taking of unfair advantage of the distinctive character or the repute of a mark, within the meaning of that provision, does not require that there be a likelihood of confusion or a likelihood of detriment to the distinctive character or the repute of the mark or, more generally, to its proprietor. The advantage arising from the use by a third party of a sign similar to a mark with a reputation is an

advantage taken unfairly by that third party of the distinctive character or the repute of that mark where that party seeks by that use to ride on the coat-tails of the mark with a reputation in order to benefit from the power of attraction, the reputation and the prestige of that mark and to exploit, without paying any financial compensation, the marketing effort expended by the proprietor of the mark in order to create and maintain the mark's image.」と判示している。

(＊30) Kitchin, David et al., eds., *Kerly's Law of Trade Marks and Trade Names*, 14th ed. (London : Sweet and Maxwell, 2004), para. 9-114B.
(＊31) Guy Tritton, Intellectual Property in Europe, third edition, (Sweet&Maxwell, 2008), para. 3-135.
(＊32) Intel Corp Inc v. Sihra [2002] EWHC 17, [2003] All ER 212.
(＊33) Case C-252/07, decision of Nov. 27, 2008 by ECJ, "proof that the use of the later mark is or would be detrimental to the distinctive character of the earlier mark requires evidence of a change in the economic behavior of the average consumer of the goods or services for which the earlier mark was registered consequent on the use of the later mark, or a serious likelihood that such a change will occur in the future."
(＊34) Hollywood v Souza Cruz 2002. E. T. M. R. 64, Board of Appeal of OHIM
(＊35) 欧米の比較については，J. Thomas McCarthy, Dilution of a Trademark : European and United States Law Compared, 94 TMR 1163-1181（2004）参照。
(＊36) 裁判所が稀釈化について，固有の解釈論を構築することに消極的である原因については，宮脇正晴「著名商標の保護」『商標の保護』日本工業所有権法学会年報31号（2007年）111頁，112頁を参照。
(＊37) 土肥一史『知的財産法入門〔第11版〕』（中央経済社，2009年）14頁，15頁は，「煙草業者の宣伝広告に自社表示に蓄積された信用，名声を理由なく勝手に使用するなという主張は認められるべきであるともいえ，著名な商品等表示の全面的な保護に欠ける部分ともいえる。」と指摘し，現行法において，「自己の商品等表示としての使用」要件に批判的である。
(＊38) 日本部会の回答の詳細については，AIPPI ジャーナル55巻6号（2010年）36頁ないし44頁参照。
(＊39) Case C-375/97 General Motors v. Yplon [1999] TMR 950.
(＊40) 日本部会の回答では，全国的著名性を要せず，被告の需要者層の範囲内で著名であればよいとする有力説があるものの，全国的著名性を認定する裁判例が多い現状や起草者（経済産業省）の解説を尊重して，著名性は，全国的なもので，ニッチ市場では足りないとした。
(＊41) Pago International GmbH v Tirolmilch registrierte Genossenschaft mbH, Case C-301/07, decision of Oct. 9, 2009

（＊42）　Case C-252/07, decision of Nov. 27, 2008 by ECJ
（＊43）　今回のAIPPIの調査で，不正競争防止法のみで，稀釈化行為を排除しているのは（出願・登録を除く），日本のみであることは意外であった。
（＊44）　Case C-252/07, decision of Nov. 27, 2008 by ECJ
（＊45）　AIPPI日本部会での議論では，弁護士の方から，相手が自己の商品等表示として使用している限りには，日本の不正競争防止法2条1項2号は，使い勝手が良いとの意見があった。
（＊46）　不正競争防止法2条1項2号が制定される前の議論の状況については，玉井克哉「フリーライドとダイリューション」ジュリ1018号（1993年3月）37頁ないし45頁，現在の著名商標保護の議論については，宮脇正晴「著名商標の保護」『商標の保護』日本工業所有権法学会年報31号（2007年）99頁ないし122頁，土肥一史「著名商標の保護」L&T43号（2009年）64頁ないし71頁参照。

第10節 アンケート調査

1 はじめに

　商標事件において，アンケート調査結果が裁判所において採用されるようになっており，特許庁による「商標審査基準〔第11版〕」37頁においても商標法3条2項の証拠方法として，認識度調査（アンケート調査）が紹介されている。

　アンケート調査は，社会調査の担当者と知的財産の担当者が協力してはじめて，完成度の高いものが実施できる。これは，社会調査の担当者には，商標法，不正競争防止法の知識がなく，知的財産の担当者には，社会調査の知識がないためである。

　過去の裁判例をもとに，アンケート調査を行うにあたって，留意すべき点について解説する[*1]。

2 要件事実の把握と実施時期

(1) 要件事実の把握

　どの条文のどの要件事実との関係で，アンケート調査を実施するのか，しっかり認識する必要がある。また，その条項についての最高裁の解釈も十分理解しておく必要がある。

　これが，質問事項の選択，母集団の選択等に影響を与える。

(2) 実施時期

　実施時期については，各条項の判断基準日に近接していることが望ましい。

　審決取消訴訟の案件については，審決前に実施するのが望ましい（東京高判平4・12・24判時1471号143頁〔純事件〕は審決後，東京高判平14・1・30判時1782号109頁〔角瓶事件〕は審決前）。

不正競争防止法2条1項1号及び同2号との関係では，被告の先使用権の抗弁（不競19条1項3号・同4号）との関係で，被告の使用時期に周知性又は著名性を獲得していたことを立証する必要がある。

3　質問事項と選択肢

質問事項が適切でないために，採用されないアンケート調査が多い（東京高判平12・10・25裁判所ホームページ〔三共消毒事件〕）。特に，誘導尋問になるような質問事項・選択肢は避ける必要がある（東京高判平13・7・17判時1769号98頁〔第1次ヤクルト立体商標事件〕，東京高判平3・11・12知的集24巻1号1頁〔日経ギフト事件〕）。

要件事実との関係で質問を考える必要があるが，アンケートの対象者は，法律のプロではないので，法的価値判断を伴う質問は避けなければならない。「商標の類似」，「混同」を直接問う質問は，法的価値判断を伴うので，不適切である。東京地判平9・3・31判時1600号137頁〔UNITED COLLECTION事件〕のアンケート調査（商標の類否）の結果の採証には，この意味で疑問が残る。

商標の認知度を問う，「～から，何を想起しますか」（Top of Mind）が，法的価値判断も伴わず，かつ，誘導的でないので，適切な質問といえる。商標法3条2項，「周知性」，「著名性」の要件事実の立証にも資する質問である。「商標の類似」，「混同」については，直接的でないが，商標の認知度はこれらの要件を判断する場合の重要な証拠となるから，他の証拠と組み合わせることにより，これらの要件を立証することができる（東京高判平14・1・30判時1796号137頁〔キシリデント事件〕，東京高判昭52・6・1無体集9巻1号504頁〔SEVEN UP事件〕，東京高判平11・12・21裁判所ホームページ〔Polo Club事件〕）。

英語の意味の認知度を測ることにより，商標の要部がどこにあるかを判断する場合にもアンケート調査は利用できる（大阪地判平3・4・26知的集23巻1号264頁〔クリスピー事件〕）。

米国では，混同惹起率を測定する方法として，EVERREADY法（どこのメーカーか），EXXON法（何を想起するか）以外に，Simonson法がある。例えば，被告標章「WANASONIC」の長所を挙げさせて，回答者が原告商標

「PANASONIC」の長所を挙げれば，混同が生じていると判断する方法である[*2]。商標の認知度を問う調査より，一歩踏み込んだ調査といえる。日本では，このような調査方法はまだとられていない。

- ・ EVERREADY法──どこのメーカーか？
- ・ EXXON法──何を想起するか？
- ・ Simonson法──被告標章の長所を挙げさせる。

4 母集団

要件事実に合わせて，①需要者（年齢，女性，男性，相手方の商品・役務分野），②市場（高級品か否か），③地域を考慮した母集団を決定する必要がある。

海外のビールについては海外のビールを飲む人を母集団とすべき（東京高判平15・7・30裁判所ホームページ〔Budweiser事件〕），高級品市場の需要者を選定したか（東京高判平5・3・31知的集25巻1号156頁〔BATTUE CLOTH事件〕）との判決があるので，事案によっては，きめ細かな検討が必要である。

商標法3条2項，不正競争防止法2条1項2号の場合には，地域は全国となる（東京高判平14・1・30判時1782号109頁〔角瓶事件〕，東京地判平13・7・19判時1815号148頁〔呉青山学院事件〕）。

これに対して，商標法4条1項10号は特定地域となる[*3]。

不正競争防止法2条1項1号の場合には，原則，相手方の地域ということになる（千葉地判平8・4・17判タ931号284頁〔Walkman事件〕）が，インターネット・オークションは，販売する商品が日本全国の需要者を販売対象とするものであるから，全国周知が必要であるとする判決もある（東京地判平22・4・23裁判所ホームページ〔genki21事件〕）。

5 標本の抽出

母集団全員を調査することはできないので，標本の抽出が必要となる。

商標法3条2項，不正競争防止法2条1項2号のように母集団が全国の需要者となる場合には，①地域の抽出（東京及び大阪），②地域からの人の抽出，といった2段抽出が必要となる（東京高判平14・1・30判時1782号109頁〔角瓶事件〕）。

不正競争防止法2条1項1号のように需要者の地域が特定される場合には，その特定地域から人を抽出すればよい（千葉地判平8・4・17判タ931号284頁〔Walkman事件〕）。

標本の数が少なすぎる（106名）とアンケート調査の結果は採用されない（東京高判平15・7・30裁判所ホームページ〔Budweiser事件〕）。200名ほどの標本数が必要となろう（東京高判平14・1・30判時1782号109頁〔角瓶事件〕）。■図表1—10—1を参照されたい。

注意力の低い需要者を標本として抽出しているとして，アンケート調査の結果を採用しなかった裁判例もある（大阪高判平10・5・22判タ986号289頁〔Sake Cup事件〕）。

■図表1—10—1　アンケート調査・標本数リスト

	事件名	標本の数	方法	結果
1	いかしゅうまい 東京高判平12・4・13 裁判所ホームページ	合計100名 20歳以上の男女100人	街頭面接	×
2	ヤクルト立体商標 東京高判平13・7・17	合計1000名 首都圏500名（男女各250名） 近畿圏500名（男女各250名）	街頭面接	×
3	角瓶（文字） 東京高判平14・1・30	合計200名 東京，大阪の男性各100名	街頭面接	○
4	角瓶立体商標 東京高判平15・8・29 裁判所ホームページ	合計200名 東京，大阪の男性各100名	街頭面接	×
5	Seven Up 東京高判昭52・6・1	合計475通 3000通中475通 （回収率15%）	郵送 （電話帳による 無作為抽出）	○
6	三共消毒 東京高判平12・10・25	合計300名 木造一戸建ての持ち家居住の主婦又は主人 首都圏9か所，大阪圏9か所	訪問面接 （無作為抽出）	×
7	クリスピー 大阪地判平3・4・26	合計400名 4歳乃至12歳の子供をもつ45歳未満の女性	街頭面接	○

8	日経ギフト 東京高判平3・11・12	合計374通 1600通中374通 （回収率23%）	郵送	×
9	Budweiser 東京高判平15・7・30	合計204名 内，海外ビールを月に1回以上飲用する者は106名	不明	×
10	Battue Cloth 東京高判平5・3・31	合計51名	不明	×
11	Walkman 千葉地判平8・4・17	合計500名 東京・千葉在住の高校生から40歳代まで	電話調査	○
12	Sake Cup 大阪高判平10・5・22	合計312名 関東圏157名，近畿圏155名で月1回以上の飲酒習慣のある20歳から59歳までの男女の通行人	街頭面接	×
13	呉青山学院 東京地判平13・7・19	合計3799名 青山学院大学への入学志願者	不明	○
14	正露丸 大阪地判平18・7・27 裁判所ホームページ	合計500名 20歳から69歳の男女合計500名を対象 関東（東京，千葉，埼玉，神奈川，茨城の各都県）及び関西（大阪，兵庫，京都，奈良，和歌山，滋賀の各府県）で実施 「正露丸」の認知度（商標か一般名称か）を問う調査	WEB	×
15	正露丸 大阪高判平19・10・11 裁判所ホームページ	合計3000名 オンラインアクセスパネル（世帯登録を基本としており，対象者は住所，電話番号が登録されていて重複はない） 不正競争防止法2条1項1号，2号，商標権侵害事件 パッケージ調査（混同） テフロン調査（普通名称）	WEB	×
16	ヒュンメル図柄 大阪地判平20・1・24 裁判所ホームページ	男女合計200名 不正競争防止法2条1項1号の周知性を否定する証拠として採用	街頭面接 （CLT）	○

17	US POLO ASSOCIATION 知財高判平19・1・30 裁判所ホームページ	500名 商標法4条1項15号に該当しないことを証明するためのアンケート	不明	×
18	コカ・コーラ立体商標 知財高判平20・5・29	200名（東京，大阪） 300名（東京，大阪） 1200名（北海道〜沖縄）	街頭面接 街頭面接 インターネット	○
19	第2次ヤクルト立体商標 知財高判平22・11・16	480名（東京，大阪） 5000名	街頭面接 インターネット	○

6 評　　価

(1) 評価対象

　上述の①質問事項，②母集団，③標本抽出のほかに，④調査の方法（街頭面接調査，訪問調査，郵便調査，電話調査，インターネット調査，新聞広告調査），⑤調査会社の適格性，⑥データの正確性の点も，評価の対象となる。例えば，インターネット調査の場合，2番目，3番目（だんだんとヒントが多くなる）の質問に回答した後に1番目の質問に回答できるようになっているか否かは重要なポイントとなる。後から最初の質問にもどれる場合には，最初の質問に対する回答は，採証することはできない。

(2) 標本誤差

　標本には誤差があるから，アンケート結果を評価する場合には，この誤差も考慮しなければならない。誤差は，標本の数が多く，かつ，その結果の比率が高い場合には，最も低くなる。本節で紹介した街頭面接調査の中では，知財高判平22・11・16裁判所ホームページ〔第2次ヤクルト立体商標事件〕が，標本数（sample size）5000名と最大である。

7 要件事実とアンケート調査の結果の比率

　アンケート調査の結果の比率から，直接，各条文の要件事実を満たすか否かを判断することはできないが，適正なアンケート調査がなされた場合には，1つの目安となる。裁判例によると以下のように整理される。

商標法3条2項では，77％（東京高判平14・1・30判時1782号109頁〔角瓶事件〕），74.9％（東京高判平12・8・10裁判所ホームページ〔Epi事件〕）の認知率で適用が認められている。

商標法4条1項15号では，4％（東京高判昭52・6・1無体集9巻1号504頁〔SEVEN UP事件〕）の認知率で著名性が否定され，47.1％（東京高判平11・12・21裁判所ホームページ〔Polo Club事件〕）の認知率で著名性が認定されている。

不正競争防止法2条1項1号では，83.3％，76％（千葉地判平8・4・17判タ931号284頁〔Walkman事件〕），18.3％，16.6％（東京地判平12・6・28判時1713号115頁〔Levi's弓形ステッチ事件〕）の認知率で，周知性の要件を満たすと判断されている。

不正競争防止法2条1項2号では，18.3％，16.6％（東京地判平12・6・28判時1713号115頁〔Levi's弓形ステッチ事件〕）の認知率で，著名性の要件が否定されている。

諸外国の例をみると，米国の商標権侵害事件では，15％から20％の需要者が混同すれば，侵害が認められている[*4]。ドイツでは，80％以上[*5]の認知率で著名性（famous）が，40％以上の認知率で周知性（well-known）が認められている。フランスでは，20％以上の認知率で周知性が認定されている。イタリアでは，71％の認知率で周知性が認定されている[*6]。

8　裁判例

立体商標の登録について，商標法3条2項（使用による識別力獲得）を適用した裁判例2件（コカ・コーラ立体商標事件，第2次ヤクルト立体商標事件），商標法4条1項11号の事案で，正確な回答を得るために濾過的な質問をした事件（ROSE'ONEILLKEWPIE／ローズオニールキューピー事件）を紹介する。

前者は，色彩商標，位置商標などの新しい商標を登録する際の参考になると考える。

(1)　**コカ・コーラ立体商標事件**（知財高判平20・5・29裁判所ホームページ）──**商標法3条2項適用**

指定商品32類「コーラ飲料」について出願された包装容器からなる立体商標について，商標法3条2項を提供した事案（■図表1-10-2参照）。

■図表１—10—２

（立体商標）

〔事件の経緯〕

　1915年（大正４年）……米国において立体商標（リターナル瓶）の考案

　1916年……米国において立体商標の使用開始

　1957年……日本において立体商標の使用開始

　1971年……販売数量——23億8833万本（過去最高の販売数量）

　2003年７月２日……立体商標を特許庁へ出願

　2004年10月22日……拒絶査定

　2005年１月31日……拒絶査定不服審判を特許庁審判部へ請求

　2005年11月25日……指定商品を「コーラ飲料」(32類)に補正

　2007年２月６日……審判請求不成立

　2007年６月15日……審決取消訴訟を知財高裁へ提起

　2008年５月29日……立体商標の登録を認める旨の判決

〔判決〕

　「以上の事実によれば，リターナブル瓶入りの原告商品は，昭和32年に，我が国での販売が開始されて以来，驚異的な販売実績を残しその形状を変更することなく，長期間にわたり販売が続けられ，その形状の特徴を印象付ける広告宣伝が積み重ねられたため，遅くとも審決時（平成19年２月６日）までには，リターナブル瓶入りの原告商品の立体的形状は，需要者において，他社商品とを区別する指標として認識されるに至ったものと認めるのが相当である。」と判示して，審決を取り消した。

「以上の事実」，すなわち，本件立体商標を登録へ導いた事情とは，
① 昭和32年に日本でのリターナブル瓶によるコーラ飲料の販売以来，リターナブル瓶の形状は変更されず，一貫して同一の形状を備えてきたこと，
② 販売数量が，昭和46年には23億8000万余本，近年でも年間9600万本が販売されてきたこと，
③ 平成9年以降年間平均30億円もの宣伝広告費を投じ，リターナブル瓶入りの原告商品の形状を原告の販売に係るコーラ飲料の出所識別表示として機能させるよう，その形状を意識的に広告媒体に放映，掲載等させていること，
④ アンケート調査結果において，6割から8割の回答者が，本件立体商標の商品名を「コカ・コーラ」と回答していること，
⑤ 本件立体商標について，相当数の専門家が自他商品識別力を有する典型例として指摘しており，また，本件立体商標の形状の特異性を解説した書籍が数多く出版されてきたこと，
⑥ 本件立体商標の特徴点aないしfを兼ね備えた清涼飲料水の容器を用いた商品で，市場に流通するものが存在せず，原告は，第三者が，原告のリターナブル瓶と類似する形状の容器を使用したり，リターナブル瓶の特徴を描いた図柄を使用する事実を発見した際は，直ちに厳格な姿勢で臨み，その使用を中止させてきたこと，
⑦ リターナブル瓶入りの原告商品の形状は，それ自体が「ブランド・シンボル」として認識されるようになっていること，
である。

リターナブル瓶入りの原告商品及びこれを描いた宣伝広告には，「Coca-Cola」の表示が付されていたが，この点について裁判所は，「現実の取引の態様は多様であって，商品の提供者等は，当該商品に，常に1つの標章のみを付すのではなく，むしろ，複数の標章を付して，商品の出所を識別したり，自他商品の区別をしようとする例も散見されるし，また，取引者，需要者も，商品の提供者が付した標章とは全く別の商品形状の特徴（平面的な標章及び立体的形状等を含む。）によって，当該商品の出所を識別し，自他商品の区

別することもあり得るところである。そのような取引の実情があることを考慮すると，当該商品に平面的に表記された文字，図形，記号等が付され，また，そのような文字等が商標登録されていたからといって，直ちに，当該商品の他の特徴的部分（平面的な標章及び立体的形状等を含む。）が，商品の出所を識別し，自他商品の区別をするものとして機能する余地がないと解することはできない（不正競争防止法2条1項1号ないし3号参照）。そのような観点に立って，リターナブル瓶入りの原告商品の形状をみると，前記(2)アで認定したとおり，当該形状の長年にわたる一貫した使用の事実（ア(イ)），大量の販売実績（ア(ウ)），多大の宣伝広告等の態様及び事実（ア(エ)），当該商品の形状が原告の出所を識別する機能を有しているとの調査結果（ア(オ)）等によれば，リターナブル瓶の立体的形状について蓄積された自他商品の識別力は，極めて強いというべきである。そうすると，本件において，リターナブル瓶入りの原告商品に『Coca-Cola』などの表示が付されている点が，本願商標に係る形状が自他商品識別機能を獲得していると認める上で障害になるというべきではない（なお，本願商標に係る形状が，商品等の機能を確保するために不可欠な立体的形状のみからなる商標といえないことはいうまでもない。）。」と説示している。

〔アンケート調査〕

本件では，実際に使用されている商品に著名商標「Coca-Cola」が使用されていたが，当該文字を除いたリターナブル瓶自体が使用により出所識別力を取得したと判断されている。

リターナブル瓶自体が使用により出所識別力を取得したか否かは，需要者の認識によるものであるから，需要者を対象にしたリターナブル瓶の認知度調査（アンケート調査）の結果は，商標法3条2項の適用にあたっては，有力な証拠となる。

商標の認知度調査は，「商標の類似」や「商品の出所の混同」のように，対象者に法的判断を求めるものではないので，その結果は，商標法3条2項にストレートに反映されやすい。

本件では，2回の調査が別の会社により，時期をずらして実施されている。

① 第1次CLT調査（Central Location Test）[*7]

実施主体　：(株)インテージ

実施時期　　　：2003年1月26日〜28日
実施場所　　　：東京（100名），大阪（100名）
対象者　　　　：20歳〜59歳までの男女200名
調査方法　　　：CLT調査
提示するもの　：無色容器，着色容器，文字「Coca-Cola」付き容器
質問　　　　　：(A)当該容器を見たことがあるか。
　　　　　　　　(B)その飲料の商品名を知っているか。
結果　　　　　：(A)見たことがあると回答
　　　　　　　　　無色容器（91%），文字付容器（98%）
　　　　　　　　(B)コカ・コーラと回答
　　　　　　　　　無色容器（81%），文字付容器（97.5%）

② 第2次CLT調査
実施主体　　　：日本インフォメーション(株)
実施時期　　　：不明
実施場所　　　：東京，大阪
対象者　　　　：15歳以上の男女合計300名
調査方法　　　：CLT調査
提示するもの　：出願立体商標と同一形状の立体商標
質問　　　　　：(A)当該容器を見たことがあるか。
　　　　　　　　(B)その形状の商品の名前を知っているか。
結果　　　　　：(A)見たことがあると回答（93.7%）
　　　　　　　　(B)コカ・コーラと回答（73.3%）

③ 第2次WEB調査
実施主体　　　：日本インフォメーション(株)
実施時期　　　：不明
対象者の地域　：北海道，東北，関東，北陸・甲信越，東海，近畿，中国・
　　　　　　　　四国，九州・沖縄の8つエリアにつき各150名
対象者　　　　：15歳以上の男女合計1200名
調査方法　　　：WEB調査[*8]
提示するもの　：出願立体商標と同一形状の立体商標

質問　　　　：(A)当該容器を見たことがあるか。
　　　　　　　(B)その形状の商品の名前を知っているか。
結果　　　　：(A)見たことがあると回答（89.4%）
　　　　　　　(B)コカ・コーラと回答（60.3%）

〔コメント〕

本件立体商標を見て，飲料の商品名を「コカ・コーラ」と回答したものが，6割から8割に達していることから，本アンケート調査結果は，本件立体商標が，「Coca-Cola」の文字と独立して出所識別力を取得していることを証明する有力な証拠として採用されている。

(2)　第2次ヤクルト立体商標事件（知財高判平22・11・16裁判所ホームページ）
──商標法3条2項適用

指定商品29類「乳酸菌飲料」について出願した包装容器からなる立体商標について，アンケート調査結果も参酌して，商標法3条2項を適用した事案（■図表1—10—3参照）。

〔事件の経緯〕

　1968年……立体商標と同一の容器の使用開始
　2008年9月3日……立体商標を特許庁へ出願
　2008年……グッドデザイン・ロングライフデザイン賞受賞
　2008年11月26日……アンケート調査結果報告書（CLT）
　2009年3月3日……拒絶理由通知

■図表1—10—3

（立体商標）

2009年4月9日……意見書
2009年6月2日……拒絶査定
2009年8月19日……アンケート調査結果報告書（WEB）
2009年8月27日……審判請求（審判番号：2009-015782号）
2009年10月2日……手続補正書
2009年12月15日……証拠調べ通知書
2010年1月25日……意見書
2010年4月27日……審決（審判請求不成立）
2010年5月24日……審決取消訴訟を知財高裁（第1部）へ提起
2010年11月16日……判決（審決取消し）

〔判決〕
① 昭和43年以来40年以上一貫して同じ容器を使用
② 驚異的な販売実績（2008年：459億円）
③ 驚異的な市場占有率（平成10年～19年：乳酸菌飲料分野で42%以上）
④ 巨額の宣伝広告費（平成17年：95億円）
⑤ 立体的形状を強く印象付ける広告方法（容器の写真とシンボルマークとしての取扱い）
⑥ 98%以上の認知率のアンケート調査結果（CLT調査：480名，WEB調査：5000名）
⑦ インターネット上の記事（他社類似品をヤクルトのそっくりさんと意識している）

〔他社の類似品の存在とアンケート調査〕
　本件の特徴は，他社の類似品が存在するにもかかわらず，商標法3条2項を適用した点にある。
　ヤクルト社は，審判請求前に下記の2つのアンケート調査を実施し，その調査結果とその調査が適切であったことを述べる鑑定意見（法政大学大学院イノベーション・マネジメント研究科教授C）も提出している。
　アンケート調査は，CLT調査とWEB調査の2回が行われており，標本数は，それぞれ，480名，5000名と従来の裁判で容認された調査の標本数よりかなり多く，5000名は過去最高である。標本数が多くなると標本誤差も小

さくなる。

　このような適正になされたアンケート調査で，98％以上の認知率を示したことが，他社の類似品があるにもかかわらず，本件商標が出所識別力を獲得したことを立証するのに寄与したといえる。

① 第1次CLT調査

報告書名	：『飲料容器銘柄想起調査　調査結果報告書』（2008年11月26日付）
調査目的	：無色容器を一般消費者に提示したときのメーカー名等の想起状況把握
実施時期	：2008年10月2日～5日，10月9日～12日
実施場所	：東京（4会場）及び大阪（4会場）
調査方法	：CLT調査
調査対象	：20歳乃至59歳の男女（本人及び家族が飲料関連メーカー，小売業及び販売店に勤務していないこと並びに広告代理店，調査会社及びマスコミ関係に勤務していないこと）
標本数	：480名
質問内容	：(A)本件商標の写真から思い浮かべるイメージ (B)本件商標の写真から思い浮かべる商品
調査結果	：(A)及び(B)のいずれかでヤクルトと回答した者（98.8％）

② 第2次WEB調査

報告書名	：『飲料容器銘柄想起調査　調査結果報告書』（2009年8月19日付）
調査目的	：無色容器を一般消費者に提示したときのメーカー名等の想起状況把握
実施時期	：2009年
実施場所	：WEB（インターネット）
調査方法	：WEB（インターネット）調査
調査対象	：15歳乃至59歳の男女（本人及び家族が飲料関連メーカー，小売業及び販売店に勤務していないこと並びに広告代理店，調査会社及びマスコミ関係に勤務していないこと）

標本数　　　：5000名
質問内容　　：(A)本件商標の写真から思い浮かべるイメージ
　　　　　　　(B)本件商標の写真から思い浮かべる商品
調査結果　　：(A)ヤクルトと回答した者（93.8%）
　　　　　　　(B)ヤクルトと回答した者（74.3%）
　　　　　　　(C)(A)及び(B)のいずれかでヤクルトと回答（98.4%）

〔コメント〕
　他社の類似品の存在を理由に，商標法3条2項適用が否定された事案として，ひよ子事件（知財高判平18・11・29裁判所ホームページ）がある[*9]。
　ひよ子のお菓子の年間売上高110億円，日産50万個，昭和62年～平成15年までの広告宣伝費が年間7億円～8億円といった実績があったが，立体商標と類似した菓子が日本全国に多数存在することが理由の1つとして商標法3条2項が適用されなかった。本件では，アンケート調査は実施されていない。仮に，アンケート調査が適正に実施され，Coca-Cola事件（6割から8割）やヤクルト事件（98％以上）と同様の認知率が示された場合には，商標法3条2項が適用された可能性もあったのではないかと考える。
　他社の類似品が多数存在することとの関係で，特許庁は，アンケート調査は，他社の類似商品も踏まえたものでなければならないと主張したが，裁判所は，本件商標を見て，どのような商品を想起するかを問えば足り，他社商品の中から，本件商標を選別できるかどうかではないと判示している。
　商標法3条2項のアンケート調査として，出願人が行うものとしては，本件の調査で足りると判断して差し支えないであろう。ただし，当事者対立構造をとった事件では，相手方からもカウンターでアンケート調査がなされるのが一般的であり[*10]，特許庁主張のとおりのアンケート調査がなされた場合，その回答結果次第では，今回のアンケート結果が覆される可能性も否定できないように思われる。
　特許庁は，類似品に対して適切な処置をしてこなかったことも問題視したが[*11]，「市場において先行商品と類似品若しくは模倣品との区別が認識されている限り，先行商品の立体的形状自体の自他商品識別力は類似品や模倣品の存在によって失われることはないというべきである。」と判示している。

この点は，上記アンケート調査の驚異的な認知率を前提としていると解されるので，認知率が微妙な場合（50％程度）には，模倣品排除の事実がないと，商標法3条2項不適用の方向に向かう可能性があるといえよう。

(3) ROSE'ONEILLKEWPIE／ローズオニールキューピー事件（知財高判平25・3・21裁判所ホームページ）

本件は，商標「ROSE'ONEILLKEWPIE／ローズオニールキューピー」（43類――飲食物の提供等）が，引用商標「キューピー」（42類――飲食物）に類似するか否かが争われた事件であり，特許庁審判部は非類似，裁判所は，取引の実情（キューピーが調味料，飲食物の料理方法の教授で著名であり，飲食物の提供の分野においても強く支配的な印象を与える）を参酌して，指定役務「飲食物の提供」についてのみ類似と判断している。

〔判決〕

アンケート結果は審判で提出されていないが，アンケート結果は，「飲食物の提供」という役務において本件商標がどのような印象を与えるかを調査したものであって，審判に提出されていないからといって直ちに証拠能力が否定されるものではない。

アンケート結果が，「キューピー」との名称が取引者，需要者に対し役務の出所標識として強く支配的な印象を与えることを裏付けるに足るものであると判断された。

本件商標の支配的な「キューピー」の部分を引用商標と比較することは許される。称呼，観念が共通するので，類似する商標であるというほかない。

〔アンケート調査〕

　　実施主体　　：不明
　　実施時期　　：裁判係属中（2012年12月）
　　調査方法　　：インターネット
　　　　　　　　　訪問面接
　　調査対象者　：全国の15歳から59歳までの男女1000名（インターネット）
　　　　　　　　　首都圏の15歳から59歳までの男女630名（訪問面接）
　　質問　　　　：(1)この文字が飲食店の名前として使われていた場合，あたなは何を思い浮かべますか。どのようなことでも結構です

ので，ご自由にお知らせください。
(2)以下の文字（本件商標）が飲食店の名前として使われていた場合，あなたは経営している会社としてどこを思い浮かべますか。ご自由にお知らせください。
(3)前の質問で，あなたがお答えになった会社が扱っている主な商品，または，行っている飲食店以外の業務・サービスとして何を思い浮かべますか。ご自由にお知らせください。

回答　　：(1)質問(1)について
マヨネーズ，キユーピーマヨネーズ　30.6％（イ），24％（訪）
(2)質問(2)について
キユーピー45.7％（イ），53.7％（訪）
キユーピーマヨネーズ14.7％（イ），9％（訪）
キユーピー株式会社3.5％（イ），2.5％（訪）
(3)質問(3)について
マヨネーズ37％（イ），45.7％（訪）
ドレッシング14.4％（イ），20.6％（訪）
調味料5.6％（イ），5.9％（訪）

〔コメント〕
　本件では，商標法4条1項11号の要件事実である「商標の類似」について直接問う質問ではなく，「商標の類似」を判断する際の事情（認知度）を問う質問となっており，妥当なアンケート調査である。
　そして，このアンケート結果に，引用商標の使用に係る商品の販売個数，広告宣伝費，食品会社が飲食店も経営している例（多数）といった，その他の生々しい間接証拠を積み重ねて，周知性を立証している点も妥当な立証方法といえる。
　キユーピーから構成されている会社名は他にもあるので，回答を濾過する必要があり，(3)の質問を設定している点は参考となる。

9　おわりに

日本の裁判例を素材にアンケート調査について検討してきた。

「〜から，何を想起しますか」（Top of Mind）との質問が，誘導性及び法的価値判断を排除し，需要者心理を端的に問うものとして現段階ではベストである（ここで，活きのいい素材をそろえる）。あとは，この質問に対する結果を，要件事実との関係で，論理法則，経験則に基づき，どのように評価し，他の間接証拠（売上高，販売数量，広告費，PR）とともにどのように主張・立証していくかが重要である（どのように料理するか）。

アンケート調査の結果は，通常，間接証拠の1つに過ぎず，証拠としては，脇役であることを忘れてはならない。

【注】
（＊1）　社会調査については，辻新六＝有馬昌宏『アンケート調査の方法——実践ノウハウとパソコン支援』（朝倉書店，1987年），内田治＝醍醐朝美『実践アンケート調査入門』（日本経済社，2001年）参照。
（＊2）　井上由里子「『混同のおそれ』の立証とアンケート調査」知的財産研究所編『知的財産の潮流』（信山社，1995年）46頁。
（＊3）　コーヒーの商標が周知商標に該当するか否かが争われた事件で裁判所は，「全国にわたる主要商圏の同種商品取扱業者の間に相当程度認識されているか，あるいは，狭くとも1県の単位にとどまらず，その隣接数県の相当範囲の地域にわたって，少なくともその同種商品取扱業者の半ばに達する程度の層に認識されていることを要するものと解すべきである」と判示している（東京高判昭58・6・16裁判所ホームページ）。
（＊4）　Jerome Gilson「米国商標法について」日本商標協会誌34号（1998年）35頁。
（＊5）　渋谷達紀「著名表示冒用行為に対する不正競争防止法上の規制」鴻常夫先生古稀記念『現代企業立法の軌跡と展望』（商事法務研究会，1995年）800頁は，「ドイツでは，表示の取引通用が及ぶ人的範囲は，……，全国民ないしは全取引圏に属する人々であるとされる。……取引通用度については，1960年代には全国民の65％程度を主張する見解が有力であったが，その後70％から80％とする判例や，80％を大幅に越える必要があるとする判例が現れ，今日では，情報化社会の進展により，それ以上の周知性を備えた表示の存在が稀ではなくなったとして，さらに高い取引通用を要求する傾向も見られる」と紹介している。ただし，日本の不正競争防止法2条1項2号はドイツ（不法行為アプローチ）と異なり，不正競争アプローチを採用し

ているので，ドイツ法の解釈におけるほど高い周知度を要求する理由はないということになるのではなかろうかとする（同801頁）。
（＊6）　ドイツ，フランス，イタリアの認知度については，Fredrick W. Mostert "WELL-KNOWN AND FAMOUS MARKS : IS HARMONY POSSIBLE IN THE GLOBAL VILLAGE?" Trademark Report VoL86（1996年）120頁。
（＊7）　CLT調査とは，街頭等に設置されたブース内において，任意の調査対象者が調査票に記入する方式をいう。
（＊8）　WEB調査とは，事前に調査対象者候補として登録した者に対し，ウェブサイトのURLを記載した電子メールを送信し，当該ウェブサイトにアクセスして質問に回答させ，年齢・性別・居住地域等，調査対象者に必要とされる条件に適合した者による回答が一定数に達した時点で調査を終了する方式をいう。
（＊9）　判例評釈については，山本智子＝八尋光良「商品形状の立体商標としての登録要件――知財高判平18・11・29立体商標ひよ子事件」L&T35号（2007年）30頁，拙稿「ひよ子訴訟が立体商標制度に与えた影響」ビジネス法務 7 巻 5 号（2007年）116頁，拙稿「グローバルに観る立体商標制度の違いとその戦略的活用――日本・米国・欧州の比較的検討」知管57巻 5 号（2007年）704頁乃至706頁，劉曉倩「商品等の立体的形状に関する商標法 3 条 2 項の適用――『ひよ子』立体商標審決取消請求事件」知的財産法政策学研究16号（2007年）311頁，拙稿「米国HONEYWELL事件にみる立体商標の保護」同『知的財産権としてのブランドとデザイン』（有斐閣，2007年）119頁乃至121頁参照。
（＊10）　カウンターのアンケート調査がなされた事案としては，Polo Club事件（東京高判平11・12・21裁判所ホームページ）がある。
（＊11）　Maglite事件（知財高判平19・6・27裁判所ホームページ）では，出願人が不正競争防止法 2 条 1 項 1 号を利用して（大阪地判平14・12・19裁判所ホームページ），類似品を排除し市場での唯一性を保ってきたことも，商標法 3 条 2 項を適用した理由の 1 つとなっている。

第2章●

新しい商標と
商標権侵害Ⅰ

第1節 はじめに

　従来，商標といえば，簡潔な文字から構成された商標，図形商標で，商品に使用されるものを指していたが，1992年にサービスマーク制度が導入され，1997年には立体商標制度，2006年には地域団体商標制度，2007年には小売等役務商標制度が導入され，その対象が拡大してきた。

　また，キャッチフレーズ，スローガン，アイコン，パロディといった，従来，商標登録されなかったものも，出所識別機能，顧客吸引力（commercial magnetism）に着目して登録されるようになっている。

　そこで，本章では，改正前の商標法で保護されている新しい商標について，商標権侵害を中心に解説することとする。

　平成26年法律第36号による改正商標法（2015年4月1日施行）で保護される色彩のみからなる商標，位置商標，動き商標，ホログラム商標，音商標，将来的に保護の可能性があり，外国で保護されている，香りの商標，触覚の商標，味の商標，トレードドレスについては，「新しい商標と商標権侵害Ⅱ」として**第3章**で扱うこととする。

第2節 キャッチフレーズ商標

1 キャッチフレーズ・スローガンの商標化

　キャッチフレーズ（catch phrase）とは，商品の販売促進のための，人の注意を惹くように工夫した簡潔な宣伝文句をいう（『広辞苑〔第6版〕』）。例えば，江崎グリコが販売しているチョコレートのパッケージには，「ストレス社会で闘うあなたに。」とのキャッチフレーズが表示されており，「おいしさと健康 Glico」の文字とともに商標登録されている。

　キャッチフレーズに似たものに，スローガン（slogan）がある。スローガンは，ある団体・運動の主張を簡潔に表した標語をいう（『広辞苑〔第6版〕』）。企業のすべての商品・役務に使用される商標であるハウスマーク（house mark）とともに使用されることが多い。認知度の高いスローガンとしては，「Inspire the Next」，「お口の恋人」があり，それぞれ，「HITACHI」，「LOTTE」，のハウスマークとともに使用されている。

　欧米では，スローガンにキャッチフレーズも含めて議論されることが多い。

　キャッチフレーズやスローガンは，商品の出所を識別するものではなく，また，長く使用されるものではないため（特に，スローガンは社長が交代すると変更する例が多かった），商標登録されることが少なかった。

　しかしながら，最近では，キャッチフレーズやスローガンが継続して使用され，商品の出所を識別する機能をもつようになってきたため（商標化）[*1]，企業が，商標登録するようになり，紛争事例も増加するようになってきた。

　特定の商品に使用される商標であるプロダクトマーク（product mark）については，消費者への浸透を図るのに莫大な広告宣伝費がかかるため，企業はその数を増やすことをやめ，キャッチフレーズやスローガン又はパッケージデザインにより，従来からあるプロダクトマークのブラッシュアップを図る

ブランド戦略をとるようになったことも、キャッチフレーズ・スローガンの商標化の要因といえる。

2　キャッチフレーズの登録

(1) 出所識別力

一般に、商標を登録するためには、独占適応性があり、商品の出所識別力を有することが必要である。

キャッチフレーズは、宣伝文句であり、商品の品質等を示すものではないので、独占適応性がないとして、商標法3条1項3号により拒絶されることはない。商品の出所識別力を有していれば（商標法3条1項6号に違反しなければ）、登録することができる。

ここでいう出所識別力は、将来的なものではなく、現在の出所識別力を指すから、他社が同じようなキャッチフレーズを使用していなければ、キャッチフレーズは、商品の出所識別力を有するとして商標登録される可能性が高い。

■図表2−2−1にあるキャッチフレーズは、商品・役務の出所識別機能があるとして登録されたものである。

一方、出所識別力がないとされた裁判例としては、41類「知識の教授」の役務について出願した商標「習う楽しさ教える喜び」は、「習う側が楽しく習うことができ、教える側が喜びをもって教えることができる」という、教育に関して提供される役務の理想、方針等を表示する宣伝文句ないしキャッチフレーズとして認識、理解され、自他役務識別標識として認識し得ないとして商標法3条1項6号に該当すると判断されたものである（東京高判平13・6・28裁判所ホームページ）。

また、居酒屋「白木屋」で有名な(株)モンテローザが43類「飲食物の提供」の役務について出願した商標「新しいタイプの居酒屋」も、既存の居酒屋と異なる新しいタイプを採用しているという役務の特徴を表した宣伝文句と理解され、キャッチフレーズとしてのみ機能し、自他識別力がないとして商標法3条1項6号に該当すると判断されている（知財高判平19・11・22裁判所ホームページ）。

■図表2－2－1　商標登録されたキャッチフレーズ

キャッチフレーズ	商品・役務	商標権者
きれいなおねえさんは，好きですか。	電気通信機械器具	パナソニック
できる	印刷物	インプレスジャパン
一粒300メートル（商標3条2項適用）	キャラメル	江崎グリコ
それにつけても	菓子	明治製菓
あしたのもと	化学調味料	味の素
あたり前田のクラッカー	クラッカー	前田製菓
バザールでござーる	商品の販売に関する情報の提供	日本電気
いいものだけを世界から	自動車の小売	ヤナセ
オー人事	人材派遣	スタッフサービス
はいれます	生命保険	アメリカンライフ

　本件で原告は，「新しいタイプの居酒屋」は長年の使用により，出所識別力を獲得したことも主張したが，裁判所は，「新しいタイプの居酒屋」は「白木屋」又は「笑笑」とともに使用され，これらの宣伝文句としてのみ機能しており，役務「飲食物の提供」の出所識別標識としては機能していないとして，商標法3条2項の適用を否定している。

(2)　**先行登録商標との類似**

　他人の先行登録商標と類似するキャッチフレーズは，商標法4条1項11号に該当し，登録することができない。

　通常の商標の場合には，称呼が似ているか否かが商標の類否判断のポイントとなるが，比較的長い文字構成からなるキャッチフレーズは，称呼は異なる場合が多いので，観念が似ているか否かが重要なポイントとなる。

　例えば，特許庁審判部は，「いってまいりました」と「いってきました」，「京都物語」と「京物語り」，「おむすびころりん」と「おにぎりころりん」は，観念が同一のため，両商標は類似すると判断している。

英語と日本語について裁判所は，出願商標「Afternoon Tea」から引用登録商標「午後の紅茶」への直訳は可能であるので，両商標は類似すると判断しているが（東京高判平16・3・29裁判所ホームページ），引用登録商標「HOLE IN THE WALL」から直ちに「壁の穴」を想起し得ないから，登録商標「壁の穴」は引用登録商標には類似しないと判断している（東京高判平8・7・31判時1592号124頁）。また，登録商標「天使のスィーツ」と引用登録商標「エンゼルスィーツ／Angel Sweets」は観念が同一のため類似と判断されている（知財高判平21・7・2判時2055号130頁）。なお，「天使のスィーツ」の実際の使用態様を見ると「エンゼルパイ」と併記して使用されていた。

(3) 著名なキャッチフレーズとの混同

他人の商品・役務と混同を生じさせるおそれのあるキャッチフレーズは，商標法4条1項15号に該当し，登録できない。

登録商標「ユーガットメール／You've Got Mail 及び携帯電話の図形」（通信の役務）は，AOLの未登録の著名なキャッチフレーズ「ユー・ガット・メール／You've Got Mail」との関係で，役務の混同が生じるおそれがあるとして（商標4条1項15号），登録が無効となっている。

3　キャッチフレーズと商標権侵害

キャッチフレーズの使用が商標権侵害事件に巻き込まれる場合もある。商標が類似すること，被告表示が「商標として（商品の出所を表示する態様）」使用されていることが商標権侵害の要件となっている。

商標権侵害を認容した事例としては，本当にあったH（エッチ）な話がてんこ盛り！事件（東京地判平17・12・21判時1970号95頁）がある。本件では，雑誌の題号「まんが快援隊」と同等の大きさで同じ枠内に使用された表示「本当にあったH（エッチ）な話がてんこ盛り！」が，登録商標「本当にあったH（エッチ）な話」（雑誌）に類似し，また，当該表示は商標として使用されていると判断され，商標権侵害が認容されている。

商標権侵害が否定された事例としては，Always Coca-Cola事件（東京高判平11・4・22裁判所ホームページ）がある。本件では，コカ・コーラ社が，清涼飲料の缶に使用した表示「Always Coca-Cola」が，登録商標「オールウエ

イ」（清涼飲料）の商標権を侵害するか否かが問題となり，裁判所は，当該表示は，いつもコカ・コーラを飲みたいとの気持ちを抱くような，商品の購買意欲を高める効果を有する内容と理解できる表現であり，一般顧客はキャッチフレーズとして認識するものであるから，当該表示が商標として使用されていないとして，商標権侵害を否定している。

4 キャッチフレーズと不正競争防止法違反

　他人の表示が商標登録されていない場合でも，当該表示が周知で，キャッチフレーズと類似し，混同の可能性がある場合には，キャッチフレーズの使用が不正競争防止法2項1項1号（混同惹起行為）違反となり，差止め，損害賠償請求の対象となる。

　図書券の使用が可能である旨の表示事件（東京地判平14・1・24判時1814号145頁）で裁判所は，「図書券の使用が可能である」旨の表示は，原告である日本図書普及（株）及び加盟店からなるグループの店舗の営業を示すものとして周知であるから，被告であるブックオフコーポレーション（株）が，当該表示を使用すると，同グループに属する店舗の営業と混同を生じさせると判断して，不正競争防止法2条1項1号を適用している。

　同号該当が否定された事例としては，Make People Happy事件（東京地判平20・11・6裁判所ホームページ）がある。裁判所は，原告であるB・Rサーティワンアイスクリーム（株）が，35年間に亘りアイスクリームの広告に使用してきた表示「We make people happy.」は，商品等表示として周知ではないので，被告であるコールド・ストーン・クリーマリー・ジャパン株式会社がアイスクリームの広告に使用している表示「Make People Happy」は，不正競争競争防止法2条1項1号に該当しないと判断している。

　商品等表示が類似しないため，本号該当が否定された事例としては，バターはどこへ溶けた？事件（東京地決平13・12・19裁判所ホームページ）があり，債権者の書籍名「チーズはどこへ消えた？」と債務者の書籍名「バターはどこへ溶けた？」は，「チーズ」と「バター」，「消えた」と「溶けた」の部分が異なるので全体として類似しないと判断されている。

5　紛争回避の方法

　キャッチフレーズをめぐる紛争に巻き込まれないようにするためには，商標権侵害との関係では，使用するキャッチフレーズと類似する商標が特許庁で登録されていないか，観念類似に重点を置いて調査する必要がある。

　また，不正競争防止法2条1項1号及び同2号との関係では，他人の未登録の周知・著名な商品等表示と類似しないかどうか，インターネット検索エンジンを通じて調査する必要がある●

【注】
（＊1）『商標実務における諸問題への考察（スローガン・キャッチフレーズ編）資料394号』（日本知的財産協会・商標委員会，2010年）では，日本，米国，欧州，中国におけるキャッチフレーズ，スローガンの比較法的考察がなされている。

第3節 スローガン商標

1 はじめに

20年程前は、経営者が代わるたびにスローガンが変更になっていた関係で、スローガンを商標登録することはなかった。

しかしながら、ブランド戦略の一環として、ハウスマークとともにスローガンが使用され、経営者が代わっても、経営方針、ブランド戦略に変更がない場合には、スローガンが継続的に使用されるようになり、パンフレットだけでなく、大がかりな電光の看板にも使用されるようになってきている。

このため、各社、日本だけでなく、海外においても、スローガンを商標登録するようになっている。

2 スローガン商標の登録状況

日本企業のスローガン商標の登録状況は、■図表2−3−1のとおりである。

「登録番号」の欄は日本の登録番号、「外国」の欄の○は外国で登録のあるもの、―は外国登録が不明のものを表している。

パナソニックのスローガン「ideas for life」はパナソニックだけでなく、英国のBoots社も使用していたが、当事者間の契約で調整がとれているようである[*1]。

3 スローガン商標の問題点

スローガン商標の最大の問題点は、登録商標の維持である。

日本又は外国においては、継続して3年又は5年間、登録商標を指定商品又は指定役務に使用していないと、不使用取消審判により、その登録が取り

■図表２－３－１　日本及び外国でのスローガン商標の登録状況（○は登録，—は不明）

商　標	会社名	登録番号	分　類	外国
make. believe	ソニー	5286471	9	○
Inspire The Next	日立製作所	4574995	9	○
ideas for life	パナソニック	4767277	9	○
Changes for the Better	三菱電機	4603937	9	○
Mobile Frontier	NTTDocomo	4523117	35	—
Image Communication	リコー	4071580	14	○
EXCEED YOUR VISION	セイコーエプソン	4969528	9	○
Color Imaging EPSON	セイコーエプソン	4069545	37	—
Make it Possible with Canon	キヤノン	4701653	9	○
SHIFT THE FUTURE	日産自動車	4611549	12	○
駆け抜ける歓び	BMW	4696203	12	—
The Power of Dreams	本田技研工業	4599911	12	○
Zoom—Zoom	マツダ	4608758	12	○
Drive@earth	三菱自動車	5192070	12	○
ヒューマン・ヘルスケア企業 Eizai エーザイ	エーザイ	3254270	5	—
おいしい顔	雪印乳業	4704593	29	—
味ひとすじ 永谷園	永谷園	3055402	42	—
お口の恋人	ロッテ	2080086	旧4	—
SAPPORO いいものだけを	サッポロホールディングス	4377455	32, 33	—
感動を・ともに・創る	ヤマハ	4561388	15	—
Our Technologies, Your Tomorrow	三菱重工	5382797	1, 6, 7, 9, 10, 11, 12, 13, 35, 36, 37, 39, 40, 42	○
Realize your dreams	IHI	5603570	7, 9, 10, 11, 12	○
Kawasaki Powering your potential	川崎重工	2013-27740（出願番号）	6, 7, 9, 10, 11, 12, 14, 16, 18, 25, 26, 28, 35, 37, 41, 42	○

消されることになる。

　スローガンは，ある団体・運動の主張を簡潔に表した標語であり（『広辞苑』），特定の商品の出所を表示する態様で使用していない場合には，登録商標を指定商品又は指定役務に使用していないとして取り消されることになる。

　スローガン商標を指定商品又は指定役務の出所表示として使用する必要がある。●

【注】
（＊1）　山崎攻「松下電器からパナソニックへ」商工振興2009年1月。

第4節
インターネット商標及びドメイン名紛争

1　はじめに

　本節では，インターネット上で使用される商品又は役務の出所表示を「インターネット商標」として，商標権侵害事件及びドメイン名紛争について解説する。

2　商標権侵害

　インターネット商標の商標権侵害事件としては，下記のものがある。
(1)　メタタグ（Meta tags）
　くるま（中古車）の110番事件判決（大阪地判平17・12・8裁判所ホームページ）は，メタタグにおける商標の使用について商標権侵害を認めた。
　データをどのように画面表示するかを指示するデータを書き込んであるソースに，ウェブ上の内容を示す部分があり，それをメタタグといい，ウェブページ上では見ることができない[*1]。
　メタタグ上の商標（trademark in meta tags）は，ソースコードをみる作業（ソースの表示をクリック）をしないと見えないため，商標権侵害になるか否かが問題となる。
　原告は，登録商標「くるま（中古車）の110番」を37類「自動車の修理または整備」等について所有していた。一方，被告は，メタタグに，「〈meta name="description" content="クルマの110番。輸入，排ガス，登録，車検，部品・アクセサリー販売等，クルマに関する何でも弊社にご相談下さい。"〉」（被告表示）と記載していた。裁判所は，メタタグ上の「クルマの110番」の表示（被告標章）は，登録商標「くるま（中古車）の110番」に類似し，このような類似する商標を車検等の役務内容とともに表示しているので，商標法2

条3項8号（商標の使用の定義）に規定する「役務に関する広告（中略）を内容とする情報に標章を付して電磁的方法により提供する行為」に該当し，商標権侵害を構成すると判示した。

検索エンジンで，「くるまの110番」を検索すれば，被告のサイトが検索され，被告標章及び被告表示が検索エンジンのサイトに視認できるかたちで表示されるので（「keyword metatags」ではなく，「description metatags」），商品の出所の混同が生じることは明らかであるから，本判決は妥当な判決といえよう。

視認性のない「keyword metatags」については，本判決の射程外となる(*2)。

(2) **検索連動型広告（Search Advertising, Keyword Buy）**

(a) 日本　　Yahoo！Japan の検索エンジンで，他人の登録商標「CARICA CELAPI／カリカセラピ」（パパイヤ発酵食品）に該当するキーワード「カリカセラピ」と連動させた被告（広告主）の広告が商標権侵害になるか争われたカリカセラピ事件（大阪地判平19・9・13裁判所ホームページ）で裁判所は，「原告商品の名称及び原告商標をキーワードとして検索した検索結果ページに被告が広告を掲載することがなぜ原告商標の使用に該当するのか，原告は明らかにしない。のみならず，上記の被告の行為は，商標法2条3項各号に記載された標章の『使用』のいずれの場合にも該当するとは認め難いから，本件における商標法に基づく原告の主張は失当である。」として，広告主の商標権侵害を否定している。

本件では，Yahoo！Japan は被告になっておらず，登録商標「CARICA CELAPI／カリカセラピ」の所有者が原告となり，原告の元代理店で，「papain PS-501」の商標でパパイヤ健康食品を扱い，当該登録商標に該当するキーワードと連動させて，自己の広告を Yahoo！の検索結果ページにある広告スペース（スポンサーサイト）に表示した者が被告となっている。

(b) 欧州　　フランスでは，ルイ・ヴィトンが検索エンジン会社である Google と広告主を訴え，1審，2審とも勝訴となっていたが，破棄院（最高裁判所）は，この問題を欧州連合司法裁判所（CJEU）に付託して，先行判決を求めた。

これに対して，CJEU は，2010年3月23日（C-324/09）に，Google が行っ

ている，キーワードとして商標と同一の標識を蓄積し，そのキーワードに基づいて広告の表示を編成する行為は，商標権侵害の規定における同一の商標を同一の商品に使用する行為には該当しないと判断した。

一方，広告主の行為については，検索連動型広告における商品又は役務が商標権者又はそれに経済的に関連する事業に由来するのか，反対に，第三者に由来するのかを，平均的なインターネットユーザーが確認できない場合，又は，確認することに困難がともなう場合において，広告主が商標権者の同意なく登録商標と同一のキーワードに基づいて，商標登録された商品又は役務と同一の商品又は役務を広告する場合には，その行為を阻止する権利を商標権者が有するということを意味するものとして解さなければならないと判示している。

(3) インターネットショッピングモール

(a) 日本の裁判例

■ チュッパチャップス事件1審判決（東京地判平22・8・31判時2127号87頁）

被告（楽天）が運営するインターネットショッピングモール「楽天市場」で，被告が主体となって出店者を介し，あるいは出店者と共同で，少なくとも出店者を幇助して，原告（ペルフェッティ ヴァン メッレ ソシエタ ペル アチオニ）のキャンディーで有名な登録商標「Chupa Chups」と類似する標章を付した商品を展示又は販売（譲渡）する行為が，原告の登録商標の商標権を侵害するか否かが争われたが，被告の行為は，商標法2条3項2号の「譲渡」，「譲渡のための展示」に該当しないので，商標権侵害は構成しないと判断されている。

本件では，出店者が偽物を販売していたが，出店者ではなく，インターネットショッピングモールを運営する楽天が被告となっている。

被告は，出店者の商品が検索できる手段を提供し，出店者の商品に注文があった場合に，顧客に注文確認メールを送付しているが，売買契約はあくまでも出店者と顧客との間でなされており，出店者が売主として顧客に対し当該商品の所有権を移転しており，また，被告は，顧客との関係で，上記商品の所有権移転義務及び引渡義務を負うものでないので，商標法2条3項2号の「商品又は商品の包装に標章を付したものを譲渡」する行為の「譲渡」の主体にはならないと判断された。

また，被告は出店者からシステム利用料を得ているが，商品の販売の主体として直接的に利益を得ているものでないので，「譲渡」の共同主体ということもできないと判断された。

さらに，「譲渡」とは，標章を付した商品の所有権を他人に移転することをいい，出店者の売却行為の一連の行為の一部に関与する幇助行為を行ったというだけでは，商品の「譲渡」を行ったものと認めることはできないと判断された。

■ チュッパチャップス事件2審判決（知財高判平24・2・14判時2161号86頁）

2審判決も商標権侵害を否定したが，ウェブページの運営者が合理的期間内に侵害内容のウェブページを削除しない場合には，ウェブページ運営者も商標権侵害の主体になり得ることを判示した。

この判決の影響により，ショッピングモール運営者は，商標権侵害品の確認をより一層強化している。

「2　一審被告による『楽天市場』の運営は一審原告の本件商標権侵害となるか

（中略）

ア　本件における被告サイトのように，ウェブサイトにおいて複数の出店者が各々のウェブページ（出店ページ）を開設してその出店ページ上の店舗（仮想店舗）で商品を展示し，これを閲覧した購入者が所定の手続を経て出店者から商品を購入することができる場合において，上記ウェブページに展示された商品が第三者の商標権を侵害しているときは，商標権者は，直接に上記展示を行っている出店者に対し，商標権侵害を理由に，ウェブページからの削除等の差止請求と損害賠償請求をすることができることは明らかであるが，そのほかに，ウェブページの運営者が，単に出店者によるウェブページの開設のための環境等を整備するにとどまらず，運営システムの提供・出店者からの出店申込みの許否・出店者へのサービスの一時停止や出店停止等の管理・支配を行い，出店者からの基本出店料やシステム利用料の受領等の利益を受けている者であって，その者が出店者による商標権侵害があることを知ったとき又は知ることができたと認めるに足りる相当の理由があるに至ったときは，その後の合理的期間内に侵害内容のウェブページからの削除がな

されない限り，上記期間経過後から商標権者はウェブページの運営者に対し，商標権侵害を理由に，出店者に対するのと同様の差止請求と損害賠償請求をすることができると解するのが相当である。けだし，(1)本件における被告サイト（楽天市場）のように，ウェブページを利用して多くの出店者からインターネットショッピングをすることができる販売方法は，販売者・購入者の双方にとって便利であり，社会的にも有益な方法である上，ウェブページに表示される商品の多くは，第三者の商標権を侵害するものではないから，本件のような商品の販売方法は，基本的には商標権侵害を惹起する危険は少ないものであること，(2)仮に出店者によるウェブページ上の出品が既存の商標権の内容と抵触する可能性があるものであったとしても，出店者が先使用権者であったり，商標権者から使用許諾を受けていたり，並行輸入品であったりすること等もあり得ることから，上記出品がなされたからといって，ウェブページの運営者が直ちに商標権侵害の蓋然性が高いと認識すべきとはいえないこと，(3)しかし，商標権を侵害する行為は商標法違反として刑罰法規にも触れる犯罪行為であり，ウェブページの運営者であっても，出店者による出品が第三者の商標権を侵害するものであることを具体的に認識，認容するに至ったときは，同法違反の幇助犯となる可能性があること，(4)ウェブページの運営者は，出店者との間で出店契約を締結していて，上記ウェブページの運営により，出店料やシステム利用料という営業上の利益を得ているものであること，(5)さらにウェブページの運営者は，商標権侵害行為の存在を認識できたときは，出店者との契約により，コンテンツの削除，出店停止等の結果回避措置を執ることができること等の事情があり，これらを併せ考えれば，ウェブページの運営者は，商標権者等から商標法違反の指摘を受けたときは，出店者に対しその意見を聴くなどして，その侵害の有無を速やかに調査すべきであり，これを履行している限りは，商標権侵害を理由として差止めや損害賠償の責任を負うことはないが，これを怠ったときは，出店者と同様，これらの責任を負うものと解されるからである。

　もっとも商標法は，その第37条で侵害とみなす行為を法定しているが，商標権は『指定商品又は指定役務について登録商標の使用をする権利を専有する』権利であり（同法25条），商標権者は『自己の商標権……を侵害する者又

は侵害するおそれがある者に対し，その侵害の停止又は予防を請求することができる』（同法36条1項）のであるから，侵害者が商標法2条3項に規定する『使用』をしている場合に限らず，社会的・経済的な観点から行為の主体を検討することも可能というべきであり，商標法が，間接侵害に関する上記明文規定（同法37条）を置いているからといって，商標権侵害となるのは上記明文規定に該当する場合に限られるとまで解する必要はないというべきである。

　イ　そこで以上の見地に立って本件をみるに，一審被告は，前記(1)のようなシステムを有するインターネットショッピングモールを運営しており，出店者から出店料・システム利用料等の営業利益を取得していたが，前記(2)イの番号1，2の展示については，展示日から削除日まで18日を要しているが，一審被告が確実に本件商標権侵害を知ったと認められるのは代理人弁護士が発した内容証明郵便が到達した平成21年4月20日であり，同日に削除されたことになる。また，前記(2)イの番号3～8の展示については，展示日から削除日まで約80日を要しているが，一審被告が確実に本件商標権侵害を知ったと認められるのは本訴訴状が送達された平成21年10月20日であり，同日から削除日までの日数は8日である。さらに，前記(2)ウの番号9～12の展示については，展示から削除までに要した日数は6日である。

　以上によれば，ウェブサイトを運営する一審被告としては，商標権侵害の事実を知ったときから8日以内という合理的期間内にこれを是正したと認めるのが相当である。

　(4)　以上によれば，本件の事実関係の下では，一審被告による『楽天市場』の運営が一審原告の本件商標権を違法に侵害したとまでいうことはできないということになる。」

「3　一審被告による『楽天市場』の運営が一審原告に対する不正競争行為となるか

　一審原告は，『Chupa Chups』の表示等は，遅くとも平成20年には一審原告の商品を表示するものとして需要者の間に周知又は著名となっており，同表示等と類似する本件各標章が付された本件各商品が，一審原告の製造販売ないしライセンスに係る商品であるとの誤認，混同が現に生じており，少な

くともそのおそれがあるとして，不正競争防止法2条1項1号及び2号に基づく不正競争行為がある旨主張する。

しかし，前記2同様，一審被告の本件での対応を前提とすれば，一審被告による『楽天市場』の運営が一審原告に対する不正競争行為に該当するとはいえず，上記主張は理由がない。

　4　その他の一審原告の主張に対する判断

一審原告は，『楽天市場』における諸事情を根拠として，本件での一審被告の行為は，単なる場の提供にとどまらないと主張するが，本判決は，一審原告主張の事実を含め本件での一切の事情を考慮した上で，一審被告には商標権侵害の責任はないと判断するものであるから，一審原告の上記主張は理由がない。

このほか，一審原告は縷々主張するが，いずれも判断の必要がない。」

(b)　欧米の状況[*3]　　米国でも，eBayの商標権侵害が否定されている(米国連邦第2巡回控訴裁判所2010年4月1日判決)[*4]。

また，英国においてもeBayの商標権侵害が否定されたが(英国高等法院2009年5月22日判決)[*5]，先行判決を得るべく，事件は欧州連合司法裁判所(CJEU)に付託され，CJEUは，2011年7月12日(事件番号：C-324/09)に，国内裁判所は，侵害を終了させるだけでなく，侵害を防止することに役立つ手段を実施することをインターネット市場運営企業(operator of an online marketplace)に対して命ずるよう加盟国に対して要求すると判示した。

(4)　ウェブサイトの階層性と商標の類否判断

ウェブサイトの階層性より，ウェブサイトに接する者は，開設者をまず認識して，次に，被告標章に接するため，商品又は役務の出所の混同の可能性が低くなり，商標権侵害が否定される方向で判断される場合がある。

下記の裁判例は，そのような階層性を取引の実情として斟酌している。

■　eサイト事件（東京地判平16・12・1裁判所ホームページ）

原告登録商標「e-sight」（35類）と被告標章「eサイト」は，ウェブサイトの階層性より，被告（NTTドコモ）が開設するウェブサイトであることを認識しているから，出所の誤認混同を生じるおそれはなく，両商標は類似しないと判断されている。

「被告ホームページにアクセスする者の大部分は、エヌティティドコモの携帯電話について料金プランの変更等や新規申込みを行うために被告ホームページにアクセスするものであり、しかも、トップページやそれに続くページに『NTTDoCoMo』との記載があるため、被告が被告ホームページを開設したことを認識しており、また、被告作成のパンフレット等に接する需要者等は、そのパンフレットが被告のサービスや製品を紹介するために被告によって作成されたことを認識していることは、前記(1)エ(イ)のとおりである。

以上のとおり、本件商標と被告eサイト標章とは、称呼において共通しているが、前記観念の相違、外観の相違及び取引の実情を併せ考慮すると、同一又は類似の役務に使用されたとしても、被告eサイト標章と本件商標との間で出所の誤認混同を生じるおそれは認められず、被告eサイト標章は本件商標に類似するとは認められない。」

■ ライサポいけだ事件（大阪地判平26・6・26裁判所ホームページ）

原告登録商標「ライサポ」（42類：身障者の介護等）と被告標章「ライサポいけだ」（居宅介護事業）は、ウェブサイトの階層性より、「ライサポ」の部分のみを抽出して捉えることはないとして、類似しないと判断されている。

「原告商標と被告標章の類似の有無については、被告標章の現実的な使用態様を前提に、誤認混同のおそれを判断すべきところ、被告標章の使用態様については、前記(1)及び(2)で認定したとおりであり、本件ウェブサイトを閲覧する者は、いずれも目立つよう大書された、被告の正式名称である『特定非営利活動法人ライフサポートネットワークいけだ』、あるいはブログのタイトルである『ライフサポートネットワークいけだのブログ』をまず認識し、その後に、バナー、イラスト、記述的文章の中に、被告標章である『ライサポいけだ』が使用されていることを認識するものと考えられる。

そうすると、本件ウェブサイトを閲覧する者は、被告の正式名称またはブログのタイトルから、本件ウェブサイトを管理運営しているのは、池田市に本拠を置く、生活（ライフ）を支援（サポート）することを目的とする団体である旨の観念を抱いた後に、被告標章に接することになるから、被告標章が被告の正式名称の略語であることは容易に認識され、被告標章についても、同様に、池田市に本拠を置く、生活を支援することを目的とする団体である

との観念を抱くものと考えられる。

　すなわち，被告標章の現実的な利用形態に照らすと，本件ウェブサイトを閲覧し被告標章に接する者は，被告標章を一体として認識し，『ライサポ』のみを抽出して捉えることはなく，上記のとおり，池田市に本拠を置く，生活を支援することを目的とする団体である旨の観念を抱くと考えられるから，単に『ライサポ』の文字からなる原告商標との間に誤認混同のおそれはなく，両者は類似しないというべきである。」

3　ドメイン名紛争

(1)　一般トップレベルドメイン名[*6]の不正登録と対応策

(a)　統一紛争処理方針（UDRP）の利用　　一般トップレベルドメイン名を取得された場合には，ICANN が採択した統一紛争処理方針（Uniform Domain Name Dispute Resolution Policy/UDRP）を利用する方法がある。この手続は，以下の4つの機関が扱っている。

- WIPO（世界知的所有権機関）
- NAF（全米仲裁協会／The National Arbitration Forum）
- ADNDRC（アジア・ドメイン名紛争解決センター，北京，香港，ソウル，クアラルンプール）
- CAC（Czech Arbitration Court）

ドメイン名登録の取消し又は移転の裁定を得るには，以下の3つの要件すべてを満たさなければならない。

〔裁定の要件[*7]〕

① 登録者のドメイン名が，申立人が権利を有する商標（trademark or service mark）と，同一又は混同を引き起こすほどに類似しており；かつ，

② 登録者が，そのドメイン名について権利（rights）又は正当な利益（legitimate Interest）を有しておらず；かつ，

③ 登録者のドメイン名が，不正の目的で（in bad faith），登録かつ使用されていること。

(b)　米国における裁判の利用　　一般トップレベルドメイン名を不正登録された場合には，UDRPではなく，米国商標法に規定されている連邦稀釈

化防止法又は反サイバースクワッティング消費者保護法に基づく訴訟によっても救済を受けることができる。

　(ア)　連邦商標稀釈化防止法　　米国では，1996年1月16日に成立・即日施行された連邦商標稀釈化防止法（米国商標法43条(C)及び45条として組み込まれている）を利用した訴訟により，ドメイン名の不正登録に対応してきた。

　例えば，原告が50年以上にわたり「電子機器」に使用している連邦登録商標「INTERMATIC」を含むドメイン名「Intermatic com」を被告（ネットワークサービスプロバイダー）が販売目的（intention to arbitrage the domain name）で登録した事案について，イリノイ北部地区連邦地方裁判所は，このような販売目的の著名商標の不正登録は，商業上の使用（use in commerce）に該当し，他人の商標を稀釈化（商標のもつ識別力を薄める）するもので連邦商標稀釈化防止法に違反するとの理由により，当該ドメインネームの使用禁止の判決（summary judgement）を下した（Intermatic Inc.v. Toeppen, 52 PTCJ677 (NDIII 1996)）。

　このように，連邦商標稀釈化防止法は，ドメイン名の不正登録の取消しに活用されていたが，もともとドメイン名の不正登録に対応することを主目的に設計されたものではないため，相手方のドメイン名が使用されていない場合や相手方の住所が不明の場合等本法の適用に困難が生じる場合があった。

　(イ)　反サイバースクワッティング消費者保護法　　そこで，様々なタイプのドメイン名の不正登録に対応するために設けられたのが，1999年11月29日に施行された反サイバースクワッティング消費者保護法（The Anticybersquatting Consumer Protection Act）である。本法は，米国商標法43条(d)等に組み込まれており，原則として施行日前に登録されたドメイン名についても適用される。

　①他人の商標（ドメイン名が登録された時に識別力があることが必要）と同一又は類似するドメイン名，②他人の商標（ドメイン名が登録された時に著名になっていることが必要）を稀釈化するドメイン名は，当該ドメイン名が当該商標から利益を得る不正の目的（bad faith intent to profit from the trademark）で登録又は使用された場合には，民事上の救済の対象となる。「登録又は使用」となっているので，ドメイン名を登録しただけで使用していない場合でも本法が適用される。

当該不正の目的を判断するにあたって考慮すべき事項が，①ドメイン名登録者からの販売申入れの有無，②ドメイン名登録者が他人の商標を稀釈化する商標を多数登録しているか否か，③ドメイン名登録者の先使用の有無等9つ規定されている[*8]。

民事上の救済措置としては，①裁判所にドメイン名登録の取消し・没収又は商標所有者へのドメイン名登録の移転を命ずる権限を与え，②米国商標法34条及び35条の差止め，被告の得た利益，損害賠償，訴訟費用の回復を請求可能とし，③被告の得た利益及び損害賠償に代えて，1ドメイン名について1000ドルから1万ドルの範囲で法定損害賠償（Statutory Damages）を受けとることもできるとしている。

1999年11月29日以降に登録したドメイン名で，他人の氏名からなるドメイン名についても，本法が適用されるが，この場合の救済措置は，ドメイン名登録の取消し・没収又は商標所有者へのドメイン名登録の移転に限られており，損害賠償等の金銭的救済措置は含まれていない。

ドメイン名登録者ではなく，ドメイン名自体を相手に訴訟を提起することもできる（対物訴訟／in rem civil action）。

ドメイン名登録機関（Registry）及び登録受付機関（Registrar）の免責についても規定している。

(2) JPドメイン名の不正登録に対する不競法の適用

(a) はじめに　日本でのドメイン名の不正登録に対する裁判を利用した対応策としては，商標法，不正競争防止法2条1項1号，同2号，同12号を根拠として，ドメイン名の使用の差止判決を得る方法がある。

ドメイン名の使用の差止判決が確定すると，JPRS登録規則29条によりドメイン名登録は取り消されるが，移転はされない。

判決が確定した場合には，再度，JPドメイン名紛争処理手続に持ち込み，移転の裁定をもらった方が確実といえる。

(b) 不正競争防止法2条1項1号　原告の周知商品等表示「ARK」とドメイン名「ark-angels.jp」は類似するとして，不正競争防止法2条1項1号に基づき，「ark-angels.jp」のドメイン名の使用差止めが認められている（東京地判平21・4・23裁判所ホームページ）[*9]。

(c) 不正競争防止法2条1項2号
■ JACCS事件地裁判決（富山地判平12・12・6判時1734号3頁。控訴審：名古屋高金沢支判平13・9・10裁判所ホームページ）(*10)

本件は，割賦購入あっせん等を事業とするカード会社で「JACCS」の営業表示を使用している原告が，「http://www.jaccs.co.jp」というドメイン名を使用し（登録日：1998年5月26日，使用開始日：1998年9月頃），かつ，開設ホームページにおいて，「JACCS」の表示を用いて営業活動をする被告（事業内容は簡易組立トイレの販売・リース等）に対し，被告による前記ドメイン名の使用及びホームページ上での「JACCS」の表示の使用は，不正競争行為（不競2条1項1号・2号）にあたるとして，前記ドメイン名の使用の差止め及びホームページ上の営業活動における前記表示の使用の差止めを求めた事案である。

裁判所は，不正競争防止法2条1項2号違反を理由に原告の請求どおり，すなわち，
① 被告は，ホームページによる営業活動に「JACCS」の表示を使用してはならない，
② 被告は，社団法人日本ネットワークインフォメーションセンター平成10年5月26日受付の登録ドメイン名「http://www.jaccs.co.jp」を使用してはならない，
との判決を下した。

2号を適用するための4つの要件，①商品等表示性，②類似性，③著名性，④営業上の利益への侵害については，以下の理由により認めている。
① 商品等表示性　判決は，「ドメイン名の使用が商品や役務の出所を識別する機能を有するか否か，すなわち，不正競争防止法2条1項1号，2号所定の『商品等表示』の『使用』にあたるか否かは，当該ドメイン名の文字列が有する意味（インターネット利用者が通常そこから読み取れるであろう意味）と当該ドメイン名により到達するホームページの表示内容を総合して判断するのが相当である。」として，一般的な判断基準について述べている。

そして，これを本件に当てはめ，「被告は，本件ドメイン名の登録を受けた後，別紙ホームページ画面(1)記載のホームページを開設し，右

画面には,『ようこそJACCSのホームページへ』というタイトルの下に,『取り扱い商品』,『デジタルツーカー携帯電話』及び『NIPPON KAISYO, INC』のリンク先が表示されており,右リンク先の画面において,簡易組立トイレや携帯電話の販売広告がされていた（争いのない事実）。右ホームページの表示内容（リンク先も含む。）は,携帯電話等の商品の販売宣伝をするものであり,右ホームページの画面に大きく『JACCS』と表示されていて,ホームページの開設主体であることを示しており,ドメイン名も『jaccs』で,『JACCS』のアルファベットが小文字になっているにすぎないことからすれば,この場合の本件のドメイン名は,右ホームページ中の『JACCS』の表示とともに,ホームページ中に表示された商品の販売宣伝の出所を識別する機能を有しており,『商品等表示』の『使用』と認めるのが相当である。」として,本件ドメイン名が商品等表示に該当することを認定している。

② 類似性　本件ドメイン名の「http://www.」の部分は通信手段を示し,「co.jp」は,当該ドメイン名がJPNIC管理のものでかつ登録者が会社であることを示すにすぎず,本件ドメイン名と原告の営業表示は,「JACCS」の要部で一致し,類似すると判断している。

③ 著名性　平成10年7月1日の時点で,全国に124の支社・支店・営業所を有し,昭和53年9月には東証1部に上場した原告の企業規模,全国ネットのテレビコマーシャルによる広告宣伝量等を根拠に,被告がドメイン名を使用した平成10年までに,「JACCS」という表示は,原告の営業表示として著名になっていたものと認定している。

④ 営業上の利益への侵害　被告がドメイン名の対価として金銭を要求した事実,被告が,「JACCS」は「企業家支援集団（japan associated cozy cradle society)」の略語である旨をホームページに訴訟提起後に使用した事実より,被告によるドメイン名の登録は,偶然ではなく,原告の営業表示である「JACCS」と同一であることを認識しつつ行われたと認められる。

　そして,被告が本件ドメイン名登録後間もなく,原告に対し,本件ドメイン名に関して金銭を要求していることからすれば,被告は,当初よ

り，原告から金銭を取得する目的で本件ドメイン名を登録したものと推認せざるを得ない。

　このような事情及び被告が本件ドメイン名の使用が不正競争行為にあたることを争っていることに照らせば，被告は，本件ドメイン名の使用を今後も継続するおそれがあり，原告の営業表示と混同されたり，原告の営業表示の価値が毀損される可能性があり，したがって，原告の営業上の利益が侵害されるおそれがあると認められるとしている。

■　J-PHONE事件地裁判決（東京地判平13・4・24判時1755号43頁。控訴審：東京高判平13・10・25裁判所ホームページ）

　本件は，携帯電話による通信サービスを事業内容とする原告が，インターネット上で「http://www.j-phone.co.jp」のドメイン名（1997年8月29日登録，1997年10月使用開始）を使用し，そのウェブサイトにおいて「J-PHONE」等の表示を用いて商品の宣伝等をする被告に対し，当該行為は，不正競争行為（不競2条1項1号・2号）にあたるとして，ドメイン名等の使用差止め，損害賠償を求めた事案である。

　裁判所は，不正競争防止法2条1項2号違反を理由に原告の請求どおり，すなわち，

　①　被告は，その営業に関し，別紙目録記載の表示（筆者注：「J-PHONE」等）及び「j-phone.co.jp」のドメイン名を使用してはならない，

　②　被告は，インターネット上のアドレス「http://www.j-phone.co.jp」について開設するウェブサイトから，別紙目録記載の表示を抹消せよ，

　③　被告は，原告に対し，300万円及びこれに対する平成12年4月24日から支払済まで年5分の割合による金員を支払え，

との判決を下した。

　2号を適用するための4つの要件，①商品等表示性，②類似性，③著名性，④営業上の利益への侵害については，以下の理由により認めている。

　①　商品等表示性　　判決は，「ドメイン名が必ずしも登録者の名称等を表示しているとは限らないことを認識しつつも，ドメイン名が特定の固有名詞と同一の文字列である場合などには，当該固有名詞主体がドメイン名の登録者であると考えるのが通常と認められる。そうすると，ドメ

イン名の登録者がその開設するウェブサイト上で商品の販売や役務の提供について需要者たる閲覧者に対して広告等による情報を提供し，あるいは注文を受け付けているような場合には，ドメイン名が当該ウェブサイトにおいて表示されている商品や役務の出所を識別する機能をも有する場合があり得ることになり，そのような場合には，（中略）『商品等表示』に該当する。（中略）ドメイン名の使用が『商品等表示』の『使用』に該当するかは，当該ドメイン名が使用されている状況やウェブサイトに表示されたページの内容等から，総合的に判断するのが相当である。」として，商品等表示に該当するか否かの一般的な判断手法について述べている。

そして，これを本件に当てはめ，ウェブサイトには，「J-PHONEをご利用頂きましてありがとうございます」といった表示とともに，「御注文はここを今すぐクリック！！」という表示の下に「メディカス」等の項目があり，これをクリックするとゴルフのレッスンビデオ等の商品販売広告が表示されており，商品の注文も受け付けていたことより，本件ドメイン名「j-phone.co.jp」は，ウェブサイト中の「J-PHONE」の表示とあいまって，本件ウェブサイト中に表示された商品の出所を識別する機能を有していると認められるとして，本件ドメイン名の商品等表示性を認めている。

なお，本件ドメイン名「j-phone」は，「http://www.」の部分及び「co.jp」の部分と切り離して，それ自体で商品の出所表示となり得るものというべきであることを判断の前提としている。

② 類似性　本件ドメイン名「j-phone」と原告のサービス名称「J-PHONE」では，アルファベットの大小の違いしかないので，本件ドメイン名と本件サービス表示は類似すると判断している。

③ 著名性　本件ドメイン名の登録以前約半年以内に原告の行った，新聞広告（合計6900万部），雑誌広告（合計2300万部），テレビコマーシャル（1997年2月7日から2月27日の間に338本を放映し全視聴率合計2562.2％を獲得）等の大々的な広告，携帯電話の契約件数（1997年5月の時点で約200万台，2000年1月の時点で約800万台）等を理由に本件サービス名称「J-PHONE」

は，本件ドメイン名の登録の時点で著名性を獲得していたと認定した。
　④　営業上の利益への侵害　　被告はウェブサイトにおいて，原告のサービス名称と類似する表示を使用し，いわゆる大人の玩具の販売広告や特定企業を誹謗中傷する文章などを表示し，本件ドメイン名の使用が不正競争行為にあたることを争っていることより，今後も被告は本件ドメイン名を使用し，ウェブサイトにおいて「J-PHONE」の表示を使用する可能性があり，この場合には，原告のサービス名称から受ける印象が損なわれることが十分考えられるとして，原告の営業上の利益が侵害されるおそれがあるとしている。
　損害賠償については，被告のこのような行為により，一般需要者に誤った企業イメージをもたれ，一般需要者に与える印象を害されたとして，営業上の信用毀損による損害賠償の額として200万円，本件訴訟における訴額，原告請求の内容，訴訟手続の経緯，訴訟追行の難易度等の事情を総合して，100万円の弁護士費用を認めている。

〔コメント〕
　JACCS事件及びJ-PHONE事件とも被告がドメイン名をインターネットブラウザ上のURLを表示するウインドウにのみに使用するだけでなく，ドメイン名の要部「JACCS」，「J-PHONE」をウェブページ上で商品等との関係で使用しており，①ドメイン名を不正に登録しただけで使用していない場合，又は，②ドメイン名としてのみインターネットブラウザ上のURLを表示するウインドウに使用し，商品等との関係が希薄であった場合，「商品等表示」の「使用」に該当するか否かは本判決の射程外である。
　JACCS事件の主文が請求どおりに，「被告は，社団法人日本ネットワークインフォメーションセンター平成10年5月26日受付の登録ドメイン名『http://www.jaccs.co.jp』を使用してはならない」としている点については，「http://www.」の部分は，通信プロトコル等を示すにすぎず，JPNICの登録管理するドメイン名には含まれないので，執行の対象の特定に疑義が生じかねないとの批判，他の通信プロトコル（ftp等）での送受信におけるURLとして用いることを禁止できないとの批判があったが，控訴審では，訂正されている（名古屋高金沢支判平13・9・10裁判所ホームページ）。J-PHONE事件判

決は，ドメイン名を正確に把握しており，このような問題点はない。

　両事件からも明らかなとおり，裁判手続に入ると，登録者はウェッブ上の表示態様を変更するので，裁判前にウェッブ上の証拠をしっかり押さえておく必要がある。

　(d) 不正競争防止法2条1項12号　　日本におけるドメイン名の紛争処理については日本知的財産仲裁センターにおいてJP紛争処理手続が2000年10月19日よりスタートしたが，これはあくまでも契約に基づく自主解決ルールであり，契約以外の法的拘束力をもたない。また，不正競争防止法2条1項1号，2号による救済の場合，商標の周知性又は著名性を立証する必要があった。

　このため，経済産業省は，不正競争防止法2条1項12号を設け（2001年12月25日施行），容易にドメイン名の使用を差止めできるようにした。

〔不正競争防止法2条1項12号〕
　　不正の利益を得る目的で，又は他人に損害を加える目的で[*11]，他人の特定商品等表示（人の業務に係る氏名，商号，商標，標章その他の商品又は役務を表示するものをいう。）と同一若しくは類似のドメイン名を使用する権利を取得し[*12]，若しくは保有し[*13]，又はそのドメイン名を使用する行為

　また，2条9項に以下の定義規定を設けている。

〔不正競争防止法2条9項〕
　　この法律において「ドメイン名」とは，インターネット[*14]において，個々の電子計算機を識別するために割り当てられる番号，記号又は文字の組合せに対応する文字，番号，記号その他の符号又はこれらの結合をいう。

　ドメイン名の不正登録等は差止請求，損害賠償請求（通常実施料も含む），信用回復の措置の対象となっているが，刑事罰の対象にはなっていない。
　ドメイン名の保護要件として，「周知性」を要件とするか，又は，米国のように「不正の目的（bad faith）」を要件とするか，議論があったようである

が，主観的要件である「不正の目的」に落ち着いた。

　救済措置として，米国のように，不正登録されたドメイン名に該当する商標等の真の所有者へのドメイン名登録の「移転」まで規定するか注目されていたが，移転は明文をもって規定されていない。JPRS登録規則29条では，差止めの確定判決があった場合には，ドメイン名登録機関は，当該ドメイン名を取り消すことになっているので，救済措置としては，少なくともドメイン名の取消しということになる。

　本号を適用した事件としては，jiyuuken事件（大阪地判平16・2・19裁判所ホームページ），maxellgrp.com事件（大阪地判平16・7・15裁判所ホームページ），Dentsu事件（東京地判平19・3・13裁判所ホームページ）があり，maxellgrp.com事件では，損害賠償について，使用料率として被告の売上の0.5％を認めている。

　jiyuuken事件で裁判所は，「不正の利益を得る目的」，「他人に損害を加える目的」について以下のとおり判示している。

　「不正競争防止法2条1項12号にいう『不正の利益を得る目的』とは，公序良俗に反する態様で，自己の利益を不当に図る目的をいい，『他人に損害を与える目的』とは，他人に対して財産上の損害や信用失墜などの有形無形の損害を加える目的を指すと解すべきである。

　ところで，前記3で判示したとおり，『自由軒』との商品等表示は，被告のものとして全国的に周知であると認められるところ，このことについて，被告から独立して大阪市内等で営業している原告が善意であるとは考え難い。

　そして，これも前記3で判示したとおり，原告が単なる『自由軒』との商品等表示を使用することによって，同名の商品等表示を使用している被告の営業との混同が生じていると認められるが，これも，同名の商品等表示を用いて洋食店という同種の営業を行い，あるいはレトルト食品や冷凍食品の販売という，いわば洋食店営業に隣接する営業を行えば，混同が生じるおそれが高いことは，原告においても容易に予見することができたといわざるを得ない。

　そうすると，原告が，『自由軒』をローマ字表記した『jiyuuken』を中心とした，『jiyuuken.co.jp』というインターネットのドメイン名を使用する権

利を取得し，これを利用してホームページを開設したりする行為は，『自由軒』という被告の商品等表示の周知性に乗じて利益を上げる目的があったものと推認することができるから，不正競争防止法2条1項12号にいう『不正の利益を得る目的』があるものというべきである。」

(3) JPドメイン名不正登録に対する紛争処理方針（JP-DRP）の利用

JPNICは，ドメイン名登録者との契約に基づく自主解決ルール「JPドメイン名紛争処理方針」を策定した。

当該手続は，従来からの仲裁，調停とは異なる新しいタイプの紛争処理手続であり，原則として，申立人から提出される申立書（添付の証拠を含む）及びドメイン名登録者から提出される答弁書（添付の証拠を含む）に基づく書面審理を前提としており，各当事者は，裁定結果に拘束されることなく，裁判所への出訴も認められている。また，当該手続の開始前，係属中の出訴も認められており，この場合には，紛争処理パネルは，紛争処理手続を中断等することができる。

紛争処理機関としては，今のところ，日本弁理士会と日本弁護士会が共同運営する日本知的財産仲裁センター（前工業所有権仲裁センター／http://www.ip-adr.gr.jp/）のみが認定されおり，紛争処理手続が2000年10月19日から実施されている。

当該手続を利用すると，申立てから約55日で結論（裁定）がでることになっている。費用は判断を下すパネリスト（裁定を下す者）1名の場合が18万円，3名の場合が36万円となっている。

裁定の要件は，統一紛争処理手続（UDRP）とほぼ同じで[*15]，以下のとおりである（下線部分が異なる点）。

「その他の表示」を付加したのは，日本の商標の定義が諸外国に比べると狭いので，それを広げる趣旨である。

「登録又は使用」にしたのは，「登録」のみして，「使用」していないケースにも対応できるようにするためである。

〔裁定の要件〕
① 登録者のドメイン名が，申立人が権利又は正当な利益を有する商標その他の表示と同一又は混同を引き起こすほど類似していること。

② 登録者が，当該ドメイン名の登録についての権利又は正当な利益を有していないこと。
③ 登録者の当該ドメイン名が，不正の目的で登録又は使用されていること。

裁定は，原則としてパネリスト指名後14日以内に下される。センターは，裁定受領後3日以内に，両当事者及びJPRSに裁定内容を通知し，併せて裁定内容をウェブサイトで公表する。裁定前に和解が成立した場合には，それまでの経緯は公表されない。裁定結果の公表により企業のイメージダウンを恐れる場合には，裁定前に和解することが期待されている。

JPRSは，裁定結果の通知を受けてから10日以内にドメイン名登録者が出訴した場合には，裁定結果の実行を留保し，出訴しなかった場合には，裁定結果を実行する（ドメイン名の登録取消し又は移転）。裁判管轄は，東京地方裁判所，又は，申立人が紛争処理機関に申立書を提出したときに，JPRSのドメイン名登録原簿に記載されている登録者の住所における管轄裁判所となっている。

裁定の分析については，『JP-DRP裁定例検討最終報告書』（社団法人日本ネットワークインフォメーションセンター，2006年）に詳しい。

裁定が裁判に係属した事件は，以下のとおりである。

■ 「SONYBANK.CO.JP」所有権確認請求事件（東京地判平13・11・29裁判所ホームページ）

原告が，工業所有権仲裁センター（現日本知的財産仲裁センター）紛争処理パネルにおいて，「ドメイン名『SONYBANK.CO.JP』の登録を申立人に移転せよ。」との裁定を受けたことを不服として，同ドメイン名につき所有権を有していることの確認を求めたのに対し，ドメイン名に対する所有権は観念できないとして，訴えが却下された事案である。

裁判所は，裁定の3要件についても判断を示している。
「ドメイン名登録は，インターネット利用者とドメイン名登録機関であるJPNICとの間で登録規則をその内容（契約約款）とする私的な契約により付与されるものであり，ドメイン名登録者はJPNICに対する債権契約上の権利としてドメイン名を使用するものであって，ドメイン名について登録者が

有する権利はJPNICに対する債権的な権利にすぎない。したがって，本件において，本件ドメイン名を所有権の対象と観念する余地がないことは明らかであるから，『原，被告間で，原告がドメイン名「WWW.SONYBANK.CO.JP」につき所有権を有していることを確認する。』との裁判を求める原告の本訴請求は，確認を求める法律関係について法的前提を欠くものであり，確認の利益を欠くものとして不適法なものであるから，却下すべきものである。」

「本件ドメイン名中の識別力を有する部分は，『SONY』という被告の登録商標及び著名な営業表示と同一である。したがって，本件ドメイン名は，被告の登録商標及び著名な営業表示と混同を引き起こすほど類似していると認められる。すなわち，『SONY』という部分を含む『SONYBANK』というアルファベットの文字列からなる本件ドメイン名は，これを見る者をして，被告と本件ドメイン名の登録者との間に緊密な営業上の関係が存在するとの誤認を生じせしめるおそれが極めて高く，本件ドメイン名は，被告との間で役務の出所ないし営業主体の混同を引き起こすおそれがあるものである。」
(JPドメイン名紛争処理方針4条a項(i))

「被告がインターネットを活用した銀行業に参入することが，平成11年12月10日に，多数の報道機関により大々的に報道されたところ，その直後の平成12年1月11日ころ，本件ドメイン名が，(中略)申請・登録されたこと，(中略)本件ドメイン名である『SONYBANK』と原告の会社名称，事業目的とは全く関係がないというほかないこと，原告は，商業登記簿及びドメイン名のデータベースであるWHOIS上の住所地においてSONYないしSONYBANKという名称の営業又は事業を行っている形跡はないこと，平成13年1月4日及び同月18日現在，本件ドメイン名を入力しても，そのドメイン名を持つコンピュータにアクセスできず，被告が本件ドメイン名を実際のウェブサイトで使った事実がうかがわれないこと，の各事実がそれぞれ認められる。これらによれば，原告は，本件ドメイン名の登録についての権利または正当な利益を有していないというべきである。」(JPドメイン名紛争処理方針4条a項(ii))

「被告によるネット銀行への参入に関する新聞報道直後に，本件ドメイン

名を実質上登録し，その他にも，『SONYNETBANK.CO.JP』，『SONYNETBANK.COM』という『SONY』ないし『SONY』の名称と『BANK』の語の入ったドメイン名を登録したものであって，これらの事情を総合すれば，本件ドメイン名は，被告が特定の事業に関してSONYの語を含んだ名称をドメイン名として使用できないように妨害するために，A（原告の無限責任社員）が原告名義で登録したものというべきである。これによれば，本件ドメイン名は，不正の目的で登録されているというほかはない。」(JPドメイン名紛争処理方針4条a項(iii))

■ 「MP 3.CO.JP」不正競争行為差止請求権不存在確認等請求事件（東京地判平14・7・15裁判所ホームページ）

本件は，ドメイン名「mp 3.co.jp」の登録者である原告が，不正競争防止法3条1項に基づく原告のドメイン名「mp 3.co.jp」の使用差止請求権を有すると主張する被告に対し，被告の当該使用差止請求権は存在しないことの確認を求め，裁判所は請求を認容した。「JP2001-0005」事件では，移転の裁定がでていた。裁定と出訴との関係については，JPドメイン名紛争処理方針4条k項参照。

「不正競争防止法2条1項12号にいう『不正の利益を得る目的で』とは『公序良俗に反する態様で，自己の利益を不当に図る目的がある場合』と解すべきであり，単に，ドメイン名の取得，使用等の過程で些細な違反があった場合等を含まないものというべきである。また，『他人に損害を加える目的』とは『他人に対して財産上の損害，信用の失墜等の有形無形の損害を加える目的のある場合』と解すべきである。例えば，①自己の保有するドメイン名を不当に高額な値段で転売する目的，②他人の顧客吸引力を不正に利用して事業を行う目的，又は，③当該5116ドメイン名のウェブサイトに中傷記事や猥褻な情報等を掲載して当該ドメイン名と関連性を推測される企業に損害を加える目的，を有する場合などが想定される。」

「原告が原告ドメイン名を登録した平成11年7月の時点においても，原告が，将来被告に原告ドメイン名を不当に高額な値段で買い取らせたり，被告表示の顧客吸引力を不正に利用して原告の事業を行うなどの不正の利益を得る目的を有していたということはできない。」

「原告が，被告から登録費用相当額で原告ドメイン名を譲渡するよう要請されたのに対し，これを拒絶したとしても，原告ドメイン名の財産価値からすれば，むしろ当然のことであり，原告ドメイン名を登録費用相当額で被告に譲渡しなかったとしても，そのことから，原告が，被告から原告ドメイン名の譲渡代金として不当に高額な金額を取得しようとの目的を有していたと認めることはできない。

また，原告は，原告サイトにおいて，被告を中傷する記事を掲載するなどして被告が不当な対価を支払ってでも原告ドメイン名を取得することを余儀なくさせている事情もない。その他，本件全証拠によっても，原告が原告ドメイン名を被告に不当に高額な金額で買い取らせたり，被告表示の顧客吸引力を不正に利用して事業を行おうという不正の利益を得る目的を有していることを窺わせる事実は認められない。(中略) 原告は，『不正の利益を得る目的で，又は他人に損害を加える目的』で，原告ドメイン名を取得，保有，使用したということはできない。」

「原告サイトに掲載された情報の内容について検討するに，前記認定のとおり，原告は，原告サイトにおいて，『ボイスメモ＆電話帳機能付の超小型携帯型 MP 3 プレイヤー』に関する情報等を掲載したことがあるが，本件証拠上，その際に，原告ドメイン名を示す文字列を原告サイト上に掲載したと認めることはできず，その後は，原告サイトにおいて，商品の販売や役務の提供についての情報は一切掲載されていない。したがって，原告ドメイン名が法 2 条 1 項 1 号，2 号の『商品等表示』として使用されたということはできない。」

■ 「CITIBANK.JP」ドメイン名使用差止請求権不存在確認請求事件 (東京地判平25・2・13裁判所ホームページ)

本件ドメイン名を使用する権利があることの確認を求めるのが相当であった事案であったが，そのような請求がなされなかったので，本件訴えは，確認の利益がなく不適法であるため，訴えが却下されている。

本件訴えは却下されるべきものと解されるが，念のため，本件ドメイン名登録の移転義務の有無について判断されている。すなわち，JPドメイン名紛争処理方針 4 条 a 項(ⅰ)～(ⅲ)号の事由が認められるから，原告は，同様

に当該事由の存在を認めた本件裁定（JP2011-011）に従って，本件ドメイン名「CITIBANK.JP」登録を移転する義務を負うというべきであると判断されている。

　本件ドメイン名は，「CITIBANK.JP」であり，「.JP」は日本の国別コードを示すトップレベルドメインであって，特段の識別力を有するものではないから，その識別力を有する要部は「CITIBANK」であり，登録商標「CITIBANK」と混同を引き起こすほど類似する（4条a項(i)）。

　「CITIBANK」又は「citibank」は，米国シティバンクや被告を含むシティグループの商標あるいは営業表示として，日本においても著名であることは明らかであり，米国シティバンクの依頼により原告が本件ドメイン名を登録したことや，原告が本件ドメイン名の使用を準備していたことを認めるに足りる証拠はないことより，原告が本件ドメイン名に関係する権利又は正当な利益を有していないと認める（4条a項(ii)）。

　原告が，米国シティバンクに対し，本件ドメイン名について，「権利の移転料を『一度だけ』金額を提示していただこうと思いました。それが弊社で納得がいかなければ，すぐに第二者に売却なり委託をして，あとはそちらでやりとりをしていただく，ということにいたしたく存じます。弊社は清算の段階ではなく休眠の段階ですが，債権だけでなく債務の処理を行っていることや，商法の規定において利益追求をしなさいとされている株式会社でもありますことから，高い金額の方が良いことになります。」，「穏便な形で権利を移転しても，また，Citibank側でまともに引き継ぎがなされず，ドメイン名の消失や停止なりが起きては，移転した者として残念な思いをしてしまいますので，将来8年分の更新を行って，移転手続きをしてさしあげようと思いました。これは単なる老婆心にも似た気持ちです。」，「内容としてはこれまでお伝えしております通りでございますが，一点，金額につきまして御社から一度ご提示頂くお話をお伝えいたしましたものの，弊社も金額を聞かれて，はたと困り，Citibank様でも算定する基準に困ったのではと思いました。それで，今どきは日本でも日本以外でも，第三者による客観・科学的な査定サービスが盛んでもありますので，中立な第三者による査定を受けて，その査定金額をベースにしてお話を進めて，最終的な金額を決めて行くのはいか

がでしょう。」などとメールにより通知していることが認められるから、原告は、米国シティバンクに対し、本件ドメイン名を高額で売却することを意図して交渉していたと認められる（4条a項(iii)）。

4 ドメイン名の登録件数

ドメイン名の登録件数は、■図表2－4－1、■図表2－4－2のとおりである。「.com」（会社組織）の登録件数が1億件を超えており、2006年7月

■図表2－4－1　一般トップドメイン（2014年8月現在）

一般トップレベルドメイン（gTLD）		
COM	会社組織	117,555,125
NET	ネットワーク管理組織	15,569,398
ORG	他の組織	10,413,711
BIZ	ビジネス用	2,710,696

■図表2－4－2　JPドメイン名の累計登録数（2014年12月1日現在）

属性型・地域型JPドメイン名		
AD	JPNIC会員	260
AC	大学など高等教育機関	3531
CO	企業	369,163
GO	政府機関	603
OR	企業以外の法人組織	31,116
NE	ネットワークサービス	14,808
GR	任意団体	6,848
ED	小中高校など初等中等教育機関	4,972
LG	地方公共団体	1,841
地域型	地方公共団体、個人等 2012年3月31日受付終了	2,429
汎用JPドメイン名		
ASCII	組織・個人問わずだれでも（英数字によるもの）	818,346
日本語	組織・個人問わずだれでも（日本語の文字列を含むもの）	121,287

の件数（5334万0765）の倍以上となっている。

【注】

（＊１）　佐藤恵太「インターネット利用に特有の諸技術と知的財産法」ジュリ1182号（2000年７月）47頁参照。

（＊２）　本判決の評釈については，島並良「htmlファイルのメタタグへの記述と商標としての使用」『小松陽一郎先生還暦記念最新判例知財法』（青林書院，2008年）372頁及び373頁参照。島並教授は，視認性のない場合も商標権侵害を構成するとの立場をとられる。

（＊３）　フランス，ドイツ，韓国の現状については，中村合同特許法律事務所編『知的財産訴訟の現在──訴訟代理人による判例評釈』（有斐閣，2014年）366頁乃至368頁〔田中伸一郎＝渡辺光〕参照。

（＊４）　Tiffany v. eBay, No. 08-3947-cv, slip op. (2d Cir. Apr. 1, 2010)

（＊５）　L'Oreal SA & Ors v eBay International AG & Ors [2009] EWHC 1094 (Ch) (22 May 2009)

（＊６）　.aero .asia .biz .cat .com .coop .info .jobs .mobi .museum .name .net .org .pro .tel .travel .xxx の17種類がある。

（＊７）　原文については，松尾和子＝佐藤恵太編『ドメインネーム紛争』（弘文堂，2001年）201頁参照。UDRPについてのＱ＆Ａについては「WIPO Overview of WIPO Panel Views on Selected UDRP Questions, Second Edition 2011」を参照。

（＊８）　佐藤恵太「電子取引が知的財産法制に与える影響」ジュリ1183号（2000年８月）109頁。

（＊９）　本件についての判例評釈として，藤本一「ドメイン名紛争に不正競争防止法２条１項１号が適用された事例」パテ64巻９号（2011年）49頁があり，不正競争防止法２条１項１号の周知性について，ドメイン名の差止めの場合，全国周知を求めないと，過剰差止めになることを指摘する。

（＊10）　本件の解説については，土肥一史「ドメイン名：日本における立法準備作業」中央大学法学部中央大学知的財産法研究会『インターネットによって変容すべき知的財産に関する法政策の方向性』（2001年）所収。

（＊11）　当初の案では，不正競争防止法２条１項12号に「不正の目的（不正の利益を得る目的，他人に損害を加える目的その他の不正の目的をいう。以下同じ）で，他人の商品等表示と同一若しくは類似のドメイン名を使用する権利を取得し，若しくは保有し，又はそのドメイン名を使用する行為」を設けていたが，「不正の目的」では広すぎて，「正当な利益」を有する者までも対象に含める可能性があったため，「不正の利益を得る目的で，又は他人に損害を加える目的」とより具体的な規定となっている。これにより，裁定の要件，「不正の目的」，「権利又は正当な利益」とのバ

ランスをとっている。
(＊12) 「ドメイン名を使用する権利」の「権利」は，登録機関に対する債権的権利を意味する。「ドメイン名を登録し」にしなかったのは，「登録」の語は日本法上公的機関への登録を意味するからである。
(＊13) 「保有し」となっているので，改正法施行前に登録されたドメイン名でも，改正法施行後に不正の利益を得る目的で保有している場合には，改正法が適用される。
(＊14) 「インターネット」の語が使用された初めての裁判規範となる。
(＊15) UDRP では，申立書の送付は，申立人が紛争処理機関に対して行うとともに，登録者に対しても直接行うことになっており，また，答弁書についても，登録者から紛争処理機関へ送付されるとともに，直接申立人に対して行うことになっている。これに対して，JP-DRP では，申立書・答弁書ともに紛争処理機関に対してのみ送付を行えばよく，直接相手方に送付するという仕組みにはなっていない。

第5節 キャラクター商標

1 キャラクターの種類

キャラクターには大きくわけると以下の2種類がある。
① ストーリー（漫画・小説）があるもの（デザインと名称）
② ストーリーがないもの（デザインと名称）

①の場合，キャラクターのもっている顧客吸引力を利用するものであるので，デザインについては，著作権による保護で足りる。ただし，著作権は著作者の死後50年で権利が切れてしまうので，それより長く保護したい場合には商標登録が不可欠となる。米国の Betty Boop は，著作権が切れたキャラクターとして問題となった。

②の場合，商標として（商品の出所表示）機能するので，デザイン及び名称の商標登録が必要となる。製品・企業と顧客との間のコミュニケーションをとるために，■図表2－5－1にあるようにキャラクターを開発する企業が増えている（左から，ダイキン工業・ピチョンくん，住友林業・きこりん，KFC・カーネルサンダースの立体商標，早稲田大学・大隈重信像）。

デザインについては，図形商標（平面）としての登録と立体商標としての

■図表2－5－1　企業・大学のキャラクター商標の例

登録がある。

2　キャラクター商標の登録の実態

2011年2月の特許庁IPDLの調査によると，以下の件数のキャラクターが登録されている。

- アンパンマン関係（221件）――代表的なキャラクターについて登録
- サザエさん関係（98件）――更新せず。著作権に保護を委ねている。
- サンリオ関係（文房具関係のみ）（851件）――すべてのキャラクターについて図形・名称とも登録。
- スタジオジブリ（トトロ関係）（96件）――名称を中心に登録。
- スヌーピー関係（98件）――基本的なキャラクターは図形・名称とも登録。
- ディズニー関係（1161件）――基本的なキャラクターは図形・名称とも登録。
- ピーターラビット関係（165件）――基本的なキャラクターは図形・名称とも登録。
- ポケットモンスター関係（555件）――名称を中心に登録。

上記を分析すると，以下の4つのパターンがある。キャラクターの数が世界一多いのは「アンパンマン」であり，ギネスブックに掲載されている[*1]。

① 商標権を放棄して著作権の保護に委ねる（サザエさん）
② 代表的なキャラクターのデザイン・名称を登録（アンパンマン，スヌーピー，ディズニー，ピーターラビット）
③ 名称のみ登録（スタジオジブリ，ポケットモンスター）
④ デザイン・名称ともすべて登録（サンリオ）

3　キャラクター商標の登録可能性

キャラクターについては，商標法4条1項7号，同11号，同15号について，以下の特許庁審判部の判断がでている。

■ 昭和58年審判第19123号――商標法4条1項7号該当

本登録第536992号商標「POPEYE／ポパイのキャラクター／POPEYE」（衣

服等）は，漫画「ポパイ」に依拠し，これを模倣又は剽窃して，その登録出願をしたものであり，漫画「ポパイ」の信用力，顧客吸引力を無償で利用し，公正な商品又はサービスに関する取引秩序を維持するという法目的に反すること，無効審判請求人が著作権を有するポパイの図形等を著作権者に無断で使用することは商標法29条による規制の対象となり，かつ，著作権法21条の複製権・同法112条の差止請求権・同法113条の侵害とみなす行為に該当し，「他の法律によって，その使用が禁止されている商標」に該当するから，本登録商標は商標法4条1項7号に該当するとして，平成7年1月24日に登録無効となっている。

■　無効2000-35537号——商標法4条1項7号該当

本登録商標「トトロ」（建築専用材料）を採択，使用することは，アニメ作品「となりのトトロ」の名声に便乗し，又は，請求人関連当事者の商品化事業に係る「となりのトトロ」，「トトロ」及び「TOTORO」等の標章の有する顧客吸引力に便乗するもの，すなわち，不正の意図を推認するのに十分であり，公正な競業秩序を乱すおそれがあり，また，我が国の年少者を中心に形成されたある種キャラクターイメージを理由なく利用するものであって，商取引上の信義則に反するものといわざるを得ないから，本登録商標は商標法4条1項7号に違反して登録されたものであるとして，平成13年10月5日審決により登録無効となっている。

■　キューピー事件（東京高判平13・5・30裁判所ホームページ）——商標法4条1項7号に該当しない

被告登録第595694号商標
指定商品：調味料等

（原告著作物（1913年））

本判決以後，他人の著作権との抵触のみを理由に商標法4条1項7号違反を主張することができなくなった。

「1　取消事由1（他人の著作権との抵触）について

（省略）

(3)　また，特許庁は，狭義の工業所有権の専門官庁であって，著作権の専門官庁ではないから，先行著作物の調査，二次的著作物の創作的部分の認定，出願された商標が当該著作物の創作的部分の内容及び形式を覚知させるに足りるものであるかどうか，その創作的部分の本質的特徴を直接感得することができるものであるかどうかについて判断することは，特許庁の本来の所管事項に属するものではなく，これを商標の審査官が行うことには，多大な困難が伴うことが明らかである。

(4)　さらに，このような先行著作物の調査等がされたとしても，出願された商標が他人の著作物の複製又は翻案に当たるというためには，上記のとおり，当該商標が他人の著作物に依拠して作成されたと認められなければならない。依拠性の有無を認定するためには，当該商標の作成者が，その当時，他人の著作物に接する機会をどの程度有していたか，他人の当該著作物とは別個の著作物がどの程度公刊され，出願された商標の作成者がこれら別個の著作物に依拠した可能性がどの程度あるかなど，商標登録の出願書類，特許庁の保有する公報等の資料によっては認定困難な諸事情を認定する必要があり，これらの判断もまた，狭義の工業所有権の専門官庁である特許庁の判断には，なじまないものである。

(5)　加えて，上記のとおり，特許庁の審査官が，出願された商標が他人の著作権と抵触するかどうかについて必要な調査及び認定判断を遂げた上で当該商標の登録査定又は拒絶査定を行うことには，相当な困難が伴うのであって，特許庁の商標審査官にこのような調査をさせることは，極めて多数の商標登録出願を迅速に処理すべきことが要請されている特許庁の事務処理上著しい妨げとなることは明らかであるから，商標法4条1項7号が，商標審査官にこのような調査等の義務を課していると解することはできない。

(6)　したがって，その使用が他人の著作権と抵触する商標であっても，商標法4条1項7号に規定する商標に当たらないものと解するのが相当であり，

同号の規定に関する商標審査基準にいう『他の法律（注，商標法以外の法律）によって，その使用等が禁止されている商標』には該当しないものというべきである。そして，このように解したとしても，その使用が商標登録出願の日前に生じた他人の著作権と抵触する商標が登録された場合には，当該登録商標は，指定商品又は指定役務のうち抵触する部分についてその態様により使用することができないから（商標法29条），不当な結果を招くことはない。」

■　2007年無効89003（25類）――商標法4条1項15号該当

（登録商標）　　　　　　　　　（引用標章）

出典：特許庁審決公報

「本件商標は，引用標章と特徴的部分において共通する点を多々含むものであり，『ミッキーマウス』及び『ミニーマウス』を表現したものの一との印象を優に与えるというのが相当であるから，その外観的特徴から受ける印象の共通性からすれば，本件商標を構成する図形と引用標章との類似性の程度は，決して低いということはできない。」

第5節 キャラクター商標

■ 2004-90706異議事件（25類）──商標法4条1項15号該当

（登録商標）

（引用標章）

出典：特許庁審決公報

「本件商標は，別掲(1)のとおりの構成からなるところ，その構成中の円輪郭内の中央に顕著に描かれた動物のごとき図形と，別掲(2)に掲げる『プルート』とを比較すると，両商標は，手足の先に鋭い爪を有し，赤い帽子と赤いマントを身につけ，槍を持っている点において相違するものの，黒く丸い鼻先，黒く細長い耳，大きな目と口，3本指の細長い手足を描いてなるという特徴において共通するものである。

そして，その共通するそれぞれの特徴は，上記相違点を遙かに凌駕するものであり，また，プルートのキャラクターは，その描かれる場面によって様々な服装，姿態，表情等を呈するものであることをも加味すれば，本件商標は，全体として，プルートの一態様を表したものであるかのごとき印象を看者に与えるものといえる。

また，本件商標の指定商品は，プルート等のディズニーキャラクターが使用されている商品と同一又は類似の商品，ないしは，密接な関係を有する商品といい得るものである。

そうとすると，本件商標をその指定商品について使用をするときは，これに接する取引者，需要者は，上記周知・著名となっているプルートを連想，想起し，該商品が申立人又は同人と経済的，組織的に何らかの関係を有する者の業務に係る商品であるかのごとく，その商品の出所について混同を生ず

るおそれがあるものというべきである。」

■ 2003-90107 異議申立事件（14，16，18，25類）──商標法4条1項11号，15号に該当しない

（登録商標）

マウスくん
出典：特許庁審決公報

（引用商標B）

「本件商標は，別掲(1)のとおり図形部分と『マウスくん』の文字からなるところ，本件商標の図形部分と引用A商標の図形部分及び引用B商標の図形部分とは，顔の輪郭，耳の描き方，頬の描き方等の特徴が相違し，その印象を著しく異にするものと認められるから，引用A商標及び引用B商標の図形部分が『ミッキーマウス』のキャラクターとして知られているとしても，本件商標の図形部分がミッキーマウスの表現形態を変えたものとみられ，『ミッキーマウス』を想起，連想し，そのような印象を看取されるおそれはないものといわざるを得ないものであり，また，本件商標の図形部分は，下部に書されている『マウスくん』の文字部分との関係で，容易にネズミを擬人化したものとみられるものであって，『マウスくん』の文字部分を図形に表したものといい得ることから，本件商標に接する取引者，需要者はその文字部分より生ずる『マウスクン』の称呼をもって取引に当たるものとみるのが相当である。そうすると，本件商標は，その構成全体に相応して，『マウスクン』の称呼のみを生ずるものであり，本件商標より『ミッキーマウス』の称呼及び観念をも生ずるとし，そのうえで本件商標と引用A商標ないし引用J商標とが称呼及び観念上類似するものであるとする申立人の主張は，採用す

ることができない。

　そして，本件商標と引用A商標ないし引用J商標とは，他に類似するところがない。してみれば，本件商標と引用A商標ないし引用J商標とは，その外観，称呼及び観念のいずれの点よりしても類似するものとすることはできない。」(商標4条1項11号)

　「本件商標は，引用A商標ないし引用J商標と類似しないものであって，別異のものとみられるものであり，他に混同を生ずるとすべき格別の事情も見出し得ないから，引用A商標ないし引用J商標が本件商標の登録出願時には申立人の業務に係る商品の商標として取引者，需要者の間に広く認識されていたものであるとしても，本件商標をその指定商品に使用した場合，引用A商標ないし引用J商標を直ちに連想又は想起するとは認められず，該商品が申立人又は申立人と何らかの関係のある者の業務に係るものであるかのように，商品の出所について混同を生ずるおそれのないものである。」(商標4条1項15号)

　「本件商標は，上記のとおり，引用A商標ないし引用J商標と類似しない，別異のものであって，特段，不正の目的をもって本件商標を使用するものとはいい得ないものである。」(商標4条1項19号)

4 キャラクター商標の侵害事件

■ ポパイ・シャツ事件（大阪地判昭51・2・24無体集8巻1号102頁）^(＊2)

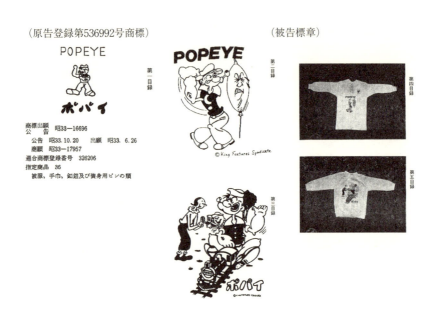

　被告標章（図形部分）は商標として使用されておらず，被告標章（POPEYEの文字部分）は図形部分の説明と理解されるとして，商標権侵害が否定されている。

　「『本来の商標』すなわち，商品の識別標識としての商標は，広告，宣伝的機能，保証的機能をも発揮するが，『本来の商標』の性質から言つて，えり吊りネーム，吊り札，包装袋等に表示されるのが通常である。『本来の商標』がシャツ等商品の胸部など目立つ位置に附されることがあるが，それが『本来の商標』として使用される限り，世界的著名商標であつても，商品の前面や背部を掩うように大きく表示されることはないのが現状である。（省略）

　以上のとおり被告の本件乙，丙各標章の使用行為はこれを客観的にみても

商標の本質的機能である自他商品の識別機能及び商品の品質保証機能を有せず，また，その主観的意図からしても商品の出所を表示する目的をもつて表示されたものではないものというべきである。」

「乙，丙各標章は，いずれも別紙第二，三目録ならび同第四，五目録の表示が示す如く，その表現態様から言つて，文字部分と図形（画の部分）とが結合し一体となつて表示されており，文字部分は図形部分に附随した説明的附記とみるのが自然であり，右文字部分のみ分離してみるのは不自然である。」

■ ポパイ・マフラー事件（大阪地判昭59・2・28裁判所ホームページ）

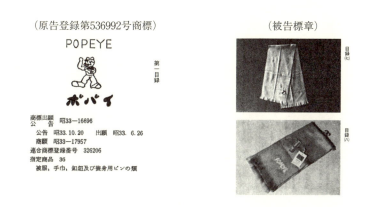

「ポパイ」マフラーの隅にワンポイント的に「POPEYE」を使用するのは，登録商標「POPEYE＋図形＋ポパイ」の商標権侵害を構成すると判断された。

しかしながら，本件は，最高裁により，原告の権利行使は権利濫用とされ（最判平2・7・20民集44巻5号876頁），その登録商標も商標法4条1項7号違反で登録無効となった。以下は，大阪地裁判決。

「二　原告は，乙，丙各標章がいずれも本件商標に類似し，被告商品が本件商標の指定商品に該当するから被告商品の販売は本件商標権を侵害すると主張し，これに対し，被告は，乙丙各標章を意匠的，装飾的に使用しているにすぎず商標としての使用に当たらないと主張するので，まず，乙，丙各標章の使用が商標としての使用に当るか否かについて検討する。

1　乙標章がマフラーの一方隅部分に『POPEYE』の文字を横書きした構成のものであること，丙標章がマフラーにつけられた，いわゆる吊り札に，帽子・水兵服を着用した人物及びその下部に『POPEYE』の文字が斜め横書きにされた図形と文字からなること（その詳細は請求原因三2㈡記載のとおり）は当事者間に争いがなく，いずれも被告が販売している商品の写真であることについて争いのない甲第四号証の一ないし一一を総合すると，乙標章は別紙目録㈦，㈧に表示のとおり，被告商品のマフラーの一方隅部分に独特の装飾文字で『POPEYE』と横書きされているものであり，その書体だけをとり出せば，それはいわゆるロゴタイプ風の肉太な文字が順次右側の文字の一部が左側の文字の下方へ少しづつかくれる様な綴り体となつて独特の意匠的美感を有するものではあるが，それが付された商品たるマフラー全体との釣合において観察すると，少くとも別紙目録㈦，㈧表示の態様のものにあつては，一方隅に小さく付されているために乙標章の有する右意匠的美感は必ずしも目立たず，マフラー全体の単一の色調にアクセントをつけるものとして機能するいわゆる『ワンポイントマーク』としても用いられていることが認められる。

　ところで，このようにある標章がいわゆるワンポイントマークとして用いられることの意味についてみると，一般消費者に対して，その標章自体のもつ装飾的，意匠的な美感に訴える面があるのは無視できないけれども，右『ワンポイントマーク』が有する商品全体の単一的色調にアクセントをつける機能上，そこに注目した消費者の目を，次にはその標章の有する外観，呼称，観念に表わされるブランド機能にも引きつけ，そのブランドに対する品質面での信頼から，右標章の付された商品の選択をなさしめることに大きな期待を寄せているものと考えられる。そうとすれば，いわゆる『ワンポイントマーク』の有する商標的機能は無視し得ないものというべく，本件乙標章も前掲別紙目録㈦，㈧の態様で用いられるときは，単に装飾的，意匠的な使用のみに止まらず，商品出所表示機能，品質保証機能を持たせた商標としての機能をも兼ね備えた形で使用されていると認めるのが相当である。

　2　次に，前記のとおり丙標章は，いわゆる吊り札としてマフラーに使用されており，このように，吊り札に標章を付して商品の識別標識とすること

は世上行われていることであるから，丙標章の使用が専ら商標としての使用に当ることは明らかである。

3　右のとおりであるから，乙丙標章が常に意匠的，装飾的に使用されているから本件商標権の効力が及ばないとの被告の主張は失当である。」

5　キャラクター商標の意匠法による保護

既に，公開されているキャラクターについては，意匠法3条2項（創作非容易性）により，拒絶される可能性が高い。特に，平面的なキャラクターをTシャツに平面的に実施した場合には，本項により拒絶されるものと考える。

しかしながら，平面的なキャラクターから，例えば，縫いぐるみをつくることは（立体的形状），容易ではないので，意匠法3条2項により拒絶されない可能性もある。スヌーピーについて，漫画が公開されてから，相当な期間が経過した後に出願した縫いぐるみの意匠が登録され，当該意匠権をベースに偽物の縫いぐるみを差し止めた事件もある（東京地判昭58・6・3判タ499号203頁〔スヌーピー縫いぐるみ事件〕）。

6　キャラクター商標の著作権法による保護

「キャラクターのデザイン部分」は，著作権法の美術の著作物の範囲で保護される。ストーリー性のある漫画の場合，著作権は，原作者と漫画家に帰属することになる（東京地判平11・2・25判時1673号66頁，東京高判平12・3・30判時1726号162頁，最判平13・10・25判時1767号115頁〔キャンディキャンディ事件〕）。

連載漫画の場合，「後継の漫画に登場する人物が，先行する漫画に登場する人物と同一と認められる限り，当該登場人物が先行する漫画に登場する人物については，最初に掲載された漫画の保護期間によるべき」との最高裁判決があるため（最判平9・7・17民集51巻6号2714頁〔ポパイ事件〕），第1回公表から50年で著作権は終了する。ただし，キャラクターに新たな創作部分が付与され，キャラクターの容貌が変わった場合には，二次的著作物として新たに付与された部分が保護されることになる。

よって，キャラクターのデザイン部分の保護は，著作権法に委ねる方法がコスト的には一番安い。しかしながら，「キャラクターの名称」は，著作権

法では保護できない。

よって,キャラクターの名称も保護したいのであれば,商標登録を得る必要がある。

7 キャラクター商標の不正競争防止法による保護

不正競争防止法2条1項1号(①商品等表示性,②周知性,③類似性,④混同,⑤営業上の利益への侵害),同2号(①商品等表示性,②著名性,③類似性,④商品等表示としての使用,⑤営業上の利益への侵害)により,キャラクターのデザイン部分及び名称を保護することができる(括弧書は保護要件)。●

【注】
(*1) 1988年10月3日から2009年3月27日放送分までに,1768体のキャラクターが登場した。
(*2) 平尾正樹「5つのポパイ事件──商標をめぐる商標権者と著作権者の争い」パテ47巻7号(1994年)69頁。

第6節 アイコン商標

1 はじめに

専用機器（例：携帯電話，携帯情報端末）に使用されるアイコンについては，意匠登録が可能である。

しかしながら，汎用コンピュータに使用されるアイコンについては，意匠の物品性との関係で登録できないのが現状である[*1]。

そこで，アイコンを商標として登録する傾向がみられる。

2 アイコン意匠の登録例

■図表2－6－1は，部分意匠として保護されているアップル社のアイコンの登録例（意匠登録第1427950号）である。物品名は，「携帯情報端末」となっており，画像デザインを示す「W」が日本意匠分類に付されている（日本意匠分類：H7-725W）。

3 アイコン商標の登録例

アップル社は，■図表2－6－2のアイコン商標を9類「携帯情報端末，コンピュータ」等に登録している。

アイコン上にある番号は，商標登録番号である。

■図表2－6－1

■図表2—6—2

4　アイコンの意匠としての保護と商標としての保護

　アイコンには動きのあるものが多く，そのようなアイコンは，動的意匠（意6条4項）として登録されている（例：アップル社の意匠登録第1488511号，部分意匠，物品名は携帯情報端末）。

　改正前商標法では，動き商標の登録は認められなかったが，新商標法では2015年4月1日から登録できるので，アイコンを動き商標として登録する動きがでてくるものと考えられる。

　意匠法には1意匠概念，商標法には1商標概念があり，複数の意匠，商標は登録できないが，商標の方が意匠よりその概念が広くなると考えられる。

　侵害事件においては，意匠の場合，全体観察で，需要者からみて，共通点が相違点を凌駕して，同じような美感を与える場合には意匠権侵害となる。意匠の場合には，共通点に公知例がない場合には類似と判断される傾向が高くなる。

一方，商標の場合には，需要者が，所定方向からみて，商品の出所の混同が生じるおそれがある場合には商標権侵害となる。商標の場合には，取引の実情（例：アイコンの周知・著名性）が影響を与え，商標登録されたアイコンが周知・著名な場合には類似の範囲も拡大する。●

【注】
（＊1）　2015年春から始まる審議会意匠ワーキンググループで，汎用コンピュータに使用されるアイコンの保護について検討される予定である。

第7節
立体商標制度の基本構造とその解釈
——日米欧の比較法的考察——

1 はじめに

1996年の商標法改正により導入された立体商標制度については[*1]，商標法3条1項3号の解釈が問題となっている。

裁判例の中には，これを厳格に解するものと，緩やかに解するものがあり，解釈の手法も様々である。

裁判例に現れた商標法3条1項3号の解釈の手法について，立体商標の基本構造から，米国及び欧州の立体商標制度との比較も交えて考察してみたい。

2 立体商標制度の基本構造と学説

(1) 立体商標制度の基本構造

立体商標の登録要件（機能性，記述性，識別性）に関する条文は，以下のとおりである。

〔新商標法3条〕
1項　自己の業務に係る商品又は役務について使用をする商標については，次に掲げる商標を除き，商標登録を受けることができる。
　1号（略）
　2号　その商品又は役務について慣用されている商標
　3号　その商品の……（中略）……形状（包装の形状を含む。第26条第1項第2号及び第3号において同じ。）……（中略）……を普通に用いられる方法で表示する標章のみからなる商標
　4号（略）
　5号　極めて簡単で，かつ，ありふれた標章のみからなる商標

6号　前各号に掲げるもののほか，需要者が何人かの業務に係る商品又は役務であることを認識することができない商標
2項　前項第3号から第5号までに該当する商標であつても，使用をされた結果需要者が何人かの業務に係る商品又は役務であることを認識することができるものについては，同項の規定にかかわらず，商標登録を受けることができる。

〔改正前商標法4条1項18号〕
　　商品又は商品の包装の形状であつて，その商品又は商品の包装の機能を確保するために不可欠な立体的形状のみからなる商標

〔新商標法4条1項18号〕
　　商品等（商品若しくは商品の包装又は役務をいう。第26条第1項第5号において同じ。）が当然に備える特徴のうち政令で定めるもののみからなる商標

　商標法4条1項18号に該当する機能的な立体商標は，自由競争確保の見地より，使用により出所識別力を獲得しても登録することができないが[*2]，商標法3条1項2号，3号，5号，6号に該当する立体商標は，使用により出所識別力を獲得すれば登録することができる（商標3条2項）。
　使用により出所識別力を獲得しても登録が認められない立体商標の範囲は，欧米に比べると狭い。
　登録商標と同一又は類似範囲に入る立体商標は，登録することができず（商標4条1項11号）[*3]，また，当該立体商標の使用は，商標権侵害を構成することになる（商標25条及び37条）[*4]。これらの要件に，欧米のような「混同」は含まれていない。
　商標法3条1項2号，3号及び同法4条1項18号に該当する立体商標は，登録されても，商標権の効力が制限されることになっている（商標26条1項2号及び同5号）。
　立体商標が意匠権等と抵触する場合には，欧州のように登録が無効となることはなく，商標法29条により，立体商標の使用が制限される。

(2)　学　　　説

立体商標の基本構造については，以下の学説がある。

渋谷達紀教授は，機能的形態は商標法3条1項3号に該当し，意匠的形態は，商標法3条1項2号，5号，6号に該当するとし，機能的形態でも，商標法4条1項18号に該当しないものは，商標法3条2項により登録が許されるとの見解をとる[*5]。競争排除効を伴うような，あるいは消費者の購買意思を左右するような，いわば際立った意匠的形態を排除する規定が設けられておらず，意匠法との間の制度競争が放置されたままになっていると指摘する[*6]。また，菓子，コンニャク，豆腐のような不定形の商品については，機能確保のために不可欠な立体的形状というものがないから，商標法4条1項18号に該当することはなく，自他商品識別力を備えていれば，登録が許されるとする[*7]。

田村善之教授は，商標法3条1項3号及び商標法4条1項18号ともに，その趣旨は，独占不適応な商標を排除するところにあるとする。ただし，独占不適応な商標には，2つのレベルがあり，使用による出所識別力を取得した場合に登録を認める立体商標（商標3条1項3号）と使用により出所識別力を取得したとしても登録を認めない立体商標（商標4条1項18号）に分けられるとする[*8]。前者については，意匠制度の潜脱回避をその論拠とする[*9]。

3　特許庁『商標審査基準』

立体商標の商標法3条1項3号の該当性について，特許庁「商標審査基準〔第11版〕」26頁には，「指定商品の形状（指定商品の包装の形状を含む。）又は指定役務の提供の用に供する物の形状そのものの範囲を出ないと認識されるにすぎない商標は，本号（商標法3条1項3号）の規程に該当するものとする。」（下線は筆者）とある。

また，特許庁審査第一部商標課編『商標審査便覧』（特許庁ホームページ，2014年）「立体商標の識別力の審査に関する運用について」の項目には，「需要者が指定商品等の形状そのものの範囲を出ないと認識するにすぎない形状のみからなる立体商標は，識別力を有しないものとする。この場合，指定商品等との関係において，同種の『商品（その包装を含む。）又は役務の提供の用に供する物』（以下，「商品等」という。）が採用し得る立体的形状に特徴的な

変更，装飾等が施されたものであっても，全体として指定商品等の形状を表示してなるものと認識するに止まる限り，そのような立体商標は識別力を有しないものとする。」とある。

すなわち，商品自体の形状及び包装に関する立体商標については，原則，商標法3条1項3号を適用し，使用により出所識別力を獲得したものを商標法3条2項で登録する運用ポリシーとなっている。

これは，工業所有権審議会『商標法等の改正に関する答申』（平成7年（1995年）12月13日）30頁にある「需要者が指定商品若しくはその容器又は指定役務の提供の用に供する物の形状そのものの範囲を出ないと認識する形状のみからなる立体商標は，登録対象としないことが適当と考えられる。」との答申内容に従ったものといえるが，これを，特許庁の組織の視点でみると，立体商標を扱う商標課と意匠を扱う意匠課との役割分担[*10]，商品の形状について，生来的に出所識別力があるか否かの審査における判断の困難性を踏まえたものといえよう[*11]。

4　商標法3条1項3号に関する裁判例

(1)　3つの裁判例

商標法3条1項3号については，以下の3つの代表的な裁判例があり，登録要件としての難易度は，緩やかな順に(c) GuyLian 事件判決，(a) Pegcil 事件判決，(b) Maglite 事件判決となっている。

(a)　Pegcil 事件判決（東京高判平12・12・21判時1746号129頁）[*12]　　商品「筆記用具」についての筆記用具の形態からなる立体商標（■図表2－7－1）について，商標法3条1項3号が適用された事案で，裁判所は，次のとおり判示している。

「本願商標に係る立体的形状は，このようにまとまりがよくスマートな印象を与え，それなりの特徴を有するものであるものの，簡便な鉛筆又はボールペンという筆記用具の用途，機能から予測し難いような特異な形態や特別な印象を与える装飾的形状等を備えているものとは認められず，取引者，需要者にとっては，本願商標から，これらの筆記用具が一般的に採用し得る機能又は美感を感得し，筆記用具の形状そのものを認識するにとどまるもの

■図表2－7－1

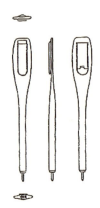

と認められ，その形状自体が自他商品の識別力を有するものと認めることはできない。したがって，本願商標は，その指定商品である鉛筆，ボールペン，その他の筆記用具の形状の域を出るものではなく，指定商品の物の形状の範囲を出ないと認識する形状のみから成る立体商標にすぎないというべきであり，指定商品の形状を普通に用いられる方法で表示する標章のみから成る商標に該当する。」

(b) Maglite事件判決（知財高判平19・6・27判時1984号3頁）[*13]　商品「懐中電灯」についての懐中電灯の形態からなる立体商標（■図表2－7－2）について，商標法3条1項3号が適用された事案で，裁判所は，次のとおり判示している。なお，本立体商標は，商標法3条2項適用により登録された（商標登録第5094070号）。

(ア) 基本構造からの判断基準　「商品等の機能を確保するために不可欠とまでは評価されない形状については，商品等の機能を効果的に発揮させ，商品等の美観を追求する目的により選択される形状であっても，商品・役務の出所を表示し，自他商品・役務を識別する標識として用いられるものであれば，立体商標として登録される可能性が一律的に否定されると解すべきではなく（もっとも，以下のイで述べるように，識別機能が肯定されるためには厳格な基準を充たす必要があることはいうまでもない），また，出願に係る立体商標を使用した結果，その形状が自他商品識別力を獲得することになれば，商標登録の

第7節 立体商標制度の基本構造とその解釈

■図表2－7－2

対象とされ得ることに格別の支障はないというべきである。」

(イ) 具体的判断基準

① 「商品等の形状は、多くの場合、商品等に期待される機能をより効果的に発揮させたり、商品等の美観をより優れたものとするなどの目的で選択されるものであって、商品・役務の出所を表示し、自他商品・役務を識別する標識として用いられるものは少ないといえる。このように、商品等の製造者、供給者の観点からすれば、商品等の形状は、多くの場合、それ自体において出所表示機能ないし自他商品識別機能を有するもの、すなわち、商標としての機能を有するものとして採用するものではないといえる。また、商品等の形状を見る需要者の観点からしても、商品の形状は、文字、図形、記号等により平面的に表示される標章とは異なり、商品の機能や美観を際だたせるために選択されたものと認識し、出所表示識別のために選択されたものとは認識しない場合が多いといえる。そうすると、商品の形状は、多くの場合に、商品等の機能又は美観に資することを目的として採用されるものであり、そのような目的のために採用されると認められる形状は、特段の事情のない限り、商品等の形状を普通に用いられる方法で使用する標章のみからなる商標として、同号に該当すると解するのが相当である。」

② 「また、商品等の具体的形状は、商品等の機能又は美観に資することを目的として採用されるが、一方で、当該商品の用途、性質等に基づく制約の下で、通常は、ある程度の選択の幅があるといえる。しかし、同種の商品等について、機能又は美観上の理由による形状の選択と予測し得る範囲のものであれば、当該形状が特徴を有していたとしても、商品等の機能又は美観に資することを目的とする形状として、同号に該当するものというべきであ

る。けだし，商品等の機能又は美観に資することを目的とする形状は，同種の商品等に関与する者が当該形状を使用することを欲するものであるから，先に商標出願したことのみを理由として当該形状を特定の者に独占させることは，公益上の観点から適切でないからである。」

③　「さらに，需要者において予測し得ないような斬新な形状の商品等であったとしても，当該形状が専ら商品等の機能向上の観点から選択されたものであるときには，商標法4条1項18号の趣旨を勘案すれば，商標法3条1項3号に該当するというべきである。けだし，商品等が同種の商品等に見られない独特の形状を有する場合に，商品等の機能の観点からは発明ないし考案として，商品等の美観の観点からは意匠として，それぞれ特許法・実用新案法ないし意匠法の定める要件を備えれば，その限りおいて独占権が付与されることがあり得るが，これらの法の保護の対象になり得る形状について，商標権によって保護を与えることは，商標権は存続期間の更新を繰り返すことにより半永久的に保有する点を踏まえると，商品等の形状について，特許法，意匠法等による権利の存続期間を超えて半永久的に特定の者に独占権を認める結果を生じさせることになり，自由競争の不当な制限に当たり公益に反するからである。」

　　(ウ)　本件への当てはめ　「上記の各特徴は，いずれも商品等の機能又は美観に資することを目的とするものというべきであり，需要者において予測可能な範囲の，懐中電灯についての特徴であるといえる。そうすると，本願商標の形状は，いまだ懐中電灯の基本的な機能，美観を発揮させるために必要な形状の範囲内であって，懐中電灯の機能性と美観を兼ね備えたものと評価することができるものの，これを初めて見た需要者において当該形状をもって商品の出所を表示する標識と認識し得るものとはいえない。(中略) 本願商標は，商品等の形状を普通に用いられる方法で使用する標章のみからなる商標として，商標法3条1項3号に該当するものというべきである。」

　　(C)　GuyLian事件判決（知財高判平20・6・30判時2056号133頁）(*14)　商品「チョコレート，プラリーヌ」についてのチョコレートの形態からなる立体商標（■図表2−7−3）について，商標法3条1項3号が適用された事案で，裁判所は，次のとおり判示している。なお，本立体商標は，生来的に識別力

■図表2－7－3

があるとして登録された（国際登録第803104号）。

　(ア)　商標法3条1項3号の意義　「最高裁昭和54年4月10日第三小法廷判決（判例時報927号233頁）は、商標法3条1項3号の趣旨について、『商標法3条1項3号に掲げる商標が商標登録の要件を欠くとされているのは、このような商標は、商品の産地、販売地その他の特性を表示記述する標章であって、取引に際し必要適切な表示としてなんぴともその使用を欲するものであるから、特定人によるその独占使用を認めるのを公益上適当としないものであるとともに、一般的に使用される標章であって、多くの場合自他商品識別力を欠き、商標としての機能を果たし得ないものであることによるものと解すべきである。』と説示しているところ、上記に説示するところは、立体商標制度が導入されたことにより影響を受けるものとは解されないから、以下、上記説示に沿って検討することとする。上記説示によれば、商標法3条1項3号に該当する商標の類型として、1つは、『取引に際し必要適切な表示としてなんぴともその使用を欲するものであるから、特定人によるその独占使用を認めるのを公益上適当としないもの』であり（以下「独占不適商標」という。）、他は、『一般的に使用される標章であって、多くの場合自他商品識別力を欠き、商標としての機能を果たし得ないもの』である（以下「自他商品識別力欠如商標」という。）。」

　(イ)　独占不適商標か否か　「本願商標は、4種類の魚介類の図柄の選択及び配列の順序並びに立体的に構成されたこれらの図柄のマーブル模様の色彩等において、少なくとも本件全証拠からは同様の標章の存在を認めることができないという意味で個性的であるところ、上記認定のとおり、本願

商標は，原告において，その製造・販売に係るチョコレート菓子（シーシェルバー）に付する立体商標として採択する意図の下に，原告が1958年の創業当時から使用していた貝殻等の図柄等を採用して構成し，創作したものと認められるから，これらの事実によれば，本願商標がチョコレート菓子の取引において，『必要適切な表示としてなんぴともその使用を欲する』ものであり，それ故に『特定人によるその独占使用を認めるのを公益上適当としないもの』に該当するものと認めることはできず，本件全証拠を検討してもこれを認めるに足りる証拠はない。したがって，本願商標が独占不適商標に該当するものと認めることはできない。」

　　㋒　自他商品識別力欠如商標か否か　　「前記最高裁判決（最三小判昭54・4・10判時927号233頁）は，自他商品識別力欠如商標について，『一般的に使用される標章であ（る）』ために『商標としての機能を果たし得ないもの』と説示しているところ，上記要件のうち前段は，商標法3条1項3号との関係では，同号の『普通に用いられる方法で表示する標章』の一つの解釈を示したものと理解することができる。」と説示し，「本願商標が『一般的に使用される標章であ（る）』といえるか否かは，その表現手法自体が一般的であるか否かではなく，具体的な形体として表された標章それ自体について見るべきであるから，さらに進んでこの点について検討する。（中略）本願商標においては，車えび，扇形の貝殻，竜の落とし子及びムラサキイガイの4種の図柄を向って左側から順次配列し，さらにこれらの図柄をマーブル模様をしたチョコレートで立体的に模した形状からなるのであり，このような4種の図柄の選択・組合せ及び配列の順序並びにマーブル色の色彩が結合している点において本願商標に係る標章は新規であり，本件全証拠を検討してもこれと同一ないし類似した標章の存在を認めることはできない。そして，これらの結合によって形成される本願商標が与える総合的な印象は，本願商標が付された前記のシーシェルバーを購入したチョコレート菓子の需要者である一般消費者において，チョコレート菓子の次回の購入を検討する際に，本願商標に係る指定商品の購入ないしは非購入を決定する上での標識とするに足りる程度に十分特徴的であるといえ，本件全証拠を検討しても本願商標に係る標章が『一般的に使用される標章』であると認めるに足りる証拠はないし，

本願商標が『商標としての機能を果たし得ないもの』であると認めるに足りる証拠もない。」

(エ) 商品等の機能又は美感との関係　「チョコレート菓子の外形，すなわち形体が，美感等の向上という第一次的要求に加え，再度の需要喚起を図るための自他商品識別力の付与の観点をも併せ持っているものと容易に推認することができるのである。このように見てくると，嗜好品であるチョコレート菓子の需要者は，自己が購入したチョコレート菓子の味とその形体が他の同種商品と識別可能な程度に特徴的であればその特徴的形体を一つの手掛かりにし，次回以降の購入時における商品選択の基準とすることができるし，現にそのようにしているものと推認することができるのであるから，その立体形状が『選択し得る形状の一つと理解される限り識別力はない』とする被告の主張は，取引の実情を捨象する過度に抽象化した議論であり，にわかに採用し難いところである。」「被告は，商品等の機能又は美感と関係のない特異な形状に限って自他商品識別力を有するものとして，商標法3条1項3号の商品等の形状を普通に用いられる方法で表示する標章のみからなる商標ということはできないとするが，商品の本来的価値が機能や美感にあることに照らすと，このような基準を満たし得る商品形状を想定することは殆ど困難であり，このような考え方は立体商標制度の存在意義を余りにも限定するものであって妥当とは言い難い。」

(2) 検　討

Pegcil事件判決によれば，商品の用途，機能から予測し難いような特異な形態や特別な印象を与える装飾的形状等を備えていれば，商標法3条1項3号は適用されることになる。角瓶ウイスキー事件判決（東京高判平15・8・29裁判所ホームページ）も同様の基準をとっており，Maglite事件判決があるまでは，この判断基準が踏襲されていた。立法経緯を尊重した判断基準といえよう[*15]。

Maglite事件判決の①及び②の判断基準は従来の裁判例でもとられていた基準であるが，③の「需要者において予測し得ないような斬新な形状の商品等であったとしても，当該形状が専ら商品等の機能向上の観点から選択されたものであるときには，商標法4条1項18号の趣旨を勘案すれば，商標法

3条1項3号に該当するというべきである。」との基準は，今までの裁判例にない基準である。この判断基準は，コカ・コーラ事件判決（知財高判平20・5・29判時2006号36頁）及びZEMAITIS弦楽器事件判決（知財高判平20・6・24裁判所ホームページ）でもとられている（いずれもMaglite事件判決と同じ，知的財産部第3部（飯村敏明裁判長）が担当）。

当該基準ついては，以下の2つの読み方が考えられよう。

1つは，③の「けだし」以下の説示部分との関係で，「商品等の機能向上」の「機能」は，「技術的機能」及び「美的機能」を意味し，前者は特許法・実用新案法，後者は，意匠法との関係を考慮したものと解する立場である[*16]。米国商標法では，美的機能論（Aesthetic Functionality）を含む機能的商標排除の規定（米国商標法2条(e)(5)），欧州共同体商標規則では，「商品に本質的価値（Substantial Value）を与える形状」の排除規定（EUCTM 7条(1)(e)(iii)）により，意匠法との調整を行えるが[*17]，日本には，このような調整規定が欠如しているとの指摘があった[*18]。意匠法等との調整も商標法3条1項3号の規定である程度行うとするのが，上記③の基準と考える立場である。このように考えると，商標法3条1項3号をクリアーできる立体商標はかなり限定されることになる。

2つめは，「商品等の機能向上」の「機能」は，機能美まで含むものの，機能と無関係に採用し得る装飾的な美は含まないとの解釈である[*19]。このような解釈をとると，商標法3条1項3号の意匠法との関係は緩やかに解されることになる。

商標法3条1項3号の判断基準がもっとも緩やかであると解されているのが，GuyLian事件判決であり，本願商標は，個性的であり（市場における唯一性），新規で次回の購入を検討する際に，標識とするに足りる程度に十分特徴的であるといえるとして，生来的な出所識別力を認めている。

立体商標は，時と処を変えた離隔観察により出所を識別できることが必要であるから，それに耐え得るような識別性が必要であり，意匠のように対比観察による識別性とは，その「質」が異なるものである。その違いは，「記憶に残る特徴」に求められることになろう。その意味で，GuyLian事件判決の判断基準は，商標法3条1項3号（記述性）より，商標法3条1項6号（識

別性）の基準に適しているといえる。

　3つの高裁判決の判断基準の違いは，Maglite事件判決が，独占適応性に重きをおいて，商標法4条1項18号の趣旨（自由競争確保）を踏まえ，特許法，実用新案法及び意匠法に配慮して，商標法3条1項3号の解釈をしているのに対して，GuyLian事件判決やPegcil事件判決にはこのような配慮がない点にある。

　Maglite事件判決が，商標法3条1項3号を，商標法4条1項18号の趣旨（自由競争確保）との関係で解釈しているところから，当該判決は，商標法3条1項3号及び商標法4条1項18号とも，レベルが異なるが，独占適応性のない商標を排除する規定と解する，田村善之教授と同じ立場といえよう[*20]。

　Pegcil事件判決は，立法経緯を尊重した解釈であるが，GuyLian事件判決は，商標法3条1項3号を独占適応性と出所識別力との2元的に捉え，どちらかというと，記憶に残る特徴をポイントとする出所識別力に重きをおいた解釈をとっているといえよう。

　米国及び欧州の立体商標制度の基本構造をみた後，再度，これらの高裁判決を考察することとする。

5　米国の立体商標制度の基本構造

　立体商標の登録要件（識別性，記述性，機能性）に関する条文は，以下のとおりである。

〔米国商標法〕
2条　出願人の商品を他人の商品から識別することのできる如何なる商標も，当該性質上，主登録簿に登録することを拒絶されることはない。ただし，それが次のものからなるときは，この限りでない。（中略）
　(e)　ある標章であって，(1)出願人の商品について又はそれに関連して使用される場合に，これらの商品を単に記述する標章（merely descriptive）であるか又は欺罔的に誤って記述する（deceptively misdescriptive）標章であるもの，（中略）(5)全体として機能上の事項を包含するものから成るもの（comprises

any matter that, as a whole, is functional)。
(f) (a)から(d)まで、(e)(3)及び(e)(5)の規定において明示的に排除されるものを除き、本条に定める如何なる規定も、出願人の使用する標章であって、取引上出願人の商品を識別することができるようになったものの登録を妨げるものではない。

　生来的に出所識別力 (inherent distinctiveness) のない立体商標は、米国商標法2条柱書に該当し、記述的表示は、米国商標法2条(e)(1)の「単に記述的 (merely descriptive)」に該当することになる。
　生来的な出所識別力のない立体商標でも、使用により出所識別力を獲得した場合には (secondary meaning(*21))、米国商標法2条(f)の規定により、例外的に登録できる。
　2000年3月22日のWal-Mart事件最高裁判決(*22)は、「製品のデザインには、色彩と同じように、その特徴 (feature) を出所 (source) と同一視する消費者の傾向は存在しないと考える。消費者は、ペンギンの形をしたカクテルシェーカのような、最も一般的でない製品デザインでさえも、ほとんどいつも、出所の特定ではなく、その製品をより使いやすくしアピールする意図で採用されたのだという現実を承知している。」と判示している(*23)。
　当該判決を受けて、商品の形状 (a configuration of a product) からなる立体商標については、セカンダリーミーニングを立証しなければ、主登録簿に登録できない審査実務となっている(*24)。最高裁は、パッケージは製品の出所を特定するために用いられていると判示しているため、商品の包装やレストランの外観からなる立体商標については、セカンダリーミーニングの立証をしなくとも、登録される場合がある(*25)。
　生来的な出所識別力を有しない商品の形状からなる立体商標でも、出所識別の可能性があれば、使用に基づく出願であることを条件に、補助登録簿に登録することができる(*26)。
　Wal-Mart事件最高裁判決 (2000年3月22日) が出るまでは、商品の形状からなる立体商標について生来的に出所識別力が認められるか否かについては、Duraco事件第三巡回区控訴裁判所判決 (1994年12月16日)(*27)における、以下

の3つのファクターが考慮されていた。
① ありふれたものではなく記憶に残るものであること（unusual and memorable），
② 製品から概念的に分離できること（conceptually separable from the product），
③ 主として製品の出所を表示する機能を果たす可能性の高いものであること（likely to serve primarily as an indicator of the product's origin）。

パッケージからなる立体商標が生来的に出所識別力を有するか否かについては，米国特許商標庁の審査では，Seabrook事件[*28]で示された以下の基準（Seabrookファクター）が用いられている。
(i) 一般的な基本形状又はデザインか（common basic shape or design），
(ii) その分野でユニーク又は一般的でないか（unique or unusual in the field in which it is used），
(iii) 商品のドレス・装飾として公衆に見られる特定の分類の商品の装飾の一般に採用される周知な外形の単なる改良か（a mere refinement of a commonly adopted and well-known form of ornamentation for a particular class of goods viewed by the public as a dress or ornamentation for the goods），
(iv) 伴う文字とは別に商業上の印象を創造する可能性（capable of creating a commercial impression distinct from the accompanying words）。

機能的な立体商標は，米国商標法2条(e)(5)の規定により，拒絶されることになり[*29]，当該規定に該当する場合には，米国商標法2条(f)の適用はない。

立体商標と特許権（utility patent）との関係については，TrafFix最高裁判決（2001年3月20日）[*30]があり，立体商標の特徴部分に特許権が存在した場合（expired utility patent）には，立体商標が機能的であることを示す強力な証拠（strong evidence）となると判示した。特許権が存在した場合には，原告は機能的でない旨の立証をする必要がある。なお，意匠権（design patent）は，これに該当しない。

立体商標の機能性の判断は，Morton-Norwichファクター[*31]，すなわち，①同じ機能を発揮する代替デザイン（alternative equally functional designs）が存在するか，②コストが同程度か（comparatively simple or inexpensive method of manufacture), ③実用的利点 (utilitarian advantages) を指摘した広告が存在するか, ④特許権 (utility patent) が存在する (した) かにより判断されることになる。日本の商標法4条1項18号に関する審査基準[*32]は, Morton-Norwich ファクターの影響を受けている。

機能性には, 実用的機能性の他に, 美的機能性 (aesthetic functionality) も含まれる。美的機能性は, 実用的機能とは別の競争上の便益 (competitive advantage) がある場合[*33], に認められる[*34]。当該規定により, 特許法 (意匠保護を含む) との調整が図られている。

他人の先行商標と混同 (confusion), 誤認 (mistake) 又は欺瞞 (deceive) を生じさせるほど類似 (resemble) する商標は登録することができず (米国商標法2条(d)), そのような商標の使用は, 商標権侵害を構成する (米国商標法32条)[*35]。標章が機能的である場合には, 抗弁事由となっている (米国商標法33条)。

立体商標が稀釈化される場合にも権利行使可能であるが, 立体商標が機能的でないことが要件となっている (米国商標法43条(c))。

立体商標と意匠権等との抵触規定は, 保護法益が異なるため, 特に設けられていない。

6　欧州共同体商標規則の立体商標制度の基本構造

欧州共同体商標意匠庁 (OHIM) には, 1996年から2006年までの間に55万3734件の商標登録出願があり, その内の4328件 (0.78%) が立体商標の出願となっている[*36]。

欧州共同体商標規則における立体商標に関する登録要件 (識別性, 記述性, 機能性) の条文は, 以下のとおりである。

〔欧州共同体商標規則〕
7条
　(1)　次に掲げるものは, 登録することができない。
　　(a)　第4条の要件に従わない標識
　　(b)　識別性 (distinctive character) を欠く商標

(c) 商品若しくはサービスの種類，品質，数量，用途，価格，原産地，商品の製産の時期，サービスの提供の時期，又はその他の特徴（other characteristics of the goods or service）を示すために取引上使用されることがある標識若しくは表示のみからなる商標

(d) （省略）

(e) 次に掲げる形状のみからなる標識
  (i) 商品そのものの性質（nature of goods themselves）から生じる形状
  (ii) 技術的結果（technical result）を得るために必要な商品の形状
  (iii) 商品に本質的価値（substantial value）を与える形状

(3) (1)(b), (c)及び(d)は，登録を求めている商品又はサービスについて商標が使用された結果，その商標が識別性のあるものとなっているときには，適用しない。

(1) 普通標章・機能性・本質的価値（美的機能性）

OHIMの審査ガイドライン（2010年）[*37]によると，商標の審査は，①欧州共同体商標規則7条(1)(e)(i), (ii), (iii)（普通標章・機能性・本質的価値（美的機能性））に該当するか否か，②文字等と結合した立体商標か否か，③識別性を有するか否かの3段階で行われる。すなわち，最初に機能性等について審査され，最後に出所識別力について審査されることになる。

欧州共同体商標規則7条(1)(e)(i), (ii), (iii)は，立体商標が使用により出所識別力を獲得（acquired distinctiveness）しても，その登録を認めない規定である。

当該規定の論理的根拠は，公共の利益（public interest），すなわち，「使用者（user）が競争者（competitors）の製品に要求する可能性の高い技術的解決（technical solutions）又は機能的性質（functional characteristics）に対する独占が商標の保護を通じて商標権者に与えられるのを防ぐこと」にある[*38]。

欧州共同体商標規則7条(1)(e)(i)（普通標章）には，フットボールについてのフットボールの形状[*39]が該当する。欧州共同体商標規則7条(1)(e)(i)には，商品自体の形状だけなく，Henkel社の商品「液体洗浄剤」についてのパッケージ（■図表2－7－4）のような商品のパッケージも含まれる[*40]。英国の事案で，■図表2－7－5のDualit社のトースターは，「商品そのものの

■図表2－7－4

■図表2－7－5

■図表2－7－6

性質から生じる形状」に該当しない特定のスタイリングがあると判断されている(*41)。

　■図表2－7－6にある石鹸についての立体商標は，市場において本件立体商標の特徴をもたない他の形状の石鹸があるので，欧州共同体商標規則7条(1)(e)(i)には該当しないが(*42)，本件立体商標の特徴は典型的な石鹸の軽微な変更に過ぎず，また，その特徴は石鹸を握りやすくする実用的機能として認識されるとして，7条(1)(b)（識別性欠如）に該当すると判断され(*43)，拒絶されている。

　欧州共同体商標規則7条(1)(e)(ii)（機能性）は，同じ技術的結果を有する代

替デザインが存在するか否かに関係なく適用される^(*44)。ただし，欧州司法裁判所の法務官意見書では，意匠の場合には，同じ技術的機能を奏する代替意匠がある場合には保護される旨述べられている^(*45)。■図表2－7－7にある英国登録第1254208号のフィリップス社の商標は，「技術的結果を得るために必要な商品の形状」に該当するとして，登録無効となっている^(*46)。

OHIMの審査ガイドライン（Part B, 38頁）によると，この拒絶理由は狭く解釈されるべきであり，特に，形状を変更すると技術的結果も異なってしまう商標のみを対象としているのであって，単に機能的な商標を対象としているわけではない。

形状のすべての重要な特徴が技術的機能を果たす場合には，技術的機能をもたない重要でない特徴を付加しても，本条が適用されるとして，■図表2－7－8にあるLego社の赤色の立体商標（指定商品：組立て玩具）は，連結という技術的結果を得るのに必要な商品の形状のみからなることを理由として，本条に該当すると判断されている^(*47)。

■図表2－7－9にあるBMW社のクーラーフレーム（自動車用フロントグリルの枠）は，ドイツ連邦特許裁判所より，機能的であると判断されている（ドイツ商標法3条2項2号／EUCTM 7条(1)(e)(ii)に対応）^(*48)。

欧州共同体商標規則7条(1)(e)(iii)（本質的価値）に該当する立体商標は，美術品のための美術品の形状（the shape of an object of art for objects of art）のように，専ら美的機能（aesthetic function）を認識させる形状に限定され，特に商品の商業的価値（commercial value of the goods）とは関係がないとされている^(*49)。後述する■図表2－7－12にあるBang & Olufsenのスピーカーの事件^(*50)

■図表2－7－7　　■図表2－7－8　　■図表2－7－9

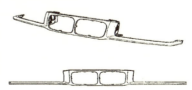

で，OHIM は，本条も主張したが，採用されていない。

(2) 記述的表示

立体商標について，欧州共同体商標規則7条(1)(c)の適用があるか否かについて，論争があったが，欧州司法裁判所（ECJ）は，「欧州商標指令3条(1)(c)（EUCTM7条(1)(c)に対応）は，同第3条(1)(e)（EUCTM7条(1)(e)に対応）に関係なく，立体商標に関し有意義な規定である。指令3条(1)(c)の拒絶理由について審査する際は，同規定の根拠である公共の利益について考慮しなければならない。つまり，同規定でいう，商品若しくはサービスの特徴を示すために使用されることがある標識若しくは表示のみからなる立体商標は，全ての者が自由に使用できるものでなくてはならず，よって，3条(1)(c)により登録することはできない。」（下線は筆者）と判示し，適用があることが明確になった[*51]。

本規定には，公共の利益（public interest）が趣旨としてある。しかしながら，本規定に該当しても，セカンダリーミーニングを獲得すれば，登録が認められるので（EUCTM7条(3)），その公共の利益は，欧州共同体商標規則7条(1)(e)より弱い[*52]。

本規定に該当する例としては，レモンの形状のレモンジュースの容器が考えられる[*53]。立体商標は，本規定より，欧州共同体商標規則7条(1)(b)により，拒絶される例が多い[*54]。

(3) 識別性

欧州共同体商標規則4条（商標の定義）の要件に従わない標識，すなわち，抽象的な出所識別力を欠く立体商標は，欧州共同体商標規則7条(1)(a)に該当することになる。

指定商品・役務との関係で出所識別力を欠く商標は，欧州共同体商標規則7条(1)(b)に該当し，登録することができない。

Maglite 事件欧州司法裁判所（ECJ）判決[*55]を基本とした，OHIM 審査ガイドラインによると，欧州共同体商標規則7条(1)(b)の審査にあたっては，以下の基準がとられている[*56]。

——商品の形状からなる立体商標について，特に他の商標より厳しい基準がとられることはないが，文字や図形からなる商標と同じ方法で，関連する

公衆（relevant public）は，当該立体商標を必ずしも看取しないので，識別性を認定するのには困難を伴う[*57]。

——識別性の審査は，新規性テストとは異なる。
——立体商標の登録は，製品の独占を許すものではない。
——商品自体の形状からなる立体商標については，以下の基準が考慮される。

① 基本的幾何学的な形状又はこれらの組合せは出所識別力を有しない。
② 単純で陳腐な（simple and banal）形状は，出所識別力がない。
③ 形状が製品によってとられる形状に似てくると，出所識別力が欠如する可能性が高くなる[*58]。言い換えれば，形状は，消費者が予期する形状からかけ離れている必要がある。
④ 形状は，その分野の標準（norm）又は習慣（customs）から著しくかけ離れている必要がある。
⑤ 形状は，多用なデザインのある分野における幾つかの形状の変形又は一般的な形状の変形では十分でない[*59]。
⑥ 立体商標の機能的形状又は特徴は，消費者に機能的であると把握される。例えば，タブレット状洗剤の場合，端部が面取り加工されていることにより洗濯物への損傷を防ぎ，異なる色の層は異なる作用の成分が含まれていることを示すなどのように認識する。

審美的独創性が，基本形状や色彩への限定，又は，人間工学の最適化（「形態は機能に従う」）を通じて獲得される場合，出所識別力は認められない。

したがって，立体商標が生来的に出所識別力があるか否かのテストは，その形状が基本的，一般的，又は予想される形状から著しく異なり（materially different），それにより，消費者がその形状により商品を特定し，消費者がその商品に有意義な体験をしている場合に，同じ商品を再度購入することを可能にするか否かによることになり，このような良い例としては，一般的な形状でないスナック菓子がある。

■図表2—7—10にある自動車用フロントグリルの図形商標は，出願時において，全く陳腐とみなすことのできないシンプルな形状において古風なグリルの印象を彷彿させる，ありふれていないグリルのデザインとなっている

■図表2—7—10   ■図表2—7—11   ■図表2—7—12

ため，生来的に出所識別力があると判断されている(*60)。自動車用フロントグリルは，自動車を区別する手段として用いられている点が考慮されている(*61)。このように，欧州では，生来的な出所識別力が認められるか否かは，商品分野によって異なる。

　■図表2—7—11にあるネスレ社のボトルの立体商標（指定商品：ミネラルウォーター等）は，「多くの業者が包装を自社製品を他社製品と区別する手段（means to differentiate）としているから，公衆も包装を商業的出所の表示（as an indication of their commercial origin）として認識できる。（中略）立体商標の個々の要素に識別性がなくとも組み合わせによって，全体で識別性がある場合には，登録可能。（中略）ボトルのボビン（糸巻き）のような形状，斜め及び水平な溝の組み合わせは，記憶に残りやすい（easy to remember）デザインを形成している。上記組み合わせは，関連する公衆に当該商品の包装の形状を，出願に係る商品について異なる商業的な出所を認識させることができるほどの特別な外観をボトルに与えている。」として，登録が認容されている(*62)。

　■図表2—7—12にある，Bang & Olufsen社のスピーカーの形状からなる立体商標（指定商品：ラウドスピーカー）は，生来的に出所識別力があるとして登録されている(*63)。本件立体商標は，長い長方形のパネルを伴う垂直でペンシル型の柱と正方形の土台から構成されており，真に具体的（truly specific) であり，一般的な形状ではないため，全体として，容易に記憶される，人目を引くデザインとなっている（a striking design which is remembered easily）ことがその理由である。

　生来的に出所識別力が認められない場合でも，出願日にセカンダリーミーニングを獲得していれば，登録が認められる（EUCTM 7条(3)）。立体商標の場合，文字商標と異なり，言語の問題がないので，EU全体での出所識別力獲得が必要となる(*64)。

　セカンダリーミーニングの獲得地域について，欧州第1審裁判所（CFI）は，使用の結果，EU全域において出所識別力を取得したこを立証する必要があり，「キャンディー」を指定商品とした金色のキャンディーの包み紙からなる立体商標（■図表2-7-13）は，セカンダリーミーニングを獲得したとはいえないと判断している(*65)。

　■図表2-7-14のボトルの立体商標（指定商品：アイスティー）は，生来的に出所識別力がないと判断されたが，イギリス，ドイツ，イタリア，オランダ，フランス等主要な17か国での使用証拠を提出して，セカンダリーミーニング獲得を理由に登録になっている（CTM登録第4405189号）。

　セカンダリーミーニングの立証にあたり，立体商標の認知度を示す消費者調査結果(*66)も証拠となるが，欧州第1審裁判所（CFI）の規則135条(4)との関係で，OHIMの審判段階で提出する必要がある(*67)。

(4) 類似・混同・名声（登録要件・商標権の効力）

　登録商標と同一の商標（EUCTM 8条(1)(a)），類似で混同（連想を含む）の可能性のある商標（EUCTM 8条(1)(b)）は，登録することができない。

■図表2-7-13

■図表2-7-14

また，立体商標が名声を得ている場合には，一定の条件の下で，指定商品・役務と非類似の商品・役務に使用する商標も登録することができない（EUCTM 8 条(1)(c)）。

■図表 2 — 7 —15にある出願商標は，権利範囲の狭い引用商標と形状について相違点があり，混同の可能性は小さいので，欧州共同体商標規則 8 条(1)(b)に該当しないと判断されている[*68]。

■図表 2 — 7 —16にある出願商標は，ネックの形状が異なるので，引用商標に類似しないと判断されている[*69]。

■図表 2 — 7 —17にある車輪付コンピュータ用マウスの形状からなる出願商標（保険サービス）は，名声のある車輪付電話機の形状からなる引用商標（保険サービス）との関係で，英国商標法 5 条(3)（EUCTM 8 条(1)(c)に相当）に該

■図表 2 — 7 —15

（出願商標）

（引用商標）

■図表 2 — 7 —16

（出願商標）

（引用商標）

■図表 2 — 7 —17

（出願商標）

（引用商標）

当すると判断されている(*70)。

商標権の効力は，登録商標の類似範囲まで及ぶが（EUCTM 9 条(1)(a)(b)），立体商標が共同体内で名声を得ている場合には，一定の条件の下で，指定商品・役務と非類似の商品・役務まで，権利の効力が及ぶことになる（EUCTM 9 条(1)(c)）。登録商標と同一の範囲の使用については，「混同」が要件となっていないが，類似範囲の使用については，「混同（連想を含む）」が要件となっている。名声を得ている登録商標の指定商品・役務と非類似の商品・役務への使用については，「混同」は要件となっていないが，商標の識別性若しくは名声を不正に利用し又は害することが要件となっている。

　■図表２－７－18にある被告標章（電気ミキサー）と欧州共同体登録第217461号商標（文字商標「KitchenAid」と電気ミキサーの形状からなる立体商標／指定商品：電気ミキサー）は，類似性はあるが，関連する平均的な消費者には，出所の混同の可能性（広義の混同を含む）はないと英国控訴院（欧州共同体商標裁判所）により判断されている(*71)。本件電気ミキサーが高額であるため，関連する平均的な消費者（relevant average consumer）は，デザインを強く意識す

■図表２－７－18

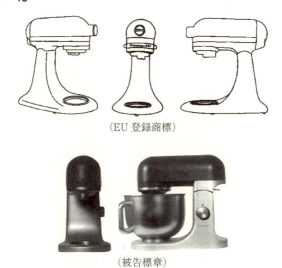

（EU 登録商標）

（被告標章）

る消費者（design conscious consumer）であり，製品のデザインに影響されることがその理由となっている。

商品若しくはサービスの種類，品質，数量，用途，価格，原産地，商品の製産の時期，サービスの提供の時期，又はその他の特徴に関する表示に対しては，商標権の効力は制限される（EUCTM12条）。

(5) 意匠権等との抵触

登録商標が先行意匠権と抵触する場合には，登録無効となる（EUCTM52条）。その逆の場合には，登録意匠が無効となる（欧州共同体意匠規則25条(1)(e)）。

■図表2-7-19は，欧州共同体登録意匠（靴）が先行欧州共同体登録商標（靴）と抵触するので，欧州共同体意匠規則25条(1)(e)により，登録無効となった事案である[*72]。H図形の部分が抵触するので，当初，登録意匠からHを除く補正をしたが，要旨変更になるため，当該補正は認められず，先行登録商標と抵触すると判断されている。抵触するか否かの判断は，先行する権利が商標の場合には，商標の侵害判断基準，先行する権利が意匠の場合には，意匠の侵害判断基準により，判断されることになる。■図表2-7-20にある欧州共同体登録意匠（筆記具）も先行するドイツ登録商標（筆記具）

■図表2-7-19

（先行EU登録商標）

（EU登録意匠）

■図表2-7-20

（先行ドイツ登録商標）

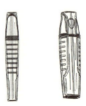
（EU登録意匠）

に抵触するとして，登録無効となったが，その後欧州第1審裁判所（General Court）において逆転判決がでている(*73)。

7 日米欧の基本構造の比較

日本，欧州，米国における立体商標制度の基本構造を比較すると■図表2

■図表2－7－21　日米欧の立体商標制度の比較

	項目	日本	米国	欧州
1	基本構造	登録主義 完全審査	使用主義 完全審査	登録主義 一部（抵触） 無審査
2	商品形状の生来的な出所識別力	認める	認めない	認める
3	商品の性質に由来する形状排除規定（普通標章）	なし 新商標法で導入	ある	ある
4	技術的機能性	登録不可	登録不可	登録不可
5	技術的機能性の判断（代替デザイン）	代替デザイン→ 否定の方向	代替デザイン→ 否定の方向	代替デザインが あっても肯定
6	本質的価値を与える形状排除規定（美的機能性）	なし 新商標法で導入 審査基準には 記載なし	美的機能性	ある
7	セカンダリーミーニング	ある	ある	ある
8	補助登録簿	なし	ある	なし
9	出願時の図面の数	制限なし	1図	6図
10	位置商標（position marks）	不可 新商標法で導入	可能	可能
11	侵害要件「混同」	なし	ある	ある
12	侵害「広義の混同」	なし 不競法にある	ある	ある
13	購入後の混同理論	認める （東京地裁）	認める	認める （イタリア）
14	稀釈化に対する権利行使	不可 不競法で可能	可能 商標法	可能 商標法
15	不使用の抗弁(*74)	不可	可能 （放棄）	可能
16	他の権利との抵触	効力の制限	調整規定なし	登録無効

—7—21のとおりとなる。

商品の形状からなる立体商標については，日本，欧州は，生来的な出所識別力を認めるが，米国はWal-Mart最高裁判決以降認めていない。

日本は，記述性の登録要件で，立体商標の登録を排除する場合が多いが，欧米では，識別性の要件で排除する場合が多い。

欧州，米国には，商品の性質に由来する形状（普通標章），商品に本質的価値を与える形状（美的機能性）からなる立体商標については（括弧書は米国），セカンダリーミーニングを獲得しても，登録を認めない規定がある。日本も新商標法4条1項18号でこれらの立体商標が排除される可能性があるが，商標審査基準には記載がない。

技術的機能性を判断する際に，代替デザインの存在を，日本，米国は考慮するが，欧州は考慮しない。

米国，欧州では，商標権侵害の要件に，「混同」があり，「広義の混同」も含むが[*75]，日本では，このような要件はない。

購入後の混同理論を日本[*76]，米国[*77]，欧州（イタリア[*78]）で認容した判決がある。

8　日米欧の基本構造からみた商標法3条1項3号の解釈

欧米では，セカンダリーミーニングを獲得した場合でも，立体商標の登録ができないとする規定のバリエーション（普通標章，技術的機能，美的機能）が日本より，多く設けられており，特許法，意匠法との調整もこのような規定で図ることができる。日本は，特許法との調整を図ることができる規定が商標法4条1項18号（技術的機能）に設けられているに過ぎない。

日本は，立体商標の登録を排除しやすい規定が，記述的商標（商品の形状を普通に用いられる方法で表示する標章のみからなる商標）を排除する商標法3条1項3号に具体的に設けられ，活用されており，識別性の規定（商標3条1項6号）により，登録が排除された裁判例はまだない。

これに対して，欧米では，立体商標が記述性の規定で登録が排除されることは稀で，多くが，識別性の規定により，登録が排除されており，識別性の判断においては，立体商標が，商品又は包装（米国の場合は包装のみ）の一般

的な形状からかけ離れており，記憶に残りやすいことがポイントになっている。

　立体商標を商標法3条1項3号により排除する場合には，その条文の位置関係から，独占適応性の趣旨が強くでることになり，その判断基準はMaglite事件判決のように厳格にならざるを得ないといえよう。

　日本も，商標法3条1項6号により立体商標を排除する場合には，独占適応性の趣旨がないので，商標法3条1項3号より緩やかな判断になり，欧州の判断基準と近いものになると思われる。

　GuyLian事件判決の判断手法は，商標法3条1項6号と親和的である。GuyLian事件判決の対象商品は，チョコレートであり，技術的機能とは無縁の商品であるから，欧州における識別性の規定の判断基準をとりやすかったものと推察される。

9　その後の進展

　新商標法4条1項18号では，「商品等（商品若しくは商品の包装又は役務をいう。第26条1項第5号において同じ。）が当然に備える特徴のうち政令で定めるもののみからなる商標」と規定された。

　また，それを受けて，新商標法施行令1条には，「商標法第4条第1項第18号及び第26条第1項第5号の政令で定める特徴は，立体的形状，色彩又は音（役務にあつては，役務の提供の用に供する物の立体的形状，色彩又は音）とする。」と規定された。

　改正前商標法の「商品又は商品の包装の形状であつて，その商品又は商品の包装の機能を確保するために不可欠な立体的形状のみからなる商標」に比べると，欧米のように，普通標章のような立体商標，技術的機能又は美的機能からなる立体商標も排除できるような規定ぶりとなっている。特許法，意匠法との最終的な調整規定として本号が機能するものと考えられる。

　本節にでてくる欧州共同体の裁判所の名称が■図表2—7—22の通り変更になっている。

［追記］
　2008年10月25日の北海道大学知的財産法研究会で，立体商標について

■図表2—7—22　欧州共同体の裁判所

	旧名称 （2009年11月30日まで）	新名称 （2009年12月1日より）
1	欧州第1審裁判所（FCI）	一般裁判所（GC）
2	欧州司法裁判所（ECJ）	欧州連合裁判所（CJEU）

発表する機会を得た。その際に，田村善之教授より，GuyLian事件判決が，Maglite事件判決と異なる点について，GuyLian事件判決が，文字商標に関する最高裁判決を引いていることがその理由の1つと考えられるとのご指摘を頂いた。その意味するところを，日米欧の立体商標制度の基本構造との関係で，考えてみたのが本節である。ご指導いただいた田村教授に記して感謝申し上げる次第である。

【注】

（＊1）　1997年4月1日から2007年12月末までに，3765件の立体商標が出願され，1502件が登録になった。審判請求件数は363件で登録になったものが63件ある。出訴件数は28件で，23件の高裁判決（東京高裁又は知財高裁）があり，1件が商標法4条1項11号に関するもの（平面商標と立体商標の類否），残り22件が商標の商標法3条1項3号，同法3条2項に関するものであり，3件が登録認容となっている（林二郎（特許庁審判部第35部門上席部門長）「最近の商標審判状況」日本商標協会誌67号（2009年）82頁）。

（＊2）　特許庁総務部総務課工業所有権制度改正審議室編『平成8年改正 工業所有権法の解説』（発明協会，1997年）165頁。特許庁「商標審査基準〔第11版〕」83頁では，機能性を判断するにあたり，製造コストも含めて，代替的形状があるか否かが考慮される旨述べられている。登録商標の商標法4条1項18号該当性について，ひよ子事件（知財高判平18・11・29判時1950号3頁）で，原告は，わが国の市場においては，型抜き法に用いる機械がレオン自動機及びプルミエール自動成形機の2社の製品にほぼ独占されているから，わが国において鳥の形を模した饅頭を作成しようとした場合，技術的には本件立体商標と類似した形にならざるを得ないと主張したが，商標法3条2項適用を裁判所が否定したため，機能性については判断されていない。製造工程の写真も含めた詳細は，山本智子＝八尋光良「商品形状の立体商標としての登録要件——知財高判決平成18・11・29立体商標ひよ子事件——」L&T35号（2007年）39頁参照。特許庁の異議決定で，「立体的形状＋文字商標」の構成からな

っていたため，本号に該当しないと判断したものがある（異議2000—91114号／商標決定公報2001年6月29日）。
(＊3) 蛸の形状からなる立体商標が，先行する蛸の図形からなる平面商標に類似するとした判決がある（東京高判平13・1・31裁判所ホームページ）。類否判断の方法としては，所定方向から見たときの視覚に映る姿が特定の平面商標と同一又は近似する場合には，原則として，外観類似の関係があるとしている。意匠のような全体観察ではなく，所定方向からの観察で類否判断を行っている。出願商標と引用商標を比較すると，差異点が，共通点によって看者の受ける印象をさほど減殺するものでなく，上記共通点を捨象するものとは認められないから，両商標は，外観において類似すると判断されている。
(＊4) 商標権侵害事件（東京地判平成26・5・21（平成25年(ワ)第31446号）裁判所ホームページ〔エルメスバーキンバッグ立体商標事件〕においても，東京高判平13・1・31裁判所ホームページ〔蛸立体商標事件〕と同様の類否判断の手法がとられており，「立体商標は，立体的形状又は立体的形状と平面標章との結合により構成されるものであり，見る方向によって視覚に映る姿が異なるという特殊性を有し，実際に使用される場合において，一時にその全体の形状を視認することができないものであるから，これを考案するに際しては，看者がこれを観察する場合に主として視認するであろう一又は二以上の特定の方向（所定方向）を想定し，所定方向からこれを見たときに看者の視覚に映る姿の特徴によって商品又は役務の出所を識別することができるものとすることが通常であると考えられる。そうであれば，立体商標においては，その全体の形状のみならず，所定方向から見たときの看者の視覚に映る外観（印象）が自他商品又は自他役務の識別標識としての機能を果たすことになるから，当該所定方向から見たときに視覚に映る姿が特定の平面商標と同一又は近似する場合には，原則として，当該立体商標と当該平面商標との間に外観類似の関係があるというべきであり，また，そのような所定方向が二方向以上ある場合には，いずれの所定方向から見たときの看者の視覚に映る姿にも，それぞれ独立に商品又は役務の出所識別機能が付与されていることになるから，いずれか一方向の所定方向から見たときに視覚に映る姿が特定の平面商標と同一又は近似していればこのような外観類似の関係があるというべきであるが，およそ所定方向には当たらない方向から立体商標を見た場合に看者の視覚に映る姿は，このような外観類似に係る類否判断の要素とはならないものと解するのが相当である。そして，いずれの方向が所定方向であるかは，当該立体商標の構成態様に基づき，個別的，客観的に判断されるべき事柄であるというべきである。」と判示している。
(＊5) 渋谷達紀「商品形態の商標登録」紋谷暢男還暦『知的財産法の現代的課題』（発明協会，1998年）319頁，322頁。
(＊6) 渋谷・前掲（＊5）321頁。
(＊7) 渋谷達紀『知的財産法講義Ⅲ〔第2版〕』（有斐閣，2008年）366頁。

(＊8) 田村善之『商標法概説〔第2版〕』（有斐閣，2000年）172頁，176頁ないし178頁，186頁及び187頁。

(＊9) 田村・前掲（＊8）187頁及び188頁参照。田村善之＝劉曉倩「立体商標の登録要件について(2)――Coca-Cola立体商標事件――」知管58巻11号（2008年）1400頁では，「商標法3条1項3号と3条2項が商品の形状や容器について使用の結果，具体的に出所識別力を獲得することを要求した趣旨は，商品の形状等が同種の商品の形状等からみて特異な形状でないために生来的に自他商品の識別力を欠いているというところにあるのではなく，先願の一事をもって新規性や非容易創作性を問うことなく更新可能な排他権を付与する商標登録を無闇に認めていたのでは，登録意匠制度が潜脱されるおそれがあることに基づいている。だとすれば，商品や容器の機能と関係する形状であれば，需要者の予測の可否とは無関係に，原則として，3条1項3号に該当させ，3条2項の下で具体の出所識別力の獲得を要求すべきであろう。その意味で，前掲知財高判［MAGLITE］に端を発する本判決の抽象論のほうが法の趣旨に即した解釈論であるように思われる。」と述べている。

(＊10) 国際会議で，アジア諸国がヤクルト及び角瓶の立体商標を認める中で，日本が何故，これらの立体商標を登録しないのかとの質問を受け，スピーカーであった特許庁林二郎審判長（当時）は「意匠法と商標法のデマケーション」を指摘したようである（林二郎「記念研修会 最近の商標審判状況」日本商標協会誌67号（2009年）61頁）。

(＊11) 商標審査基準のような内部基準（ソフトロー）は，法律本来のあるべき解釈というより，現在の審査体制で，迅速に安定した審査をするために策定されているという視点を見逃すことができない。

(＊12) 本件は，商標法3条1項3号が適用され，商標法3条2項の要件を満たさないと判断されている。

(＊13) 本件は，商標法3条1項3号が適用されたが，商標法3条2項の適用を受け最終的に登録になっている（商標登録第5094070号）。欧州共同体（登録第1688563号）及び米国（登録第2074795号）においても，セカンダリーミーニングの立証により登録になっている。

(＊14) 本件立体商標は，商標法3条1項3号に該当しないとして登録になっている（国際登録第803104号）。欧州では生来的に出所識別力があるとして登録になり（登録第3011087号），米国では，生来的に出所識別力がないと判断され，主登録簿から補助登録簿へ変更することにより登録になっている（登録第3155313号）。

(＊15) 工業所有権審議会『商標法等の改正に関する答申』（平成7年12月13日）30頁参照。

(＊16) 筆者は，この立場をとる（拙稿「ミニマグライト事件にみる立体商標の保護――立体商標の登録の判断基準とは――」CIPICジャーナル180号（2007年）17頁）。

(＊17) 拙稿「グローバルに観る立体商標制度の違いとその戦略的活用――日本・米国・欧州の比較的検討――」知管57巻5号（2007年）710頁及び712頁参照。

(*18) 渋谷・前掲（*5）321頁参照。
(*19) 田村＝劉・前掲（*9）1403頁注45）参照。
(*20) 田村＝劉・前掲（*9）1400頁。
(*21) 商品自体というより，商品の出所を識別するためのものであると，商品の形状が公衆に認識されたときに，標章は識別性を獲得する（Mark has acquired distinctiveness, even if it is not inherently distinctive, if it has developed secondary meaning, which occurs when, in the minds of the of the public, the primary significance of a mark is to identify the source of the product rather than the product itself）。Inwood Laboratories, Inc. v. Ives Laboratories, Inc. 456 U. S. 844, 851, n. 11, 102 S. Ct. 2182 (1982)。
(*22) Wal-Mart Stores, Inc. v. Samara Brothers, Inc. 529 U. S. 205, 54 USPQ2d 1065 (2000). ケネス・ポート「立体商標権が認められる要件に関する連邦最高裁判決」ジュリ1201号（2001年6月1日）117頁は，本判決により，商品の形状については，secondary meaningの証拠が必ず必要となったので，これまで事実問題として陪審によって判断されてきたものが，法律問題として，裁判官に委ねられることになると指摘する。本判決の英訳については，芹澤英明東北大学大学院教授のホームページ『英米法の部屋』を参照（http://www.law.tohoku.ac.jp/~serizawa/WalMart.html）。
(*23) 最高裁は，セカンダリーミーニングを立証できない製品デザインは，意匠特許又は著作権による保護を図ることができるので，セカンダリーミーニングを立証できない製造者への損害は減殺されるとしており，また，製品デザインかパッケージかの区別の限界事例として，コカコーラ社の瓶をあげている。
(*24) 米国商標審査処理マニュアル〈TMEP〉1202. 02(b)(i)。
(*25) TMEP 1202. 02(b)(ii)。
(*26) 補助登録簿の場合，主登録簿と異なり，悪意の擬制，登録の有効性，不可争性，登録証の証拠としての提出といったメリットを受けることができない。
(*27) Duraco Products v. Joy Plastic Enterprises, Ltd. (40 F3d 1431, 32 U. S. P. Q. 2d 1724/CA 3 1994)。
(*28) Seabrook Foods, Inc. v. Bar-Well Foods, Ltd., 568 F. 2d 1342, 1344, 196 USPQ 289, 291 (C. C. P. A. 1977) 及びTMEP 1202. 02(b)(ii)参照。
(*29) 米国商標法2条(e)(5)は，1998年10月30日施行の改正米国商標法により導入された。それ以前は，機能性に関する特別規定はなく，機能的な立体商標は，米国商標法1条，2条，45条に該当するとして拒絶されていた（TMEP 1202.02(a)(i)）。機能性とサーチコストの関係については，Stancey L. Dogan & Mark A. Lemley, A Search-Costs Theory of Limiting Doctrines in Trademark Law, 97 TMR 1247-1249 参照。
(*30) TrafFix Devices, Inc. v. Marketing Displays, Inc., 532 U. S. 23, 58 USPQ2d 1001

(2001)。本判決の解説については、拙稿「技術的機能に由来する不可避的商品形態の保護」『研究報告第10号　不正競争防止法第２条第１項第１号、同第２号による商品形態の保護について』（日本弁理士会中央知的財産研究所、2002年）63頁、クリストファー・E・チャルセン著／大塚康徳監修『CAFC判例研究』（ILS出版、2002年）173頁参照。芹澤英明東北大学大学院教授のホームページ『英米法の部屋』には、訳文が掲載されている（http://www.law.tohoku.ac.jp/~serizawa/Traffix.html）。

(＊31) In re Morton-Norwich Products, Inc. 671 F. 2d 1332, 213 USPQ9, 15-16 (C. C. P. A. 1982), TMEP 1202. 02(a)(vi) (Evidence and Considerations Regarding Functionality Determinations) 参照。

(＊32) 特許庁「商標審査基準〔第11版〕」82頁、83頁。

(＊33) 例えば、需要者の購買決定において美的考慮が重要な働きをしている場合で代替デザインの幅が限定されているときに認められる。茶園成樹＝小泉直樹「アメリカ不正競争防止法リステイトメント試訳(2)」民商法雑誌111巻4＝5号（1995年）822頁参照。

(＊34) TrafFix Devices, Inc. v. Marketing Displays, Inc., 532 U. S. 23, 58 USPQ2d 1001 (2001) において、最高裁は、美的機能性を、有効な法概念として紹介している。美的機能性に関する審決として、In M-5 Steel Mfg., Inc. v. O'Hagin's Inc. 61 USPQ2d 1086 (TTAB 2001) がある。美的機能性の米国における議論の経過については、小泉直樹『模倣の自由と不正競争』（有斐閣、1994年）85頁ないし100頁を参照。TMEP 1202. 02(a)(vi)は、美的機能性について、""Aesthetic functionality" refers to situations where the feature may not provide a truly utilitarian advantage in terms of product performance, but provides other competitive advantages." と解説している。

(＊35) 米国における混同概念については、拙稿「グローバルに観る立体商標制度の違いとその戦略的活用――日本・米国・欧州の比較法的検討――」知管57巻5号（2007年）710頁及び711頁参照。

(＊36) 2007年2月5日に欧州共同体商標意匠庁を訪問した際のJavier RUJAS総務・渉外副部長の説明資料による。

(＊37) OHIM審査ガイドライン2010年（Guidelines concerning proceedings before the Office), Part B, page 37, 38。現在は、2014年版。

(＊38) Case C-299/99, Koninklijke Philips Electronics NV v Remington Consumer ProductsLtd., ECJ Decision of June 18, 2002, para. 78. フランク・ゴッツェン博士「商標保護制度の拡張――日本の商標との比較でみる欧州共同体法における最近の発展について――」知財研フォーラム51巻（2000年）31頁も参照。

(＊39) OHIM審査ガイドライン、Part B, 38頁。

(＊40) Case C-218/01, Henkel KgaA v Deustsches Patenaturn Markenamt, ECJ,

第7節　立体商標制度の基本構造とその解釈　　*255*

　　　　　Decision of February 12, 2004.
(＊41)　　In Dualit Ltd's (Toaster Shapes) Trade Mark Applications [1999] PRC 304. David I. Bainbridge, Intellectual Property (seventh edition), page 658も参照。
(＊42)　　Case T-122/99, The Procter & Gamble Company v OHIM, CFI Decision of February 16, 2000.
(＊43)　　Case T-63/01, The Procter & Gamble Company v OHIM, CFI Decision of December 12, 2002.
(＊44)　　Case C-299/99, Koninklijke Philips Electronics NV v Remington Consumer Products Ltd., ECJ Decision of June 18, 2002, para. 81で，同じ技術的結果が他の形状により達成されることは，「技術的結果 (technical result) を得るために必要な商品の形状」該当性を否定するものではないと判示している。そのような文言は条文に見出せないからである。
(＊45)　　Opinion of Advocate-General RUIZ-JARABO COLOMER of European Court of Justice (AGO) of 23. 1. 2001, C-299/99, [2001] RPC 38, 745.
(＊46)　　本件登録商標は，ECJの判決 (Case C-299/99, Koninklijke Philips Electronics NV v Remington Consumer Products Ltd., ECJ Decision of June 18, 2002) を経て，登録無効となった。
(＊47)　　Case T-270/06, Lego Juris A/S v OHIM, Mega Brands, Inc., CFI, Decision of November 12, 2008. 判決の要約については，OHIMニュース(15) AIPPI54巻3号 (2009年) 152頁ないし156頁参照。
(＊48)　　Decision No. 28 W (pat) 172/03 of the German Federal Court of April 6, 2005.
(＊49)　　OHIM審査ガイドライン Part B, page 39。
(＊50)　　Case T-460/05, Bang & Olufsen A/S v. OHIM, Decision of CFI of October 10, 2007.
(＊51)　　Case C-53/01 to C/55/01, Linde Ag, Winward Industries Inc. and Rado Uhren AG, ECJ decision of April 8, 2003.
(＊52)　　David Kitchin, et al., Kerly's Law of Trade Marks and Trade Names (14th ed. 2005), Thomson Sweet & Maxwell (2005), 8-113参照。
(＊53)　　ジーグリッド・アッシェンフェルト『特許庁委託 平成14年度産業財産権研究推進事業報告書 立体商標の保護』(知的財産研究所，2003年) 33頁。
(＊54)　　Kitchin, supura note 51, at 8-076, 8-08
(＊55)　　Case C-136/02P, Mag Instrument Inc. v OHIM, ECJ decision of October 7, 2004.
(＊56)　　OHIM審査ガイドライン Part B, page 38。
(＊57)　　Supra note 54, para. 30を受けたものである。
(＊58)　　Supra note 54, para. 31を受けたものである。Case T-128/01, DaimlerChrystler Corporation v OHIM, CFI decision of March 6, 2003.
(＊59)　　Supra note 54, para. 32を受けたものである。

(＊60) Case T-128/01, DaimlerChrystler Corporation v OHIM, CFI decision of March 6, 2003.
(＊61) id. para. 42 "Grilles have become an essential part of the look of vehicles and a means of differentiating between existing models on the market made by the various manufactures".
(＊62) Case T-305/02, Nestlé Waters France v OHIM, CFI decision of December 3, 2003.
(＊63) Supra note 49.
(＊64) Kitchin, supura note 51, at 8-142。
(＊65) Case T-402/02, Agust Storck KG v OHIM, CFI, decision of November 10, 2004.
(＊66) 1か国あたり，1000人～1500人のサンプルが必要となり，EU加盟国全体の調査となると，40万ユーロから80万ユーロほどかかる。調査会社としては，ドイツ・ミュンヘンにある TNS Infratest Holding GmbH & Co. KG 社などがある。
(＊67) Case T-128/01, DaimlerChrystler Corporation v OHIM, CFI decision of March 6, 2003, para. 18.
(＊68) Case R 1145/2006-2, decision of the Second Board of Appeal of OHIM of May 14, 2007.
(＊69) Case R 1529/2006-1, decision of the First Board of Appeal of OHIM of July 16, 2009.
(＊70) ensure Insurance Limited v Direct Line Insurance plc, [2007] EWHC 1557 (Ch) June 29, 2007. 控訴審については，ensure Insurance Limited v Direct Line Insurance plc, [2008] EWCA Civ 842 July 23, 2008参照。
(＊71) Whirlpool corporation et al v. Kenwood Ltd., Court of Appeal [2009] EWCA Civ 753 (23 July 2009).
(＊72) Case ICD 5080 Invalidity Division of OHIM, decision of December 16, 2008.
(＊73) Case ICD 2426, Invalidity Division of OHIM, decision of August 24, 2006. General Court Decision, Case T148/08
(＊74) 不使用の抗弁についての日米欧の比較については，知的財産研究所『各国における商標権侵害行為類型に関する調査研究報告書』(2007年3月) 96頁ないし110頁〔茶園成樹〕参照。
(＊75) J. Thomas McCarthy, Dilution of a Trademark: European and United States Law Compared, 94 TMR 1171-1172 (2004).
(＊76) ELLEGARDEN事件（東京地判平19・5・16裁判所ホームページ)。判例評釈については，小嶋崇弘「商標の類否判断における取引実情の考慮と音楽CDにおけるアーティスト名表示の『商品等表示としての使用』該当性──ELLEGARDEN事件──」知的財産法政策学研究21号 (2008年) 279頁参照。
(＊77) Mastercrafter Clock & Radio Co. v. Vacheron & Constaintin-Le Coultre Watches,

Inc. 221 F. 2d 464, 105 U. S. P. Q. 160（2nd Cir. 1955）。事件の詳細については，井上由里子「購買後の混同（post-purchase confusion）と不正競争防止法上の混同概念――アメリカでの議論を手がかりに――」中山信弘還暦『知的財産法の理論と現代的課題』（弘文堂，2005年）421頁参照。

（＊78）　イタリア最高裁2008年9月8日判決（cass. pen. Sez Ⅱ 08-09-2008, No. 34846）。事件の概要については，INTA Bulletin Vol 63, No. 23参照。

第8節 小売等役務商標

1 はじめに

「髙島屋」,「セブンイレブン」,「ヤナセ」といった小売業者の使用する商標を保護することを目的とした「小売等役務商標」の出願受付が2007年4月1日から開始され,2007年7月2日に特例期間が終了した。

小売等役務商標の出願件数は,2007年4月が4840件,5月が2015件,6月が9276件,最終日の7月2日が1412件となっている。

2007年度の小売等役務商標の出願件数は,日本国籍が2万0136件(94.3%),外国籍が1218件(5.7%)で,外国籍の中では,米国(690件),英国(81件),ドイツ(74件),フランス(47件),イタリア,香港,スイス,オーストラリア,カナダ,韓国,シンガポールの順となっている[*1]。

本節では,小売等役務商標制度の概要,そして,求められる企業の対応策について解説する。また,本制度については,特に,商品の販売行為,商品商標との関係をどう考えるかについて,解釈上難しい問題が残されているが,この点を理解するには,本制度導入までの経緯を理解することが重要であるため,その点についても言及する。

2 小売等役務商標制度導入までの経緯

(1) サービスマーク制度の導入(1992年)

日本では,1992年4月1日から,広告会社,銀行,不動産会社,運送会社,教育,通信会社,飲食店等の提供する無形の役務について,商標(役務商標/サービスマーク)の登録を認めるようになった。

それまでは,商品について使用する商標(商品商標)のみに登録を認めていた。

どのような役務が商標法上保護されるかについては争いがあり，小売や卸売は，独立して市場において取引の対象となるものではなく，対価性もないので，商標法上保護される役務とは認められず，小売・卸売業者の商標は，それらの業者が扱う商品について商品商標を取得すれば足りるとの解釈が，1992年当時世界的主流を占めていた。小売・卸売業者の商標を役務商標として保護していたのは，米国のみであった。

そこで，日本も，小売業者等の商標は，商品商標として保護することとした。そのため，デパートやコンビニエンスストア等は，取り扱う商品すべてについて，商品商標の登録をとる必要があった。

しかしながら，これは，コストがかさむと同時に，商品商標の登録だけで，はたして，小売業者等の使用する商標が完全に保護されるかという点において疑問があった。例えば，デパートの店員の制服，カート，店舗の看板に使用されている商標は，商品との関係では使用されていないので，商品商標にかかる商標権の効力が及ばない可能性がある。

(2) **ESPRIT 事件** (2001年)

米国では，小売業者等の使用する商標は役務商標として保護されていたので，米国企業で，被服等のファッション関連商品の製造者であるとともに自社のブティックももつ小売業者でもある ESPRIT 社は，小売等役務商標としての登録を日本で試みた。

すなわち，商標「ESPRIT」について35類「化粧品・香水〜履物・おもちゃに関連する小売り」を指定して出願をした。

しかしながら，裁判所は，小売は商品の販売促進のための手段であり，独立して市場において取引の対象となるものではなく，直接の対価性もないとして，登録を認めなかった（東京高判平13・1・31判時1744号120頁）。

ESPRIT 事件の前には，カタログ販売で有名なシャディも，商標「シャディ」について42類「多数の商品を掲載したカタログを不特定多数人に頒布し，家庭にいながら商品選択の機会を与えるサービス」を指定して出願したが，ESPRIT 事件と同様の理由により登録が認められていない（東京高判平12・8・29判時1737号124頁）。

(3) **法改正による小売等役務商標制度の導入**

ESPRIT事件以降も35類の小売を指定した出願が続いた。これは，1992年に役務商標制度を導入した以上，小売を役務として認めるか否かは，取引者・需要者の認識に基づく，法律解釈の問題と理解されていたためである。

また，1992年当時，小売を役務として認めていなかった欧州が2000年頃から独立した役務として解釈・運用により登録を認めるようになった。

さらに，2007年1月1日から施行が予定されていたニース協定国際分類第9版の注釈が小売等役務を積極的に認めるものに変更された。

このような状況を踏まえ，小売等役務商標制度の導入について，産業構造審議会知的財産政策部会商標小委員会（委員長：土肥一史一橋大学教授（当時））や(財)知的財産研究所で検討された。

その際に，欧州，米国では，「役務」は他人のためになされなければならず，「販売」は他人のためというよりも，販売者のためになされる行為であるから，「役務」に含まれないとの解釈が定着されていることが参酌された[*2]。

欧州のように，解釈・運用で小売等役務商標制度を導入するのが自然であると思われるが，日本では，法律改正で導入した。平成12年，平成13年に東京高裁が小売の役務該当性を否定し，特許庁も裁判でそのように主張していたのを，数年で解釈・運用で変更するのはあまりにも法的安定性を欠くと判断されていたためである。

商標法2条2項に「前項第2号の役務には，小売及び卸売の業務において行われる顧客に対する便益の提供が含まれるものとする。」と規定することにより，小売等役務商標制度が導入された。商標の定義規定である商標法2条1項2号は，「業として役務を提供し，又は証明する者がその役務について使用をするもの（前号に掲げるものを除く。）」と規定している。

本2号により，小売等役務が商標上保護される役務であることが法律により確認され，特許庁，裁判所も拘束することになった。「含まれる」とせずに，「含まれるものとする。」としたのは，本来含まれないものを創設的に含ませるようにしたとの誤解を避けるためと解される。

ただし，附則（平成18年6月7日法律第55号）抄5条1項により本2号は，2007年4月1日以後の商標登録出願についてのみ適用される。

3 小売等役務商標制度の概要

(1) 小売等役務商標の意義

小売等役務商標として直接保護されるのは，「小売及び卸売の業務において行われる顧客に対する便益の提供」である。したがって，これ以外の小売業者の行為は，小売等役務商標に係る商標権の専用権の範囲（積極的に使用できる範囲）から外れることになる。

例えば，小売業者の「販売行為」は，小売等役務商標の直接の保護範囲から外れる。これは，「販売行為」は，他人のために行う行為ではないから，役務性が認められないとの欧米の解釈をとったものである。「販売」は，商標法2条1項1号の「商品の譲渡」に含まれ，販売の出所を表示する態様で商標を使用する場合には，商品商標（販売標）として保護されることになる。

小売等役務の定義は，商標法には規定していないが，「商標審査基準〔改訂第11版〕」101頁の商標法6条の説明には，小売等役務について，「小売等役務（小売又は卸売の業務において行われる顧客に対する便益の提供）については，次のとおり解するものとする。／(1)小売等役務とは，小売又は卸売の業務において行われる総合的なサービス活（動）（商品の品揃え，陳列，接客サービス等といった最終的に商品の販売により収益をあげるもの）をいうものとする。／(2)小売等役務には，小売業の消費者に対する商品の販売行為，卸売業の小売商人に対する商品の販売行為は含まれないものとする。」と定義している。

(2) 「総合小売等役務」と「特定小売等役務」

商標法4条1項15号，同19号の適用が問題となった事案であるが，裁判所は，「特定小売等役務」及び「総合小売等役務」について以下のとおり説示している（知財高判平23・9・14判時2128号136頁〔Blue Note事件〕）。

「『特定小売等役務』においては，取扱商品の種類が特定されていることから，特定された商品の小売等の業務において行われる便益提供たる役務は，その特定された取扱商品の小売等という業務目的（販売促進目的，効率化目的など）によって，特定（明確化）がされているといえる。そうすると，本件においても，本件商標権者が本件特定小売等役務について有する専有権の範囲は，小売等の業務において行われる全ての役務のうち，合理的な取引通念に照ら

し，特定された取扱商品に係る小売等の業務との間で，目的と手段等の関係にあることが認められる役務態様に限定されると解するのが相当である（侵害行為については類似の役務態様を含む。）。」

「『総合小売等役務』においては，『衣料品，飲食料品及び生活用品に係る各種商品』などとされており，取扱商品の種類からは，何ら特定がされていないが，他方，『各種商品を一括して取り扱う小売』との特定がされていることから，一括的に扱われなければならないという『小売等の類型，態様』からの制約が付されている。したがって，商標権者が総合小売等役務について有する専有権の範囲は，小売等の業務において行われる全ての役務のうち，合理的な取引通念に照らし，『衣料品，飲食料品及び生活用品に係る各種商品』を『一括して取り扱う』小売等の業務との間で，目的と手段等の関係にあることが認められる役務態様に限定されると解するのが相当であり（侵害行為については類似の役務態様を含む。)，本件においても，本件商標権者が本件総合小売等役務について有する専有権ないし独占権の範囲は上記のように解すべきである。」

(3) 製造小売

菓子屋，パン屋などに多く見られる製造小売は，自己の製造した商品を取り揃え，顧客にその購入の便宜を図る業態であり，小売に含まれる。

(4) 小売等役務の種類と商品商標とのクロスサーチ

出願する際の小売等役務の表示方法は，商標法施行規則の一部を改正する省令により例示されている。

また，小売等役務同士の類似範囲，小売等役務と商品との類似関係については，法的拘束力がないが，「類似商品・役務審査基準（国際分類第10版対応）」として，特許庁ホームページに公表された。

これによると，類似群コード「35K01」が総合小売であり，特定小売については，類似群コード「35K02」〜「35K21」が付されている。類似群コードの範囲は，通常，同一店舗で取り扱われる商品の範囲が基準となっている。この類似群コードに含まれない小売等役務の登録も認められるが，その場合には，いったん，「35K99」の仮の類似群が付されることになる。

この基準によると，日本のデパートが提供する，いわゆる総合小売「衣料

品・飲食料品及び生活用品に係る各種商品を一括して取り扱う小売又は卸売の業務において行われる顧客に対する便益の提供」については，商品商標とのクロスサーチ（抵触審査）を特許庁は行わないことになっている。よって，総合小売について小売等役務商標を出願した場合には，商品商標との抵触を気にすることなく登録することができる。

　総合小売に該当するか否かの基準（10％ルール）が特許庁の商標審査基準（商標3条1項柱書関係）に定めてあり，衣料品，飲食料品及び生活用品の各範疇のいずれもが総売上高の10％～70％程度の範囲内にないと総合小売としての登録が認められないことになっている。これは，経済産業省の商業統計調査おける業態分類の百貨店，総合スーパーの定義を参考にしたものである。

　しかしながら，2008年7月18日に「ampm」（商標登録第5151901号）が総合小売について登録になった頃から，このルールは緩やかになり，その後，多くのコンビニエンスストアが総合小売を登録するようになっている。

　これに対して，いわゆる特定小売，例えば「履物の小売又は卸売の業務において行われる顧客に対する便益の提供」については，商品「履物」についての商品商標とのクロスサーチを特許庁は行うことになっている。商品商標と特定小売についての小売等役務商標については，取り扱う商品が一致し，出所の混同の可能性が極めて高いからである。注目されていたコンビニエンスストアの提供する役務は，総合小売ではなく，特定小売として，「飲食料品の小売又は卸売の業務において行われる顧客に対する便益の提供」の表示により登録することとなった。よって，飲食料品をカバーする商品商標とのクロスサーチが行われることになる。

　Sportsman.jp事件（知財高判平24・2・15裁判所ホームページ）で裁判所は，「本願商標の指定役務のうち『スポーツシューズその他の履物の小売の業務において行われる顧客に対する便益の提供』は，『スポーツシューズその他の履物』の小売業務においてされる顧客に対する各種の便益（サービス）を提供するというもので，上記『スポーツシューズその他の履物』が引用商標2の指定商品である『短靴，長靴，（中略）』を含むことは明らかである。ここで，本願商標の指定役務と本願商標2の指定商品との間で，一般的にそれぞれ異なる事業者が主体となるものではないし，用途や，販売ないし提供さ

れる場所も格別に異なるものでもなく，需要者の範囲も一般的には一致する。そうすると，本願商標の指定役務と引用商標2の指定商品のうち短靴等に同一又は類似の商標を使用すると出所の誤認混同を生じるおそれがあり，本願商標の上記指定役務と引用商標2の指定商品は類似する。」と判示して，履物の小売と履物，腕時計の小売と腕時計を類似すると判断している。

商品「履物」について商品商標を所有していれば，他社に「履物の小売」について，小売等役務商標を取得される可能性はない。

しかしながら，「履物の小売」と「かばんの小売」は，同一店舗で取り扱われる場合が多いので，同じ類似群コード「35K02」が付され，審査基準上類似関係にある。

この場合，「履物」に商品商標を取得していても，他社が「かばんの小売」について小売等役務商標を取得した場合には，「履物の小売」について小売等役務商標を取得できなくなる。「履物の小売」を行うのであれば，たとえ「履物」について商品商標を取得していても，小売等役務商標を出願する必要がある。

(5) 補　　正

総合小売から特定小売への補正，特定小売から総合小売への補正は認められない。自社の行っている小売が総合小売か特定小売か判断に迷う場合には，双方の役務を指定して出願することが望ましい。

なお，特定小売の表示を狭める補正は，要旨変更にならないので認められる。例えば，「飲食料品の小売〜」を「菓子及びパンの小売〜」とする補正は認められる。

(6) 商品又は商品の包装への使用

小売業者（例：髙島屋）が自己の役務（小売等役務）の出所を表示するために，商品（チョコレート）又は商品の包装（商品商標として別の商標（例：MEIJI）が付されている）に商標「髙島屋」を付す場合には，商標法2条3項3号の「役務の提供に当たりその提供を受ける者の利用に供する物（譲渡し，又は貸し渡す物を含む。以下同じ。）に標章を付する行為」に該当することになり，小売等役務商標の登録により保護される。

これに対して，プライベートブランドとして，髙島屋がチョコレートを製

造又は販売する場合には，商品商標の登録が別途必要となる。

小売等役務商標と商品商標との違いについては，■図表2－8－1を参照。

4 登録要件

(1) 商標法4条1項11号

■ Sportsman.jp 事件（知財高判平24・2・15裁判所ホームページ）

上記3(4)参照。

■ スーパーみらべる事件（知財高判平23・12・26裁判所ホームページ）

出願商標「スーパー／みらべる」（35類：飲食料品の小売等）と「Mirabell／ミラベル」（32類：清涼飲料等）を非類似と判断した事案。この裁判例は，商標の非類似性と役務・商品間の非類似性をトータルで考えた可能性がある。

「原告は，引用商標に係る商標権者などとの間で指定商品について，取引及び販売をしたことはなく，また，原告の顧客の間で，引用商標に係る商品の出所を認識している者はいないと推認される。」

「本願商標と引用商標とは，『ミラベル』との称呼において類似する場合が

■図表2－8－1 小売等役務商標と商品商標との違い

	種類	特徴
1	小売等役務商標（35類）	・商品の品揃えや顧客に対する接客等のサービスを提供することにより，他の小売業等との差異化を図り，当該役務の出所を表示する目的で使用する商標 ・品揃えや接客等の役務にかかる出所を表示するため，主として店舗名や広告，従業員の制服等に付されて使用される。 ・商品や商品の包装に付されて使用されている商標については，その表示態様により，小売等役務の出所を表示している場合には，小売等役務商標に該当する。
2	商品商標（製造標又は販売標）（1類から34類）	・事業者が生産・販売する商品自体に着目して他の事業者との差異化を図り，当該取扱商品の出所を表示する目的で使用する商標 ・具体的な商品との関係で製造又は販売にかかる商品の出所を表示するために，主として商品や商品の包装等に付されて使用される。

あり得たとしても，外観において著しく相違し，かつ観念において類似するとはいえず，取引の実情等を考慮しても，本願商標がその指定役務『「飲食料品」，「食肉」，「食用水産物」，「野菜及び果実」，「菓子及びパン」，「牛乳」，「清涼飲料及び果実飲料」，「茶・コーヒー及びココア」，「加工食料品」の小売又は卸売の業務において行われる顧客に対する便益の提供』に使用された場合に，引用商標との間で商品ないし役務の出所に誤認混同を生じさせるおそれはないから，両商標は，類似しない。」

(2) **商標法4条1項15号**

■ Blue Note 事件（知財高判平23・9・14判時2128号136頁）

登録第5190076号商標「Blue Note」（35類：「衣料品，飲食料品及び生活用品に係る各種商品を一括して取り扱う小売又は卸売の業務において行われる顧客に対する便益の提供」，「菓子及びパンの小売及び卸売の業務において行われる顧客に対する便益の提供」）が引用商標「Blue Note」（レコード，CD）との関係で，商標法4条1項15号，同19号に該当しないと判断された事案。

〔商標法4条1項15号——総合小売等役務〕

「本件商標の登録出願前から，『BLUE NOTE（ブルーノート）』の標章（引用商標）は，これに接する音楽関連の取引者，音楽愛好家などの需要者において，原告ないし原告の子会社であるブルーノート社の製作，販売等に係る『レコード（CDも含む。）』であると広く認識，理解されていたと認められる。しかし，同標章によって，原告ないし原告の子会社等の出所を示すものとして広く認識されるのは，商品『レコード（CDも含む。）』の販売等，又は，せいぜい同商品の販売等をする過程で行われる便益の提供に関連するものに限られるのであって，上記範囲を超えて広く知られていたとまでは認めることができない。

一方，前記アで述べたとおり，『総合小売等役務』は，『衣料品，飲食料品及び生活用品に係る各種商品を一括して取り扱う小売』とされていることから，一括的に扱われた小売等の業務との間で，目的と手段等の関係に立つことが，取引上合理的と認められる役務（類似を含む。）を行った場合に限り，その商標を独占できると解すべきである。

そうすると，前記(ｱ)のとおり，原告の引用商標の使用態様は，商品『レコ

ード(CDを含む。)』の販売等又は同商品を販売等する過程で行われる便益の提供に限られるものであり，本件総合小売等役務を指定役務とする本件商標権を被告が有することによって保護される独占権の範囲に含まれるものではないから，被告が同商標を使用したとしても，需要者，取引者において，その役務の出所が原告であると混同するおそれがあると解することはできない。」

〔商標法4条1項15号——特定小売等役務〕

「本件特定小売等役務には，『「レコード(CDも含む。)」の小売又は卸売の業務において行われる顧客に対する便益の提供』は，含んでいないから，本件商標を本件特定小売等役務に使用することによって，原告の業務に係る商品又は役務との間で，出所の混同を来すことはない。」

〔商標法4条1項19号〕

「原告は，本件商標が登録されたことにより，本件商標の指定役務である特定小売等役務とその特定小売等役務により取り扱われる商品とが類似するものとして扱われるため，引用商標を付した関連商品を販売することができない結果を来すから，被告に『不正の目的』が存在する旨を主張する。しかし，上記説示したとおり，被告において，本件特定小売等役務ないし本件総合小売等役務を指定役務とする本件商標を有したとしても，その独占権は，限定された範囲にのみ及ぶものであって，原告が引用商標を付した関連商品を販売することを禁止する効力はない。のみならず，前記のとおり，本件総合小売等役務については，『衣料品，飲食料品及び生活用品に係る各種商品』を『一括して取り扱う』小売又は卸売の業務において行われる顧客に対する便益の提供と認められない限り，本件商標の独占権は，当然には及ばない。したがって，原告のこの点の主張は，主張自体失当である。」

(3) **商標法4条1項19号**

■ Blue Note 事件（知財高判平23・9・14判時2128号136頁）
上記(2)参照。

5 商標権侵害

小売等役務商標を登録した後，権原のない第三者が，当該商標と同一又は

類似する商標を同一又は類似する役務又は商品に使用する場合には，商標権侵害を構成し（商標25条・37条），民事的救済（差止請求，損害賠償請求，信用回復措置）及び刑事的救済の対象となる（商標36条・38条・78条，民709条）。

具体的な侵害の態様としては，権原のない第三者が，①ショッピングカート・買い物かご，陳列棚，ショーケース，試着室，店舗の案内版，接客する店員の制服，商品，商品の包装，買い物袋に，小売等役務の出所を表示する態様で登録商標を付す行為（商標2条3項3号の使用に該当），②小売等役務の出所を表示する態様で，商品の会計用レジスターに登録商標を付して会計用カウンターに設置する行為，又は，登録商標を付した商品見本を展示して，使用する行為（商標2条3項5号の使用に該当），③商品の品揃え，商品の説明を行うウェブサイトに登録商標を付す行為（商標2条3項7号の使用に該当），④小売店の店舗の屋上の広告，電車内の吊り広告，新聞広告，新聞の折込広告，店舗内での商品カタログ・価格表，ウェブ広告に小売等役務の出所を表示する態様で登録商標を付して展示し，頒布する行為（商標2条3項8号の使用に該当）がある。

このような行為の中には，従来の商品商標の登録では，権利行使が難しかった商標権侵害の態様もある。商品商標と別に小売等役務を登録するメリットといえる。

小売等役務商標制度が導入される前は，小売業者の商標は，商品商標の専用権の範囲である程度保護されていた。例えば，Walkman事件では，靴の小売を営む被告の店舗の看板及び包装用袋に「ウォークマン」を使用する行為は，商品の広告・包装に標章を付したものを引き渡す行為に該当し，原告の登録商標「WALKMAN／ウォークマン」（靴）の商標権を侵害すると判断され（千葉地判平8・4・17判時1598号42頁），また，Elegance事件では，婦人服の小売を営む被告の店舗のショーウインドウに「Elegance及び図形」を婦人服の見える位置で使用する行為は，商品の広告に該当し，原告の登録商標「Elegance及び図形」（被服）の商標権侵害を構成すると判断されている（東京高判平8・9・12判例工業所有権法第二期版8111の87頁）。

しかしながら，今後は，小売等役務商標を登録することにより，当該商標権の専用権の範囲（役務同一の範囲）で保護されることになり，商品商標の登

録によっては，被告の使用態様により，禁止権の範囲（商品と役務の類似範囲）で保護されることになろう。

小売等役務商標の商標権の効力範囲，商標権侵害に関する裁判例として，下記のものがある。

■ Blue Note 事件（知財高判平23・9・14判時2128号136頁）[*3]

商標法4条1項15号，同19号の事案であるが，判断の前提として，小売等役務商標の商標権の効力範囲について，「目的と手段等の関係」により限定する手法を説示している。

この判断手法については，「商品商標に関連する業務目的が特定小売等役務と明らかに異なる場合，類似範囲の明確な区別基準として機能する。また，総合小売等の役務態様と商品商標に関する行為態様が抵触することは通常の場合ほとんど想定できないので，この場合についても定型的な判断を行う上で有効に機能すると思われる。」との評価がなされている[*4]。

「『特定小売等役務』においては，取扱商品の種類が特定されていることから，特定された商品の小売等の業務において行われる便益提供たる役務は，その特定された取扱商品の小売等という業務目的（販売促進目的，効率化目的など）によって，特定（明確化）がされているといえる。そうすると，本件においても，本件商標権者が本件特定小売等役務について有する専有権の範囲は，小売等の業務において行われる全ての役務のうち，合理的な取引通念に照らし，特定された取扱商品に係る小売等の業務との間で，目的と手段等の関係にあることが認められる役務態様に限定されると解するのが相当である（侵害行為については類似の役務態様を含む。）。」

「『総合小売等役務』においては，『衣料品，飲食料品及び生活用品に係る各種商品』などとされており，取扱商品の種類からは，何ら特定がされていないが，他方，『各種商品を一括して取り扱う小売』との特定がされていることから，一括的に扱われなければならないという『小売等の類型，態様』からの制約が付されている。したがって，商標権者が総合小売等役務について有する専有権の範囲は，小売等の業務において行われる全ての役務のうち，合理的な取引通念に照らし，『衣料品，飲食料品及び生活用品に係る各種商品』を『一括して取り扱う』小売等の業務との間で，目的と手段等の関係に

あることが認められる役務態様に限定されると解するのが相当であり（侵害行為については類似の役務態様を含む。），本件においても，本件商標権者が本件総合小売等役務について有する専有権ないし独占権の範囲は上記のように解すべきである。そうだとすると，第三者において，本件商標と同一又は類似のものを使用していた事実があったとしても，『衣料品，飲食料品及び生活用品に係る各種商品』を『一括して取り扱う』小売等の業務の手段としての役務態様（類似を含む。）において使用していない場合，すなわち，(1)第三者が，『衣料品，飲食料品及び生活用品に係る』各種商品のうちの一部の商品しか，小売等の取扱いの対象にしていない場合（総合小売等の業務態様でない場合），あるいは，(2)第三者が，『衣料品，飲食料品及び生活用品に係る』各種商品に属する商品を取扱いの対象とする業態を行っている場合であったとして，それが，『衣料品，飲食料品及び生活用品に係る各種商品を一括して取り扱う』小売等の一部のみに向けた（例えば，一部の販売促進等に向けた）役務についてであって，各種商品の全体に向けた役務ではない場合には，本件総合小売等役務に係る独占権の範囲に含まれず，商標権者は，独占権を行使することはできないものというべきである（なお，商標登録の取消しの審判における，商標権者等による総合小売等役務商標の「使用」の意義も同様に理解すべきである。）。『総合小売等役務商標』の独占権の範囲を，このように解することによって，はじめて，他の『特定小売等役務商標』の独占権の範囲との重複を避けることができる。」

■ モンシュシュ事件（大阪地判平23・6・30裁判所ホームページ）(*5)

原告登録商標「MONCHOUCHOU／モンシュシュ」と被告標章「Mon chou chou」は類似し，原告登録商標の指定商品「洋菓子」と被告標章の役務「洋菓子の小売」は類似するとして，商標権侵害を認容している。

「商品と役務の類否については，両者に同一又は類似の商標を使用したときに，需要者において，商品又は役務について出所の混同を招くおそれがあるかどうかを基準にして判断するのが相当である。そして，この判断にあたっては，取引の実情において，商品の製造販売と役務の提供が同一事業者によって行われるのが一般的か，商品と役務の用途，商品の販売場所と役務の提供場所，需要者の範囲等が一致するかなどの事情を，総合的に考慮すべき

である。これを，『洋菓子』と，『洋菓子の小売』についてみるに，洋菓子は，製造と販売が同一事業者によって行われるのが一般的であるし（争いがない。），その用途（飲食），商品の販売場所と小売役務の提供場所（店舗），需要者の範囲（一般消費者）は，いずれも一致するといえる。そして，上記事情からすれば，洋菓子という商品に使用される標章と同一又はこれに類似する標章を，洋菓子の小売という役務に使用した場合，一般には，商品の出所と役務の提供者が同一であるとの印象を需要者に与え，出所の混同を招くおそれがあるといえることになる。」

6 不使用取消審判

　小売等役務商標を登録しても，継続して3年間，登録商標を登録の対象となっている小売等役務（指定役務）に使用していない場合には，第三者の請求する不使用取消審判（商標50条）により，その登録が取り消されることになるので，指定役務に登録商標が使用されているかチェックするとともに，使用証拠（例：チラシ，パンフレット，雑誌広告，写真）を確保しておく必要がある。

　出願した当初は，総合小売を行っていたが，途中から飲食料品の取扱いをやめたような場合には，登録商標が指定役務（総合小売）に使用されていないことになるので，このような場合には，別途，特定小売（例：被服の小売）について新出願をする必要がある。

　商品商標の使用か，小売等役務商標の使用かについて争われた事件として，elle et elles 事件（知財高判平21・11・26判時2086号109頁）がある。

　登録商標「elle et elles」（被服等）が婦人用下着に使用されているのか，女性の下着の小売役務に使用されているのかが問題となった。

　被告（マイカル）は，登録商標「elle et elles」（被服等）を所有しており，被告の各専門店を店舗内に集合させた「VIVRE」という名称の店舗を全国に展開しており，その店舗の中に，直営店であるレディースインナーショップ「エル・エ・エル」を設けており，当該店舗内の壁や柱に本件登録商標「elle et elles」が表示され，その下に婦人用下着が陳列されていた（■図表2－8－2参照）。しかしながら，婦人用下着には，メーカーの商標が使用されており，

■図表2—8—2　店内のポール（柱）上のディスプレイ（登録商標の表示）と婦人用下着

本件登録商標は使用されていなかった。

　原告（HACHETTE FILIPACCHI PRESSE SA）は，被告（マイカル）の登録商標「elle et elles」は，指定商品「被服等」には使用されておらず，店舗名として被告の小売業務について使用されていると主張したが，裁判所は，被告の使用は，商標法2条3項8号にいう「商品……に関する広告……に標章を付して展示し，若しくは頒布……する行為」に該当すると判断して，原告の請求を棄却した。日本は，伝統的にディスプレイにおける使用も「広告」の使用に含めて判断している。

　本判決は，本件登録商標が，小売等役務商標制度施行前に登録された商標であることも考慮して，本件登録商標の使用を商品商標の使用として判断している。よって，今後，同じような事案でも，その登録が小売等役務商標制度施行後のものであった場合には，異なった判断がされる可能性もある[*6]。

　小売等役務商標発祥の地である米国では，商品商標の使用には，「広告」が含まれていないが，「ディスプレイ（on the goods or their containers or the displays associated therewith）」は含まれている（米国商標法45条）。米国の弁護士からは，本件のポールにおける表示（■図表2—8—2）は，婦人用下着と関連性のあるディスプレイとしての使用なので，米国においても，商品商標の使用になる可能性が高いとのコメントがあった。米国では，看板に表示された登録商標と商品との距離が離れて，ディスプレイとしての使用に該当しない場合には，上記商品商標の使用の定義から外れるので，「広告」も商標の

使用とみる35類の小売について商標権を取得するとのことであった。

7　小売等役務商標の登録例の検討

デパートの大丸松坂屋百貨店及びその関連会社は，(1)ハウスマークである「大丸」(5288215)，大を○で囲った図形商標 (5370993)，(2)食品を扱うフロアーの表示である「ほっぺタウン」(5125573)，(3)コーナー表示と思われる「くらしのギャラリー」(5185134)，「旬鮮とれたて市場」(5182534)，(4)小僧の形をした立体商標 (5125582)，(5)キャッチフレーズ「あの店この味」(5125571)，「あなたらしいいごこち」(5165594) などを登録している。

デパートの三越伊勢丹は，小売等役務商標「三越」を総合小売 (5121404) と特定小売 (5139508) の双方に登録している。これは，三越の店舗によっては，特定小売のみを行い，総合小売を行っていない場合があるからである。

ショッピングモールの名称が，小売等役務商標に該当するか否かは，明確になっていない。モールの運営事業体自体は商品の品揃え及び販売を行わないからである。ショッピングモールには，バーチャル（ネット）とリアル（実際の建物）の２つがあり，前者の場合には，35類の「ショッピングモール事業の運営」，後者の場合には，それに36類の「建物の管理」を追加して保護を図ってきた。ショッピングモールの名称を出店している加盟小売店に使用許諾している場合には，加盟店の使用に基づく小売等役務商標の登録可能性も考えられる。実際に，ショッピングモールの名称「日比谷シャンテ」（商標登録第5143737号）を東宝が小売等役務商標として35類に登録している。

三菱グループと関係のない三菱鉛筆は，「三菱」(2007-30158)，「三菱の図形」(2007-30154)，「MITSUBISHI」(2007-30157) を既に登録済みの商品商標と類似関係にある35類「紙類及び文房具の小売又は卸売の業務において行われる便益の提供」について，三菱グループに先に権利を取得されないように，2007年４月１日にしっかり出願していたが，その後出願が取り下げられている。

米国のデパート「bloomingdale's」(5118926)，「macy's」(5118927) は，総合小売のみを指定して登録している。

商標ブローカーが35類のすべての小売役務について登録するのを排除する

ため，2類似群コードをカバーする小売等役務商標出願をした場合には，特許庁は使用意思を確認することになっている。

これを避けるために，大手メーカー数社は，同じ商標（ハウスマーク）を1類似群コード毎に別々に多数登録した。子会社へのライセンスの関係で早期に権利取得する必要からと推察される。

8　企業の対応策

(1)　特例期間内の出願

2007年4月1日から7月2日までの特例期間内に出願した小売等役務商標同士は，同日に出願した取扱いになるので（附則（平成8年6月7日法律第55号）抄7条1項），他者に先に登録されないよう，この期間内に小売等役務商標を出願する必要があった。出願が競合した場合には，協議又はくじにより，いずれか一方が登録されることになる。ただし，一方が周知又は著名な場合には，そちらが優先される。

商品商標と小売等役務商標との間には，特例措置がなく，先願主義が適用されるので，商品商標を所有していない場合には，早急に出願する必要があった。

(2)　継続的使用権

2007年3月31日以前より小売等役務商標を使用している場合には，商標登録を行わなくとも，その地域において，継続して小売等役務商標を使用することができる（附則（平成8年6月7日法律第55号）抄6条1項）。しかしながら，この継続的使用権は，使用できる地域が，現在の使用地域に限定されているので，将来業務範囲を拡大する予定がある場合には，小売等役務商標を登録する必要がある。

(3)　商品商標の取扱い

小売等役務は，従来は，商品商標として保護することになっていたので，通常，小売等役務商標を出願する企業は，商品商標を所有している。

そこで，小売等役務商標を登録した場合に，既に登録した商品商標を更新する必要があるか否かが問題となる。更新不要となれば，大幅なコストダウンになる。

小売業者がプライベートブランド（製造標）として商標を商品に使用する場合，又は，他のメーカーとのコラボレーションにより販売標として商標を商品に使用する場合（例：コダック社のフィルムカメラにFamilyMartの商標を販売標として付す場合）には，商品商標を維持する必要がある。

小売の出所を表示するために商品又は商品の包装に商標を付す場合には，小売等役務の商標登録で足りるが，その商品が商標を付したまま他社へ販売される場合には，販売標として機能するので商品商標を維持する必要がある。デパートで全国の銘菓が販売されるような場合である。

上記に該当しないような場合，例えば，商品又は商品の包装には一切小売等役務商標が使用されない場合（例：看板にのみ使用される場合），商品又は商品の包装に小売等役務が使用されるが最終消費者への販売時にのみ小売等役務の出所表示として使用される場合には，商品商標を維持する必要はないと解する。

もっとも，製造小売の場合には上記の区分けが明確にはなされないので，商品商標と小売等役務商標双方を維持した方が無難である。

(4) 親会社及び子会社の留意点

親会社のハウスマークを子会社が小売等役務商標として使用する場合には，親会社の名義で小売等役務商標を取得する必要がある。

メーカーの場合，通常販売会社は別法人になっていることが多く，このような場合には，親会社の名義で出願する必要がある。

子会社独自の小売等役務商標であっても，その中に親会社のハウスマークが含まれている場合には，親会社の商品商標の登録と抵触することになるので，やはり，親会社の名義で登録をとる必要がある。

【注】
(＊1) 『平成20年度商標出願動向調査――小売等役務商標等の出願動向に与える影響に関する調査〔要約版〕』（特許庁，2009年）8頁。
(＊2) 『平成16年度特許庁産業財産権制度問題調査研究報告書 小売業商標のサービスマークとしての登録及びコンセント制度導入に対応する審査の在り方に関する調査研究報告書』（知的財産研究所，2005年）80頁。
(＊3) 判例評釈として，工藤莞司・判評610号（2012年）22頁，今村哲也・ジュリ臨時

増刊1440号（2012年）287頁，茶園成樹「知的財産判例の動き」ジュリ増刊1440号（2012年）273頁，藤野忠「小売商標の権利範囲と他人の業務に係る商品との出所の混同――『Blue Note』商標無効審判（不成立審決取消）事件」知的財産法政策学研究40巻（2012年）213頁がある。

(＊4) 今村哲也・ジュリ臨時増刊1440号（2012年）288頁。

(＊5) モンシュシュ控訴審事件（大阪高判平25・3・7裁判所ホームページ）も「一般的に，『洋菓子』という商品に使用される標章と同一又はこれに類似する標章を，『洋菓子の小売』という役務に使用した場合には，商品の出所と役務の提供者が同一であるとの印象を需要者に与え，出所の混同を招くおそれがあるといえる」と判示する。

(＊6) 本判決後にだされたAUTO HELLO!!ES事件判決（知財高判平21・12・17裁判所ホームページ）では，特に，登録商標が小売等役務商標制度施行前のものであることについては，言及していない。

第9節 地域団体商標と地理的表示（GI）
―― 地域団体商標制度の基本構造と侵害判断基準 ――

1 はじめに

　地域団体商標（Regionally based Collective Trademarks）とは、「地域の名称」と「地域との密接関連性を有する商品又は役務の普通名称」等から構成される商標で、事業協同組合等が、その構成員に使用させる商標をいう。

　地域団体商標の出願受付が、2006年4月1日に開始され、2014年6月23日までに1061件の出願があった。

　登録第5004520号商標「和歌山ラーメン」（30類：和歌山県産のスープ付き中華そばのめん／権利者：和歌山県製麺協同組合），登録第5073378号「PROSCIUTTO DI PARMA」（29類：イタリア国パルマ地方産のハム／権利者：コンソルツィオ・デル・プロッシュット・ディ・パルマ），登録第5099504号「黒川温泉」（44類：熊本県阿蘇郡南小国町黒川地区における温泉浴場施設の提供／権利者：黒川温泉観光旅館協同組合），登録第5129558号「カナダポーク」（29類：カナダ産の豚肉／権利者：カナダ・ポーク・インターナショナル），国際登録第965547号「鎮江香醋」（30類：中国の鎮江産のもち米を用いて鎮江地区で製造された食酢／権利者：Zhenjian Vinegar Assoication）等1000件以上が出願され，550件以上が登録されている（2015年1月13日現在）。

　地域団体商標の権利化が順調に進んでいる。既存の地域ブランドの実態を十分把握した上で制度設計がなされており，また，特許庁による説明会も周到に行われたので当然の帰結と思われる。

　登録された地域団体商標の所有者にとっての次の関心は，地域団体商標をいかに管理するか，また，商標権侵害をどのように判断するかの問題である。

　本節では，地域団体商標制度の基本構造を説明した後に，地域団体商標の侵害判断基準について，既に公表されている秀逸な論文をもとに考えてみた

い。

　なお，地域団体商標の商標登録を受けることができる者に，商工会，商工会議所及び特定非営利活動法人並びにこれらに相当する外国の法人を追加した新商標法7条の2第1項が，2014年8月1日に施行された。これにより，B級グルメなど多くの地域団体商標が出願される可能性があるので，食品会社は，登録された地域団体商標と抵触しないように注意する必要がある。

　出願が予想されるものとして，福生市商工会の「福生ドッグ」（東京都福生市），伊勢商工会議所の「いせさきもんじゃ」（群馬県伊勢崎市），NPO法人小豆島オリーブ協会の「小豆島オリーブオイル」（香川県小豆島）がある。地方公共団体については，団体の構成員を認識しにくいため，地域団体商標の登録主体の拡充には含まれていない。

2　地域団体商標制度の基本構造

(1)　地域団体商標制度の基本構造

　地域ブランドは，「地域名＋商品名」等から構成されるため，生来的に出所識別力がなく，商標法3条1項各号に該当するとして登録することができず，商標法3条2項を適用して登録する必要があり，全国的知名度を確立する前に，商標登録をすることができなかった。

　そこで，地域団体商標制度を設け，商標法3条2項の全国的知名度を確立していない地域ブランドであっても，一定の地域で周知性を獲得した場合には，商標登録を認めることとした。

　すなわち，地域団体商標制度は，既存の商標法の枠組みを利用して，登録要件である出所識別力の規定のバーを下げることにより（商標7条の2第1項柱書），商標法3条2項よりも緩やかな要件で，地域ブランドの登録を認める基本構造となっている[*1]。

　地域団体商標と通常の商標を比較すると■図表2—9—1のように整理される[*2]。

　地域密着型の地域団体商標の性質及び登録要件としての出所識別力のバーを低く設定したこととの関係で，商標の構成，指定商品・役務，主体的要件[*3]，出願人の使用意思，登録要件としての周知性[*4]，地域との密接

■図表2－9－1　地域団体商標と通常の商標との比較

	項　目	地域団体商標 （商標7条の2）	通常の商標 （商標2条）
1	商標の構成	地名＋商品名等に限定	限定なし
2	指定商品・役務	「〇〇産の△△」に限定	限定不要
3	主体的要件	事業協同組合等 加入の自由度	自然人又は法人 加入の自由度不要
4	出願人の使用意思	不要 構成員に使用させる	必要
5	周知性	隣接都道府県（商標7条の2）	生来的に出所識別力がない場合には、全国的知名度 （商標3条2項）
6	地域との密接関連性	必要	不要
7	権利の効力範囲	独占権（全国）	独占権（全国）
8	証明書	主体的要件について 地域の名称について	不要
9	登録後、周知性を喪失した場合	無効事由（商標46条1項7号）	無効事由ではない
10	除斥期間の対象の制限	商標の構成・主体的要件・周知性（請求時に周知性を獲得している場合を除く）については制限なし（商標47条）	地域団体商標のような制限はない
11	譲渡制限	不可（商標24条の2第4項）	可能（商標24条の2） （商標4条2項の商標を除く）
12	先使用権	周知性不要（商標32条の2）	周知性必要（商標32条）
13	専用使用権	設定不可（商標30条）	可能（商標30条） （商標4条2項の商標を除く）
14	通常使用権	許諾可能（*5）（商標31条）	許諾可能（商標31条）

　関連性，証明書，登録後周知性を喪失した場合の後発的無効事由，無効審判の除斥期間の適用除外，譲渡制限，専用使用権の可能性について，地域団体商標は，通常の商標と異なる規定ぶりとなっている。

　ひとことでいえば，法的に不安定で，管理の難しい商標である。しかしながら，登録要件の甘さとの関係では，法的にはバランスがとれている。

地域団体商標を使用する商品の品質を維持するために,「食用魚介類」については,■図表2—9—2にあるように指定商品を限定する傾向がみられる。

商品・役務の国際分類上,死んでいる「食用魚介類」は29類で,生きている「食用魚介類」は31類に分類され,類似関係にある（類似群コードはともに32C01）。

(2) 地域団体商標制度の趣旨（産業政策説,行為規制定型化説,その他）

地域団体商標制度の趣旨について,起草者は,発展段階にある地域ブランドの保護を図るといった産業政策にあるとしている。すなわち,地域団体商標の登録要件として,商標法3条2項のような全国的な知名度を要求すると,全国的な知名度を獲得するまでの間は他人の便乗使用を排除できず,また,他人により使用されることによって,出願人の商標としての知名度の獲得がますます困難となるため,周知性の要件を緩和して,政策的に地域ブランドの早期保護を図ったとしている[*6]。

これに対して,地域団体商標の立法に審議会委員として関与された北海道大学の田村善之教授は,地域団体商標制度の趣旨を,不正競争防止法2条1項13号（誤認惹起行為）に該当する行為規制を,特許庁の事前の審査を介在さ

■図表2—9—2　食用魚介類の地域団体商標と指定商品

	地域団体商標	指　定　商　品
1	苫小牧産ほっき貝	苫小牧産のほっき貝（31類）
2	丹後とり貝	丹後地方の海で育成されたとり貝（生きてるものを除く）（29類） 丹後地方の海で育成されたとり貝（生きているものに限る）（31類）
3	大間まぐろ	青森県下北半島大間沖で漁獲されるまぐろ（29類）
4	大黒さんま	北海道厚岸町大黒島沖で漁獲され北海道厚岸漁港で水揚げされたさんま（29類）
5	紀州勝浦産生まぐろ	和歌山県那智勝浦町勝浦漁港に水揚げされた生鮮まぐろ（生きているものを除く）（31類）
6	淡路島3年とらふぐ	淡路島で3年間養殖されたとらふぐ（生きているものを除く）（29類） 淡路島で3年間養殖されたとらふぐ（生きているものに限る）（31類）

せることで定型化し，権利行使を容易にした点にあると指摘され，このような視点で，各要件をするどく分析されている[*7]。

このような地域団体商標の捉え方の違いは，後述するように，地域団体商標の侵害判断基準に影響を与えることになる。

地域団体商標制度の特徴点についての起草者と田村教授の説明については，■図表2−9−3（後掲）のように整理される。

明治大学の今村哲也准教授は，起草者の考えを「産業政策説」，田村教授の考えを「行為規制定型化説」と名づけ，前者は，地域団体商標と通常の商標の保護するブランドは同じ性質のブランドであり，連続的に把握するのに対して，後者は，地域団体商標のブランドと通常の商標のブランドは異なるタイプのものとし，両ブランドの発展段階の連続性を意識していない点に違いがあるとされる。そして，自身は，比較法的研究を踏まえ，両説とは別の考え，すなわち，地域団体商標制度は，法制度上の多様な発現形態を有する原産地名称・地理的表示保護法制の過渡的な発現形態であることに由来するものであると捉えている[*8]。ただし，このような趣旨の捉え方が，商標権の侵害判断基準にどのような影響を与えるかについては言及していない。

筆者は，2003年〜2004年の間，今村哲也明治大学准教授とともに，特許庁の委託研究「各国における団体・証明・保証商標制度の調査研究」に関するワーキンググループ（委員長：工藤莞司弁理士（元商標課長））に所属し，その報告書[*9]では，商標法の体系を維持するため，商標法3条2項の規定はそのままとし，地域ブランドが，「地域名＋商品名＋特殊な書体（又は若干の図案化）」の態様で使用されている例が多い点に着目して，このような態様の商標は，需要者への浸透のスピードは速いので，商標法3条2項の運用をきめ細かに行えば，現行法においても地域ブランドの保護は可能である旨を述べた。

しかしながら，出来上がった地域団体商標制度では，出所識別力について，商標法3条2項より低い規定を設け，商標権の効力は，通常の商標と同じように，全国的な独占権として構成されているので，従来の商標法の体系を崩して，当該制度は導入されたことになる。

地域団体商標制度の趣旨をどのように捉えるかについては，産地等偽装行為規制の定型化という田村教授の考え方が非常に理解しやすい。立法過程で，

■図表２－９－３　地域団体商標制度の特徴と起草者及び田村善之教授の説明

	項　目	地域団体商標（商標７条の２）	起草者の説明（産業政策説）	田村善之教授の説明（行為規制定型化説）
1	商標の構成	地名＋商品名等に限定	図形等の付された商標は通常の商標で保護可能であり、地域ブランドとして地域の名称のみが使用されることはまれであり、地域の名称のみの商標の登録を認めると、類似商品（役務）に地域の名称のみの商標が使用されたときには権利侵害となり、地域の名称の正当な使用を過度に制約することになるため。	
2	指定商品・役務	「〇〇産の△△」に限定	地域団体商標の構成中の商品名・役務名と一致させる。	
3	主体的要件	事業協同組合等加入の自由度	可能な限り、商標の使用を欲する事業者が地域団体商標を使用することができるようにするため。	個々の事業者に権利を認めることによる濫用を防止。産地等偽装行為規制の下、地域団体商標を使用する利益を享受し得るものは地域の事業者全員であったため。
4	出願人の使用意思	不要　構成員に使用させる	商品又は役務の出所が団体の構成員であることを明らかにするためのものであるため。	
5	周知性	隣接都道府県（商標７条の２）	発展段階における地域ブランドの保護。第三者による便乗使用のおそれが生じ得る程度に信用の蓄積があることが必要。	地域団体商標に係る権利を行使する団体を選別する要件。定型的に権利化するに値する商標を選別する要件。
6	地域との密接関連性	必要	発展段階における地域ブランドの保護。周知性要件を緩和したこととの関係。	産地等偽装行為を定型化したもの。
7	権利の効力範囲	独占権（全国）	発展段階における地域ブランドの保護。	
8	証明書	主体的要件について地域の名称について		

9	登録後、周知性を喪失した場合	無効事由（商標46条1項7号）	保護の前提がなくなるため。第三者の自由使用を認め、周知性を獲得した団体に登録の途を開く。	
10	除斥期間の対象の制限	商標の構成・主体的要件・周知性（請求時に周知性を獲得している場合を除く）については制限なし（商標47条）	独占適応性のない商標を既存の法律状態を尊重して独占を認める理由がない。	
11	譲渡制限	不可（商標24条の2第4項）	主体的要件を定めた趣旨を担保するため。	
12	先使用権	周知性不要（商標32条の2）	団体に属さない事業者の使用を確保。	
13	専用使用権	設定不可（商標30条）	構成員の使用も制限され、地域における商品の生産者等の使用を確保した趣旨が没却されないようにするため。	

商標権侵害を否定して、不正競争防止法2条1項1号を適用した三輪素麺事件（奈良地判平15・7・30（平成11年（ワ）第460号）判例集未登載）を検討していることからも[*10]、起草者の頭の中には、産地等偽装行為規制の定型化（不競2条1項13号）又は混同惹起行為規制の定型化（不競2条1項1号）といった考え方もあったものと推察される。

　起草者が、このような考え方により説明しなかった背景には、地域ブランドは、「地域の名称＋商品名」という構成からなる生来的に出所識別力の極めて弱い商標であり、「薩摩芋」、「伊予柑」、「奈良漬」のように普通名称[*11]として認識されるリスクが高く、現に普通名称化に瀕している地域ブランドがあり、これを地域ブランドとして育てていくには、発展段階にある地域ブランドの保護という説明の方が、座りがよかったためと推察される。

(3) 米国商標法との比較（主登録簿と補助登録簿）

　日本の地域団体商標制度のように、出所識別力について2つの基準を設ける国としては、米国があり、主登録簿（出願人の商品を他人の商品から識別でき

る商標／may be distinguished from the goods of others）と補助登録簿（出願人の商品又は役務を識別する可能性のある商標／must be capable of distinguishing the applicant's goods or services）に分かれている（米国商標法2条及び同法23条）。

　しかしながら，権利の効力には大きな違いがあり，出所識別力の低い商標を登録することができる補助登録簿に登録された商標権には，主登録簿の商標権に認められている，①登録の有効性（validity of the registration）[*12]，②登録証を証拠として法廷に提出することができること（米国商標法33条(a)），③悪意の擬制[*13]，④不可争性（incontestability）[*14]，⑤財務省・関税局において輸入を阻止する権利（米国商標法42条）が認められていない。

　日本の地域団体商標制度については，条文上では，権利の効力について，通常の商標との間に違いがないが，地域団体商標制度の趣旨の捉え方によっては，その効力範囲に違いがでてくる。次に，その点について，検討する。

3　地域団体商標の侵害判断基準

(1) 商標権侵害の要件

　商標権侵害の要件を広くみると（抗弁事由も含む），以下の①〜⑧がある。地域団体商標については，②の商標の類似，③の商品・役務の類似，⑥の商標権の効力の制限規定との関係が問題となる。

〔商標権侵害の要件〕
① 登録商標が存在すること。
② 被告標章が登録商標と同一又は類似すること。
③ 被告標章の使用する商品又は役務が登録商標のそれと同一又は類似すること。
④ 被告標章の使用が商標法2条3項各号の「使用」に該当すること。
⑤ 商品の出所を表示し，自他商品の識別機能を果たす態様で使用されていること[*15]。
⑥ 商標権の効力の制限規定（商標26条）に該当しないこと。
⑦ 被告に故意又は過失があること（損害賠償請求のみ）。
⑧ 被告の行為によって原告が損害を被ったこと（損害賠償請求のみ）。

(2) 商標の類否判断について

商標権侵害における商標の類否判断については，小僧寿し事件最高裁判決（最判平9・3・19民集51巻3号1055頁）があり，「商標の類否は，同一又は類似の商品に使用された商標が外観，観念，称呼等によって取引者，需要者に与える印象，記憶，連想等を総合して全体的に考察すべきであり，かつ，その商品の取引の実情を明らかにし得る限り，その具体的な取引状況に基づいて判断すべきものである。右のとおり，商標の外観，観念又は称呼の類似は，その商標を使用した商品につき出所を誤認混同するおそれを推測させる一応の基準にすぎず，したがって，右三点のうち類似する点があるとしても，他の点において著しく相違するか，又は取引の実情等によって，何ら商品の出所を誤認混同するおそれが認められないものについては，これを類似商標と解することはできないというべきである。」と判示する。すなわち，商品の出所の混同のおそれが，商標の類否判断の決め手となる。

通常の商標（商標3条2項適用の商標を除く）であれば，「東京（地域名）＋牛（商品名）」の部分は，商標の要部とならないが，地域団体商標では，まさに，この部分が商標の要部（出所識別機能を果たす部分）となり，この部分の書体を変更し，又は，他の文字，図形を付加して使用しても，商品の出所の混同のおそれがあれば，商標は類似と判断される。

例えば，「東京牛」と「名産東京牛」，「東京牛肉」，「東京産牛」は類似と判断される可能性がある[*16]。ただし，後述するように，商標法26条1項2号に該当する場合には，商標権侵害が否定される。

地域団体商標制度が成立する前に書かれた論文[*17]であるが，早稲田大学の渋谷達紀教授は，商標の類否判断について，「広義の混同」を含むとの見解をとり，また，地理的表示を含む商標については，通常の商標の「営業的出所」とは異なる，「地理的出所の混同のおそれ」を基準とし，産地名や普通名称の文字表記の部分も要部を構成するとの見解をとられる。

(3) **商品・役務の類否判断について**

商品「東京都産の牛肉」について「東京牛」を地域団体商標として登録した場合に，第三者が，「埼玉県産の牛肉」に「東京牛」と使用すれば，同一商標を類似する商品に使用したことになり，商標権侵害を構成することになる。

これに対して、第三者が「東京牛」をレストランに使用した場合には、商標権侵害を構成しない可能性がある。商品「東京都産の牛肉」と役務「飲食物の提供」は、同一営業主により取り扱われる可能性が少ないといった事情がある場合には、当該商品と役務は非類似と判断されるためである。実際、特許庁の実務では、非類似と取り扱われている。

ただし、レストランのメニューに「ステーキ（東京牛）」と表示してあるが、実際に提供している牛肉が「東京牛」でない場合には、不正競争防止法2条1項13号（誤認惹起行為）に該当することになる[*18]。

役務「東京都における温泉浴場施設の提供」に「東京温泉」を地域団体商標として登録した場合に、第三者が「東京温泉」を役務「埼玉県における温泉浴場施設の提供」に使用すれば、同一商標を類似役務に使用したことになり、商標権侵害を構成することになる。

これに対して、第三者が役務「建物の売買」に「東京温泉」を使用した場合には、商標権侵害を構成しない可能性がある。役務「建物の売買」と役務「東京都における温泉場施設の提供」は、同一営業主により取り扱われる可能性が少ないといった事情がある場合には、当該役務同士は非類似と判断されるためである。実際、特許庁の実務では非類似と取り扱われている。

ただし、地域団体商標「東京温泉」が、周知又は著名となり、役務「建物の売買」について防護標章登録を受けている場合には、商標権侵害を構成することになる。また、このような場合には、防護標章登録を受けていなくとも、使用態様によっては、不正競争防止法2条1項1号（混同惹起行為）又は同法2条1項2号（著名表示冒用行為）も適用される可能性がある。

(4) 商標権の効力の制限規定（商標26条）

組合Xが、商品「東京都産の牛肉」について、地域団体商標「東京牛」を登録した場合に、組合Xの構成員でないが、東京地域の生産者であるYが、JAS法（農林物資の規格化及び品質表示の適正化に関する法律）に基づき、「東京産牛肉」と表記することは、商標法26条1項2号に該当し、商標権侵害を構成しないことになる。

上記の場合で、Yが、JAS法に基づく表記方法ではなく、「東京牛」と表記した場合に、商標法26条1項2号に該当するか否かが問題となる。以下の

3つの考え方があり得よう。

地域団体商標制度の趣旨を，産地等偽装行為規制を定型化したものであるとの立場をとられる田村善之教授の考えによれば，東京地域の生産者であるYが使用する場合には，商標法26条1項2号が適用される可能性がある[*19]。

これに対して，地域団体商標制度の趣旨を発展段階にある地域ブランドの保護を図るといった産業政策の立場をとる起草者の考えによれば，商標法26条1項2号の適用はなく，商標権侵害を構成するという結論になる可能性がある。もっとも，この場合には，YがXの構成員になれば，商標権侵害を免れるし，Xの出願前から使用している場合には，Yは，先使用権の抗弁を主張することができる（商標32条の2）。

もう1つ考えられる類型としては，「東京牛」が銘柄牛として肉質等級の極めて高いもののみに使用されており，肉質等級の低いものにはセカンドブランド「東京産和牛」が別途使用されている事案で，Yの肉質等級が極めて低く，商品の品質の違いが，地域団体商標「東京牛」の出所表示機能に影響を与える場合には，商標権侵害を構成するという立場である[*20]。

(5) **裁　判　例**

行為規制定型化説をとった裁判例として博多帯第1審判決（福岡地判平24・12・10（平成23年(ワ)第1188号）裁判所ホームページ）があり，「地域団体商標は，商標法7条の2第1項が規定するところから明らかなとおり，地域の名称及び商品等の普通名称等のみからなる商標であるため，これに対する商標法26条1項2号又は3号の適用が問題になるところ，商標法には，地域団体商標に関して商標法26条の適用に関する特別な規定は存在しない。そして，従来，地域団体商標のような商標につき原則として商標登録が認められなかったのは，同商標が，当該地域において当該商品の生産・販売，役務の提供等を行う者が広く使用を欲する商標であり一事業者による独占に適さない等の理由によるものであるから，地域団体商標が商標登録された場合においても，地域団体商標権の効力が他の事業者による取引上必要な表示に対して過度に及ばないようにする必要がある。もっとも，地域団体商標又はその類似する商標について，当該地域以外の事業者が自らの商品の産地又は商品の内容の表

示として使用しなければならないといった事態は通常想定できないから（仮にこのようなことが行われる場合は産地偽装となる。），上記のような問題は地域内アウトサイダーとの関係において生じることになる。すなわち，地域内アウトサイダーが，自身が製造・販売する商品等の産地や同商品等の一般的名称など取引に必要な表示を全く付せなくなれば，営業活動が過度に制約されるおそれがあり，また，上記のような取引上必要な表示についてまで，これを付すことを禁止することは，同じ地域ブランド事業を行っている事業者のうち，地域団体商標権者たる団体に加入している者とそうでない地域内アウトサイダーを不当に競争において差別することになるから相当ではないし，地域ブランドが識別性を獲得するまでの間，他の地域の事業者等が地域ブランドの名称を便乗使用することの排除を容易にすることによって地域ブランドを保護しようとした地域団体商標制度新設の趣旨からしても過剰な規制である。そうすると，地域団体商標として登録された商標についても，商標法26条1項2号又は3号が適用されるというべきであり，地域内アウトサイダーが，自身の製造・販売する商品等の産地及びその一般名称からなる当該地域団体商標又はその類似の標章を上記商品等に付して使用する限りは，それは主として取引に必要な産地や商品等の種類の表示であると評価することができるから，同使用は商標法26条1項2号又は3号に該当するものとして許されるというべきである。」と判示している[*21]。

一方，産業政策説をとった裁判例として博多帯第2審判決（福岡高判平26・1・29（平成25年（ネ）第13号）判例集未登載）があり，「地域団体商標の制度趣旨は，前記のとおり，地域産業の振興の観点から，商標法3条2項が規定する特別顕著性を獲得する以前の地域ブランドについて，所定の要件の下で特別の商標登録ができるようにしたものと理解するのが相当であり（産業政策説），このような理解によれば，前記地域内アウトサイダーが当該地域団体商標を使用する場合にも，当該使用態様が自他商品の出所識別機能を害するものである場合には，商標法26条1項2号に該当するということはできないことになる。地域団体商標制度の導入に際しては，地域団体商標として登録される地域の名称及び商品の名称等からなる商標は，当該地域において当該商品の生産・販売，役務の提供等を行う者が広く使用を欲する商標であり一事業者に

よる独占に適さない等の理由で原則として登録を認めないこととされていたところ，地域団体商標が登録されたことにより，同種の商品を取り扱う者が商品の産地や原材料名等の取引上必要な表示を全く付せなくなれば，これらの者の営業活動が過度に制約されるおそれがあり，地域団体商標に係る商標権の効力が他の事業者による取引上必要な表示に対して過度に及ばないようにする必要があることから，商標法26条1項を適用することにして特別規定を設けていない。さらに，実質的にも地域内アウトサイダーの使用とはいえ，先使用権の要件を除き通常の商標権と同一である地域団体商標権を侵害する場合もあり得ることからすれば，後者の理解が相当である。」と判示している。

　いずれの判決においても，被告標章「博多帯」の商品「帯」への使用は，地域団体商標「博多織」[*22]の商標権侵害を構成しないと判断されている。博多帯第2審判決では，「博多織」と「博多帯」は類似せず，また，地域団体商標「博多織」の商標権者（原告）である博多織工業組合が被告の加入を拒んだ事実があり，原告の権利行使は，権利濫用（民1条3項）に該当すると判断されている。

4　おわりに——次のステップとしての商標法3条2項

　地域団体商標の基本構造と侵害判断基準について，検討を試みたが，地域団体商標には，一部除斥期間の適用がなく，また，後発的無効事由も設けられており，権利としては，不安定なものであり，権利の効力範囲もさほど広くないといえる。地域ブランドをなるべく早く地域団体商標として登録して，模倣品を排除することにより，地域ブランドの普通名称化を防止し，また，当該地域ブランドを全国的又は国際的なブランドとして育成するため，次のステップとして，より安定した権利として，再度，地域ブランドを商標法3条2項により登録することが望ましいといえる。

　米国においても，商標を補助登録簿に登録した場合には，次のステップとして，使用実績を積んで，主登録簿に登録するのが一般的である。

　筆者は，2007年2月17日に開催された北海道大学・COE研究会・知的財産法研究会において，「地域団体商標・小売役務商標の実務」について報告

する機会を得た。同じく，「商標法の改正（地域団体商標および小売商標の導入）とその理論的な含意」について報告された北海道大学大学院法学研究科の田村善之教授には，地域団体商標制度の考え方について，立法過程も含めご教示頂いた。記して，感謝申し上げる次第である。

5 その後の進展——地理的表示（GI）の保護

地理的表示に関する「特定農林水産物等の名称の保護に関する法律」（特定農林水産物等名称保護法）が，2014年6月18日に可決・成立し，同年6月25日に平成26年法律第84号として公布された。公布の日から1年以内で，政令で定める日から施行される[*23]。

地理的表示登録の候補としては，「鹿児島黒酢」（鹿児島県霧島市福山町），「伊勢本かぶせ茶」（三重県北勢地域），「鳥取砂丘らっきょう」（鳥取県鳥取市福部町）がある。

法律の骨子は，以下の通りである。

(1) 「特定農林水産物等」及び「地理的表示」の定義

この法律において，「特定農林水産物等」とは，農林水産物・食品のうち，特定の地域で生産され，品質，社会的評価その他の確立した特性が生産地に主として帰せられるものをいうこととし（2条2項），「地理的表示」とは，特定農林水産物等の名称の表示をいうこととする（2条3項）。

(2) 登　　録

(a) 登録の申請　特定農林水産物等の生産者団体であって，生産行程や品質の管理を行う十分な能力を有するものは，特定農林水産物等の生産地，生産方法，特性等を定めた明細書及び生産行程等の管理に関する規程を添付した上で，農林水産大臣にその名称である地理的表示等の登録を申請することができることとする（7条）。

(b) 意見書の提出及び学識経験者の意見聴取　農林水産大臣は，登録の申請の概要を公示し，第三者からの意見書の提出を受け付けるとともに（9条），学識経験者の意見を聴取した上で（11条），登録の可否を判断することとする（12条）。登録商標との抵触審査も行なわれる（13条1項4号ロ）。

(3) 特定農林水産物等の名称の保護

(a) 地理的表示及び登録標章　登録を受けた生産者団体の構成員は，明細書に沿って生産した特定農林水産物等又はその包装等について，地理的表示を付することができることとする（3条）。また，生産者団体の構成員が地理的表示を付するときは，登録された地理的表示であることを示す標章を併せて付することとする（4条）。

　これらの場合を除いては，何人も，農林水産物・食品又はその包装等に地理的表示又は標章を付することはできないこととする。

(b) 措置命令等　農林水産大臣は，(a)の規制に違反した者に対し，地理的表示若しくは標章又はこれらと類似する表示若しくは標章の除去を命じることができることとし（5条），その命令に違反した者に対しては，刑事罰を科することとする（28条～32条）。

　附則4条に以下の通り，商標法との調整規定（商標権の効力の制限）が設けられている。すなわち，商標権の効力は，不正競争の目的がない場合，地理的表示を付する行為等に及ばない。

〔平成26年6月25日法律第84号特定農林水産物等の名称の保護に関する法律附則第4条〕

　商標法の一部を次のように改正する。

　第26条に次の1項を加える。

3項　商標権の効力は，次に掲げる行為には，及ばない。ただし，その行為が不正競争の目的でされない場合に限る。

　1号　特定農林水産物等の名称の保護に関する法律（平成二十六年法律第八十四号。以下この項において「特定農林水産物等名称保護法」という。）第三条第一項の規定により商品又は商品の包装に特定農林水産物等名称保護法第二条第三項に規定する地理的表示（以下この項において「地理的表示」という。）を付する行為

　2号　特定農林水産物等名称保護法第三条第一項の規定により商品又は商品の包装に地理的表示を付したものを譲渡し，引き渡し，譲渡若しくは引渡しのために展示し，輸出し，又は輸入する行為

　3号　特定農林水産物等名称保護法第三条第一項の規定により商品に関する送り状に地理的表示を付して展示する行為

【注】
（＊1）　商標法3条2項が「需要者が何人かの業務に係る商品又は役務であることを認識することができるもの」は登録できると規定しているのに対して，商標法7条の2第1項柱書は「自己又はその構成員の業務に係る商品又は役務を表示するものとして需要者の間に広く認識されているとき」は登録できると規定している。
（＊2）　団体商標も含めた比較表については，拙著『知的財産としてのブランドとデザイン』（有斐閣，2007年）145頁参照。
（＊3）　2014年8月1日に施行された改正商標法では，地域団体商標の商標登録を受けることができる者に，商工会，商工会議所若しくは特定非営利活動法人又はこれらに相当する外国の法人が追加された（新商標7条の2）。
（＊4）　地域団体商標「喜多方ラーメン」（43類）について，組合の構成員以外の多くの会社が「喜多方ラーメン」を使用しているため，出願人又はその構成員の業務に係る役務を表示するものとして，広く認識されているとまでいうことができないとして，周知性が否定されている（知財高判平22・11・15判時2111号109頁）。
（＊5）　地域団体商標の使用許諾第1号としては，静岡県経済農業協同組合連合会と静岡県茶商工業協同組合が保有する登録第5062720号の地域団体商標「静岡茶」（30類：静岡県産の緑茶）があり，ポッカコーポレーションが許諾を受けた（食糧新聞2008年4月11日）。当該地域団体商標の出願後に出願された民間企業の商標「静岡茶／茶倉」は商標法4条1項11号違反を理由に拒絶になっている。
（＊6）　特許庁総務部総務課制度改正審議室編『平成17年商標法の一部改正　産業財産権法の解説』（2005年，発明協会）6頁，16頁。
（＊7）　田村善之『知的財産法〔第4版〕』（有斐閣，2006年）123頁，田村善之「知財立国下における商標法の改正とその理論的な含意──地域団体商標と小売商標の導入の理論的分析──」ジュリ1326号（2007年1月）96頁。
（＊8）　今村哲也「地域団体商標制度と地理的表示の保護」『知的財産法の現状と課題』日本工業所有権法学会年報30号（2006年）。
（＊9）　社団法人日本国際知的財産保護協会「特許庁委託　平成15年度産業財産権制度各国比較調査研究等事業　各国における団体・証明・保証制度の調査研究報告書」（2004年3月）261頁。
（＊10）　産業構造審議会　知的財産政策部会　第9回商標制度小委員会　配付資料1「地域ブランドの保護について」16頁。本件では，被告が，標章「三輪素麺」を使用してそうめんを販売する行為が，登録商標「三輪素麺」の商標権は侵害しないが（書体が異なるため），不正競争防止法2条1項1号に該当するとされた。本件では，「三輪素麺」あるいは「三輪そうめん」は，原告である奈良県三輪素麺工業協同組合を含む三輪地方のそうめんの生産・販売業者の商品等表示として周知であるといえても，原告固有の商品等表示としては，自他商品識別力はないと判示されている。判例評釈については，久木田百香〔判批〕「地域ブランドについて不正競争防止法の周知

表示として保護が認められた事例——三輪素麺事件——」知的財産法政学研究7号(2005年) 201頁参照。
(＊11) 商標の普通名称化については，拙著『知的財産権としてのブランドとデザイン』(有斐閣，2007年) 1頁参照。
(＊12) 登録証主が商標に対する所有権を有していること，登録証主が登録簿に記載された制限と条件の下に通商において商標を使用する排他的権利（exclusive right to use the mark in commerce）を有していることについて一応の証拠となること（米国商標法7条(b)）。
(＊13) 連邦登録以後の他人の権利取得を阻止することができる。連邦登録は，登録証主が権利を主張していることについて，他社の悪意を擬制する（米国商標法22条）。
(＊14) 登録後5年を経過すると登録証主の地位を不可争化する効果が与えられる。不可争化は，次の3点において認められる。①登録に関する不可争化（米国商標法14条(a)）——普通名称を除き登録日から5年間，②商標所有権に関する不可争化（米国商標法15条本文）——登録日後5年間の継続使用と15条の宣誓供述書を5年から6年の間に提出すること，③排他権に関する決定的証拠力（米国商標法33条(b)）——15条宣誓書の提出を条件とする。
(＊15) 2015年4月1日に施行された改正商標法26条1項6号は，「前各号に掲げるもののほか，需要者が何人かの業務に係る商品又は役務であることを認識することができる態様により使用されていな商標」には商標権の効力が及ばない旨規定している。すなわち，裁判例で認められてきた，「商標的使用論」は，商標法26条に抗弁事由として規定された。
(＊16) 侵害事件ではないが，「明星 沖縄そば」（30類）が地域団体商標「沖縄そば」（30類）と類似し（不服2007—1479号），「ひない地鶏の卵及び図形」（30類）が地域団体商標「比内地鶏」（29類）との関係で混同が生ずるとした審決（不服2007—25509号），「カガミクリスタル／江戸切子」（21類）が地域団体商標「江戸切子」（21類）と類似する（商標4条1項11号）とした判決（知財高判平25・9・5裁判所ホームページ）がある。一方，「宇治茶房」（30類）が地域団体商標「宇治茶」（30類）に類似しない（不服2011—16710号），「博多人形」（14類）が地域団体商標「博多人形」（28類）との関係で混同が生じないと判断した審決（不服2010—6666号）がある。
(＊17) 渋谷達紀「商標法による地理的表示の保護」特許ニュース11417号（2004年11月24日）1頁。
(＊18) 食品の表示に関する規制の全体像については，石原修「食品業界に潜む法律問題とリスクマネジメント」ビジネス法務18巻3号（2008年）18頁参照。
(＊19) 田村善之「知財立国下における商標法の改正とその理論的な含意——地域団体商標と小売商標の導入の理論的分析——」ジュリ1326号（2007年1月）99頁。
(＊20) 拙稿「地域団体商標制度の基本構造と侵害判断基準」知財研フォーラム72号（2008年）15頁，16頁。

(＊21)　判例評釈として，園真規「地域団体商標の効力」知管64巻2号（2014年）269頁，土肥一史「地域団体商標に係る商標権の効力と商標法26条1項2号との関係等について判断した事例」日本大学知財ジャーナル7号（2014年）69頁があり，いずれも判旨に反対の評釈となっている。

(＊22)　指定商品は，「福岡県博多地域に由来する製法により福岡県福岡市・久留米市・甘木市・小郡市・筑紫野市・春日市・大野城市・太宰府市・前原市・筑紫郡那珂川町・糟屋郡宇美町・糟屋郡志免町・糟屋郡須恵町・糟屋郡粕屋町・福津市・朝倉郡筑前町・糸島郡二丈町・佐賀県唐津市・佐賀郡川副町・佐賀郡久保田町・大分県豊後高田市・杵築市で生産された絹織物製の和服」となっており，商品「帯」を含んでいる。

(＊23)　本法律の解説については，田中佐和子「『地理的表示』の本質と制度整備における留意点——とらえどころのない地理的表示（GI）を理解するために」AIPPI59巻（2014年）4号2頁乃至28頁，田中佐和子「『特定農林水産物等の名称の保護に関する法律案』をめぐる要考慮点」AIPPI59巻（2014年）7号6頁乃至22頁参照。

第10節 パロディ商標

1 はじめに

パロディとは,「文学作品の一形式。よく知られた文学作品の文体や韻律を模し,内容を変えて滑稽化・諷刺化した文学。」をいう(『広辞苑〔第6版〕』(岩波書店,2008年))。

著名商標のもつ顧客吸引力(commercial magnetism)を直接に利用しようとする者(例:著名商標をそっくりそのまま含む商標),又は,著名商標を滑稽化・諷刺化した商標のもつ顧客吸引力を利用しようとする者が,パロディ化した商標(以下,「パロディ商標」[*1]という)を登録し,使用する。

一方,著名商標権者は,ブランドへのダメージ(混同(confusion),稀釈化(dilution by blurring),汚染化(dilution by tarnishment))を防ぐために,パロディ商標の登録及び使用を阻止しようとする。

裁判所が「『パロディ』なる概念は商標法の定める法概念ではなく,講学上のものであって,法4条1項15号に該当するか否かは,あくまでも法概念である同号該当性の有無により判断すべき」と説示しているように[*2],商標法,不正競争防止法では,パロディについて直接規定していない[*3]。また,憲法上の表現の自由との関係で,パロディ商標が論じられた裁判例はない。

よって,パロディ商標が,各条項の要件を満たしているか否かが問題となる。

本節では,パロディ商標がどのように商標法及び不正競争防止法上取り扱われてきたか,条項毎(商標4条1項7号・10号・11号・15号・19号,不競2条1項1号・2号・3号)に,審決,裁判例を紹介する。

パロディは著作権法上問題となるが本節では扱わない[*4]。

2　商標法4条1項7号（公序良俗違反）

■　KUMA 事件（知財高判平25・6・27裁判所ホームページ）[*5]

原告（北海道デザイン（株））が保有する登録第4994944号商標「KUMA 及び熊の図形」（25類：洋服等）が，被告（プーマ社）の周知著名商標「PUMA 及びピューマの図形」との関係で，商標法4条1項7号，15号（広義の混同）に該当すると判断された事案。

「取引の実情」として，被服の分野では商標がワンポイントマークとして使用されることが斟酌されている。

後述の SHI-SA 事件と比較すると，「KUMA」の方が，文字構成及び書体が，「SHI-SA」より「PUMA」に似ており，また，原告の関連会社が欧文字4つのロゴにピューマの代わりに馬や豚を用いた商標や，他の著名商標の基本的な構成を保持しながら変更を加えた商標を多数登録出願し，商品販売について著作権侵害の警告を受けたこともあるといった事情があった。

原告及びその関連会社のパロディ商標については（商標4条1項7号違反），下記「参考商標」参照（括弧書は審判番号）。

〔商標法4条1項15号該当性〕

「(4)　本件商標と引用商標との類似性

本件商標と引用商標とを対比すると，両者は，4個の欧文字が横書きで大きく顕著に表されている点，その右肩上方に，熊とピューマとで動物の種類は異なるものの，四足動物が前肢を左方に突き出し該欧文字部分に向かっている様子を側面からシルエット風に描かれた図形を配した点において共通する。両者の4個の欧文字部分は，第1文字が『K』と『P』と相違するのみで，他の文字の配列構成を共通にする。しかも，各文字が縦線を太く，横線を細く，各文字の線を垂直に表すようにし，そして，角部分に丸みを持たせた部分を多く持つ縦長の書体で表されていることから，文字の特徴が酷似し，かつ，文字全体が略横長の長方形を構成するようにロゴ化して表した点で共通の印象を与える。文字の上面が動物の後大腿部の高さに一致する位置関係が共通しており，足や尾の方向にも対応関係を看取することができる。

本件商標の上方にゴシック体で小さく表した『KUMA』の欧文字や，引

用商標の『A』の欧文字の右下に非常に小さく，円内にアルファベットの大文字の『R』を記した記号は，目立たない位置にあることや表示が小さいこと等により看者の印象に残らない。

（中略）以上，共通する構成から生じる共通の印象から，本件商標と引用商標とは，全体として離隔的に観察した場合には，看者に外観上酷似した印象を与えるものといえる。

(5) 取引の実情

本件商標の指定商品は，引用商標が長年使用されてきた『ジャケット，ジョギングパンツ，ズボン，Tシャツ，水泳着，帽子，ベルト，スポーツシューズ』等とは同一であるか又は用途・目的・品質・販売場所等を同じくし，関連性の程度が極めて高く，商標やブランドについて詳細な知識を持たず，商品の選択・購入に際して払う注意力が高いとはいえない一般消費者を需要者とする点でも共通する。

衣類や靴等では，商標をワンポイントマークとして小さく表示する場合も少なくなく，その場合，商標の微細な点まで表されず，需要者が商標の全体的な印象に圧倒され，些細な相違点に気付かないことも多い。

原告は，原告製品は観光土産品として，観光土産品の販売場所で販売されていると主張するけれども，観光土産品は，土産物店のみならずデパート・商店街等でも販売され，同一施設内で観光土産品用でない被服も販売されていることが認められるから，販売場所も共通にするといえる（乙4，5）。

(6) 混同を生ずるおそれ

上記事情を総合すると，本件商標をその指定商品について使用する場合には，これに接する取引者，需要者は，顕著に表された独特な欧文字4字と熊のシルエット図形との組合せ部分に着目し，周知著名となっている引用商標を連想，想起して，当該商品が被告又は被告と経済的，組織的に何らかの関係を有する者の業務に係る商品であるかのように，その出所について混同を生ずるおそれがあるといえる。」

〔商標法4条1項7号該当性〕

「本件商標と引用商標の類似性及び誤認混同のおそれについては，上記のとおりである。前記1(3)アの認定事実から明らかなように，被告がスポーツ

シューズ，被服，バッグ等を世界的に製造販売している多国籍企業として著名であり，引用商標が被告の業務に係る商品を表示する独創的な商標として取引者，需要者の間に広く認識され，本件商標の指定商品には引用商標が使用されている商品が含まれていること，本件商標を使用した商品を販売するウェブサイト中に，『北海道限定人気 パロディ・クーマ』，『「クーマ」「KUMA」のＴシャツ 赤フロントプリント プーマ PUMA ではありません』，『注意 プーマ・PUMA ではありません』，『「クーマ」「KUMA」のＴシャツ 黒フロントプリント 注プーマ・PUMA ではありません』，『プーマ・PUMA のロゴ似いるような。』，『「クーマ」「KUMA」のＴシャツ 黒バックプリント 注意プーマ PUMA ではありません。』，『プーマ・PUMA のロゴに似ているような似ていないような。』と記載されていること（甲18，19），原告は日本観光商事社のライセンス管理会社であるが（弁論の全趣旨），日本観光商事社は，本件商標以外にも，欧文字４つのロゴにピューマの代わりに馬や豚を用いた商標や，他の著名商標の基本的な構成を保持しながら変更を加えた商標を多数登録出願し（甲４，５，14），商品販売について著作権侵害の警告を受けたこともあること（甲15，16）が認められる。これらの事実を総合考慮すると，日本観光商事社は引用商標の著名であることを知り，意図的に引用商標と略同様の態様による４個の欧文字を用い，引用商標のピューマの図形を熊の図形に置き換え，全体として引用商標に酷似した構成態様に仕上げることにより，本件商標に接する取引者，需要者に引用商標を連想，想起させ，引用商標に化体した信用，名声及び顧客吸引力にただ乗り（フリーライド）する不正な目的で採択・出願し登録を受け，原告は上記の事情を知りながら本件商標の登録を譲り受けたものと認めることができる。

そして，本件商標をその指定商品に使用する場合には，引用商標の出所表示機能が希釈化（ダイリューション）され，引用商標に化体した信用，名声及び顧客吸引力，ひいては被告の業務上の信用を毀損させるおそれがあるということができる。そうすると，本件商標は，引用商標に化体した信用，名声及び顧客吸引力に便乗して不当な利益を得る等の目的をもって引用商標の特徴を模倣して出願し登録を受けたもので，商標を保護することにより，商標を使用する者の業務上の信用の維持を図り，需要者の利益を保護するという

商標法の目的（商標法1条）に反するものであり、公正な取引秩序を乱し、商道徳に反するものというべきである。したがって、本件商標は7号に該当するとの審決の判断に誤りはなく、取消事由1は理由がない。」

（本件登録商標）　　（引用商標）　　　　　　（参考商標）

■ AJIDAS事件（異議2006-90571，2007年6月5日決定）

富士システム（株）が保有する登録商標「AJIDAS及び図形」（9類：給食システムに関するプログラムを記憶させた電子回路及びCD-ROM）は、著名登録商標「adidas」との関係で、商標法4条1項7号、11号、15号、19号に該当しないと判断された異議決定。登録商標と著名登録商標とは、称呼が類似するが、外観、観念が類似しないので、全体として類似しないと判断されている（商標4条1項11号との関係）。「adidas」のパロディ商標としては、参考商標にあるものが有名であるが、本件商標とは、文字の書体や図形部分が全く異なっている。

「本件商標は、上記のとおり、引用商標とは類似しない別異のものであって、引用商標のパロディと看者に直感させることもなく、引用商標の名声、顧客吸引力にフリーライドしたり、その出所表示力を希釈化するものともいい難いのみならず、本件商標の登録及び使用が社会公共の利益や社会の一般的道徳観念に反するものでもなく、公正な取引秩序を害したり、国際信義に反するものともいえない。また、本件商標の構成自体は、きょう激、卑わい、差別的もしくは他人に不快な印象を与えるようなものではなく、公の秩序又は善良な風俗を害するおそれがあるものとはいえない。」

（登録商標）　　　　　（引用商標）　　　　（参考商標）

3　商標法4条1項10号（他人の周知商標）

■　Lambormini事件（知財高判平24・5・31裁判所ホームページ）

　被告の保有する本件登録第5256629号商標「Lambormini 及び牛の尻尾」（12類：自動車等）は、原告（ランボルギーニ社）の周知著名商標「LAMBORGHINI及び牛の図形」との関係で、商標法4条1項10号、15号、19号に該当すると判断された事案。

　被告は実際に本件登録商標をカスタムバギーに使用していた。

「(1)　本件商標と引用商標との類否の認定、判断について

　本件商標は、その文字部分が看者に対し強い印象を与える部分といえるところ、本件商標の文字部分と引用商標を対比すると、本件商標の文字部分10文字中9文字が引用商標と同一であり（なお、本件商標は、Lの文字以外が小文字で構成されている。）、引用商標の中程に位置する『GH』が『m』である点のみが相違するといえる。そして、本件商標からは、『ランボルミニ』ないし『ランボルミーニ』との称呼が生じるのに対し、引用商標からは、『ランボルギーニ』との称呼が生じ、本件商標の『ミ』ないし『ミー』と引用商標の『ギー』の部分のみが相違し、相違する音は母音構成を共通にする近似音であることからすれば、本件商標と引用商標とは、称呼において類似する。

　本件商標は、字体における特徴があり、また図形部分が付加されている点で、引用商標と外観において若干の相違があるものの、全体として類似するといえる。

　以上によれば、本件商標と引用商標は、本件商標の文字部分10文字中9文字が引用商標と共通すること、称呼において、相違する1音が母音構成を同じくする近似音であり類似すること、外観においても、若干の相違があるも

のの，全体として類似することに加え，前記原，被告の各商標の使用状況等取引の実情等を総合して判断すると，本件商標と引用商標は，互いに類似する商標であると解される。

(2) 商標法4条1項10号該当性について

上記のとおり，引用商標である『LAMBORGHINI』は，本件商標の出願以前から現在に至るまで，イタリアの高級自動車メーカーである原告又は原告の業務に係る商品『自動車（スーパーカー）』を表示するものとして，日本国内の自動車の取引業者や愛好家の間で広く知られているから，他人の業務に係る商品（自動車）を表示するものとして，需要者の間に広く認識されている商標に該当するものと認められる。また，本件商標は，上記のとおり，引用商標に類似し，本件商標の指定商品には，『自動車』を含んでいる。そうすると，本件商標は，他人の業務に係る商品（自動車）を表示するものとして，需要者の間に広く認識されている商標に類似する商標であって，その商品（自動車）に使用をするものに該当すると認められる。

したがって，本件商標は，商標法4条1項10号に該当する。

(3) 商標法4条1項15号該当性について

また，上記のとおり，原告は，本件商標の出願以前から現在に至るまで，引用商標である『LAMBORGHINI』等の商標を使用して，『自動車（スーパーカー）』を製造，販売する業務を行っていること，本件商標は，引用商標と類似する商標であり，その指定商品に引用商標が使用されているのと同一商品（自動車）を含むこと，被告は，『Lambormini』や『ランボルミーニ』との商標を使用して，原告の製造，販売に係る自動車を模したカスタムバギーを製造，販売していること等を総合すると，本件商標は，他人の業務に係る商品と混同を生ずるおそれのある商標に該当すると認められる。

したがって，仮に本件商標が商標法4条1項10号に該当しないとしても，同条同項15号に該当するものと認められる。

(4) 商標法4条1項19号該当性について

さらに，被告は，上記のとおり，原告が世界的に著名な自動車メーカーであり，引用商標も原告の業務に係る商品（自動車）を表示するものとして需要者の間に広く認識されていることや，かかる引用商標と本件商標が類似の

商標であることを認識しながら、自動車等を指定商品等とする本件商標登録を行い、実際に『Lambormini』や『ランボルミーニ』との商標を使用して、原告の製造、販売に係る自動車を模したカスタムバギーを製造、販売していることが認められる。そうすると、本件商標は、被告が、不正の利益を得る目的、他人に損害を加える目的その他の不正の目的をもって使用をするものと認められる。

したがって、仮に本件商標が商標法4条1項10号、15号に該当しないとしても、同条同項19号に該当するものと認められる。」

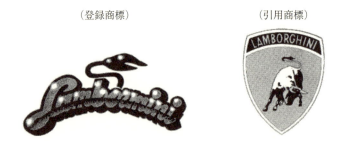

（登録商標）　　　　　　　　　　（引用商標）

4　商標法4条1項11号（先願に係る他人の登録商標）

■　SHI-SA 第1次事件（知財高判平21・2・10裁判所ホームページ）

本件登録第5040036号商標「SHI-SA 及び図形」（第25類：Tシャツ等）と引用登録第3324304号商標「PUMA 及び図形」（第25類：被服等）は、以下に述べるように、外観、観念、称呼が異なり、商品の出所につき誤認混同を生ずるおそれがないから、類似しないと判断された。

文字部分については、「SHI-SA」と「PUMA」では、一致するのは、語尾の「A」のみであり、図形部分については、「両商標における動物図形については、本件商標の動物の方が引用商標1の動物に比べて頭部が比較的大きく描かれているほか、本件商標においては、口の辺りに歯のようなものが描かれ、首の部分に飾りのような模様が、前足と後足の関節部分にも飾りないし巻き毛のような模様が描かれ、尻尾は全体として丸みを帯びた形状で先端が尖っており、飾りないし巻き毛のような模様が描かれている。これに対

し,引用商標1の動物図形には模様のようなものは描かれず全体的に黒いシルエットとして塗りつぶされているほか,尻尾は全体に細く,右上方に高くしなるように伸び,その先端だけが若干丸みを帯びた形状となっている。」といった違いがあるため,全体として,外観上類似しない。

観念についても,「SHI-SA」からは,沖縄にみられる伝統的な獅子像の観念,「PUMA」からは,ネコ科の哺乳類「ピューマ」,「PUMA」ブランドの観念が生じるから,両商標は観念を異にする。

称呼についても,「シーサー」と「プーマ」で異なる。

(原告登録商標)

(引用登録商標)

5 商標法4条1項15号(商品又は役務の出所の混同)

■ BOSS事件(異議H10-090851,1998年10月27日決定)

登録商標「BOZU COFFEE及び図形」(25類:被服)は,申立人(サントリー(株))の引用商標「BOSS COFFEE及び図形」との関係で商標法4条1項15号に該当すると判断された事案。引用商標は,缶入りコーヒーに使用されていたが(1996年までに38億本),ジャンパー(引用商標を表示)を景品とした販売促進活動をしていた事情があった。

「本件商標は,使用によって広く認識されるにいたった引用商標中の『BOSSCOFFEE』の『BOSS』の文字を単に『BOZU』の文字に置き換えたにすぎず,かつ,マドロスパイプをくわえた男性の図形は頭髪部分を除けば顔の向き及び表情等が引用商標とほとんど同一といえるものであるから,前記したことよりして,これに接する取引者・需要者に容易に引用商標及び申立人を想起させるものである。してみれば,本件商標は,これをその指定商品(被服)に使用した場合,申立人の業務に係る商品,若しくは,申立人と

経済的又は組織的に何等かの関係を有する者の業務に係る商品であるかの如く，その商品の出所について混同を生ずるおそれがあるものといわなければならない」

（登録商標）　　　　　　　　　（引用商標）

■　猿と山羊の図形事件（知財高判平17・4・13裁判所ホームページ）(＊6)
　被告（ポログランドジャパン株式会社）の保有する商標登録第3369985号商標「山羊の上に猿がまたがった図形」（25類：洋服，ワイシャツ類等）が，原告（ザ　ポロ／ローレン　カンパニー　リミテッド　パートナーシップ）の周知著名商標との関係で，商標法4条1項15号に該当すると判断された事案。
　被告が保有していた参考商標も同号により無効と判断された事情があった。
「本件商標はワンポイントマークとして使用される可能性が高いこと，本件商標が使用される商品であるセーター類，ワイシャツ類等の商品（指定商品第25類）の主たる需要者が，商標やブランドについて詳細な知識を持たない者を含む一般の消費者であり，商品の購入に際し，メーカー名などを常に注意深く確認するとは限らないことなどの実情や，引用商標が我が国においてポロブランドとして極めて高い周知著名性を有していることなどを考慮すると，本件商標が，特にその指定商品にワンポイントマークとして使用された場合には，これに接した需要者（一般消費者）は，それが引用商標と全体的な配置，輪郭が類似する図形であることに着目し，本件商標における細部の形状や模様などの相違点に気付かずに，当該商品をラルフ・ローレン又は同人と組織的・経済的に密接な関係がある者の業務に係る商品であるかのように，その出所について混同を生ずるおそれがあるものというべきである。」

第10節　パロディ商標　　305

「被告は，かねてより引用商標との混同を企図した商標の登録に腐心しており，引用商標と極めて混同する可能性の高い別紙商標目録記載3の商標（商標登録第2718785号商標。以下「参考商標」という。）を登録していたが，この参考商標については，引用商標と彼此相紛らわしいとして登録が無効とされた（平成9年審判第8720号審決。東京高等裁判所平成13年（行ケ）第468号，平成14年4月25日判決）。」

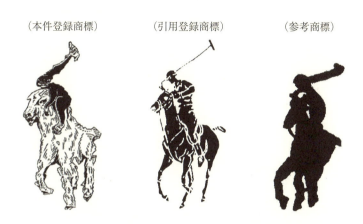

（本件登録商標）　　　（引用登録商標）　　　（参考商標）

■　ローリングストーンズ事件（知財高判平22・1・13裁判所ホームページ）
　原告（(有)アップライズ・プロダクト）の保有する登録第5116209号商標「舌の図形」（9類：レコード等，41類：音楽の演奏等）は，ローリングストーンズの周知・著名商標との関係で，商標法4条1項15号に該当しないとされた事案。商品との関係で需要者はそれなりの注意力をもって観察するとされており，上述の猿と山羊の図形商標事件とは異なった需要者を想定しており，また，ワインポイントマーク的な使用については想定していない。
　「本件商標と引用商標とでは，称呼及び観念の共通性がないことに加え，外観においても，本件商標では正面方向から見た平面的な図形であるのに対して，引用商標ではやや右斜め方向から見た立体的な図形である点でかなり印象を異にするものである点，本件商標では舌上に3本の黒色の図形が描かれているのに対して，引用商標ではそのようなものがない点において相違していることも看過し得ない構成の特徴である。そして，引用商標がローリン

グストーンズの業務に係る商品又は役務を表示するものとして音楽関係の取引者・需要者の間で周知・著名であることは，また，それ故に，引用商標と本件商標との上記の相違点は，看者にとってより意識されやすいものであると解されるところである。しかも，需要者についてみると，音楽は嗜好性が高いものであって，音楽CD等の購入，演奏会への参加等をしようとする者は，これらの商品又は役務が自らの対象とするもので間違いないかをそれなりの注意力をもって観察することが一般的であると解されること，取引者についてみるに，音楽について通暁していることが一般であるレコード店や音楽業界関係者等である本件指定商品等の取引者が，本件指定商品等において，本件商標をローリングストーンズの業務に係る商品又は役務と混同することは考え難いことなどの事情が認められるのである。」

（原告登録商標） 　　　　　　（引用商標）

■　SHI-SA 第 2 次事件（知財高判平22・7・12裁判所ホームページ）
　SHI-SA 第 2 次事件では，商標法 4 条 1 項11号（引用登録第711054号商標：「シーサー」との関係），15号，19号違反も主張されたが，いずれも否定されている。商標法 4 条 1 項15号についての説示部分で，裁判所はパロディについて触れている。
　「補助参加人は，本件商標は，補助参加人の商標のパロディであって，補助参加人の商標の信用をフリーライドし，希釈化するものである等と主張する。『パロディ』なる概念は商標法の定める法概念ではなく，講学上のものであって，法 4 条 1 項15号に該当するか否かは，あくまでも法概念である同号該当性の有無により判断すべきであるのみならず，後記のとおり，原告は引用商標C等の補助参加人の商標をパロディとする趣旨で本件商標を創作したものではないし，前記のとおり，本件商標と引用商標Cとは，生じる称呼

及び観念が相違し，外観も必ずしも類似するとはいえないのであって，必ずしも補助参加人の商標をフリーライドするものとも，希釈化するものともいうこともできない。」

（本件登録商標）　　　　　　（引用登録商標）

- Lambormini 事件（知財高判平24・5・31裁判所ホームページ）（前出）
- KUMA 事件（知財高判平25・6・27裁判所ホームページ）（前出）

6　商標法4条1項19号（不正の目的をもって使用する商標）

- Lambormini 事件（知財高判平24・5・31裁判所ホームページ）（前出）

7　商標権侵害

商標権侵害が成立するには，被告が原告登録商標と同一又は類似の商標を「商標として」使用していることが，下級審の裁判例の積み重ねで要件となっている(*7)。

パロディ商標も，「商標として」使用されていない場合には，商標権侵害が否定されることになる(*8)。

下記のSECOM事件では，「商標として」の使用は特に問題となっていないが，パロディ商標の場合，「商標として」の使用ではなく，商品又は役務の出所の区別はできているので，商品等の出所の混同の可能性はないとの抗弁も可能な場合もでてこよう。

- SECOM 事件（東京地判平16・5・24裁判所ホームページ）

「被告は，原告と同様のサービスを偽ってセキュリティサービスを販売しているのではなく，原告が加入者に無料配布しているステッカーを真似たパロディ品を純正品でないことを明記して紹介していた。具体的な違法性を知

りたい。」と原告に質問をしていた事案であるが、以下のとおり、裁判所は、原告登録商標（16類）の商標権侵害を認容している。

「被告ステッカーは、本件商標権2の指定商品である印刷物又は文房具類に該当すること、被告ステッカーには、別紙被告ステッカー目録記載のとおり、表面の下段約3分の1程度の幅で大きく本件商標と実質的に同一の標章が付されていること、以上の事実が認められる。したがって、被告ステッカーを販売し、又は販売のために展示する被告の行為は、原告の有する本件商標権2を侵害する行為である。」

（原告登録商標）　　　（原告ステッカー）　　　（被告ステッカー）

■　GUCCI事件（判定2004-60100，2005年5月12日）

請求人（Gucci社）の保有する商標登録第4709100号（25類：帽子等）の商標権の効力範囲に、イ号標章が含まれると判断された判定事件であり、登録商標及びイ号標章とも商品の上に地模様として使用されていた。

被請求人は、請求人のような高級ブランドには、金具やタグで出所が表示されているのに対して、イ号標章の使用商品には、こうした金具やタグは付されておらず、このようなイ号標章の使用商品の形態も、同商品が出所を混同させるおそれのないパロディ商品であることを示すものであると主張したが、審判部は、パロディの抗弁に触れることなく、下記のとおり判断している。

「両者は、格子状の模様の背景の有無、『G』と『e』の欧文字をモチーフとした点において異なるとしても、いずれも組み合わせた文字の内側に切り欠いた横線が、本件商標では、左側が下方に、右側が上方に位置するのに対して、イ号標章では、左側が上方に、右側が下方に位置するというように、

左右それぞれ反対側に付された点に差異を有するにすぎず，かつ，両者とも四隅には黒色の正方形を整然と配した図形となっている点を共通にするものであるから，両者は，全体として受ける印象を同じくし，構成の軌を一にするものとみられるものである。

そうとすると，両者を時と処を異にして離隔的に観察したときは，本件商標とイ号標章とは外観上相紛れるおそれのあるものである。

したがって，イ号標章は，本件商標に類似するものであり，かつ，本件商標の指定商品中に含まれる商品『帽子』についての商標の使用と認め得るものであるから，本件商標の商標権の効力の範囲に属するものである。」

(登録商標)　　　　　　(イ号標章)

8　不正競争防止法2条1項1号（混同惹起行為）

■　チーズはどこへ消えた？事件（東京地決平13・12・19（平成13年（ヨ）第22090号）裁判所ホームページ）

債権者商品等表示「チーズはどこへ消えた？」（書名及び装丁）と債務者商品等表示「バターはどこへ溶けた？」（書名及び装丁）は類似しないので，不正競争防止法2条1項1号，同2号に該当しないと判断された事案。

なお，著作権侵害については（別訴）(＊9)，債務者の次の表現部分が，翻案権侵害にあたると判断されている（東京地決平13・12・19（平成13年（ヨ）第22103号）裁判所ホームページ）。すなわち，債権者の「『確かにね』ネイサンも言った。」，「『どんなふうに？』ネイサンが聞いた。」，「それで，たちまち物事がうまくいくようになったんだ，仕事でも生活でも。」，「小学校で聞かされるような話」に対する債務者の「『たしかにね』健二も言った。」，「『どんなふうに？』好子が聞いた。」，「それからは，たちまち物事がうまくいくようにな

ったんだ。仕事でも生活でも」、「まるで子供向けの物語」の表現部分である。
〔不正競争防止法に関する判決部分〕
　「両者を比較すると共通する部分は『どこへ』と『？』のみである。『どこへ』は『どの場所に』という意味の副詞句であり、『？』は疑問詞であるから、これらは独立した意味を有しない。そうすると、意味のある部分は『チーズ』と『バター』、『消えた』と『溶けた』ということになる。（中略）『チーズ』と『バター』で共通するのは乳製品であるという点だけであり、語感やその意味する内容、それから連想されるものは大いに異なる。また、『消えた』と『溶けた』についても、『消えた』という表現からは物体として存在していたものがなくなったという観念が生ずるのに対し、『溶けた』という表現からは個体として存在していたものが液体になったという観念が生ずるものであり、両者の意味するところは異なる。
　さらに、本の装丁についても、（中略）表紙から裏表紙に続く絵は、チーズとバターの個数や配置、登場するキャラクターの数や配置、色調などにおいて、読者に異なる印象を与えるものであることが認められる。」

（債権者商品等表示）　　　　　　（債務者商品等表示）

9　不正競争防止法2条1項2号（著名表示冒用行為）

■　面白い恋人事件（札幌地平25・2・13和解）
　原告（石屋製菓）の商品等表示「白い恋人のパッケージ」（菓子）と被告（吉本興業等）の商品等表示「面白い恋人」（菓子）が商標権侵害、不正競争防止

法違反になるか争われた事案であり，新聞報道によると1億2000万円の損害賠償と差止請求がされたが，2013年2月13日に和解となっている。被告の商標「面白い恋人」(出願番号：2010-66954号) は，商標法4条1項7号（公序良俗）違反で拒絶になっている。

和解の内容は，以下のとおりであり[*10]，2013年4月1日から，被告は，新しいパッケージ（リボンを削除）で販売している。

「1．訴訟の提起から和解に至るまでの経緯

当社は，平成23年11月28日，吉本興業株式会社，株式会社よしもとクリエイティブ・エージェンシー，株式会社サンタプラネットの3社を被告として，札幌地方裁判所に，『面白い恋人』の販売差止請求訴訟を提起いたしました。提訴以降，多数回に亘る口頭弁論等において双方の主張立証がなされたところ，同裁判所より和解勧告があり，検討を重ねた結果，本日付での和解成立に至りました。

2．和解の要旨

(1) 被告らは，『面白い恋人』のパッケージデザインを，『白い恋人』との誤認混同の恐れが無い内容に変更する。

(2) 被告らは，『面白い恋人』の常設小売販売を，近畿6府県（大阪府，京都府，兵庫県，奈良県，滋賀県及び和歌山県）に限定する。但し，北海道及び青森県を除く地域において，年間36回を上限とした期間1ヶ月以内の催事での販売は例外とする。

3．当社見解

『面白い恋人』の販売地域が，実質的に関西圏に限定され，更にパッケージデザインが変更されることにより，誤認混同の恐れが無くなったと判断しており，訴訟提起の目的は達せられたと評価し，本和解に応じました。」

田村善之教授は，本件について，「混同行為を規律する不正競争防止法2条1項1号と異なり，2号の類似は稀釈化（ダイリューション）や汚染化（ポリューション）を起こすほど似ていること，換言すれば，容易に著名表示を想起させるほどに似ていることであると理解すべきである。ゆえに，『面白い恋人』も，2号においては『白い恋人』と類似する表示となりうる。（中略）不正競争防止法2条1項2号に基づく請求の要件として，著名表示の主体が

営業上の利益を侵害されるおそれが存在することを必要としていることに着目し（不正競争防止法3条1項，4条），この営業上の利益を害されるおそれがあるという要件のところで，両当事者の利益を衡量したうえでなお著名表示の主体に保護すべき利益があるといえるのかという形で利益の衡量を行うことが考えられる。」とコメントされている[*11]。

（原告商品等表示）　　（被告商品等表示）　　（変更後のパッケージ）

10　不正競争防止法2条1項3号（商品形態模倣）

■　電気マッサージ器兼携帯ストラップ事件（知財高判平26・2・26裁判所ホームページ）

　原告商品形態は，先行商品形態「フェアリーポケットミニ」の半分の長さで，携帯ストラップの機能もあり，ありふれた形態には該当しないので不正競争防止法2条1項3号で保護される「商品形態」に該当し，原告商品形態のパロディとしての面白みの部分も被告商品形態が模倣しているため，被告商品形態は原告商品形態を模倣していると判断された事案。

　「原告商品の形態的特徴は，前記のとおり，電気マッサージ器としてのみならず携帯ストラップとしても使用できることを目的として，その全長を極端に小さくした構成を採用した点にあるところ，原告商品と被告商品の形態は，当該形態的特徴を同一にするだけでなく，色彩とスケルトンである点を除いて，細部にわたるまで酷似している。（中略）通常の大きさの電機マッサージ器より極端に小さいことを示す『本物の電マの1／5サイズ！！』との記載や，『スケルトンモデルが新登場！！』として，同一商品の改変版であることがむしろ強調されていることや，原告商品は，通常の大きさの電機マ

ッサージ器に似た形状でありながら、極端に小さくして携帯ストラップとしても利用できるようにすることにより、いわゆるパロディとしての面白みを持たせるとの効果をもたらすものと認められることに照らすと、その大きさと形状が効果面においても特徴的な部分であり、上記改変部分が商品全体に与える効果も些細なものである。」

(原告商品形態)

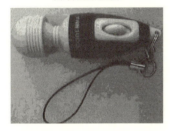

(先行商品形態)

11 外国の事案

(1) 米　国

米国商標審査マニュアル（Trademark Manual of Examining Procedure/TMEP）1207.01(b)(x)は、「Parody Marks」の項目で、混同の可能性に対して、パロディは抗弁（defense）とならないが、真のパロディは、実際には混同の可能性を低くする、なぜならば、パロディの効果が、見る者の心に、本物の商品とジョークとの間の差異を創造するからである、と述べている(*12)。

■ CHEWY VUITTON事件（第4巡回区東部地区地方裁判所2006年11月3日判決）(*13)

原告（ルイヴィトン）の保有する「LOUIS VUTTON」、「LV」、図形商標の商標権との関係で、被告（Haute Diggity Dog, LLC）のペットがかむおもちゃに使用されている「CHEWY VUITTON」の使用が商標権侵害、稀釈化に該当するか否かが争われた事案。被告は、多くのパロディ商品「Chewnel No. 5」（Chanel No. 5）、「Siffany & Co.」（Tiffany & Co.）を手掛けていた。

商標権侵害については、被告商品はパロディであり、商標及び商品の非類似性、広告・販売方法の違いにより、混同のおそれはないとして商標権侵害

(米国商標法32条)が否定されている。

稀釈化についても，被告商品はパロディとして成功しているため，著名商標の識別性を損なうものではないとして，稀釈化の規定(米国商標法43条(c))の適用も否定されている。

(被告標章)

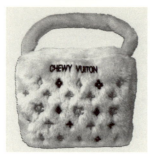

(2) 欧　州

■ Milka色彩商標事件（ドイツ連邦通常裁判所 (BGH) 2005年2月3日判決)(＊14)

原告（Kraft社）は，ドイツの紫色の色彩商標（ドイツ登録第2906959号）（チョコレート）について保有していたところ，被告が，原告の登録商標と同じ色彩のポストカードに「Über allen Wipfeln ist Ruh, irgendwo blökt eine Kuh. Muh! Rainer Maria Milka（すべての梢に安らぎがある，どこかで牛が鳴く。モー！(＊15)）」と書して使用していた。

裁判所は，商標法14条2項3号（稀釈化）に該当するとしても，被告ポストカードは原告商標を誹謗中傷するもの (the postcard was produced in a witty and humorous manner, no exploitation of Kraft's trademarks had occurred) ではないので，基本法5条3項1号の芸術の自由 (freedom of speech and freedom of art) が優先されると判断して，商標権侵害を否定した。

第10節　パロディ商標　　315

（原告登録商標〔紫色〕）　　　　　　　（被告標章）

■　自転車ポロ競技事件（欧州一般裁判所2014年9月18日判決／T-265/13）[*16]

出願商標「自転車ポロ競技」（25類）と先行商標「乗馬ポロ競技」（25類）（CTM4049201, オーストリア登録第92629号）は，OHIM 異議部，審判部とも非類似と判断したが，欧州一般裁判所（GC）は，視覚的表現物における空白部分の広さが一致し，ポロのマレット（スティック）がポロ競技者の上方に位置する点で一致し，商標の高さと幅が一致し，両商標には対称性があり，両商標は外観上類似し，観念上も類似するとして，EUCTM 8条(1)(b)（先行商標との類似・混同）に該当すると判断した。

EUCTM 8条(5)（不正利用，稀釈化）の適用も支持された。

上記5で紹介した猿と山羊の図形事件（知財高判平17・4・13裁判所ホームページ）と似た事案である。●

（出願商標）　　　　　　　　（先行商標）

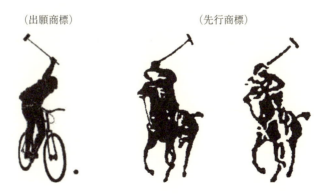

【注】

（＊１）　文献としては、「商標パロディ（Trademark Parody）」として紹介されているものが多いが、米国商標審査マニュアル（Trademark Manual of Examining Procedure/TMEP）1207.01(b)(x)は、「Parody Marks」の語を使用している。混同の可能性に対して、パロディは抗弁とならないが、真のパロディは、実際には混同の可能性を低くする、何故ならば、パロディの効果が、見る者の心に、本物の商品とジョークとの間の差異を創造するからである、と述べている。

（＊２）　SHI-SA 第２次事件（知財高判平22・７・12裁判所ホームページ）。

（＊３）　米国商標法43条(c)(3)(A)(ii)は、パロディを著名商標の稀釈化からの保護の抗弁事由として規定しているが、著名商標がパロディ商品の出所表示となっていないことが条件となっている。

（＊４）　著作権法上の問題については比較法的考察も含め、青木大也「著作権法におけるパロディの取り扱い」ジュリ1449号（2013年）55頁乃至61頁、文化審議会著作権分科会法制問題小委員会パロディワーキングチーム『パロディワーキングチーム報告書』（平成25年３月）参照。

（＊５）　小泉直樹〔判批〕ジュリ1458号（2013）７頁は、本件は、著名商標の信用名声を商業的に使用するものの例であり、15号と７号の違いについて、前者が除斥期間の適用があり、後者はなく、また、前者は、出願時と査定時に要件を満たす必要があり、後者は査定時という違いを指摘する。平澤卓人「商標パロディと商標法４条１項７号及び15号」知的財産法政策学研究44号（2014年）333頁は、「類似性が低く混同のおそれを肯定できないパロディ商標に対しては本判決の射程は及ばないと解すべきであろう。」とする。

（＊６）　判例評釈として、平澤卓人「日本における商標パロディの可能性──SHI-SA 事件」知的財法政策学研究25号（2009年）272頁がある。

（＊７）　代表的な裁判例として、東京地判平７・２・22判時1526号141頁〔UNDER THE SUN 事件〕がある。

（＊８）　商標としての使用を要件とすることなく、商標権侵害が認容されると主張する学説として、土肥一史「商標パロディ」中山信弘＝斎藤博＝飯村敏明編『牧野利明先生傘寿記念論文集 知的財産権 法理と提言』（青林書院，2013年）884頁，885頁参照。

（＊９）　判例評釈については、伊藤真「具体的事例から見る日本におけるパロディ問題」パテ66巻６号（2013年）８頁参照。

（＊10）　石屋製菓のホームページより。

（＊11）　田村善之『不正競争法概説〔第２版〕』（有斐閣、2003年）239頁参照。他に、田村善之「『白い恋人』VS.『面白い恋人』事件──商標法・不正競争防止法におけるパロディ的使用の取り扱い」Westlaw 判例コラム2013年２号（http://www.westlawjapan.com/column-law/2013/130415/）。

（＊12）　TMEP は、次のスターバックス事件についても言及している。Starbucks U.S.

Brands, LLC v. Ruben, 78 USPQ2d 1741（TTAB 2006）(holding contemporaneous use of applicant's mark, LESSBUCKS COFFEE, and opposer's marks, STARBUCKS and STARBUCKS COFFEE, for identical goods and services, likely to cause confusion, noting that "parody is unavailing to applicant as an outright defense and, further, does not serve to distinguish the marks").

(＊13) 事件の詳細については，上野達弘「商標パロディードイツ法及びアメリカ法からの示唆」パテ62巻4号（別冊1号，2009年）187頁乃至191頁，バルサーム N. イーブラヒム＝ブライス J. メイナード＝大島厚「米国商標重要審判決」知管63巻3号（2013年）296頁参照。
(＊14) 上野・前掲（＊13）192頁，INTA BulletinMarch 1, 2010 Vol. 65 No. 5 参照。
(＊15) 翻訳は，上野・前掲（＊13）192頁より。
(＊16) 事件の概要については，Alicante News 2014年10月号及びAIPPI59巻12号（2014年）61頁参照。

第3章●

新しい商標と商標権侵害 II

第1節 改正商標法の概要

1 改正商標法の施行日

　特許法，意匠法，商標法，特許協力条約に基づく国際出願等に関する法律（以下，「国際出願法」という），弁理士法の5法改正からなる「特許法等の一部を改正する法律案」が2014年3月11日に閣議決定され，第186回通常国会に提出され，同年4月25日に可決・成立し，同年5月14日に公布された（平成26年法律第36号）。

　法改正の趣旨は，「日本再興戦略」及び「知的財産政策に関する基本方針」を踏まえ，今後10年間で世界最高の「知的財産立国」を実現するため，知的財産の更なる創造・保護・活用に資する制度的・人的基盤を早急に整備することにある。

　改正法は，公布の日から1年を超えない範囲内において政令で定める日となっているが，地域団体商標の登録主体の拡充（新商標法（以下，本章では本改正後の商標法を「新商標法」という））は，公布の日から3か月を超えない範囲内において政令で定める日，意匠の国際登録制度「ハーグ協定」関連の新意匠法は，ハーグ協定が日本国について効力を生ずる日となっている。

　地域団体商標の施行日は，2014年8月1日となった（特許法等の一部を改正する法律の一部の施行期日を定める政令）。

　新商標法の内，動き，ホログラム，色彩，位置，音からなる新商標の導入部分については，2015年4月1日に施行された。

　新意匠法は，2015年5月13日にハーグ協定が日本で発効するため，同日に施行される。

2 新商標導入の趣旨

　改正前商標法は，文字商標，図形商標，立体商標の登録を認めているが，動き，ホログラム，色彩，位置，音からなる新商標の登録を認める制度となっていない。

　しかしながら，デジタル技術の進歩や商品・サービスの販売戦略の多様化に伴い，商品又はサービスのブランド化に際して新商標を用いるようになっており，また，海外においても新商標は保護される傾向が顕著となっている。

　このような国内外の状況を踏まえ，新商標の保護を認めることとしたものである。

3 新商標の種類

　商標の定義について，新商標法2条1項は以下のとおり規定する。

〔新商標法2条1項〕
　この法律で「商標」とは，人の知覚によつて認識することができるもののうち，文字，図形，記号，立体的形状若しくは色彩又はこれらの結合，音その他政令で定めるもの（以下「標章」という。）であつて，次に掲げるものをいう。
　1号・2号（略）

　欧州共同体商標規則2条のように「識別することができる（are capable of distinguishing）」，「写実的に表現できる（capable of being represented graphically）」，米国商標法45条のように「同定し，識別するため（to identify and distinguish）」の文言は入っていないが，「人の知覚[*1]によって認識することができるもの」との絞りをかけた。

　この定義より，色彩のみからなる商標，音商標が新たに追加されたことは明らかである。

　動き，ホログラム，位置商標については，従来の商標の定義より読み込めるため，新商標法の定義規定では追加されていない。ただし，これらの商標の出願の手続規定が改正前商標法では整備されていないため，新商標法5条

で整備されている。

　商標の定義の「その他政令で定めるもの」には，動き，ホログラム，位置商標は含まれない。今後政令で，新商標が追加される可能性がある。例えば，TPP交渉の結果次第では，米国が保護を求める香りの商標が将来的に政令により認められる可能性もある。

　産業構造審議会知的財産政策部会商標制度小委員会で2013年9月にまとめられた「新しいタイプの商標の保護等のための商標制度の在り方について」（以下，「報告書」という）にあるように，今回の改正で，■図表3－1－1の○のついた新しいタイプの商標（以下，「新商標」という）にまで，保護対象が拡大されたことになる。

　動き商標とは，図形等が時間によって変化して見える商標である（例えば，テレビやコンピュータ画面等に映し出される動く平面商標や，動く立体商標）。

　ホログラム商標とは，物体にレーザー光などを当て，そこから得られる光と，もとの光との干渉パターンを感光材料に記録し，これに別の光を当てて物体の像を再現する方法及びこれを利用した光学技術を利用して図形等が写しだされる商標である。

　色彩のみからなる商標とは，図形等と色彩が結合したものではなく，色彩のみからなる商標である。複数の色彩を組み合わせたものと，単一の色彩があり，さらに，それが付される位置を特定するものと，しないものがある。

　位置商標とは，図形等の標章と，その付される位置によって構成される商

■図表3－1－1　新商標の種類

視認性のあるもの（Visible）	導入	視認性のないもの（Non-Visible）	導入
動き商標（Moving marks）	○	音商標（Sound marks）	○
ホログラム商標（Hologram marks）	○	香りの商標（Olfactory marks）	×
色彩のみからなる商標（Color marks）	○	触覚の商標（Touch marks）	×
位置商標（Position marks）	○	味の商標（Taste marks）	×
トレードドレス（Trade Dress）	×		
動きと音の商標（Moving and Sound Marks）			×

標である。

　トレードドレスとは，国際的にその定義が確立していないのが実態であり，保護される対象も一義的に定まっていない。海外主要国で登録されている例をみると，商品の立体的形状，商品の包装容器，店舗の外観又は内装，建築物の特定の位置に付される色彩等が含まれる。新商標法では，トレードドレス自体は保護されないことになったが，色彩のみからなる商標，位置商標，立体商標により，ある程度トレードドレスを保護することができる。しかしながら，店舗内装の全体的イメージからなるトレードドレスの保護には困難を伴うことになろう。

　音商標とは，音楽，音声，自然音等からなる商標であり，聴覚で認識される商標である。

　香りの商標とは臭覚で認識される商標，触覚の商標とは触覚で認識される商標，味の商標とは味覚で認識される商標であるが，新商標法では保護されないことになった。

　なお，動きと音の結合商標出願は認められない。認める場合には，政令で定める必要がある。定義規定においても，「音」のみ単独で挿入されており，動きと音の結合を認めないように規定されている。

4　商標の使用の定義の拡大

　商標の使用の定義について，以下の規定が設けられている。

　新商標法2条3項9号により，商品の譲渡の際に音を発する行為（例：機器を用いて再生する行為，楽器を用いて演奏する行為）[*2]が商標の使用の定義に含まれることになった。

　新商標法2条3項10号により，新商標の保護対象が拡大した場合に，商標の使用の定義も政令で手当てできるようになっている。

　新商標法2条4項2号により，商品に取り付けられた記録媒体に音を記録することが，商品等に商標を付することになる。「商品の包装」に記録媒体が取り付けられている場合を規定していない。このような場合に商標法の保護を及ぼす必要性が現状では想定されにくいためである[*3]。

第1節　改正商標法の概要　325

〔新商標法2条3項〕
　この法律で標章について「使用」とは，次に掲げる行為をいう。
　1～8号（略）
　9号　音の標章にあつては，前各号に掲げるもののほか，商品の譲渡若しくは引渡し又は役務の提供のために音の標章を発する行為
　10号　前各号に掲げるもののほか，政令で定める行為

〔新商標法2条4項〕
　前項において，商品その他の物に標章を付することには，次の各号に掲げる各標章については，それぞれ当該各号に掲げることが含まれるものとする。
　1号　文字，図形，記号若しくは立体的形状若しくはこれらの結合又はこれらと色彩との結合の標章　商品若しくは商品の包装，役務の提供の用に供する物又は商品若しくは役務に関する広告を標章の形状とすること。
　2号　音の標章　商品，役務の提供の用に供する物又は商品若しくは役務に関する広告に記録媒体が取り付けられている場合（商品，役務の提供の用に供する物又は商品若しくは役務に関する広告自体が記録媒体である場合を含む。）において，当該記録媒体に標章を記録すること。

5　新商標の登録要件

(1)　識別性

　商標の識別性については，以下の規定が設けられており，本号に該当する場合には登録できない。
　生来的に出所識別力のない新商標は，新商標法3条1項3号「商品の……その他の特徴，……役務の……その他の特徴……を普通に用いられる方法で表示する標章のみからなる商標」，新商標法3条1項6号「前各号に掲げるもののほか，需要者が何人かの業務に係る商品又は役務であることを認識することができない商標」等により拒絶されることになる。すなわち，「商品等が通常有する色彩及び発する音」等の識別力のないものは，商品等の特徴として，新商標法3条1項3号で拒絶されることになる。
　諸外国の例からも（第2節以降「欧米における新商標の登録例」参照），新商標は，

生来的に出所識別力がないとして，拒絶される例が多いと考えられる。

しかしながら，長年の使用により出所識別力を獲得した場合には（Acquired distinctiveness／Secondary meaning），これらの新商標も例外的に商標法3条2項のもとで登録される。

新商標を積極的に登録する場合には，使用している新商標の証拠を確保しておく必要がある。例えば，動き商標であればテレビCM等の映像，色彩のみからなる商標であればカラーの新聞広告，音商標であればCMの録音をとっておく必要がある。さらに，新商標の使用された商品・役務の販売数量，使用開始時期，使用期間，使用地域，広告宣伝期間・地域・規模，類似品の存否に関する証拠も確保する必要がある。新商標については，生来的に出所識別力がないとして拒絶される可能性が高いため，長年の使用により，出所識別力を獲得したことを立証する必要があるからである（商標3条2項）。

〔新商標法3条1項3号〕

　　その商品の産地，販売地，品質，原材料，効能，用途，形状（包装の形状を含む。第26条第1項第2号及び第3号において同じ。），生産若しくは使用の方法若しくは時期その他の特徴，数量若しくは価格又はその役務の提供の場所，質，提供の用に供する物，効能，用途，態様，提供の方法若しくは時期その他の特徴，数量若しくは価格を普通に用いられる方法で表示する標章のみからなる商標

(2) **類 似 性**

商標法4条1項11号は，先に登録された他人の商標と類似する場合には登録できない旨規定するが，本号の「類似」について，新商標のための特別規定は設けられていない。

商標の類似については最高裁判決（最判昭43・2・27民集22巻2号399頁〔氷山印事件〕）があり，商標の外観，観念，称呼等によって需要者等に与える印象，記憶，連想等を総合して全体的に考察し，取引の実情に基づき（恒常的なもの），対比される両商標が，同一又は類似する商品・役務に使用された場合に，商品の出所の誤認混同が生ずるおそれがあるか否かにより決すべきと判示され

ているので、かかる考え方を踏まえ、新商標のタイプごとの特性を考慮して（例：色彩の商標であれば外観重視、音の商標であれば称呼重視）、商標の類似が判断されることになる。

(3) 公序良俗違反

新商標のための特別規定は設けられていない。

出所識別力があり、他人の登録商標と類似しない商標であっても、公序良俗違反になる商標（例：緊急用のサイレン音や国歌を想起させる音の商標）は登録できない（商標4条1項7号）。

(4) 機 能 性

商標の機能性について、以下の規定が設けられおり、本号に該当する場合には、商標法3条2項の要件を満たしたとしても登録できない。

改正前商標法4条1項18号は、立体商標との関係で、「商品又は商品の包装の形状であつて、その商品又は商品の包装の機能を確保するために不可欠な立体的形状のみからなる商標」は登録できない旨規定している。新法は、この規定を包含する規定となっているので、少なくとも技術機能的な商標は登録できないことになる。

その他、自由競争の不当な制限になる商標（例：だれもが好む色彩）も排除するよう裁判所が解釈するか注目されるが、「商標審査基準〔第11版〕」ではカバーされていない。米国ではこのような美的機能性（aesthetic functionality）を有する商標も登録することができない。美的機能性は、実用的機能とは別の競争上の便益（competitive advantage）がある場合に認められる。

新商標法施行令1条により、新商標法4条1項18号が適用されるのは、立体的形状、色彩、音に限定されることになる。

特許庁の解説書[*4]には、商品「自動車のタイヤ」の黒の色彩、役務「焼肉の提供」における肉の焼ける音が本号該当の具体例として紹介されている。

〔新商標法4条1項18号〕
　　商品等（商品若しくは商品の包装又は役務をいう。第26条第1項第5号において同じ。）が当然に備える特徴のうち政令で定めるもののみからなる商標

〔新商標法施行令1条〕

商標法第4条第1項第18号及び第26条第1項第5号の政令で定める特徴は，立体的形状，色彩又は音（役務にあつては，役務の提供の用に供する物の立体的形状，色彩又は音）とする。

6　新商標の出願方法

新商標の出願方法について，以下の規定が設けられた。

新商標法5条2項により，新商標法施行規則4条の8により，願書に，新商標の種類として，動き商標，ホログラム商標，色彩のみからなる商標，位置商標，音商標について，その類型を記載する必要がある。

新商標法5条2項3号の括弧書より，色彩が変化する場合には，同法5条2項1号に該当することになる。

また，新商標法5条4項により，願書に商標の詳細な説明を記載し，又は経済産業省令で定める物件を願書に添付する必要がある。

新商標法5条5項により，これらの記載及び物件は，商標登録を受けようとする商標を特定するものでなければならない。新商標法5条5項違反は，拒絶，異議，無効理由となっており，除斥期間の適用もない。

新商標法5条2項5号の「経済産業省令で定める商標」と同法5条4項の「経済産業省令で定める商標」は，異なる。前者は位置商標を意味し，後者は今回認められる商標の他に将来認められる商標も含む。

いずれの商標も商標見本（例：動きについて連続図面，音について五線譜又は文字による記述）を願書の商標記載欄に記載し，どのタイプの商標なのか（例：動き商標，音商標）を記載する必要がある。

動き，ホログラム，色彩，位置商標については，商標の詳細な説明（例：位置商標について実線と破線の説明，色彩のみからなる商標について色彩名（赤色）や三原色（RGB）の配合率）が必要であるが，その他の資料は不要である。

一方，音商標については，商標の詳細な説明は任意であるが，MP3形式で記録したCD-R又はDVD-Rを提出する必要がある（■図表3—1—2参照）。

音商標をオンライン手続で出願する場合には，オンライン手続の日から3日以内に商標登録を受けようとする商標を記録した光ディスクを添付した

■図表3－1－2　新商標の出願方法

	新商標	商標登録を受けようとする商標	類型	商標の詳細な説明	物件
1	動き商標	必要	必要	必要	不要
2	ホログラム商標	必要	必要	必要	不要
3	色彩のみからなる商標	必要	必要	必要	不要
4	位置商標	必要	必要	必要	不要
5	音商標	必要	必要	任意	必要

「手続補足書」を書面で提出する必要がある。

　国際商標登録出願に係る商標について，新商標法5条4項で規定する物件は，国際登録簿に添付する手続がないことから，日本国を指定する領域指定時には，当該物件が添付されていないため，新商標法5条5項を適用して当該物件の提出を促すことになる。

　国際商標登録出願の商標の詳細な説明については，拒絶通報の応答期間でなくとも補正をすることができる（新商標68条の28第2項）。

〔新商標法5条2項〕

　　次に掲げる商標について商標登録を受けようとするときは，その旨を願書に記載しなければならない。

　1号　商標に係る文字，図形，記号，立体的形状又は色彩が変化するものであつて，その変化の前後にわたるその文字，図形，記号，立体的形状若しくは色彩又はこれらの結合からなる商標

　2号　立体的形状（文字，図形，記号若しくは色彩又はこれらの結合との結合を含む。）からなる商標（前号に掲げるものを除く。）

　3号　色彩のみからなる商標（第1号に掲げるものを除く。）

　4号　音からなる商標

　5号　前各号に掲げるもののほか，経済産業省令で定める商標

〔新商標法5条4項〕

経済産業省令で定める商標について商標登録を受けようとするときは，経済産業省令で定めるところにより，その商標の詳細な説明を願書に記載し，又は経済産業省令で定める物件を願書に添付しなければならない。

〔新商標法5条5項〕
　前項の記載及び物件は，商標登録を受けようとする商標を特定するものでなければならない。

〔新商標法施行規則4条〕——「動き商標の願書への記載」
　商標に係る文字，図形，記号，立体的形状又は色彩が変化するものであつて，その変化の前後にわたるその文字，図形，記号，立体的形状若しくは色彩又はこれらの結合からなる商標（以下「変化商標」という。）のうち，時間の経過に伴つて変化するもの（以下，「動き商標」という。）の商標法第5条第1項第2号の規定による願書への記載は，その商標の時間の経過に伴う変化の状態が特定されるように表示した一又は異なる二以上の図又は写真によりしなければならない。

〔新商標法施行規則4条の2〕——「ホログラム商標の願書への記載」
　変化商標のうち，ホログラフィーその他の方法により変化するもの（前条に掲げるものを除く。以下「ホログラム商標」という。）の商標法第5条第1項第2号の規定による願書への記載は，その商標のホログラフィーその他の方法による変化の前後の状態が特定されるように表示した一又は異なる二以上の図又は写真によりしなければならない。

〔新商標法施行規則4条の4〕——「色彩のみからなる商標の願書への記載」
　色彩のみからなる商標の商標法第5条第1項第2号の規定による願書への記載は，次のいずれかのものによりしなければならない。
　　1号　商標登録を受けようとする色彩を表示した図又は写真
　　2号　商標登録を受けようとする色彩を当該色彩のみで描き，その他の部分を破線で描く等により当該色彩及びそれを付する位置が特定されるように表示した一又は異なる二以上の図又は写真

第1節　改正商標法の概要

〔新商標法施行規則4条の5〕——「音商標の願書への記載」
　音からなる商標（以下「音商標」という。）の商標法第5条第1項第2号の規定による願書への記載は，文字若しくは五線譜又はこれらの組み合わせを用いて商標登録を受けようとする音を特定するために必要な事項を記載することによりしなければならない。ただし，必要がある場合には，五線譜に加えて一線譜を用いて記載することができる。

〔新商標法施行規則4条の6〕——「位置商標の願書への記載」
　商標に係る標章（文字，図形，記号若しくは立体的形状若しくはこれらの結合又はこれらと色彩との結合に限る。）を付する位置が特定される商標（以下「位置商標」という。）の商標法第5条第1項第2号の規定による願書への記載は，その標章を実線で描き，その他の部分を破線で描く等により標章及びそれを付する位置が特定されるように表示した一又は異なる二以上の図又は写真によりしなければならない。

〔新商標法施行規則4条の7〕——「商標登録を受けようとする商標の類型」
　商標法第5条第2項第5号（同法68条第1項において準用する場合を含む。）の経済産業省令で定める商標は，位置商標とする。

〔新商標法施行規則4条の8〕——「願書への商標の詳細な説明の記載又は物件の添付」
　商標法第5条第4項（同法第68条第1項において準用する場合を含む。以下同じ。）の経済産業省令で定める商標は，次のとおりとする。
　　1号　動き商標
　　2号　ホログラム商標
　　3号　色彩のみからなる商標
　　4号　音商標
　　5号　位置商標
　2項　商標法第5条第4項の記載又は添付は，次の各号に掲げる区分に応じ，それぞれ当該各号に定めるところにより行うものとする。
　　1号　動き商標　商標の詳細な説明の記載

2号　ホログラム商標　商標の詳細な説明の記載
3号　色彩のみからなる商標　商標の詳細な説明の記載
4号　音商標　商標の詳細な説明の記載（商標登録を受けようとする商標を特定するために必要がある場合に限る。）及び商標法第5条第4項の経済産業省令で定める物件の添付
5号　位置商標　商標の詳細な説明の記載

3項　商標法第5条第4項の経済産業省令で定める物件は，商標登録を受けようとする商標を特許庁長官が定める方式に従つて記録した一の光ディスクとする。
4項　前項に掲げる物件であつて，商標法第68条の10第1項に規定する国際商標登録出願（以下「国際商標登録出願」という。）に係るものを提出する場合は，様式第9の2によりしなければならない。

〔新商標法施行規則4条の9〕――「国際商標登録出願に係る商標の詳細な説明」
　商標法第68条の9第2項の表の国際登録簿に記載されている事項のうち国際登録の対象である商標の記載の意義を解釈するために必要な事項として経済産業省令で定めるものの項の経済産業省令で定める事項は，次のとおりとする。
1号　色彩に係る主張に関する情報（色彩のみからなる商標の場合に限る。）
2号　標章の記述

7　商標権侵害と効力の制限

(1) 商標権侵害

　登録商標等の範囲は，新商標法27条に基づき定めることになる。新商標との関係で，27条3項が新設され，願書に記載した商標の意義は，商標の詳細な説明及び物件を考慮して解釈されることになった。

〔新商標法27条〕
1項　登録商標の範囲は，願書に記載した商標に基づいて定めなければならない。
2項　指定商品又は指定役務の範囲は，願書の記載に基づいて定めなければならない。
3項　第1項の場合においては，第5条第4項の記載及び物件を考慮して，願書

に記載した商標の記載の意義を解釈するものとする。

新商標の商標権侵害については,通常の文字商標と同様に,登録商標の指定商品又は役務と同一又は類似する商品又は役務に,登録商標と同一又は類似する商標を使用した場合に商標権侵害を構成すると判断される。

商標の類似については,上述の氷山印事件判決（最判昭43・2・27）と同様の判断手法により判断されることになるが,商標権侵害における取引の実情については,恒常的な取引の実情だけでなく,侵害時点における具体的な取引の実情（被告の使用態様等）も考慮される。

(2) 商標権の効力の制限

商標権の効力の制限については,以下の規定が設けられた。

他人の登録商標と同一又は類似する商標を,商標として（自他商品を識別し,商品の出所を表示する態様）使用していない場合には,商標権侵害を構成しないとするのが,下級審の裁判例であった（「商標的使用論」）。

この商標的使用論を,新商標導入を契機に新商標法26条1項6号に条文化した。よって,商標として使用していないことは被告側が抗弁事由として立証することになる。

欧州では,商標の出所表示機能以外の機能（質の保証,コミュニケーション,投資,広告等の機能）を害する場合も商標権侵害が認容される可能性があるが（比較広告も侵害と判断される可能性あり）[*5],本号が導入されたことにより,欧州のような考え方をとる余地がなくなったか否か今後議論がされることになろう。新商標導入により混乱がおきないように（何でも商標と勘違いする）,商標の出所表示機能が商標の本質的機能であることを全面に打ち出した改正といえる。

また,新商標法26条1項5号に「商品等が当然に備える特徴のうち政令で定めるもののみからなる商標」には商標権の効力が及ばない旨規定した。新商標法4条1項18号に対応する規定である。

他人の権利との抵触関係については,音商標が導入されたため,新商標の出願日前に発生した著作権だけでなく,著作隣接権（実演家の権利,レコード制作者の権利,放送事業者の権利及び有線放送事業者の権利）と抵触する商標権は使用

できないこととした（新商標29条）。

〔新商標法26条1項〕
　商標権の効力は，次に掲げる商標（他の商標の一部となつているものを含む。）には，及ばない。
　1号～4号（略）
　5号　商品等が当然に備える特徴のうち政令で定めるもののみからなる商標
　6号　前各号に掲げるもののほか，需要者が何人かの業務に係る商品又は役務であることを認識することができる態様により使用されていない商標

〔新商標法29条〕
　商標権者，専用使用権者又は通常使用権者は，指定商品又は指定役務についての登録商標の使用がその使用の態様によりその商標登録出願の日前の出願に係る他人の特許権，実用新案権若しくは意匠権又はその商標登録出願の日前に生じた他人の著作権若しくは著作隣接権と抵触するときは，指定商品又は指定役務のうち抵触する部分についてその態様により登録商標の使用をすることができない。

8　色彩の特例

　新商標法70条4項に以下の規定が設けられた。色彩のみからなる商標の場合，色彩の違いは商標の同一性に影響を与えるためである。

〔新商標法70条4項〕
　前3項の規定は，色彩のみからなる登録商標については，適用しない。

9　経過措置

経過措置として，附則に以下の規定が設けられている。
(1)　出願，異議申立て，無効審判
　附則（平成26年5月14日法律第36号）抄（以下略）5条1項により，商標の定義，識別性及び機能性に関する登録要件は，新商標法施行後の出願に適用される。
　附則5条2項により，新商標法の識別性及び機能性の登録要件についての

異議，無効理由については，新商標法施行後の出願に適用される。

(2) 継続的使用権

附則5条3項により，色彩，音，動き，ホログラム商標（変化するもの）については，継続的使用権が認められる。

例えば，ある音の商標を新法施行前から使用してきた者は，他人の音の商標が登録されても，その音を使用してきた範囲内（地域的範囲内）で継続的に使用することができる。

ただし，文字商標を新法施行前から使用していても，その文字商標を音声的に使用していない場合には，音の商標の登録に対しては，継続的使用権は認められない。

位置商標については，継続的使用権は認められない。

附則5条4項により，商標権者又は専用使用権者は，継続的使用権を有する者に対して，混同防止の表示を付すように請求することができる。

新商標を登録する意思はないが，他人が新商標を登録した場合に，継続的に使用ができるように，継続的使用権を有することを立証できる資料（動きであればテレビCM等の映像，色彩のみからなる商標であればカラーの新聞広告，音商標であればCMの録音）を確保しておく必要がある。

(3) 先使用権

附則5条5項により，新法施行前に使用している新商標が周知の場合には，全国的に使用できる先使用権が認められる。

(4) 防護標章登録

附則5条7項により，附則5条3項から附則5条6項の規定は，防護標章登録に基づく権利にも準用される。

(5) 新商標を拡大する場合の経過措置

新商標を拡大するときの経過措置は，商標法77条の2で設けることができる。

〔附則5条〕

1項　第4条の規定による改正後の商標法（以下「新商標法」という。）第2条第1項，第3条第1項及び第4条第1項（第18号に係る部分に限る。）の規定は，この

法律の施行後にする商標登録出願について適用し，この法律の施行前にした商標登録出願については，なお従前の例による。

2項　この法律の施行前にした商標登録出願に係る商標登録についての登録異議の申立て又は無効の理由については，新商標法第3条第1項及び第4条第1項（第18号に係る部分に限る。）の規定にかかわらず，なお従前の例による。

3項　この法律の施行前から日本国内において不正競争の目的でなく他人の登録商標（この法律の施行後の商標登録出願に係るものを含む。）に係る指定商品若しくは指定役務又はこれらに類似する商品若しくは役務についてその登録商標又はこれに類似する商標の使用をしていた者は，継続してその商品又は役務についてその商標（新商標法第5条第2項第1号，第3号又は第4号に掲げるものに限る。以下第5項までにおいて同じ。）の使用をする場合は，この法律の施行の際現にその商標の使用をしてその商品又は役務に係る業務を行っている範囲内において，その商品又は役務についてその商標の使用をする権利を有する。当該業務を承継した者についても，同様とする。

4項　前項の登録商標に係る商標権者又は専用使用権者は，同項の規定により商標の使用をする権利を有する者に対し，その者の業務に係る商品又は役務と自己の業務に係る商品又は役務との混同を防ぐのに適当な表示を付すべきことを請求することができる。

5項　第3項の規定により商標の使用をする権利を有する者は，この法律の施行の際現にその商標がその者の業務に係る商品又は役務を表示するものとして需要者の間に広く認識されているときは，同項の規定にかかわらず，その商品又は役務についてその商標の使用をする権利を有する。当該業務を承継した者についても，同様とする。

6項　第4項の規定は，前項の場合に準用する。

7項　第3項から前項までの規定は，防護標章登録に基づく権利に準用する。

8項〜18項（略）

【注】

（＊1）「知覚」とは，「感覚器官への刺激を通じてもたらされた情報をもとに，外界の対象の性質・形態・関係及び身体内部の状態を把握するはたらき」を意味する（広

辞苑)。「感覚器官（感覚器）」とは，「感覚を受容する器官の総称。視覚・聴覚・嗅覚・味覚・触覚など，種々の刺激を感知する感覚細胞により構成される器官。感覚器官。」をいう（大辞林）。
(* 2)　特許庁総務部総務課制度審議室編『平成26年　特許法等の一部改正　産業財産権法の解説』（発明推進協会，2014年）164頁。
(* 3)　特許庁総務部総務課制度審議室編『平成26年　特許法等の一部改正　産業財産権法の解説』（発明推進協会，2014年）164頁。
(* 4)　特許庁総務部総務課制度審議室編『平成26年　特許法等の一部改正　産業財産権法の解説』（発明推進協会，2014年）166頁。
(* 5)　拙稿「『商標として』の使用，『自己の商品等表示として』の使用は必要か？――欧州からみた，日本の商標権侵害及び不正競争防止法2条1項1号・同2号」CIPICジャーナル200号（2011年）57頁。

第2節 色彩のみからなる商標

1 はじめに

　色彩のみからなる商標とは，図形と色彩が結合したものではなく，輪郭のない（without delineated contours）色彩のみからなる商標をいい，単色（single color）の商標と色彩の組合せ（color combination）からなる商標の2種類がある（■図表3－2－1参照）。

　改正前商標法では，色彩のみからなる商標は商標の定義に含まれないが，新商標法2条1項1号の商標の定義に含まれることになった。

　従前から，色彩のみからなる商標は，不正競争防止法2条1項1号又は同2号の「商品等表示」に該当し，一定の要件を満たせば保護される。

〔新商標法2条1項〕
　この法律で「商標」とは，人の知覚によつて認識することができるもののうち，文字，図形，記号，立体的形状若しくは色彩又はこれらの結合，音その他政令で定めるもの（以下「標章」という。）であつて，次に掲げるものをいう。
　1号・2号（略）

　米国で360件（2012年2月まで），欧州で272件（2012年2月まで），台湾で38件（2012年4月まで）の登録例，シンガポールで26件（2012年4月まで）の出願

■図表3－2－1　色彩のみからなる商標（輪郭のない色彩のみからなる商標）の種類

1	単色の色彩商標（Single Color）
2	色彩の組合せの商標（Color Combination）

例(*1)があり、その中には日本企業の登録例もある。

2 色彩のみからなる商標の使用の定義

色彩のみからなる商標が導入されるにあたり、商標の使用の定義に、音の商標のような特別な規定は設けられていない。

3 色彩のみからなる商標の出願方法

色彩のみからなる商標の出願時に、色彩のみからなる商標である旨（「タイプの記載」）を出願書類に記載し（新商標5条2項3号）、「商標見本（商標記載欄）」に、色彩を記載する（商標5条1項2号）(*2)。

願書への記載は、①商標登録を受けようとする色彩を表示した図又は写真、②商標登録を受けようとする色彩を当該色彩のみで描き、その他の部分を破線で描く等により当該色彩及びそれを付する位置が特定されるように表示した1又は異なる2以上の図又は写真のいずれかのものによりする（商標5条1項2号、新商標施規4条の4）。

「商標登録を受けようとする商標」として、図面又は写真で色彩を表示し、出願の種類として、「色彩のみからなる商標」と記載し、「商標の詳細な説明」に色彩名、三原色（RGB）の配合率、色見本帳の番号（例：Pantone）、色彩の組み合わせ方（色彩を組み合わせた場合の各色の配置や割合等）について具体的に記載する。

色彩のみからなる商標について、願書に記載した商標と商標の詳細な説明に記載されている標章（色彩）が一致しない場合、色彩を組み合わせた色彩商標について、願書に記載した商標と商標の詳細な説明に記載された各色の配置や割合等が一致しない場合、色彩を付する位置を特定した色彩のみからなる商標について、願書に記載した商標と商標の詳細な説明に記載された色彩を付する位置が一致しない場合には、新商標法5条5項違反となり出願が拒絶される。

■図表3－2－2は、特定の文字を認識させるので、色彩のみからなる商標に該当しないとして、商標法3条1項柱書違反で登録されない。

■図表3－2－3（単色）及び■図表3－2－4（色彩の組合せ）は、色彩

■図表３－２－２　不適切な願書の記載例

■図表３－２－３　適切な願書の記載例

商標登録を受けようとする商標

色彩のみからなる商標
商標の詳細な説明：商標登録を受けようとする商標は，赤色（RGBの組合せ：R255，G0，B0）のみからなるものである。

■図表３－２－４　適切な願書の記載例

商標登録を受けようとする商標

色彩のみからなる商標
商標の詳細な説明：商標登録を受けようとする商標（以下「商標」という。）は，色彩の組合せのみからなるものである。色彩の組合せとしては，赤色（RGBの組合せ：R255，G0，B0），青色（RGBの組合せ：R0，G0，B255），黄色（RGBの組合せ：R255，G255，B0），緑色（RGBの組合せ：R255，G128，B0）であり，配色は，上から順に，赤色が商標の50パーセント，同じく青色25パーセント，黄色15パーセント，緑色10パーセントとなっている。

を表示した図等が商標記載欄に記載されている場合であって，商標の詳細な説明に，色彩のみからなる商標と認識するものと認められる記載がなされているので登録が認められる。

■図表3－2－5及び■図表3－2－6（商品等における位置を特定する場合）は，色彩を当該色彩のみで描き，その他の部分を破線等で描くことにより，色彩及びそれを付する商品等における位置が特定できるようにした図等が商標記載欄に記載され，商標の詳細な説明に色彩のみからなる商標であるとの記載があるので，登録が認められる。

4　色彩のみからなる商標の登録要件

(1)　識別性

新商標法3条1項3号は，商品の特徴や役務の特徴を普通に用いられる方法で表示する標章のみからなる商標は登録できないと規定している。

■図表3－2－5　適切な願書の記載例

商標登録を受けようとする商標

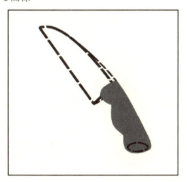

色彩のみからなる商標
商標の詳細な説明：商標登録を受けようとする商標（以下「商標」という。）は，色彩のみからなるものであり，包丁の柄の部分を赤色（RGBの組合せ：R255，G0，B0）とする構成からなる。
　なお，破線は，商品の形状の一例を示したものであり，商標を構成する要素ではない。
指定商品又は指定役務並びに商品及び役務の区分：8類
指定商品（指定役務）：包丁

■図表3−2−6　適切な願書の記載例

商標登録を受けようとする商標

商標の詳細な説明：商標登録を受けようとする商標（以下「商標」という。）は，色彩のみからなるものであり，ゴルフクラブ用バッグのベルトの部分を赤色（RGBの組合せ：R255,　G0,　B0）とする構成からなる。
　なお，破線は，商品の形状の一例を示したものであり，商標を構成する要素ではない。
指定商品又は指定役務並びに商品及び役務の区分：28類
指定商品（指定役務）：ゴルフクラブ用バッグ

〔新商標法3条1項3号〕
　　その商品の……その他の特徴，……その役務の……その他の特徴……を普通に用いられる方法で表示する標章のみからなる商標

　色彩を組み合わせてなる標章のいずれについても，全体として観察する。
　色彩を付する位置を特定したものについては，その位置は考慮しない。色彩のみからなる商標を構成するものは，色彩のみであるためである。
　色彩のみからなる商標で，商標法3条1項2号，3号に該当しないものは原則として商標法3条1項6号(例：役務の提供の用に供する物が通常有する色彩)に該当する。
　「赤色及び白色の組合せ」（婚礼の執行），「黒色及び白色の組合」（葬儀の執行）は，商標法3条1項2号（慣用商標）に該当する
　商品又は役務の特徴等に該当して（新商標3条1項3号），識別力がないと判断される例（商品が通常有する色彩）としては，以下のものがある。
　①　商品の性質上，自然発生的な色彩
　　　（例）商品「木炭」について，「黒色」

② 商品の機能を確保するために通常使用される又は不可欠な色彩
　　（例）商品「自動車用タイヤ」について，「黒色」
③ その市場において商品又は役務の魅力等の向上に通常使用される色彩
　　（例）商品「携帯電話」について，「シルバー」
④ その市場において商品又は役務に通常使用されてはいないが，使用され得る色彩
　　（例）商品「冷蔵庫」について，「黄色」
⑤ 色模様や背景色として使用される色彩
　　（例）商品「コップ」について，「縦のストライプからなる黄色，緑色，赤色」

しかしながら，長年の使用により，識別力を取得した場合には，商標法3条2項により登録することができる。

(2) 類似性

出願した色彩のみからなる商標Aが，先に出願され登録された他人の色彩のみからなる登録商標Bと類似する場合には，登録できない（商標4条1項11号）。ただし，Aの指定商品又は指定役務が，Bの指定商品又は指定役務と類似しない場合には，全体として類似しない（非類似）ので登録できる（■図表3－2－7参照）。

■図表3－2－7の×に該当する場合には，商標法4条1項11号には該当しないが，他人の業務に係る商品又は役務と混同を生ずるおそれがある商標

■**図表3－2－7　商標の類似（出願商標Aと先登録商標Bとの関係）**

	商標同一	商標類似	商標非類似
商品（同一・類似）	○	○	×
役務（同一・類似）	○	○	×
商品と役務（類似）	○	○	×
商品（非類似）	△	×	×
役務（非類似）	△	×	×
商品と役務（非類似）	△	×	×

○類似＝登録不可　　△＝防護標章登録がある場合には登録不可　　×非類似＝登録可

に該当するとして，商標法4条1項15号により拒絶される場合もある。

　色彩のみからなる商標の類否判断について，特別の規定を設けていないので，最高裁判決（最判昭43・2・27民集22巻2号399頁〔氷山印事件〕）の判断手法，すなわち，商標の外観，観念，称呼等によって需要者等に与える印象，記憶，連想等を総合して全体的に考察し，取引の実情に基づき（恒常的なもの），対比される両商標が，同一又は類似する商品・役務に使用された場合に，商品の出所の誤認混同が生ずるおそれがあるか否かにより基本的には判断されることになる。

　色彩のみからなる商標の類否判断は，当該色彩が有する色相（色合い），彩度（色の鮮やかさ），明度（色の明るさ）及び色彩を組み合わせた商標により構成される全体の外観を総合して，商標全体として考察して判断される。

　■図表3－2－8にあるように，赤，青，黄，緑色を組み合わせてなる商標は，赤単色の商標とは類似しない。

　■図表3－2－9にあるように，赤，青，黄，緑色を組み合わせてなる図形商標は，同じ色を組み合わせてなる色彩のみからなる商標と類似する。■図表3－2－10にあるように慶應義塾は，青，赤，青の図形商標（商標登録第5010183号）を既にほとんどの分類に登録しているので，当該商標と同じ組合せの色彩のみからなる商標を他社は登録できない可能性がある。

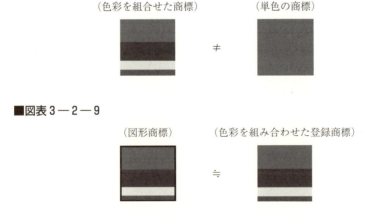

■図表3－2－8

（色彩を組合せた商標）　　　（単色の商標）

■図表3－2－9

（図形商標）　　　（色彩を組み合わせた登録商標）

■図表3−2−10

■図表3−2−11

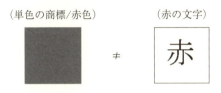

　■図表3−2−11にあるように，赤色の色彩商標と「赤」の文字商標は類似しない。色彩のみからなる商標は，色彩の外観が重要な判断要素となるためである。
　■図表3−2−7の×に該当する場合には，商標法4条1項11号には該当しないが，他人の業務に係る商品又は役務と混同を生ずるおそれがある商標に該当するとして，商標法4条1項15号により拒絶される場合もある。

(3) 機 能 性

　機能性については，立体商標，色彩のみからなる商標，音商標について，まとめて記載する。
　新商標法4条1項18号は，「商品等（商品若しくは商品の包装又は役務をいう。第26条第1項第5号において同じ。）が当然に備える特徴のうち政令で定めるもののみからなる商標」は登録できない旨規定している。
　これを受けて，新商標法施行令1条は，「商標法4条1項18号及び第26条第1項第5号の政令で定める特徴は，立体的形状，色彩又は音（役務にあつては，役務の提供の用に供する物の立体的形状，色彩又は音）とする。」と規定している。
　審査基準では，当然に備える特徴に該当するか否かについて，まず，次の①，②を確認する。
　① 出願商標が，商品等の性質から通常備える立体的形状のみからなるこ

と，商品等から自然発生する色彩又は音のみからなるものであること。
② 出願商標が，商品等の機能を確保するために不可欠な立体的形状，色彩又は音のみからなるものである。

②については，次の(i)及び(ii)を考慮する。
(i) 商品等の機能を確保できる代替的な立体的形状，色彩又は音が他に存在するか否か。
　(例)
　　・ 商品等の構造又は機構上不可避に生じる音であるか否か。
　　・ 人工的に付加された音については，代替的な音が存在するか否か。
(ii) 代替可能な立体的形状，色彩又は音が存在する場合でも，同程度（若しくはそれ以下）の費用で生産できるものであるか否か。

5　商標権侵害

(1)　商標権侵害

色彩のみからなる商標Aが登録された場合，当該色彩のみからなる商標Aと同一又は類似の色彩のみからなる商標Bを，色彩のみからなる商標Aの指定商品又は指定役務と類似する商品又は役務に，第三者が無断で使用した場合には（■図表3－2－12参照），商標権侵害となり（商標25条・37条），差止請求，損害賠償請求，謝罪広告，刑事罰の対象となる（商標36条・38条・39条・78

■図表3－2－12　商標の類似（登録商標Aと第三者の商標Bとの関係）

	商標同一	商標類似	商標非類似
商品（同一・類似）	○	○	×
役務（同一・類似）	○	○	×
商品と役務（類似）	○	○	×
商品（非類似）	△	×	×
役務（非類似）	△	×	×
商品と役務（非類似）	△	×	×

○類似＝侵害　△防護標章登録がある場合には侵害　×非類似＝非侵害

条, 民709条)。

類似性については, 上記4(2)類似性を参照。

■図表3−2−12の×の部分も,「AとBが非類似」の場合を除き, 一定の要件を満たせば, 不正競争防止法2条1項1号又は同2号に該当するとして保護される。

ただし, 他人が登録された色彩のみからなる商標を「商標として(商品又は役務の出所を表示する態様で)」[*3] 使用していない場合には, 商標の出所表示機能が害されないので商標権侵害にならない(「商標的使用論」, 新商標26条1項6号)。

(2) **商標権の効力の制限**

新商標の導入を契機に, 裁判例で認められてきた上述の「商標的使用論」が新商標法26条に, 以下のとおり規定され, 被告の抗弁事由となった。

〔新商標法26条1項〕
　商標権の効力は, 次に掲げる商標(他の商標の一部となつているものを含む。)には, 及ばない。
1号〜5号（略）
6号　前各号に掲げるもののほか, 需要者が何人かの業務に係る商品又は役務であることを認識することができる態様により使用されていない商標

6　色彩の特例

商標の使用において, 一般には多少の色彩の相違は同一の商標として扱われていることから, 現行商標法70条1項乃至3項は, 登録商標に類似する商標であることを前提に, 色彩を除く要素が同一である商標は登録商標と同一とみなしている(色彩の特例)。

しかしながら, 輪郭のない色彩のみからなる商標については, 登録商標の範囲が過度に広がることのないよう, 新商標法70条4項で, 色彩の特例の対象外とした。

位置商標については色彩の特例の適用がある。

〔新商標法70条4項〕
　前3項の規定は，色彩のみからなる登録商標については，適用しない。

7　色彩のみからなる商標に関する不正競争防止法事件

　色彩のみからなる商標は，不正競争防止法2条1項1号の要件を満たせば保護される。

　単一色からなる商品等表示と色彩の組合せからなる商品等表示について裁判例があり，後者については商品等表示性を認容した裁判例があるが，前者については商品等表示性を認容した裁判例はない。

　商品等表示性の判示部分は，色彩のみからなる商標の識別性を判断する際に参考となる。

(1)　単　一　色

　(a)　オレンジ戸車事件（オレンジ色）　　単一色について，旧不正競争防止法1条1項1号（現行不正競争防止法2条1項1号）の適用を否定した判決として，戸車のコマのオレンジ色の商品等表示性が争われた大阪地裁昭和41年6月29日判決（判時477号32頁〔オレンジ色戸車事件〕）があり，以下のとおり判示している。

　「判示事項1 ──色彩，殊にオレンジ色の単色が不正競争防止法にいう『他人の商品たることを示す表示』たりうるか。……

　　もとより，色彩の使用は原則として自由であるから，特定人が戸車のコマにオレンジ色のみを永年に亘り使用しても，この事実だけから直ちに戸車のコマに対するオレンジ色の使用につき排他的独占的使用権が生ずる理由がない，また他人がこれによりその色の使用の自由を奪われる道理がない。

　　しかしながら，もし，他人の商品はその色で知られ，その色の商品を見るものは誰でも他人の商品だと判断するに至った（セコンダリーミーニング）場合とか，その色である旨の表示をすれば，誰でも直ちに他人の商品であると判断する（トレードネーム）など，その色が他人の商品と極めて密接に結合し，出所表示の機能を果たしているような特別の場合には，その商品に施された色ならびにその色である旨の呼名は不正競争防止法一条一号にいう『他人の商品たることを示す表示』として不正競業から保護せられなければならな

い。」

「判事事項2──戸車のコマのオレンジ色は債権者の商品であることを示す周知表示となっているか。……

(イ) 成立に争いのない乙第二一号証の一，二（集計報告書）によると，同号証は，大阪市立大学に勤務する申請外猪口義孝が昭和三九年六月現在において，大阪府および福岡県の各南部に居住する需要者，北陸，関西，中国，九州の金物類（戸車を含む）の販売業者より求めた回答（その数は需要者につき719人，販売業者につき108人である）を集計したものであるが，これには，右需要者719人のうち，プラスチック戸車のあることを知っている者520人であり，これを知るに至った動機は次のとおり区分されていることが疎明される。

現物を見て　　　　　　　　　　　253人
店頭で　　　　　　　　　　　　　167人
新聞，雑誌，ラジオ，テレビの広告で　42人
看板で　　　　　　　　　　　　　　1人
その他の理由で　　　　　　　　　57人

右のように戸車販売業者の店頭でプラスチック戸車自体を見てその存在を知るに至った需要者の数は，新聞，雑誌，ラジオ，テレビ，看板などのいわゆる宣伝広告の活動を通じて知った者の数に比較して非常に多く，このことは，同号証中に，プラスチェック戸車の販売業者93人（前述の金属類の販売業者108人のうち戸車を取り扱っている者の数93人）のなかで，需要者より戸車の色，製造業者，製品の名称などを指定して戸車購入の申込みを受けている者は僅か7人であり，その他の販売業者86人は右のような指定を受けることがなく，需要者において販売業者の店頭で戸車自体を見て選択し，或いは業者の勧めるままに購入している旨の記載があることによっても是認できる。」

「(ロ) ……既に，三井化学株式会社の『ハイゼックス』，昭和油化学株式会社の『ショウレックス』のように『ポリエチレン』（プラスチックの一種）を原材料とし，これにオレンジ色を着色しているので，その色彩ならびに形態の点では債権者の戸車に類似し，品質ならびに性能の点では債権者のそれに劣る類似品が市場に出て，その数は次第に増加し，オレンジ色の色彩のみによっては債権者の戸車を他の戸車と区別しがたい状態にあったのであり，（中

略）現在においては，需要者はもちろん販売業者もその大多数は，オレンジ色の色彩のみによっては，債権者の戸車を他の製品と区別することができず，更にはオレンジ色の戸車を債権者の製品ではなく，債務者らの製品と考えるものの少なくなかったことが疎明されるのである。」

この判決によると，色彩のみからなる商標が商品等表示性を獲得するには，現物の販売より，新聞，雑誌等の広告が重要であり，また，原告商品の市場での唯一性が重要であることになる。

(b) it's事件（濃紺色）　不正競争防止法2条1項1号事案（混同惹起行為）で，シリーズ家電製品に統一的に三洋電機(株)により使用された「濃紺色」の出所表示性を否定した大阪高裁平成9年3月27日判決（知的集29巻1号368頁〔it's事件〕)[*4]は（■図表3―2―13），①出所識別力及び②独占適応性（公益性）の観点より，以下のとおり判示している。

「原告は，原告製品の特徴，特にそこで使用されている『濃紺色』が原告製品の商品表示である旨主張するところ，一般論としては，単一の色彩であっても，特定の商品と密接に結合しその色彩を施された商品を見たりあるいはその色彩の商品である旨の表示を耳にすれば，それだけで特定の者の商品であると判断されるようになった場合には，当該商品に施された色彩が，出所表示機能（自他識別機能）を取得しその商品の商品表示になっているということができ，その可能性のあることは否定できない。しかしながら，色彩は，古来存在し，何人も自由に選択して使用できるものであり，単一の色彩それ自体には創作性や特異性が認められるものではないから，通常，単一の色彩

■図表3―2―13　Sanyo it's事件（保護否定）

（原告商品表示（濃紺色））　　　　　　　　（被告商品表示（濃紺色））

の使用により出所表示機能(自他識別機能)が生じ得る場合というのはそれほど多くはないと考えられる。また，仮に，単一の色彩が出所表示機能(自他識別機能)を持つようになったと思われる場合であっても，色彩が元々自由に使用できるものである以上，色彩の自由な使用を阻害するような商品表示(単一の色彩)の保護は，公益的見地からみて容易に認容できるものではない。こうした点からすれば，単一の色彩が出所表示機能(自他識別機能)を取得したといえるかどうかを判断するにあたっては，その色彩を商品表示として保護することが，右の色彩使用の自由を阻害することにならないかどうかの点も含めて慎重に検討されなければならない。また，商標法や意匠法において，一般に，色彩は，文字，図形，記号等と結合して(商標法2条1項)，あるいは物品の形状，模様等と結合して(意匠法2条1項)，商標(商品商標)や物品の意匠になると考えられていることも考慮されなければならない。そうすると，単一の色彩が特定の商品に関する商品表示として不正競争防止法上保護されるべき場合があるとしても，当該色彩とそれが施された商品との結びつきが強度なものであることはもちろんとして，(1)該色彩をその商品に使用することの新規性，特異性，(2)当該色彩使用の継続性，(3)当該色彩の使用に関する宣伝広告とその浸透度，(4)取引者や需要者である消費者が商品を識別，選択する際に当該色彩が果たす役割の大きさ等も十分検討した上で決せられねばならず，それが認められるのは，自ずと極めて限られた場合になってくるといわざるを得ない(これを前提とすれば，いわゆる「色彩の涸渇」の点は必ずしも大きな問題になるものではないと考えられる。)。」

本判決の1審判決(大阪地判平7・5・30判時1545号84頁)は，色彩枯渇論に基づき，単一色について不正競争防止法2条1項1号の保護を与えることができないと判断したが，本判決は，色彩枯渇論は否定している。

本判決によると，色彩について，商品表示性が認められるためには，以下の要件を満たす必要がある。

① 色彩とそれが施された商品との結びつきが強度なこと
② 色彩をその商品に使用することの新規性，特異性
③ 色彩使用の継続性
④ 色彩の使用に関する宣伝広告とその浸透度

⑤ 取引者や需要者である消費者が商品を識別，選択する際に当該色彩が果たす役割の大きさ

上記基準は，商標法3条2項の主張・立証をする際に参考となる。

本件では，同一機種で他色を使用した原告家電製品が存在したこと，原告製品中に家電製品以外の製品（例：自転車，デスク，チェアー）が存在したことは，濃紺色と原告製品との結びつきを弱めることになり，他社が原告の濃紺色に近い色を家電製品に使用していた事実は，色彩の新規性を否定することになると判断されている。

また，原告製品は，2月から4月下旬までの大学入学シーズンにはまとめて1つのコーナーで販売されていたが，その時期をすぎるとばらばらで販売されていた事実は商品等表示性を否定する方向で考慮された。

戦後の日本の各分野の流行色を特集している社団法人日本流行色協会発行の雑誌『流行色』に，原告製品の濃紺色が取り上げられていないことも負の要因と判断されている。雑誌『流行色』は，色彩のみからなる商標の周知性を立証する有効な証拠といえよう。

(2) **色彩の組合せ**

(a) 三色ラインウェットスーツ事件（いろあせた三色）　色彩の組合せについて，旧不正競争防止法1条1項1号（現行不正競争防止法2条1項1号に該当）を適用した判決として，ウェットスーツのいろあせた三色ライン（■図表3－2－14）の商品等表示性が争われた大阪地裁昭和58年12月23日判決（無体集15巻3号894頁〔三色ラインウェットスーツ事件〕）[*5]があり，商品等表示性について，以下のとおり判示している。

「色彩は，本来何人も自由に選択して使用することが許されるものであるが，特定の単色の色彩又は複数の色彩の特定の配色の使用が当該商品には従来見られなかつた新規なものであるときには，特定人が右特定の色彩，配色を当該商品に反覆継続して使用することにより需要者をして右特定の色彩・配色の施こされた商品がこれを使用した右特定人のものである旨の連想を抱かせるようになることは否定できないところであり，このように商品と特定の色彩・配色との組合せが特定人の商品であることを識別させるに至つた場合には，右商品と色彩・色彩の配色との組合わせも又，商品の形態と同様，

■図表3―2―14　三色ラインウェットスーツ事件（保護認容）

（原告商品表示）

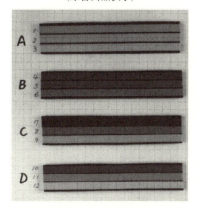

（被告商品表示）

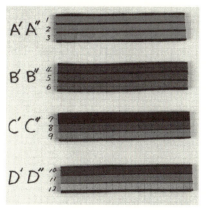

不正競争防止法1条1項1号にいう『他人ノ商品タルコトヲ示ス表示』たり得るものといわなければならない。」「本件AないしDラインの如き黄赤，青，黄みの緑，赤紫を中央の色とした同系色三色をそれぞれ明度の低い濃色から明度の高い淡色へ移行する色落ちに配列した色ラインを使用したウエットスーツは，原告製品の発売時である昭和53年5月以前になかつたこと，（中略）原告製品に使用されている本件ラインは見た眼にも鮮やかで，人の眼を惹くに足るものであり，（中略）本件ラインを独占的かつ継続的に原告のウエットスーツに使用してきたといえることを考慮すると，本件ラインを使用箇所(1)ないし(25)に使用した原告製品は，遅くとも昭和55年におけるウエットスーツの一般需要者の最多需要期を過ぎたと思われる同年8月末には，原告商品であることの出所表示機能を獲得し，同業者，小売店，一般需要者などに広く知られるに至つたということができる。（中略）本件ラインは，看る者の眼を惹きつける鮮やかな色調を有し，殊に地が黒色系，反対色系の場合に一層目立つことが認められ且つ原告も，前示本件ラインの開発の目的上当然のことながら，右本件ラインを別紙目録(一)の(1)ないし(25)の個所に目立たしめる様な態様でこれを付しているのであるから，原告製品における本件ラインは，それ自体スーツ本体の色彩，形態から独立して商品の出所表示機能を有すると

いうに妨げない。」と判示している。

混同のおそれについては，以下のとおり判示している。

「原告製品，タバタ製品，マコト製品にはそれぞれ独自の自社商標が付されており，また，それぞれ色ライン以外の部位の配色，形態などに独自性があるから，原告製品と右被告らの製品間に誤認混同を生じないかの如く主張するところ，(中略) 右各製品を全体として観察するときには，右各色ラインに共通する鮮やかな色調とメタリックな光沢が需要者の眼を強く惹くのに比べて，これらの相違部分は，いずれもさほど目立たず，むしろ被告製品における前示ラインの使用も原告製品における前示使用態様と同じく，スーツ本体の生地・形態の如何に拘らず，これを目立たしめるような態様において使用されていることが認められ，右事実のもとでは，右各製品における，色ライン以外の部分の形態，色彩，配色の相違及び商標が付されていることは，未だ本件ラインによつてもたらされる原告製品と被告製品との混同誤認を妨げる機能を果しているということはできない。」

商品等表示性については，三色ラインの市場における新規性(唯一性)，独占的かつ継続的に使用してきたことを理由に，三色ラインの商品等表示性を認めている。

混同のおそれについては，色彩の組合せが，商標等の打消し表示を凌駕しているとして，混同要件についても認容している。

(b)　エーザイカプセル事件（緑，白，銀色，青色）　不正競争防止法2条1項1号の適用を否定した判決[*6]として，胃潰瘍治療剤の配色（緑色と白色の2色の組合せからなるカプセル及び銀色地に青色の文字等が書かれているPTPシートという色彩構成／■図表3－2－15）に関する知財高裁平成18年9月28日判決（裁判所ホームページ〔エーザイカプセル事件〕）があり，以下のとおり判示している。

「不正競争防止法2条1項1号が，他人の周知な商品等表示と同一又は類似の商品等表示を使用することをもって不正競争行為と定めた趣旨は，周知な商品等表示に類似する商品等表示を使用することにより，需要者ないし取引者に当該商品等の出所を誤認させ，他人の営業上の信用にただ乗りをして顧客を獲得する行為を防止することにより，周知な商品等表示に化体された営業上の信用を保護するとともに，事業者間の公正な競争を確保することに

■図表3−2−15 エーザイカプセル事件（緑，白，銀色，青色）

（原告標章）　　　　　　　　　　（被告標章）
（エーザイ　セルベックス）　　　（大洋薬品工業　セループ）

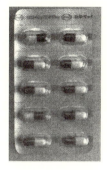

あると解される。そして，不正競争防止法2条1項1号において，『商品等表示』とは『人の業務に係る氏名，商号，商標，標章，商品の容器若しくは包装その他の商品又は営業を表示するものをいう』と規定されているところ，商品やその容器等の外観に表れた色彩（色彩構成）も，一応，同号にいう『商品等表示』に当たり得るものといえる。もっとも，不正競争防止法2条1項1号の趣旨や，同号において『商品等表示』が『人の業務に係る……商品又は営業を表示するものをいう』と定められていることからすれば，同号にいう『商品等表示』は，商品等表示それ自体が客観的に自他識別機能ないし出所表示機能を備えていることが必要であることはいうまでもないところ，商品あるいはその包装の色彩や色彩構成（複数の色彩の組合せ）は，商標等と異なり，本来的には商品の出所を表示する目的を有するものではなく，その色彩や色彩構成自体が商品と結合して特定の出所を表示する二次的意味を有するに至る場合があるにすぎないものである。また，色彩は，文字，図形，記号等と結合した場合には，商標法上の商標となり得るし（同法2条1項），物品の形状，模様等と結合した場合には，意匠法上の意匠（同法2条1項）となり得るものであるが，本来，色彩（色）それ自体の使用は，何人も自由に行うことができるものであり，色彩あるいは色彩構成を商品等表示として不正競争防止法によって保護することは，工業所有権制度によることなく，本来

自由に使用できる色彩について特定の事業者の独占を認める結果になることにも留意する必要がある。したがって，色彩あるいは色彩構成自体が商品と結合して出所表示機能を有し，不正競争防止法2条1項1号所定の『商品等表示』に当たるといえるためには，①その色彩をその商品に使用することの特異性など，少なくとも当該色彩あるいは色彩構成が他の同種商品とは異なる顕著な特徴を有していることが必要であるというべきであり，また，その商品等表示該当性を判断するに当たっては，上記顕著な特徴を有することに加えて，②さらに当該商品について当該色彩あるいは色彩構成の使用継続性の程度，③需要者が識別要素として色彩あるいは色彩構成に着目する度合いなどをも考慮して検討されなければならないというべきである。」

「本件配色は，特段の特異性を有するものではなく，他の同種商品とは異なる顕著な特徴を有しているということはできないから，出所表示機能を有するものではなく，不正競争防止法2条1項1号にいう『商品等表示』に当たるということはできない。」

本判決によると，色彩の組合せが商品等表示性を獲得するためには，下記の3要件を満たす必要がある。

① その色彩をその商品に使用することについての特異性
② 色彩の使用継続の程度
③ 需要者が色彩に着目する度合い

しかしながら，本件配色には，特段の特異性がなく，顕著な特徴もないと判断されている。

本判決は，「色彩あるいは色彩構成を商品等表示として不正競争防止法によって保護することは，工業所有権制度によることなく，本来自由に使用できる色彩について特定の事業者の独占を認める結果になることにも留意する必要がある。」と説示して，商標法で，色彩のみからなる商標が保護されていないこととの関係で，不正競争防止法による色彩のみからなる商標の保護は謙抑的であるべきとしている[*7]。

8 外国における色彩のみからなる商標の登録例

(1) 米　　国

(a) 商標の定義　米国商標法45条は，商標について「『商標』の語は，いかなる (any) 言葉，名称，シンボル若しくは図形又はその組合せであって，(1)ある者によって使用され，又は(2)ある者が取引上使用する善意の意思を有し，かつ，本法律により設けられた主登録簿への登録を出願しており，その者の商品特有の製品を含む商品を他人が製造又は販売するものから特定し又は識別するため (to identify and distinguish his or her goods)，かつ，その出所が知られていない場合でもその商品の出所を表示するものをいう。」と定義しており，特に，色彩のみからなる商標について明示していないが，色彩のみからなる商標の登録が認められ，保護されている。

(b) 色彩のみからなる商標の特定方法　2003年11月2日以降に出願する色彩のみからなる商標については，

① 色彩名を明示し，
② その色彩が商標のどこに表示されるか明示し，
③ 色彩が商標の1つの特徴である旨の主張

をする必要がある[*8]。

具体的な色彩名は，その色彩が通常用いられる名称 (generic name of the color) で特定しなければならない[*9]。したがって，国際的に認識されている色見本のコードのみを用いて権利範囲を特定することはできない。ただし，このようなコードを商標の説明の中に含めることはできる。

(c) 色彩のみからなる商標の識別性　色彩のみの商標には生来的に識別性がない。Qualitex 事件判決及び Wal-Mart 事件判決を受けて，単一色の商標を主登録簿に登録するには，必ず，使用による識別性の立証（米国商標法2条(f)）を要求される（TMEP1202.05(a)）[*10]。補助登録簿については，使用による識別性の立証なしに登録することができる。

(d) 色彩のみからなる商標の機能性　米国商標法2条(e)(5)は，機能的商標一般を排除する規定である[*11]。

色彩のみの商標が機能的である場合には，主登録簿にも補助登録簿にも登録することができない（TMEP1202.05(b)）。

外科用包帯に使用されるピンク色は，白人種の肌色に非常に似ているため機能的であると判断されている[*12]。また，公衆電話と電話ボックスの黄

色とオレンジ色が,非常時にすべての照明状況で視認できるため,機能的であると判断されている(＊13)。

製造又は使用がより経済的である場合にも,色彩は機能的になりうる。

美的機能性も色彩のみの商標が具体的な競争上の優位をもたらすことが立証された場合には,適用される。

(e) 色彩のみからなる商標の権利範囲　米国では,登録商標と混同,誤認を生じさせ,人を欺罔するおそれのある使用(such use is likely to cause confusion, or to cause mistake, or to deceive)は,商標権侵害を構成する(米国商標法32条)。

「混同」は,原告の商標の使用を前提とした具体的な混同を意味する。「混同」を判断する際には,①原告商標の強さ,②両商標の類似度,③両商品の類似度,④原告が被告の商品を扱う可能性,⑤現実の混同例,⑥被告の商標採択の意図,⑦被告の商品の品質,⑧需要者の知識の8つのファクターが考慮される(Polaroid Factors)(＊14)。

「混同」には,「広義の混同(confusion as to sponsorship or affiliation)(＊15)」,「販売時の混同(point of sale confusion)(＊16)」,「購入後の混同(post purchase confusion)(＊17)」,「当初の関心の混同(initial interest confusion)(＊18)」,「逆混同(reverse confusion)(＊19)」の5つの混同が含まれる。

米国商標法43条(c)は,連邦商標稀釈化防止法としての役割を担っており,混同を生じさせることなく,著名商標(famous mark)の出所識別力等を稀釈化する場合にも,差止請求及び損害賠償請求による救済(injunctive relief and damages)が認められている。

稀釈化には,①不鮮明化による稀釈化(dilution by blurring)と②汚染による稀釈化(dilution by tarnishment)の2種類があり,稀釈化を判断する場合に考慮することができるファクターも規定されている(商標の類似性,生来的又は使用による出所識別力の程度,独占使用した範囲,著名商標の認知度等)。生来的に出所識別力のある商標(inherently distinctive marks)のみではなく,使用により出所識別力を取得した商標(marks that have acquired distinctive)も保護される。

また,立体商標,位置商標,色彩のみからなる商標,動き商標,ホログラ

ム商標も含む Trade Dress については，Trade Dress が主登録簿に登録されていない場合の原告の立証責任（burden of proof）について特別規定が設けられている。すなわち，この場合には，① Trade Dress が機能的（functional）でなく，著名（famous）であることを立証する必要があり，また，②主登録簿に登録されている文字商標等を有する Trade Dress については，登録されていない部分が著名性を有することを立証する必要がある（米国商標法43条(c)(4)）。Trade Dress が主登録簿に登録されている場合には，このような立証は不要である。

新商標も以上述べた基準により，商標権侵害か否かが判断されることになる。

〔f〕 色彩のみからなる商標の登録例　■図表3－2－16は，aquatherm GmbH 社の米国における色彩のみからなる商標の登録例であり，指定商品「パイプ」について，PATONEQ380-2-1の緑色が補助登録簿（Supplemental Register）に登録になっている。

商標としてパイプの全体形状が破線（broken lines）で表されている。米国

■図表3－2－16　米国における単色の商標の登録例
米国商標登録第3266731号（補助登録簿）
商標：（全体が緑色で，全体形状は破線で表現されている）

指定商品：19類 パイプ
商標の説明（Description of mark）：THE COLOR(S) GREEN-PANTONE Q380-2-1（緑色 パントン Q380-2-1）IS/ARE CLAIMED AS A FEATURE OF THE MARK. THE MARK CONSISTS OF THE COLOR GREEN（緑色）AS APPLIED TO THE GOODS, THE DOTED OUTLINE OF THE GOODS IS INTENDED TO SHOW THE POSITINIO OF THE MARK OF THE GOODS AND IS NOT PART OF THE MARK
使用による識別性：補助登録簿
権利者：aquatherm

では、色彩の使用される具体的形状を特定する必要はないが、色彩が何のどの部分に使用されるのか、使用の対象を特定する必要がある（a written description on how the color is applied to the goods or used in relation to services）。

また、緑色といってもいろいろな緑色があるので、PANTONEのような国際的に認識された色見本コード（internationally recognized color codes）を使用して色彩を特定する方法がとられている。すなわち、「色見本＋通常の言葉による色彩の説明（common names）＋国際的な色見本コード」の３点セットと色彩の使用の対象の説明で、色彩のみからなる商標を特定するのが一般的である。

■図表３—２—17は、米国で、14類「宝石、時計」、35類「宝石等の小売」について登録されたTiffany社のコマツグミの卵の青（robin's egg blue）の色彩のみからなる商標である。米国では、2003年11月2日から色彩を願書に記載することができるが、本件が登録された当時は、色彩を図で表すことになっており、斜めの線は水色を表している。輪郭は破線で書いてあるので、色彩のみからなる商標は箱に使用されるものであるが、権利範囲は、この箱

■図表３—２—17　米国商標登録第2359351号（水色）

指定商品：14類 宝石、時計
　　　　　35類 宝石等の小売
商標の説明（Description of mark）：The mark consists of a shade of blue often referred to as robin's-egg blue which is used on boxes. The matter shown in broken lines represents boxes of various sizes and serves to show positioning of the mark. No claim is made to shape of the boxes. The drawing is lined for the color blue, and color is a feature of the mark.
使用による識別性：適用（2条(f)）
権利者：Tiffany

の具体的な形状に限定されるものではない。

セカンダリーミーニング（米国商標法２条(f)）の取得により，登録になった。米国では本件登録商標があるため，他社は宝石のパッケージ全体を水色とすることができない。

■図表３−２−18は，Deere and Company 社の米国における緑色と黄色の色彩の組合せ（color combinations）の商標の商品「トラクター」についての登録例である。トラクター全体は，破線で描かれており，色彩の使用される対象を，「緑色を車体，黄色を椅子」と特定しているが，車体と椅子の形状を特定しているわけではない。色彩の組合せということもあり，色見本コードは使用されていない。

(2) 欧　州

(a)　商標の定義　　EU 加盟国（28か国）をカバーする欧州共同体商標規則４条は，商標の定義について，「共同体商標は，写実的に表現できる標識（signs capable of being represented graphically），特に，個人の名前を含む語，模

■図表３−２−18　米国における色彩の組合せの商標の登録例

米国商標登録第3132124号　　　　　　　　　　　実際の使用例

（車体が緑色，椅子が黄色に着色されている）
指定商品：12類　農業用トラクター等
商標の説明：The color(s) green and yellow is/are claimed as a feature of the mark.The mark consists of the colors of a green vehicle with a yellow seat. The broken lines are not claimed as part of the mark. But show where the colors are used on the product.
使用による識別性：適用（２条(f)）
権利者：Deere and Company

様,文字,数字,商品の形状又はその包装により構成することができる。ただし,これらの標識が,ある企業の商品又はサービスと他の企業のそれとを識別することができるものである場合に限る。」と規定しており,色彩のみからなる商標について特に明示していないが,色彩のみからなる商標は,写実的に表現できる標識の中に含まれ,登録することができる。

　ドイツ商標法3条は,商標の定義について,「如何なる標識も,特に個人名を含む語,図案,文字,数字,音響標識,商品若しくはその包装その他梱包の形状を含む立体形状,色彩及び色彩の組み合わせ (colors and combination of colors) を含むものであって,ある事業に係る商品又はサービスを他の事業に係る商品又はサービスから識別することができるものは,商標として保護することができる。」と規定しており,色彩のみからなる商標について明示している。

　(b)　色彩のみからなる商標の特定方法　　欧州共同体商標意匠庁 (OHIM) のガイドラインによると,色彩のみの商標の表現物と色彩の文字によるクレームが必要となる。そして,国際的に認識された色見本コードを使用することが推奨されている[*20]。

　(c)　色彩のみからなる商標の識別性　　輪郭のない単色が生来的に識別性を持ちうることは,Libertel 事件判決 (ECJ2003年5月6日)[*21]で,「第66項色それ自体の場合,先の使用を伴わない識別性は,例外的な状況,特に,かかる標識が主張されている商品又はサービスの数が非常に制限されており,関連する市場が非常に特定されている場合以外考えられない。[*22]」と確認されている。

　OHIM のガイドラインには,「色彩の組み合わせについては,3色を超えると,色の数が増えるほど,識別力は弱まることになる。多くの色彩とその順序を覚えるのは困難なためである。」との記述がある[*23]。

　(d)　色彩のみからなる商標の機能性　　色彩のみからなる商標については,立体商標と異なり (EUCTM 7条(1)(e)),機能性の規定が設けられていない。しかしながら,改正により,設けられる可能性がある (2012年9月28日付マックスプランク研究所草案参照)。

　(e)　色彩のみからなる商標の権利範囲　　欧州共同体における商標により

与えられる権利の条文は、以下のとおりである。権利の効力の制限については、12条に規定がある。

〔欧州共同体商標規則〕
9条　共同体商標により与えられる権利
(1)　共同体商標は、その所有者にその商標についての排他的権利を与える。所有者は、自己の同意を得ないで全ての第三者が次に掲げる標識を取引上使用することを阻止する権利を有する。
　(a)　共同体商標が登録されている商品又はサービスと同一の商品又はサービスについて共同体商標と同一の標識
　(b)　共同体商標と当該標識との同一性又は類似性並びに共同体商標及びその標識に包含される商品又はサービスの同一性又は類似性のために、公衆の側に混同を生じる虞がある場合は、その標識。この場合の混同の虞（likelihood of confusion）には、その標識と商標との間に関連の虞（likelihood of association）があるときを含む。
　(c)　共同体商標が共同体において名声（reputation）を得ている場合であって、当該標識の正当な理由のない（without due cases）使用が共同体商標の識別性（distinctive character）若しくは名声（repute）を不正に利用し（takes unfair advantage）又は害するときは（is detrimental to）、共同体商標が登録されている商品又はサービスと類似しない商品又はサービスに関する共同体商標と同一又は類似の標識

　商標権の効力は、登録商標の類似範囲まで及ぶが（EUCTM 9条(1)(a)(b)）、商標が共同体内で名声を得ている場合には、一定の条件の下で、指定商品・役務と非類似の商品・役務まで、権利の効力が及ぶことになる（EUCTM 9条(1)(c)）。
　上記の混同には、広義の混同が含まれる[*24]。
　色彩のみからなる商標も以上述べた基準により、商標権侵害か否かが判断されることになる。
　(f)　色彩のみからなる商標の登録例　　■図表3—2—19は、Mars社の

■図表3-2-19　欧州における単色の商標の登録例

CTM 登録第003793361号
商標：紫色

実際の使用例

指定商品：31類　猫用飼料等
色彩の表示（indication of color）：Color purple：Pantone 248c
使用による識別性：適用
権利者：Mars

■図表3-2-20　欧州における色彩の組合せの商標の登録例

CTM 登録第002177566号
商標：上が青色でその下が赤色の水平のストライプ

指定商品：6類　金属製建築材料等
色彩の表示：Blue：Ral 5015, red：Ral 2002.
商標の説明：The distribution and ratio of the colours to each other is 50-50, whereby the colour blue runs horizontally above the colour red, forming a striped whole.
使用による識別性：生来的に識別力あり
権利者：Gugelfuss GmbH

　欧州における単色の商標の登録例である。PANTONE 248C の紫色が登録の対象となっており，「猫用飼料」等を指定商品としている。商標見本の四角形の形状は，輪郭を特定するものではない。「色見本＋通常の言葉による色彩の説明＋国際的な色見本コード」の3点セットで登録になっている。

　米国と異なり，欧州共同体商標規則では，色彩の使用の対象（使用態様）

を特定することは義務になっていない。

■図表３—２—20は，Gugelfuss GmbH 社の色彩の組合せの商標であり，上に青色，下に赤色の水平のストライプで，50％—50％と色の割合まで記載してある。また，色の国際的な色見本のコード番号（Ral）も記載されている。

色の組合せからなる色彩のみからなる商標については，Heidelberger 事件判決（ECJ2004年６月24日）を受けて，「前もって決定され，かつ一貫した方法で色彩を関係づける系統的（体系的）な配列（systematic arrangement associating the colours concerned in a predetermined and uniform way）」を含まなければならない。■図表３—２—18の登録は，この要件を満たしている好例として「英国審査マニュアル16.1.1」にも紹介されている。

■図表３—２—21は，米国で登録した色彩の組合せ（■図表３—２—18）の欧州における登録例である。四角の中が，緑色と黄色に分断された商標図面が提出され，商標の説明に中で使用の対象について説明されている。

■図表３—２—22は，色彩のグラデーションについての商標の登録例であ

■図表３—２—21　欧州における色彩の組合せの商標の登録例

CTM 登録第006258156号
商標：（上が緑で下が黄色）

使用例

指定商品：７，８，12類（トラクター等）
色彩の表示：Green (Munsell 9.47 GY 3.57/7.45); yellow (Munsell 5.06 Y 7.63/10.66).
商標の説明：The visible parts of the vehicle, machine, equipment or apparatus bodies, superstructures and/or frames are wholly or mainly green; the vehicles, machines, equipment or apparatus contain yellow parts, symbols, markings and/or features, such as those found in the attachment; the green components on the overall vehicle, equipment and/or apparatus or on the overall machine outweigh the yellow components.
使用による識別性：適用
権利者：Deere and Company

■図表3—2—22　欧州における色彩のグラデーションの商標の登録例

CTM 登録第009512691号
商標：

指定商品：9, 35, 36, 37, 38, 39, 41, 42, 43, 44, 45
色彩の表示：blue, white
商標の説明：The mark consists of the colour combination depicted in the sample per se, being a graduation of colours from dark blue (CMYK combinations C97, M97, Y45, K56), through mid blue (CMYK combinations C58, M15, Y2, K2), to the colour white.
使用による識別性：生来的に識別力あり
権利者：02 HOLDINGS LIMITED

り，商標の説明に，ダークブルーからミッドブルーそして白との説明がある。

9　外国における色彩のみからなる商標の商標権侵害事件

(1) 米　　国

(a)　Qualitex 最高裁判決（1995年3月18日）　ドライクリーニング用プレスパッドの金及び緑の色彩のみからなる商標である米国商標登録第1633711号商標（■図表3—2—23）を保有している原告が，原告と同様の色彩を使用したドライクリーニング用プレスパッドを「マジック・グロー」の名称で販売している被告を商標権侵害で訴えた事件で，最高裁は，色彩自体の商標登録を無効とした第9巡回区連邦控訴裁判所の判決を破棄した[*25]。

最高裁は，色彩自体の商標も使用による識別性を取得することにより商標登録可能であるとし，色彩枯渇論[*26]（color depletion rational），色調混同

■図表3—2—23　米国商標登録第1633711号

商標：緑と金色の色合い

指定商品：プレスパッド
使用による識別性：適用（2条(f)）
権利者：Qualitex Company
商標の説明：The mark consists of a particular shade of green-gold applied to the top and side surfaces of the goods. The representation of the goods shown in phantom lining not a part of the mark and serves only to indicate position. The drawing is lined for the color gold.

論[*27]（shade confusion rational）を否定している[*28]。

(b) Louboutin 第2巡回区連邦控訴審判決（2012年9月5日）　靴底をラッカーの赤色とした色彩のみからなる商標に関する米国商標登録第3361597号商標（■図表3—2—24）を保有する原告（Christian Louboutin／ルブタン）が，同じく靴底も含め，靴全体を赤色とした靴を販売する被告（Yves Saint Laurent America Holding Inc.／YSL）を商標権侵害で訴えた事案である[*29]。

　原審判決は，ルブタンの請求を棄却した。靴のようなファッション製品は，工業製品と異なり，創作性や審美性，好み，季節感を特徴とし，これらの要素が求められるから，単一の色彩からなる商標はファッション業界においては本質的に「機能的」であり保護されないというのが理由である。

　しかしながら，控訴審判決は，原審の機能性の判断は誤りであり，ルブタンの赤色の靴底は，赤色でない靴に使用された場合に，識別力のあるシンボルとなっているから，この限りで保護されると判断した。YSLの靴はすべて赤色で靴底と甲の部分が対照的でないので商標権侵害にならない。

　裁判所は，本件商標の「商標の説明」では，「ラッカーの赤い靴底」となっているが，これを，米国商標法37条に基づき「ラッカーの赤い靴底で，靴の甲部分の色と対照的」に訂正するように命じた。日本では，登録後，商標

■図表3−2−24　米国商標登録第3361597号（靴底が赤色）

商標：

指定商品：25類　女性用ハイファッションデザイナー靴
使用による識別性：適用（2条(f)）
権利者：Christian Louboutin
商標の説明：判決前
　The mark consists of a lacquered red sole on footwear. The dotted lines are not part of the mark but are intended only to show placement of the mark.
商標の説明：判決後
　The mark consists of a red lacquered outsole on footwear that contrasts with the color of the adjoining ("upper") portion of the shoe. The dotted lines are not part of the mark but are intended only to show placement of the mark.

の説明は補正できないので，登録商標が新商標法5条5項違反で登録無効になる可能性がある。

　本判決は，使用により識別力を獲得したとの判断に影響力を与える要素として，①広告費，②商標と出所を結びつける消費者調査，③メディア露出，④売り上げ，⑤類似品の存在，⑥独占使用期間が含まれるとしており，日本で，商標法3条2項により，色彩のみからなる商標を登録する場合の主張・立証方法としても参考になる。

　(2)　欧　　州

　(a)　英国の裁判例　　英国北アイルランド控訴院は，BP Amoco plc が所有するガソリンスタンドの外観（屋根や看板）を緑色にした色彩のみからなる英国商標登録第1469512号（■図表3−2−25）に基づく商標権侵害訴訟で，英国商標法10条2項(b)に基づき，被告 John Kelly Ltd の標章（緑色のガソリンスタンドと「TOP」の文字）の使用について，出所識別力の程度，緑色の色合い

■図表3－2－25 BP社の英国商標登録第1469512号（屋根や看板が緑色に着色されている）

指定商品：4類 オイル等
商標の説明：The mark, here depicted in heralidic shading, consists of the colour green as applied to the exterior surface of the premises used for the sale of the goods.
権利不要求：Registration of this mark shall give no right to the exclusive use of the colour green as applied to pumps, nozzles and hoses for delivery of unleaded petrol.
使用による識別性：不明
権利者：BP Amoco plc

(shade of green) 及びガソリンスタンドのデザインの類似性，実際の混同の証拠に基づいて，商標権侵害を認容した[*30]。

本件では，被告がガソリンスタンドの外観に緑色とともに「TOP」の文字を使用していたが，スピードを出して運転しているドライバーは，被告標章「TOP」を判読できない距離において，緑色のガソリンスタンド見て，そして，ガソリンスタンドに入る準備をしたときは，ガソリンスタンドに近づいて被告標章「TOP」に気が付いて，販売されているガソリンが被告のものであり原告のものでないことを認識したとしても，そのままガソリンスタンドに入る傾向があることを原告が強調しており，裁判所もその点を考慮した。

なお，裁判所は，消費者が被告の店舗に近づくと，被告標章「TOP」の存在により，被告がBP社の製品を販売していないことに気づくため，詐称通用（Passing off）の請求は棄却した。

(b) フランスの裁判例　フランスでは，ある論者たち（Chavanne及びBurst）は，色彩のみからなる商標の保護は出願された特定の色調（明暗度）に限られるべきであり，その色調がそのまま複製されない限り侵害は成立し

ないと主張している。商標の保護が，類似の色調にまで及ぶとすれば，漠然とした色に関する独占権を認めることになってしまうためである。過去の幾つかの判例法は上記の理論を適用している。

しかしながら，他の論者は，色彩のみからなる商標は伝統的な商標（文字や図形）と同様の方法で保護されるべきだと考えている。競業者が類似の色調を使用した場合には混同可能性が発生するためである。

直近の判例の大半は，後者の見解を採用しており，フランスの裁判所は，消費者が類似の色調を混同するおそれがある場合，商標に類似した色調の使用は商標権の侵害を構成するとの判断を示している。

裁判所は，Piper Heidsieck 事件の判例（2002年12月13日付パリ高等裁判所判決 No. 2002-212456）において，比較対象となる一方の商標（PIPER HEIDSIECK の名義で登録されている「ファイアレッド，ルビーレッド，インテンスブラック及びリフレックスブルー」の色調から構成される商標）と，もう一方の赤の色調を帯びた複合的な色から成る色彩のみからなる商標（CHAMPAGNE VRANKEN の名義で登録されている）の類似性を認めている。

また，フランス最高裁は「Candia 事件」の判例において，CANDIA 社が登録した商標「Pantone 212のピンク」と BESNIER の名義で登録されている商標（「Pantone 219のピンク」のストッパーとラベルを備えたボトルから構成される）が類似していると判断している（2001年1月30日付破毀院判決 No. 99-10399）。すなわち，色彩コードが異なっても，色彩のみからなる商標が類似すると判断している。

しかしながら，最近になって最高裁が Pantone 212のピンクに関する CANDIA 社の登録を取り消した。CANDIA 社の競業者がフューシャピンクの色を一般的に使用しているために問題の色調は識別性を失っていると判断したためである。「Pantone 212のピンク」と「フューシャピンク」とは同じ色ではないにしても，この2つの色調を構成する詳細は公衆には知覚できない（2007年7月10日付破毀院判決 No. 06-15593）。

色彩に関する保護範囲は，その特定の色調に限定されないこと，裁判所が色彩のみからなる商標のような新しいタイプの商標についても商標法の一般原則を適用するのがフランスの現状である。

10 色彩のみからなる商標に関する欧米の比較

欧米における色彩のみからなる商標の登録制度を比較すると■図表3—2—26のとおりであり，基本構造，商標の定義，出所識別力，機能性，色彩の使用される対象の特定，他の権利との調整について，違いがある。●

【注】
（＊1） 産業構造審議会知的財産政策部会商標制度小委員会第26回（2012年4月27日）資料1「新しいタイプの商標に関する海外主要国のおける実態について」参照。
（＊2） 産業構造審議会知的財産分科会「新しいタイプの商標の保護等のための商標制度の在り方について」（2013年9月）7頁。
（＊3） 商標権侵害を構成するためには，明文の規定はないが，被告が被告標章を「商標として」使用していることを要件とする下級審の裁判例が多数出ている。例えば，東京地判平12・2・28裁判所ホームページ〔ニンニク事件〕は，「被告標章の被告商品等の出所表示機能を有する態様での使用行為，すなわち，商標としての使用行為であると解することは到底できない。」と，東京地判平22・11・25判時2111号122頁〔塾なのに家庭教師事件〕は，「役務の出所表示機能・出所識別機能を果たす態様で用いられているものと認めることはできないから，（中略）本来の商標としての使用（商標的使用）に当たらないというべきである。」として，商標権侵害を否定している。「商標として」の使用の要件がいつから考慮されたかは，不明であるが，土肥一史教授は，ドイツ1874年商標保護法の影響があったのではないかと述べている（土肥一史「商標的使用と商標権の効力」『日本弁理士会中央知的財産研究所研究報告第25号〔商標の使用について〕』パテ62巻2009年別冊1号（2009年）216頁）。また，ドイツ1936年商標法が商標としての使用について明文で規定していたことを紹介している（土肥一史「著名商標の保護」L&T43号（2009年）67頁）。
（＊4） 判例評釈として，渋谷達紀「家電のシリーズ商品に統一的に使用されている濃紺色の保護適格性と出所表示機能」判例評論448号（判例時報1561号，1996年）55頁，横山久芳「家電のシリーズ商品に統一的に使用された単一色の商品表示性——SANYO "it's" 事件」ジュリ1177号（2000年）199頁，三村量一「色彩(2)——シリーズ商品に使用された単一色〔it's シリーズ事件〕」『商標・意匠・不正競争判例百選』別ジュリ188号（2007年）134頁がある。
（＊5） 判例評釈として，小松陽一郎「色彩(1)——複数色の配色ライン〔三色ラインウェットスーツ事件〕」『商標・意匠・不正競争判例百選』別ジュリ188号（2007年）132頁がある。
（＊6） エーザイはこの判決後，パッケージの色彩構成を，「緑，白，銀，青」から，「緑，

■図表3－2－26　色彩のみからなる商標に関する欧米の比較

	項　目	欧州共同体商標規則	米国商標法
1	基本構造	・色彩を登録対象 ・登録主義 ・無審査主義 ・権利不要求制度 ・権利侵害――混同（広義の混同） ・後発的無効事由（識別力を喪失した場合） ・権利行使には使用が前提	・色彩を登録対象 ・使用主義（コモンロー） ・審査主義 ・権利不要求制度 ・権利侵害――混同（広義の混同） ・後発的無効事由（識別力を喪失した場合） ・権利行使には使用が前提 ・主登録簿と補助登録簿(*31) ・色彩枯渇論及び色調混同論を否定
2	商標の定義	・識別性（識別可能な）を含む。 ・色彩を例示列挙していない。 ・写実的表現性の要件	・識別性（識別するため）を含む。 ・色彩を例示列挙していない。
3	出所識別力	・単色についても生来的な識別力を否定していない(*32)。	・単色については，セカンダリーミーニングの取得が必要（主登録簿）(*33)
4	機能性（公益性）	・色彩について特に規定なし（立体商標についてはある）。 ・改正の可能性あり。	・機能的な商標は登録できない（2条(5)）。 ・技術的機能性（建設機械についての黄色），製造コストの点（建設機械についての鉄の色），美的機能性（商業的成功に結びつく色）
5	色彩の特定	・米国とほぼ同様。Libertel事件ECJ判決を受けて，2点セットで特定が難しい場合には，3点セットで特定する必要がある(*34)。	・①2点セット：「色見本」＋「通常の言葉による色彩の説明」，又は，②3点セット：「色見本」＋「通常の言葉による色彩の説明」＋「国際的な見本コード(*35)」のいずれか
6	色彩の使用される対象の特定	・特定の必要がない。	・全体，部分の特定が必要。 ・役務については，役務の提供に関連して使用される物（全体，部分）を特定する必要がある。

7	色彩の組合せの特定	・Heidelberger 事件 ECJ 判決(＊36)を受けて，色の配色の割合，配色の態様（例：ストライプ）等を特定する必要がある。	・色彩が使用される対象を特定する（例：車体を緑，椅子を黄色）
8	侵害判断基準	・混同（広義の混同を含む）(＊37)	・混同（広義の混同を含む)(＊38)
9	他の権利との調整	・他の権利（著作権，意匠権，特許権）と抵触する場合には，登録が無効となる（8条・52条）。	・特に規定していない。∵保護法益が異なる。

白，銀」の緑を強調したものに変更している。

(＊7) 鈴木將文「新しい形態の商標の保護」日本工業所有権法学会年報31号（2008年）65頁は，不正競争防止法の下での保護については，商標法と切り離して独自に判断する考え方で一貫した方が筋が通るとの見解をとられる。

(＊8) 37 C.F.R.§2.52(b)(1). Color marks. If the mark includes color, the drawing must show the mark in color, and the applicant must name the color(s), describe where the color(s) appear on the mark, and submit a claim that the color(s) is a feature of the mark.

807.07(a) Requirements for Color Drawings

For applications filed on or after November 2, 2003, the Office does not accept black-and-white drawings with a color claim, or drawings that show color by use of lining patterns. 37 C.F.R.§2.52(b)(1).

If the mark includes color, the drawing must show the mark in color. In addition, the application must include:

(1) a claim that the color(s) is a feature of the mark; and (2) a statement in the "description of the mark" field naming the color(s) and describing where the color(s) appear(s) on the mark. 37 C.F.R.§2.52(b)(1). A color drawing will not publish without both of these statements. See TMEP§807.07(a)(i) regarding the color claim, and TMEP§807.07(a)(ii) regarding the statement describing the color(s).

(＊9) 807.07(a)(i) Color Must Be Claimed as a Feature of the Mark

The color claim must include the generic name of the color claimed. The color claim may also include a reference to a commercial color identification system. The Office does not endorse or recommend any one commercial color identification system.

(＊10) Color marks are never inherently distinctive. Wal-Mart Stores, Inc. v. Samara

Brothers, Inc., 529 U.S. 205, 211-212, 54 USPQ2d 1065, 1068 (2000) (citing Qualitex Co. v. Jacobson Products Co., Inc., 514 U.S. 159, 162-163, 34 USPQ2d 1161, 1162-1163 (1995)); In re Thrifty, Inc., 274 F.3d 1349, 61 USPQ2d 1121, 1124 (Fed. Cir. 2001).

(*11) 「第2条（15 U.S.C.§1052）主登録簿に登録可能な商標；同時登録

出願人の商品を他人の商品から識別することのできるいかなる商標も，当該性質上，主登録簿に登録することを拒絶されることはない。ただし，それが次のものからなるときは，この限りでない。

(e) ある標章であって，(1)出願人の商品について又はそれに関連して使用される場合に，これらの商品を単に記述する標章（merely descriptive）であるか又は欺罔的に誤って記述する標章であるもの，（省略）(5)全体として機能上の事項を包含するものから成るもの（comprises any matter that, as a whole, is functional）。」

(*12) In re Ferris Corporation, 59 USPQ2d 1587 (TTAB 2000) (color pink used on surgical wound dressings is functional because the actual color of the goods closely resembles Caucasian human skin)

(*13) In re Orange Communications, Inc., 41 USPQ2d 1036 (TTAB 1996) (colors yellow and orange held to be functional for public telephones and telephone booths, since they are more visible under all lighting conditions in the event of an emergency)

(*14) ポラロイド事件（Polaroid Corp. v. Polarad Elect. Corp., 287 F.2d 492 (2d Cir. 1961）で採用されたものである。

(*15) 米国における広義の混同については，井上由里子「購買後の混同（post-purchase confusion）と不正競争防止法上の混同概念」『中山信弘先生還暦記念論文集 知的財産法の理論と現代的課題』（弘文堂，2005年）420頁以下，J. Thomas McCarthy, Dilution of a Trademark: European and United States Law Compared, 94 TMR 1171-1172（2004）.

(*16) 商品を購入する時点での混同。

(*17) 商品を購入する時点ではなく，購入された商品を見た第三者が混同する場合。ダウンストリーム・コンフュージョン（downstream confusion）とも呼ばれる。龍村全「不正競争防止法における『混同』概念の客観化——わが国におけるポスト・セール・コンフュージョンについての解釈論的対応」『知財年報2006』（商事法務，2006年）298頁参照。

(*18) 最終的には混同しないが，当初混同する場合である。

(*19) 先使用者の商品が，後発使用者のものであると混同する場合である。

(*20) 「The graphic representation must consist of a sheet of paper or image showing the colours. In addition,

- the actual colours must be indicated in words；

　　　 – and for colours *per se*, it is recommended to specify the colour shade by use of an internationally recognised colour code (cf. Communication No 6/03, OJ OHIM 2004, 88).」
GUIDELINES CONCERNING PROCEEDINGS BEFORE THE OFFICE FOR HARMONIZATION IN THE INTERNAL MARKET (TRADE MARKS AND DESIGNS) PART B EXAMINATION (Final version: April 2008) *7. 6. 4. Colours*
(＊21)　Case C-104/01, Libertel Groep BV v Benelux Merkenbureau, [2003] E. C. R. I-3793. 詳細は，鈴木將文「新しい形態の商標の保護」日本工業所有権法学会年報31号（2008年）54頁，55頁，小塚荘一郎「新しいタイプの商標と商標法の新しい理論」知財研フォーラム75号（2008年）33頁参照。
(＊22)　原文 "In the case of a colour per se, distinctiveness without any prior use is inconceivable save in exceptional circumstances, and particularly where the number of goods or services for which the mark is claimed is very restricted and the relevant market very specific."
(＊23)　「If the number of colours exceeds three, the higher the number is, the less distinctiveness is likely, because of the difficulty to memorize a high number of different colours and their sequence.」OHIM ガイドライン（審査）*7. 6. 4. 3. Colour combinations*
(＊24)　Canon Kabushiki Kaisha v. Metro-Goldwyn-Mayer, Inc., [1999] 1 C. M. L. R. 77, para. 30 (owner of CANON for cameras opposed the German registration of CANNON for motion picture and cinema products and services) は，欧州商標指令4条(1)(b)の「混同のおそれ」が問題となった事件であるが，「混同のおそれ」には広義の混同「the goods or services came from economically-linked undertakings」が含まれると判断されている。判決文は，http://ohmi.eu.int/en/mark/aspects/pdf/JJ970039.pdf より入手可能。
(＊25)　Qualitex Co. v. Jacobson Prods. Co. 514 U. S. 159 (1995). 判例評釈については，矢部耕三「クオリテックス事件――色彩自体の商標登録と不正競争行為からの保護」パテ48巻2号（1995年）47頁，矢部耕三「続・クオリテックス事件――連邦最高裁判決と口頭弁論傍聴記」パテ48巻9号（1995年）49頁参照。
(＊26)　容易に識別できる色には限りがあるとの考え方。西村雅子「商標を巡る実務的問題(7)(下)――『色彩の保護可能性』」CIPIC ジャーナル157号（2005年）37頁参照。
(＊27)　色調（色合い）についての混同のおそれの判断は，説明がつきにくく捉えどころがないとの考え方。西村雅子「商標を巡る実務的問題(7)(下)――『色彩の保護可能性』」CIPIC ジャーナル157号（2005年）37頁参照。
(＊28)　In re Owens-Corning Fiberglas corp., 774 F. 2d 1116, 227 U. S. P. Q. 417 (Fed. Cir. 1985)
(＊29)　*Christian Louboutin S. A. v. Yves Saint Laurent America Holding, Inc.* (No. 11-

3303-cv (2d Cir. Sept. 5, 2012)).判例解説として，伊達智子「単一の色彩からなる商標はファッション業界において保護されるか？」国際商事法務41巻2号（2013年）288頁乃至291頁がある。
(＊30) BP Amoco plc v. John Kelly Ltd (Court of Appeal (Northern Ireland) [2002] F. S. R. 5). INTA の WEB, Trade Dress Image Library のコーナーにおける Elkington and Fife LLP, United Kingdom 事務所の紹介記事参照。
(＊31) 米国では，登録簿が，主登録簿（出願人の商品を他人の商品から識別できる商標／may be distinguished from the goods of others）と補助登録簿（出願人の商品又は役務を識別する可能性のある商標／must be capable of distinguishing the applicant's goods or services）に分かれている（米国商標法2条及び同法23条）。
(＊32) 欧州司法裁判所（ECJ）は，Libertel 事件（C-104/01）（ECJ2003年5月6日判決）において，色彩のみからなる商標が本来的に出所識別力を有するのは，「例外的な状況，特に，かかる標識が主張されている商品又はサービスの数が非常に制限されており，関連する市場が非常に特定されている場合以外考えられない。」と判示している。
(＊33) 米国では，Qualitex 事件判決（米国最高裁1995年3月18日判決）及び Wal-Mart 事件判決（米国最高裁2000年3月22日判決）を受けて，単一色からなる色彩のみからなる商標を主登録簿に登録するためには，必ず使用による識別性取得の立証が必要となっている。
(＊34) Libertel 事件（C-104/01）（ECJ2003年5月6日判決）は，「明確かつ正確であり，自己完結し，楽に利用でき，分かりやすく，永続性があり，さらに客観的な方法で図案表現され得ることを条件に，空間的に定義されていない色それ自体は，特定の商品及びサービスに関して，加盟国の商標関連の法令を類似させるための1988年12月21日の第一理事会指令89/104/EEC の第3条(1)(b)及び第3条3(3)の意味の範囲で，識別性を有する可能性があるというものになるはずである。この条件は，紙の上で問題の色を単に複製することによって満たされないが，国際的に認められた色見本のコードを使用して，かかる色を指定することによって満たされ得る。」と判示している。
(＊35) 色見本のコードとしては，民間会社の提供している「Pantone」（米国），「Ral」（ドイツ），「Dic」（日本），「Toyo」（日本）などがある。
(＊36) Heidelberger 事件（C-49/02）（ECJ2004年6月24日判決）は，「色又は色の組合せは，以下の場合，指令の第2の目的で商標を構成できるというものになるはずである：――それが使用される状況で，それらの色又は色の組合せが実際に標識を意味することが立証されている場合；及び――登録出願が問題の色を所定の均一の方法で関連付ける系統的（体系的）な配列を含む場合。」と判示している。
(＊37) 欧州共同体商標規則9条は，「共同体商標と当該標識との同一性又は類似性並びに共同体商標及びその標識に包含される商品又はサービスの同一性又は類似性のた

めに，公衆の側に混同を生じる虞がある場合は，その標識。この場合の混同の虞（likelihood of confusion）には，その標識と商標との間に関連の虞（likelihood of association）があるときを含む。」と規定する。

(＊38) 米国商標法32条は，「ある登録標章の複製（reproduce），偽造（counterfeit），複製（copy）又はもっともらしい模造（imitate）を商品若しくはサービスの販売，販売の申出，頒布又は広告に関連して取引上使用することであって，かかる使用が混同を生じさせ，誤認を生じさせ又は人を欺罔する虞のある使用（is likely to cause confusion, or to cause mistake, or to deceive）」と規定する。

第3節 位置商標

1 はじめに

位置商標（Position marks）とは，「商標に係る標章（文字，図形，記号若しくは立体的形状若しくはこれらの結合又はこれらと色彩との結合に限る。）を付する位置が特定される商標」をいう（新商標施規4条の6）。

シンガポール条約規則3条(5)が「位置商標（Position Mark）」について言及しているが，定義規定はない。

位置商標の特徴について，土肥一史教授は，「位置商標の特徴は，付すものと付されるものとの二元的構成にある。付すものは商標法2条1項の標章であるが，付されるものは標章ではない。付すもの自体に識別力があれば，それは図形商標あるいは立体商標と位置商標との結合商標ということになる。真正な位置商標とは，付すものそれ自体だけでは識別性が認められないが，位置によって識別性が認められる商標であり，これを真正位置商標ということができよう。」と指摘する[*1]。

新商標法では，位置商標について特別規定は設けられなかった。これは，従来の規定で位置商標は保護可能で，ただ，実線と破線を用いて位置商標を特定する等の手続規定が設けられていなかったとの解釈をとっているためである[*2]。

よって，位置商標については，経過措置としての継続的使用権も認められない。

2 位置商標の使用の定義

立体形状に関する位置商標については，以下の立体商標の使用の定義が適用されることになる。

新商標法2条3項10号の規定は，位置商標には適用がない。

〔新商標法2条3項〕
　この法律で標章について「使用」とは，次に掲げる行為をいう。
　1号～9号（略）
　10号　前各号に掲げるもののほか，政令で定める行為

〔新商標法2条4項〕
　前項において，商品その他の物に標章を付することには，次の各号に掲げる各標章については，それぞれ当該各号に掲げることが含まれるものとする。
　1号　文字，図形，記号若しくは立体的形状若しくはこれらの結合又はこれらと色彩との結合の標章　商品若しくは商品の包装，役務の提供の用に供する物又は商品若しくは役務に関する広告を標章の形状とすること。
　2号（略）

3　位置商標の出願方法

　商標登録を受けようとする商標を実線で描き，その他の部分を破線で描く等により商標登録を受けようとする商標及びそれを付する位置が特定できるように表示した1又は異なる2以上の図又は写真によりしなければならない（新商標施規4条の6）。
　「商標登録を受けようとする商標」として，商標を実線でその他の部分を破線で描き，出願の種類として，「位置商標」と記載し，「商標の詳細な説明」に商標を付する位置が特定されるように具体的に記載する。
　位置商標を構成する標章の説明及びこの標章を付する商品等における位置（部位の名称，形状，特徴等）についての具体的かつ明確な説明が記載されている場合は，新商標法5条5項の要件を満たすことになる。
　願書に記載した商標と商標の詳細な説明に記載されている標章が一致しない場合，願書に記載した商標と商標の詳細な説明に記載された商標を付する位置が一致しない場合には，新商標法5条5項の要件を満たさないとして拒絶される。

■図表3—3—1及び■図表3—3—2にあるように，商標に係る標章を実線で描き，その他の部分を破線で描く等により商標及びそれを付する商品中の位置が特定できるように表示した一つ又は異なる二以上の図又は写真が商標記載欄に記載されている場合であって，商標の詳細な説明に，位置商標であると認識し得る記載がある場合には，商標登録を受けることができる。

4 位置商標の登録要件

(1) 識別性

位置商標を構成する文字や図形等の標章と，その標章を付される位置とを総合して，商標全体として考察する。

位置商標を構成する文字や図形等が，商品又は役務の特徴等を普通に用いられる方法で表示する方法で表示するもののみからなる場合には，原則として，新商標法3条1項3号該当する。

位置商標を構成する文字や図形等の標章が商標法3条1項各号に該当しな

■図表3—3—1　適正な願書の記載例

商標登録を受けようとする商標

位置商標
商標の詳細な説明：商標登録を受けようとする商標（以下「商標」という。）は，標章を付する位置が特定された位置商標であり，包丁の柄の中央部分の周縁に付された図形からなる。
　なお，破線は，商品の形状の一例を示したものであり，商標を構成する要素ではない。
指定商品又は指定役務並びに商品及び役務の区分：8類
指定商品（指定役務）：包丁

■図表3―3―2　適正な願書の記載例

商標登録を受けようとする商標

位置商標
商標の詳細な説明：商標登録を受けようとする商標（以下「商標」という。）は，標章を付する位置が特定された位置商標であり，ゴルフクラブ用バッグの側面下部に付された図形からなる。
　　なお，破線は，商品の形状の一例を示したものであり，商標を構成する要素ではない。
指定商品又は指定役務並びに商品及び役務の区分：28類
指定商品（指定役務）：ゴルフクラブ用バッグ

い場合には，位置商標も本項各号に該当しない。

(2) **類 似 性**

　位置商標の類否判断については，特別の規定を設けていないので，最高裁判決（最判昭43・2・27民集22巻2号399頁〔氷山印事件〕）の判断手法，すなわち，商標の外観，観念，称呼等によって需要者等に与える印象，記憶，連想等を総合して全体的に考察し，取引の実情に基づき（恒常的なもの），対比される両商標が，同一又は類似する商品・役務に使用された場合に，商品の出所の誤認混同が生ずるおそれがあるか否かにより基本的には判断されることになる。

　位置商標の類否判断は，文字や図形等の標章とその標章を付する位置を総合して，商標全体として考察する。

　原則として，位置そのものを要部として抽出しない。

　標章に自他商品・役務の識別機能が認められない場合，商品に付される位

置等によって需要者及び取引者に与える印象，記憶，連想等を総合して全体的に考察する。

■**図表３―３―３**は，原則として類似すると判断される（指定商品第28類「動物のぬいぐるみ」）

■**図表３―３―４**にあるように，標章に識別機能が認められる場合，標章が同一又は類似であれば，位置が異なっても原則類似する。

(3) **機 能 性**
本章第２節色彩商標の機能性の説明参照。

5　商標権侵害

(1) **商標権侵害**
商標権侵害事件における位置商標の類否判断については，上記4(2)を参照。ただし，取引の実情については，恒常的な取引の実情だけでなく，侵害時点における具体的な取引の実情（被告の使用態様等）も考慮される。

商標権侵害事件では，被告商品における位置商標の具体的な位置が特に問題となる。

登録された位置商標と同じ位置にあり，その位置が一般に商標が付される位置の場合には，付すものの類似度にもよるが，商標権侵害の可能性が高くなる。

(2) **商標権の効力の制限**

■**図表３―３―３　類似する例**

（位置商標）　　　　　　（位置商標）　　　　　　（位置商標）

■図表3－3－4　類似する例

（位置商標）
指定商品　第28類
「卓球のラケット」

（位置商標）
指定商品　第28類
「卓球のラケット」

≒
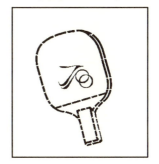

　被告の位置商標が商標として使用されていないことを抗弁事由として主張・立証し，それが認められた場合には，商標権侵害は否定されることになる（新商標26条1項）。

〔新商標法26条1項〕
　1号～4号（略）
　5号　商品等が当然に備える特徴のうち政令で定めるもののみからなる商標
　6号　前各号に掲げるもののほか，需要者が何人かの業務に係る商品又は役務であることを認識することができる態様により使用されていない商標

6　位置商標に関する不正競争防止法事件

　位置商標に関する不正競争防止法事件としては，Levi's弓形ステッチ事件（東京地判平12・6・28判時1713号115頁）があり，不正競争防止法2条1項1号が適用されている。
　商品等表示の周知性を立証するためにアンケート調査が行われている。
【アンケート調査の概要】
　本件は，被告標章「弓形ステッチ図形」の使用（ジーンズ）が，原告であるLevi's社のジーンズのポケット部分に使用されている商品等表示「弓形

ステッチ図形」との関係で，不正競争防止法2条1項1号又は2号に該当するか否かが問題となった事件である（■**図表3－3－5**参照）。

原告は，原告商品等表示の周知性，著名性を立証するために，アンケート調査を実施したが，認知率は周知性の域までは達していたものの，著名性の域までは達していなかったため，不正競争防止法2条1項1号は適用されたが，同項2号の適用は否定されている。

実施主体は，不明。

実施時期は，不明。

実施方法は，不明。

実施対象は，以下のとおり。

① 過去6か月間にジーンズを購入した者
② 過去1年以内にいずれかのブランドのジーンズを自分で購入（購入してもらったものも含む）した15歳から34歳までの男女
③ ジーンズメーカー，アパレルメーカーに本人，家族が勤務している者を除いた一般消費者

質問事項は，弓形ステッチを見せて出所を確認するものである。

①～③の対象者の回答は以下のとおりである。

① 出所について，リーバイスと回答，46％（15歳から29歳），31％（15歳から34歳までの男女）
② 確かに見た又は見たような気がするとの回答が86％，その内リーバイ

■**図表3－3－5**

（原告標章）

（被告標章）

スと回答したものが，37%。

③　リーバイスと回答したものが，18.3%。

なお，本件については，原告の商品等表示「501」についてもアンケートが行われている。こちらの認知率は，一般消費者で16.6%となっており，1号は適用されているが，2号は否定されている。

一般消費者の認知率が，18.3%では，1号の周知性は認められるが，2号の著名性は認められないと判断し，1号と2号の違いを数値で示した判決である。混同を要件としない2号の著名性には，少なくとも50%前後の認知率が必要となろう。

1号の周知性について，田村善之教授は，「あえて一般論をいえば，10%を超える程度の認知度でも周知といってもよいのではなかろうか。さもないと，たとえば，ラーメン店でも，札幌市街全域で周知とされる店の数は10余りに限られてしまい，過度に混同行為が放置されることになりかねないようにおもわれる。」との見解をとられる(*3)。

7　外国における位置商標の登録例

(1)　米　　　国

■図表3－3－6は，9類「カーソルの操作器」について，セカンダリーミーニングの獲得を理由に登録されたIBM社の赤色の位置商標である。現在の権利者は，LENOVOになっている。キーボードの真中のカーソルの操作釦が赤色に図で示されている。商標の説明には，「商標はカーソルの操作器に使用される赤色で，破線で表されたキーボードは，商標の位置を示すためのものであり，商標としてクレームされるものでない。」との記載がある。赤色の輪郭が実線であるか，破線であるか定かでないが，実線となると位置商標で，破線の場合には色彩商標となる。

■図表3－3－7は，米国で，43類「バー，ホテル」について登録されたPlayboy社の位置商標である。耳，尻尾，ネームタグ，リストのカフス，ボータイの実線部分が位置商標として登録の対象となっており，女性を描いた破線部分は保護対象からはずれることになる。

このコスチュームのウェイトレスさんが現れるとPlayboy社の経営して

■図表 3 ― 3 ― 6　米国商標登録第2363544号

（登録商標）　　　　　　　　　　　　　（使用例）

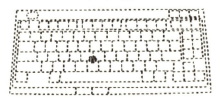 

指定商品：9類 カーソルの操作器
商標の説明：The mark consists of the color red used on the cursor control device component of the goods. The matter shown in the drawing in broken lines serves only to show positioning of the mark and no claim is made to it. The mark is lined for the color red.
使用による識別性：適用（2条(f)）
権利者：Lenovo

■図表 3 ― 3 ― 7　米国商標登録第3392817号

（登録商標）　　　　　　　　　　　　　（使用例）

指定商品：43類 Bar and hotel services; cocktail lounge services.
商標の説明：The mark consists of a three dimensional bunny costume worn by a woman. The costume includes a corseted bodice, bunny ears worn on the head, a bunny tail on the back of the bodice, a name tag on the front of the bodice, wrist cuffs and a bow tie collar. The dotted outline of a woman is not a part of the mark but is merely intended to show the position of the costume.
使用による識別性：生来的に識別力あり
権利者：Playboy Enterprises International, Inc.

いるバーであることが分かり、出所識別力があると判断されている。

　■図表３―３―８は、スミスクライン社が登録した歯ブラシの位置商標であり、真ん中のＳ字状の実線部分とその他の破線部分から構成されている。使用による識別力獲得（米国商標法２条(f)）を立証することにより登録されている。

　■図表３―３―９は、日本における■図表３―３―８の登録例であるが、現行法では、手続規定が整備されておらず、実線と破線を使って、位置商標を表現することができない。そこで、実線部分のみを立体商標として出願し、生来的に識別力があるとして登録になっている。

■図表３―３―８　米国商標登録第2740940号

指定商品：21類　Toothbrushes
商標の説明：The mark consists of a serpentine, related "S" design on the side of the toothbrush（towards the top of the handle）
使用による識別性：適用（２条(f)）
権利者：Smithkline Beecham Corporation

■図表３―３―９　日本商標登録第4501223号

指定商品：21類　歯ブラシ，ようじ，デンタルフロス，化粧用具
使用による識別性：商標法３条２項主張・立証なし
権利者：スミスクライン　ビーチャム　リミテッド

■図表3—3—10は，キャラウェイ社のゴルフクラブに関する位置商標である。実線部分の円環のみでは単純な形状で識別力がないが，ゴルフクラブのヘッドとシャフトの間に位置することにより，識別力を獲得したものである。

米国における本件商標と同じ商標が日本でも既に登録されている[*4]。

■図表3—3—11は，リーバイス社が，シャツのポケットの外側にあるタブについて登録した位置商標である。使用により識別力を獲得している（米国商標法2条(F)）。

(2) 欧　州

■図表3—3—12は，筆記具の特定の位置（ノック部分の直ぐ下）に赤い輪を設けた点に出所識別力があるとして登録になった位置商標である。使用による識別力獲得の立証をすることなく登録になっている。赤い輪のみであれば，生来的に出所識別力が認められなかったと考えられる。

特定方法としては，実線と破線ではなく，数種類の実物の写真と赤い輪で，位置商標が特定されている。

■図表3—3—13は，靴底のかかとの上のピンク色の縞について商標登録したものである。生来的に識別力があるとして登録になっている。

■図表3—3—10　米国商標登録第1821477号

（登録商標）　　　　　　　　　　　　（使用例）

指定商品：28類　Golf clubs
商標の説明：The mark consists of a small torus encircling the shaft lower end proximate the golf club head. The stippling shown in the drawing is intended to indicate darkening and not color.
使用による識別性：適用（2条(f)）
権利者：CALLAWAY GOLF COMPANY CORPORATION

■図表3－3－11　米国商標登録第2726253号

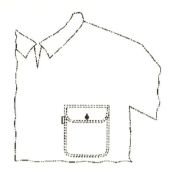

指定商品：25類　シャツ
商標の説明：The trademark consists of a small marker or tab of textile material appearing on and affixed permanently to the exterior of a shirt pocket.The shirt and shirt pocket shown in broken lines on the drawing serves to show positioning of the mark and no claim is made to this matter.
　　（特許庁仮訳：商標は，シャツのポケットの外側に常置された服用の小さなマーカー又はタブから構成される。図面上の破線で示されるシャツとシャツのポケットは，商標の位置を示すもので，権利主張はしない。）
使用による識別性：適用（2条(f)）
権利者：LEVI STRAUSS & CO.

■図表3－3－12　CTM登録第3892015号

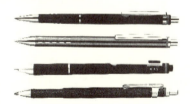

指定商品：16類　筆記具
商標の説明：The object of the position mark is the way in which a red ring is arranged on writing implements, drawing implements and compasses ("red ring"). The following identifying positions shown thereby appear.
使用による識別性：生来的に識別力あり
権利者：Luxembourg Brands S.à r.l.

■図表3－3－13　CTM登録第2319937号

指定商品：25類 履物
商標の説明：Protection is claimed for a pink stripe on the heel of a woman's, men's or children's shoe. Indication of colour: Pink (pink stripe on the heel).
　　（特許庁仮訳：女性又は男性あるいは子供用の靴のかかとの上のピンクの縞に対して権利要求。）
色の表示：ピンク（かかとの上のピンクの縞）
使用による識別性：生来的に識別力あり
権利者：LLOYD Shoes GmbH

8　外国における位置商標の商標権侵害

(1)　米　　国

(a)　Levi'sズボン事件（侵害）　原告は，ジーンズの後ろのパッチポケットに赤いポケットタブを使用しており，■図表3－3－14にある登録商標も含め，合計6件のタブ（黒タブも含む）に関する登録商標（位置商標）に基づき，右後ろパッチポケットの下部に黒いWranglerタブを使用している被告を商標権侵害で訴えた。裁判所は，混同，誤認，欺瞞を引き起こすおそれがあると判断し，商標権侵害を認容した[*5]。

(b)　Levi'sシャツ事件（差戻し）　原告が，ズボンのポケットのタブについてセカンダリーミーニングを獲得した商標権に基づいて，被告のシャツのタブの使用について商標権侵害を主張した事件である[*6]。

　第9区巡回控訴裁判所は，「ズボンタブにおけるセカンダリー・ミーニングは，ズボンタブは場所固有の商標として登録されているので，必然的にシャツタブにも内在するというものではない（Secondary meaning in the pants tab does not necessarily inhere in the shirt tab, since the pant tab was registered as a

■図表3—3—14　米国商標登録第0577490号

指定商品：25類 ジーンズ
商標の説明：Color is not claimed as a feature of the mark. THE DRAWING IS LINED FOR THE COLOR RED.
使用による識別性：生来的に識別力あり
権利者：LEVI STRAUSS & CO.

location specific trademark）。」と判示して，事件を地裁に差し戻した(＊7)。

(C) Levi's ズボン事件（差戻し）　原告であるリーバイス社が，1873年から使用している原告標章に基づき，被告であるアーバンクロンビーフィッチ社が2006年から使用している被告標章の使用を，米国商標法43条(c)（連邦稀釈化防止法）違反で訴えた事件である（■図表3—3—15参照）(＊8)。

地裁が，両標章は「identical or nearly identical」ではないので稀釈化のおそれはないと判示したのに対して，第9区巡回控訴裁判所は，新しい連邦

■図表3—3—15　Levi's ズボン事件

（原告標章）　　　　　　　（被告標章）

稀釈化防止法（2006年10月6日施行）における要件「その標章又は商号と著名標章との間での類似性の程度」のもとでは，この基準はとれないとして，地裁に差し戻した。

(2) 欧　　　州

ドイツでは，原告が，CTM登録第2292373号商標等に基づき，ジーンズのポケットに長方形の赤タブを使用する被告を商標権侵害で訴えた事件がある（■図表3―3―16参照）。ドイツ最高裁は，原判決を取り消して，原審に差し戻している。

ドイツ最高裁は，位置商標を結合商標又は複合商標として捉え，構成部分が①全体的な印象を形成する場合と②独立した表示的な地位を有する場合とに分けて，その類否判断手法について判示している(*9)。

本件では，使用により識別力を獲得した原告登録商標（「Levi's」の文字なし）と実際に使用された商標（「Levi's」の文字入り）との間に同一性がなかったため，文字入りの商標の使用により，文字なしの原告登録商標が識別性を

■図表3―3―16　CTM登録第2292373号

（原告登録商標）　　　　　　　　　　（被告標章）

指定商品：25類　ズボン等
商標の説明：he mark applied for is a position mark, consisting of a red rectangular label, made of textile, sewn into and protruding from the upper part of the left-hand seam of the rear pocket of trousers, shorts or skirts.
色彩：Red, blue.
使用による識別性：使用によって識別力を獲得
権利不要求：The trade mark applied for shall give no exclusive right to the shape and colour of the pocket per se.

獲得したといえるか否かについても，欧州連合司法裁判所（CJEU）に照会され，このような使用でも識別性が認められると判断されている(*10)。

【注】
(＊1) 土肥一史「位置商標の識別性と類似性」『竹田稔先生傘寿記念　知財立国の発展へ』（発明推進協会，2013年）354頁。
(＊2) 韓国でもアディダスの3本ラインの位置商標は，裁判例で認容された（韓国大法院2012年12月20日・2010フ2339）。
(＊3) 田村善之『不正競争法概説〔第2版〕』（有斐閣，2003年）241頁。
(＊4) 商標登録第3195943号（登録日：1996年9月30日）（28類：ゴルフ用具）。
(＊5) 632 F.2d 817：Levi Strauss & Co., Plaintiff/appellee, v. Blue Bell, Inc., Defendant/appellant United States Court of Appeals, Ninth Circuit. - 632 F.2d 817 Argued and Submitted Sept. 11, 1980. Decided Nov. 13, 1980. 事件の概要については，イーサン・ホーウイッツ著，荒井俊行訳『アメリカ商標法とその実務』（雄松堂出版，2005年）75頁，平成22年度日本弁理士会商標委員会「商標法3条2項に基づく商標権の権利範囲」パテ64巻11号（2011年）34頁，35頁参照。http://law.justia.com/cases/federal/appellate-courts/F2/632/817/218308/
(＊6) Levi Strauss & Co. v. Blue Bell, Inc. 228 U. S. P. Q 346（9th Cir. 1985）
(＊7) イーサン・ホーウイッツ著，荒井俊行訳『アメリカ商標法とその実務』（雄松堂出版，2005年）45頁参照。
(＊8) Levi Strauss & Co. v. Abercromibie & Fitch Trading Co., No. 09-163322（9th Cir. Feb. 8, 2011). 事件の概要については，佐藤俊司「連邦商標希釈化改正法から5年――希釈化に必要な類似性の程度」WESTロージャパン（2011年6月6日）を参照（WEBで入手可能）。
(＊9) 裁判例の紹介とその解説については，土肥一史「位置商標の識別性と類似性」『竹田稔先生傘寿記念　知財立国の発展へ』（発明推進協会，2013年）356頁乃至358頁を参照。
(＊10) Decision of April 18, 2013 - Case C-12/12 - Colosseum Holding AG v Levi Strauss & Co.

第4節 動き商標

1 はじめに

　動き商標（Moving marks／Movement marks）とは，「商標に係る文字，図形，記号，立体的形状又は色彩が変化するものであつて，その変化の前後にわたるその文字，図形，記号，立体的形状若しくは色彩又はこれらの結合からなる商標（以下「変化商標」という。）のうち，時間の経過に伴つて変化するもの」をいう（新商標施規4条）。

　例えば，テレビやコンピュータ画面等に映し出される動きの平面商標や，動きの立体商標などがある。

　企業のロゴ等がテレビCMやウェブサイト等において動く場合，商品が動く場合，広告塔が動く場合などがある。

　インターネットの普及により，動きの商標が頻繁に使用されるようになっている。

2 動き商標の使用の定義

　動き商標に特化した商標の使用の定義は設けられていない。

3 動き商標の出願方法

　願書に記載した商標と商標の詳細な説明により，動き商標を特定することになる。

　願書への記載は，商標の時間の経過に伴う変化の状態が特定されるように表示した1又は異なる2以上の図又は写真によりしなければならない（商標5条1項2号・新商標施規4条）。

　「商標登録を受けようとする商標」として，図面で動き商標を記載し，出

願の種類として,「動き商標」と記載し,「商標の詳細な説明」に具体的な動き方を記載することになる。

願書に記載した商標と商標の詳細な説明に記載されている標章が一致しない場合（願書に記載した商標に記載されていない標章が，商標の詳細な説明に記載されている場合及び願書に記載した商標に記載されている標章が，商標の詳細な説明に記載されていない場合を含む）は，商標が特定していないため，登録することができない（新商標5条5項）。

願書に記載した商標と商標の詳細な説明に記載されている標章の変化の状態（例：変化の順番）が一致しない場合も同様である。

時間の経過に伴う標章の変化の状態が確認できない場合には，動き商標とは認められず，商標法3条1項柱書違反により拒絶されることになる。例えば，■図表3─4─1のように動きを示す指示線がないため，時間の経過に伴う表の変化の状態が確認できない場合が該当する。

一方，■図表3─4─2（指示線により，鳥が変化せず移動することを表現），■図表3─4─3（羽ばたいて鳥が動いている動きを複数のコマで表現）については，時間の経過に伴う標章の変化の状態が確認できるので，動き商標と認められる。

4　動き商標の登録要件

(1)　識別性

動き商標の識別性は，文字，図形等が時間の経過に伴って変化する状態を総合して商標全体として判断される。動きそのものは商標の構成要素とはならない。

動きを構成する文字，図形等に識別性がある場合には，動き商標を登録で

■図表3─4─1　不適切な願書の記載例

■図表3－4－2　適正な願書の記載例

商標登録を受けようとする商標（変化せず移動する例）

動き商標
商標の詳細な説明：商標登録を受けようとする商標（以下「商標」という。）は，動き商標である。鳥が，左下から破線の軌跡に従って，徐々に右上に移動する様子を表している。この動き商標は，全体として3秒間である。なお，図中の破線矢印は，鳥が移動する軌跡を表すための便宜的なものであり，商標を構成する要素ではない。

■図表3－4－3　適正な願書の記載例

商標登録を受けようとする商標：異なる複数の図によって記載されている例

動き商標
商標の詳細な説明：商標登録を受けようとする商標（以下「商標」という。）は，動き商標である。
　鳥が，図1から図5にかけて翼を羽ばたかせながら，徐々に右上に移動する様子を表している。この動き商標は，全体として3秒間である。
　なお，各図の右下隅に表示されている番号は，図の順番を表したものであり，商標を構成する要素ではない。

きる。
　動きの軌跡が線図等で表現される場合，描かれた標章に識別性がない場合には，新商標法3条1項3号違反で拒絶される。
　点が動いた軌跡が線で表され，それが，商品又は役務の普通名称に該当す

る場合，慣用商標に該当する場合，商品又は役務の特徴を表す場合，ありふれた氏に該当する場合，極めて簡単かつありふれた標章のみからなる場合，識別力がない場合にも，商標法3条1項各号に該当して登録することができない。

しかしながら，長年の使用により，識別力を取得した場合には，商標法3条2項により登録することができる。

英国知的財産庁商標ワークマニュアルでは，一般的消費者が商品又は役務が専ら1つの企業と関係があると動くイメージを理解するかどうかで判断する。他の企業が同一又は類似のイメージの使用を希望するかどうかを考慮する必要がある。例えば，カップにお茶を注ぐ動くイメージ又はホログラムは，カフェのサービスやお茶との関係では，識別力がない。しかしながら，回転するジャイロスコープはこれらのサービス又は商品との関係で識別力がある。

〔英国知的財産庁商標ワークマニュアル〕
The acceptability of a movement marks and holograms, like words or other types of trade marks, must depend upon whether it is, or has become, a distinctive sign; that is, whether the average consumer will perceive the moving image(s) as meaning that the goods or services are exclusively associated with one undertaking. Consideration should also be given to whether other economic operators are likely, without improper motive, to wish to use the same or similar image(s) in the ordinary course of their business. For example, a moving image/hologram of a teapot pouring tea into a cup will not be distinctive for e.g. café services or for tea, but a spinning gyroscope would be distinctive for these goods and services.

(2) 類 似 性

動き商標の類否判断については，特別の規定を設けていないので，最高裁判決（最判昭43・2・27民集22巻2号399頁〔氷山印事件〕）の判断手法，すなわち，商標の外観，観念，称呼等によって需要者等に与える印象，記憶，連想等を

総合して全体的に考察し，取引の実情に基づき（恒常的なもの），対比される両商標が，同一又は類似する商品・役務に使用された場合に，商品の出所の誤認混同が生ずるおそれがあるか否かにより基本的には判断されることになる。

動き商標の類否は，動き商標を構成する標章とその標章の時間の経過を伴い変化する状態から生ずる外観，称呼及び観念のそれぞれの判断要素を総合して商標全体として考察する。

原則として，動きそのものは要部として抽出しない。

双方の動き商標の軌跡が同一又は類似する場合には（例：■の軌跡がSUNの文字と▲の軌跡がSUNの文字），類似する。

軌跡が線として残らない場合，標章が非類似であれば，類似しない。

動き商標の軌跡（例：■の軌跡がSUNの文字）と文字商標「SUN」は類似する。

5 商標権侵害

(1) 商標権侵害

商標権侵害事件における動きの類否判断については，上記4(2)を参照。ただし，取引の実情については，恒常的な取引の実情だけでなく，侵害時点における具体的な取引の実情（被告の使用態様等）も考慮される。

商標権侵害事件では，被告の動きの商標の動くものの形状等，具体的な動き，背景が特に問題となる。

(2) 商標権の効力の制限

被告の動きの商標が商標として使用されていないことを抗弁事由として主張・立証し，それが認められた場合には，商標権侵害は否定されることになる（新商標26条1項）。

〔新商標法26条1項〕

1号～4号（略）

5号　商品等が当然に備える特徴のうち政令で定めるもののみからなる商標

6号　前各号に掲げるもののほか，需要者が何人かの業務に係る商品又は役務であることを認識することができる態様により使用されていない商標

出願された動き商標が他人の著作物と抵触する場合でも，識別性等他の登

録要件を満たせば，当該動きの商標は登録されることになる。ただし，商標権の効力のところで制限され，登録された動き商標は他人の著作権若しくは著作隣接権と抵触するという理由で，他人から利用許諾を受けないと使用できないことになる（新商標29条）。

〔新商標法29条（他人の特許権等との関係）〕
　商標権者，専用使用権者又は通常使用権者は，指定商品又は指定役務についての登録商標の使用がその使用の態様によりその商標登録出願の日前の出願に係る他人の特許権，実用新案権若しくは意匠権又はその商標登録出願の日前に生じた他人の著作権若しくは著作隣接権と抵触するときは，指定商品又は指定役務のうち抵触する部分についてその態様により登録商標の使用をすることができない。

6　経過措置

　動き商標については，継続的使用権が認められている（附則（平成26年5月14日法律第36号）抄5条3項）。

7　動き商標に関する不正競争防止法事件

(1)　**かに道楽事件**（大阪地判昭62・5・27（昭和56年(ワ)第9093号）無体集19巻2号174頁）
　株式会社かに道楽（原告）の「動くかに看板」と類似する「動くかに看板」を株式会社かに将軍（被告）が使用する行為が，旧不正競争防止法1条1項2号（現行不正競争防止法2条1項1号に相当）に該当すると判断された事案である（■**図表3－4－4**参照）。

■**図表3－4－4　原告営業表示**

裁判所は以下のとおり判示している。

「店舗正面に松葉がにを模した大きな動く『かに看板』が掲げられた。右『かに看板』は，別紙目録㈠記載のような形状のものであり，ゆでて赤くなつた松葉がにを模した巨大な立体看板であつて，肢の第二関節を折り曲げた形になつており，電気仕掛けでハサミ，肢，目玉が動くようにしたものである。当時右のような大きな動く『かに看板』を掲げた料理店は全くなく，右看板は極めて奇抜でユニークなものであり，人の目を惹くものであつた。」

「『かに道楽チエーン』は，前記のとおり各地に店舗を増やしていき，昭和六〇年頃には『かに道楽』の名称の店舗だけで三〇軒近くを数え，その他の名称の店舗を入れると約四〇軒の店舗を擁し，年商も百数十億円に達する一大チエーンに発展した。」

「原告らの動く『かに看板』は，その形状自体は天然の松葉がにをゆでた姿をかなりリアルに模したものには違いないが，証人Eの証言によれば，右看板は，顧客にアピールするように，その動きを生きた『かに』の実際の動きとは異なるものにしてあり，肢と甲羅の大きさの比率や甲羅のいぼの大きさを誇張するなど，天然のかにそのままではなく独自の工夫を加えたものであることが認められる。しかも，そのようなデフオルメの有無よりも，むしろ，天然の松葉がにの形状を模した大きな動く看板としたこと自体が，他に例を見ない奇抜性，新規性を有することは明らかであり，このような看板は現在でもかに料理専門店で一般に使われているものではない。したがつて，原告らの『かに看板』が不正競争防止法1条1項2号所定の『他人ノ営業タルコトヲ示ス表示』としての識別性を有することは明らかであり，その奇抜性からすれば，むしろ非常に強い宣伝広告機能，顧客吸引力を有するものというべきである。」

「右認定の事実によれば，原告らの動く『かに看板』と被告の前記四店舗の動く『かに看板』とは，細部の差異は別にして全体としては酷似しているものというべく，かに料理店を利用する一般大衆において営業主体の混同を生じさせるおそれは十分にあるものと認められる。」

原告の「動くかに看板」は奇抜性，新規性，市場における唯一性があり，また，原告の年商が百数十億円に達しており，「動くかに看板」の営業表示

第4節　動き商標　401

性が認められている。

「動くかに看板」の動きも実際のかにの動きと異なっており、「動くもの」と「動き方」双方に識別性が認容されている。

原告の動くかに看板の元製造会社が被告の動くかに看板を製造しており、動くかに看板は酷似しており、営業主体の混同を生じさせるおそれが十分であると判断されている。

(2)　スペースインベーダーゲーム事件（東京地判昭57・9・27（昭和54年（ワ）第8223号）無体集14巻3号593頁）

株式会社タイトー（原告）のゲーム機に映し出されるインベーダーを主体とする映像と映像の変化の態様と類似する映像をウコーエンタープライズ（被告）が使用する行為が、旧不正競争防止法1条1項1号（現行不正競争防止法2条1項1号に相当）に該当すると判断された事案である（■図表3−4−5参照）。

裁判所は、以下のとおり判示している。

「その受像機に映し出されるインベーダーを主体とする各種影像とゲームの進行に応じたこれら影像の変化の態様は別冊説明書上段記載のとおりであるところ、これら影像とその変化の態様、とくに別紙第三目録㈠,㈡記載のインベーダーの影像とその変化の形態、インベーダーからも遊戯者が操作するビーム砲に対しミサイルを発射して攻撃を仕掛けてくる点及び遊戯者が操作するビーム砲による攻撃が成功し得点が上るにつれ、インベーダーの進行速度が速くなる等の点は、従前のテレビ型ゲームマシンの影像とその変化の態様にみられぬ特殊かつ新規なものであつた。」

■図表3−4−5　原告商品等表示

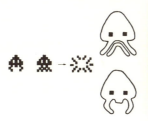

「原告商品の受像機に映し出される前記インベーダーを主体とする各種影像とゲームの進行に応じたこれら影像の変化の態様は，それ自体，商品の出所を表示することを目的とするものではないが，遅くとも昭和五四年一月初めころには，取引上二次的に原告商品の出所表示の機能を備えるに至つたものと認められるのであつて，不正競争防止法第一条第一項第一号の規定にいう『他人ノ商品タルコトヲ示ス表示』として，そのころ我が国において周知になつたものということができる。」

「被告商品は，前記原告商品であることを示す表示としてのその受像機に映し出されるインベーダーを主体とする各種影像とゲームの進行に応じたこれら影像の変化の態様と同一の，インベーダーを主体とする各種影像とゲームの進行に応じたこれらの変化の態様をその受像機に映し出すものであつて，被告会社が被告商品を製造販売及び賃貸する行為は，被告商品を原告商品と混同させるものというべきである。」

原告のインベーダーの映像（動くもの）とその変化（動き方）が特殊かつ新規であり，30万台以上のゲーム機が製造されたことにより，商品等表示としての周知性も獲得したいと判断されている。

また，原告と被告の映像とその動きは同一であり混同のおそれがあると判断されている。

(3) **ファイアーエンブレム事件**（東京地判平14・11・14（平成13年（ワ）第15594号）裁判所ホームページ）

任天堂（原告）のゲーム「ファイアーエンブレム」の表示画面と株式会社エンターブレイン（被告）のゲーム「ティアリングサーガ（エンブレムサーガ）」の表示画面との間の紛争で，原告の表示画面が不正競争防止法2条1項1号の商品等表示に該当しないと判断された事案である（■**図表3－4－6**参照）。

裁判所は以下のとおり判示している。

「ゲームソフトの表示画面が他に例を見ない独創的な特徴を有する構成であり，そのような特徴を備えた表示画面の構成が特定のゲームソフトに特有のものとして，需要者の間に広く認識されているような場合には，当該表示画面が同号にいう『商品等表示』に該当することがあり得るものと解される。例えば，インベーダーゲームのように，画面に登場するインベーダー等の影

第4節　動き商標　403

■図表3－4－6　ファイアーエンブレム事件

像の形状及びゲームの進行に応じた影像の変化の態様に従来のテレビゲームの影像に見られない独創的な特徴があり，そのような影像及びその変化の態様がゲームの全過程にわたって繰り返されて長時間にわたって画面に表示され，かつ，当該影像の形状及びその変化の態様が一般消費者の間に広く知られている場合には，当該影像の形状及びその変化の態様自体が商品等表示に該当するということができる。

しかしながら，ゲームソフトの表示画面は，通常は，需要者が当該ゲームソフトを購入して使用する段階になって初めてこれを目にするものであり，また，この種類のゲームソフトにおいてありふれた画面の構成は『商品等表示』となり得ないものと解されるものであって，ゲームソフトの表示画面の構成や影像の変化の態様が『商品等表示』に該当するのは，極めて例外的な場合に限られるというべきである。」

「本件においては，証拠（省略）及び弁論の全趣旨によれば，別紙影像等目録1～3の各表示画面は，いずれも，シミュレーションRPG又はロールプレイングゲーム等のゲーム分野に属するゲームソフトにおいてありふれた画面の構成の域を出ないものであり，また，原告ゲームのこれらの表示画面自体が需要者の間に広く知られていると証拠上認めることもできない。したがって，別紙影像等目録記載の影像とその変化が，『商品等表示』に該当するとの原告らの主張は，採用できない。」

ゲームソフトの表示画面は，ゲームソフトを購入してから初めて見るものであり，表示画面を広告に使用していないと商品等表示性の獲得は難しい。

(4) 釣りゲーム事件（知財高判平24・8・8（平成24年（ネ）第10027号）判時2165号42頁）

グリー株式会社（原告）のゲーム「釣りスタ」の表示画面と株式会社ディー・エヌ・エー（被告）のゲーム「釣りゲームタウン」の表示画面との間の紛争で，原告の表示画面が不正競争防止法2条1項1号の商品等表示に該当しないと判断された事案である（■**図表3—4—7**参照）。

裁判所は，以下のとおり判示している。

「ア　ゲームの影像が他に例を見ない独創的な特徴を有する構成であり，かつ，そのような特徴を備えた影像が特定のゲームの全過程にわたって繰り返されて長時間にわたって画面に表示されること等により，当該影像が需要者の間に広く知られているような場合には，当該影像が不正競争防止法2条1項1号にいう『商品等表示』に該当することがあり得るものと解される。

しかしながら，ゲームの影像は，通常は，需要者が当該ゲームを使用する段階になって初めてこれを目にするものである。本件において，第1審原告が周知商品等表示と主張する原告影像は，原告作品の冒頭に登場する画面ではなく，ゲームの途中で登場する一画面又はそれに類似する画面にすぎないものであり，ゲームの全過程にわたって繰り返されて長時間にわたって画面に表示されるものではない。また，原告影像に係る画面は，原告作品の公式ガイドブックにおいても，表紙等に表示されておらず，しかも同書はビニールカバーに入った状態で販売されている（乙104，139）。

イ　第1審原告は，テレビコマーシャル（甲13）において宣伝広告を行っ

■図表3－4－7　釣りゲーム事件

（原告作品）　　　　　　　（被告作品）

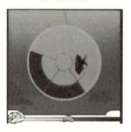

（原告作品）

（被告作品）

たが，原告影像は，多くの画面の中の1つとして宣伝されているにすぎず，15秒間のコマーシャルの中の約3秒程度放映されたにすぎない。さらに，第1審原告は，電車内広告（甲12）や新聞・雑誌（甲14）により宣伝広告を行ったが，原告影像は，複数のゲーム画面の一つとして宣伝に使用されているにすぎないし，影像が不鮮明なものもある。

　そのため，これらの宣伝広告によって，魚の引き寄せ画面に係る原告影像が，第1審原告を表示するものとして，周知の商品等表示性を獲得したと認めることはできない。なお，岩手，鹿児島，静岡及び北九州地区では平成21年2月7日からテレビコマーシャルが行われたものの，上記宣伝広告のほとんどが，被告影像1及び2の掲載後，すなわち被告作品が配信された同月25

日より後に行われたものである。

(省略)

　エ　以上のとおり，原告影像は，第1審原告を表示するものとして周知の商品等表示性を獲得したと認めるに足りない。」

　ゲームの影像が他に例を見ない独創的な特徴を有する構成であり，かつ，そのような特徴を備えた影像が特定のゲームの全過程にわたって繰り返されて長時間にわたって画面に表示される場合には，ゲームの影像が商品等表示に該当する場合があることを判示している。

　しかしながら，本件ゲームの影像は，ゲームを使用する段階で初めて目にするものであり，また，ゲームの冒頭に現れるものでなく，テレビコマーシャルでも，原告影像が強調して使用されなかったので商品等表示性が否定されている。

8　外国における動き商標の登録例

(1)　米　　国

　■図表3—4—8は，20世紀フォックス社の動き商標の登録例であり，映画の最初に出てくる商標である。米国では，動き商標を最大5図までの図面によって，表現することができる。生来的に識別力があるとして登録された。

■図表3—4—8　米国商標登録第1928423号

使用例

指定商品：9類　映画フィルム等
商標の説明：The trademark is a computer generated sequence showing the central element from several angles as though a camera is moving around the structure. The drawing represents four "stills" from the sequence.
使用による識別性：生来的に識別力あり
権利者：20TH CENTURY FOX

■図表3-4-9は、12類「自動車」について登録されたLamborghini社の自動車のドアの動き商標である。商標の説明の項目には、「自動車のドアが開く独特の動きから構成され、ドアは、ボディーに平行に動き、徐々にボディーの上の平行な位置に上げられる。点線で示したものは商標の一部ではない」との説明がある。使用による識別力獲得（米国商標法2条(f)）を立証することにより登録されている。

■図表3-4-10は、5類「貼り薬」等について登録された久光製薬の動き商標である。生来的に識別力があるとして登録された。テレビコマーシャルとして使用されている。

(2) 欧　　州

■図表3-4-11は、P&G社の動き商標で、容器の中から水が飛び出すシーンである。生来的に識別力があるとして登録された。消臭剤「ファブリーズ」のテレビコマーシャルに使用されている。

■図表3-4-12は、Nokia社の欧州における動き商標の登録例である。携帯電話の初期画面にこの動く商標が現れる。生来的に識別力があるとして登録された。

■図表3-4-13は、5類「貼り薬」等について登録された久光製薬の動

■図表3-4-9　米国商標登録第2793439号

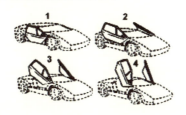

指定商品：12類 自動車
商標の説明：The mark consists of the unique motion in which the door of a vehicle is opened. The doors move parallel to the body of the vehicle but are gradually raised above the vehicle to a parallel position. The matter shown in dotted lines is not part of the mark.
使用による識別性：適用（2条(f)）
権利者：Automobile Lamborghini Holding S.p.A.

■図表3—4—10　米国商標登録第3858701号

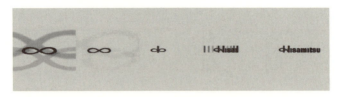

指定商品：5類 貼り薬等
商標の説明：The color(s) blue and gray is/are claimed as a feature of the mark. The wording and design elements appear in blue, and the rectangular border appears in gray. The mark consists of an animated sequence of images that start with an infinity symbol traveling away from the viewer, which is then quickly transformed into a stylized form of "HISAMITSU" while a series of vertical blue bars originating in the infinity symbol move quickly both to the right and to the left of the infinity symbol. During this sequence, in the background, a larger infinity symbol moves and fades away.
使用による識別性：生来的に識別力あり
権利者：久光製薬

■図表3—4—11　CTM登録第8361727号

指定商品：3類 せっけん等
商標の説明：The sign consists in a series of 5 (five) pictures showing a bottle bearing the window of a washing machine out of which a water flow springs energetically in a right-to-left movement.
使用による識別性：生来的に識別力あり
権利者：The Procter & Gamble Company

■図表3－4－12　CTM 登録第3429909号

使用例

指定役務：38類　通信
商標の説明：The mark comprises an animation which consists four images depicting hands coming together, shown in succession from left to right and from top to bottom
使用による識別性：生来的に識別力あり
権利者：Nokia Corporation

■図表3－4－13　CTM 登録第6608962号
商標：

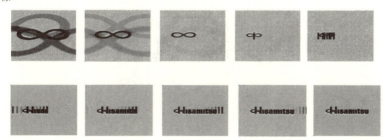

指定役務：5類　薬剤等
商標の説明：The mark consists of an animated sequence of images that start with an infinity symbol traveling away from the viewer, which is then quickly transformed into a stylized form of HISAMITSU while a series of vertical blue bars originating in the infinity symbol move quickly both to the right and to the left of the infinity symbol. During this sequence, in the background, a larger infinity symbol moves and fades away.
使用による識別性：生来的に識別力あり
権利者：久光製薬

き商標である。生来的に識別力があるとして登録された。テレビコマーシャルに使用されている。

■図表3—4—14は，9類「デジタルカメラ」等について登録されたソニーの動き商標である。「description」の欄に動きの説明がある。テレビコマーシャルに使用されている。生来的に識別力があるとして登録された。

9　外国における動き商標の商標権侵害

外国における動き商標の商標権侵害事例は調査した範囲で発見されなかった。

■図表3—4—14　CTM 登録第8195592号

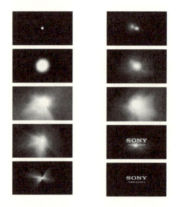

指定商品：9類 デジタルカメラ等
商標の説明：The trade mark is a moving trade mark comprising the following: Bright white light diffuses from the centre of the screen, with the whole screen then being covered by two coloured rotating lights, that are sparkling in blue and yellow. The yellow and blue rotating light burst decreases in size to appear as one bright light which then bursts across the screen again in blue and yellow. As the colour burst decreases in size on the screen, in the background the words SONY make.believe appear and become more visible and prominent as the light decreases into a single spotlight to form the full stop between the words "make" and "believe". The numbers 1-10 attached indicate the order of the frames whereby this trade mark is represented and are not part of the trade mark.
使用による識別性：生来的に識別力あり
権利者：ソニー

第5節 ホログラム商標

1 はじめに

ホログラム商標（Hologram marks）とは、「変化商標のうち、ホログラフィーその他の方法により変化するもの（前条に掲げるものを除く。以下「ホログラム商標」という。）」をいう（新商標施規4条の2）。

光に含まれている情報を、写真フィルムなど感光性の媒体に、干渉現象を使って完全に近いかたちで記録する技術がホログラフィーである（技術の名称）。ホログラムは、ホログラフィーで光の情報を記録した感光媒体を指す。

変化するホログラム商標については、新商標法5条2項の出願方法に規定があるが、商標の定義には規定がない。ホログラム商標の動くものとしては、従来からの商標の定義に含まれるためである。

2 ホログラム商標の使用の定義

ホログラム商標に特化した商標の使用の定義は設けられていない。

3 ホログラム商標の出願方法

■図表3—5—1にあるように、複数の表示面を一つの図又は写真で表しているために、ホログラフィーその他の方法による視覚効果により変化する標章の変化の前後の状態が特定されない場合には、ホログラム商標とは認められず、商標法3条1項柱書違反で拒絶される。

■図表3—5—2にあるように、標章の変化する状態が特定されており、商標の詳細な説明にホログラム商標と認識するものと認められる記載がなされている場合には、ホログラム商標と認められる。

■図表3－5－1　不適切な願書の記載例

商標登録を受けようとする商標

■図表3－5－2　適正な願書の記載例

商標登録を受けようとする商標

  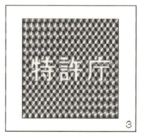

ホログラム商標
商標の詳細な説明：商標登録を受けようとする商標（以下「商標」という。）は，見る角度により別の表示面が見えるホログラム商標である。
　左側から見た場合には，図1に示すとおり，正面から見た場合には，図2に示すとおり，右側から見た場合には，図3に示すとおりである。
　なお，商標の右下隅に表示されている番号は，図の順番を表したものであり，商標を構成する要素ではない。

4　ホログラム商標の登録要件

(1)　識別性

　ホログラムを構成する文字，図形等に識別性がある場合には，ホログラム商標の識別性も認められる。

ホログラム商標において，普通名称の文字が分割して表示されている場合，慣用商標の文字が分割して表示されている場合，商品又は役務の特徴等を表す文字が複数の画面に分割されている場合，ありふれた氏等が複数の画面に分割されている場合，極めて簡単，かつ，ありふれた標章のみからなる場合には，識別性がないと判断され，商標法3条1項各号により拒絶されることになる。
　しかしながら，長年の使用により，識別力を取得した場合には，商標法3条2項により登録することができる。
　英国知的財産庁商標ワークマニュアルでは，一般的消費者が商品又は役務が専ら1つの企業と関係があると動くイメージを理解するかどうかで判断する。他の企業が同一又は類似のイメージの使用を希望するかどうかを考慮する必要がある。例えば，カップにお茶を注ぐ動くイメージ又はホログラムは，カフェのサービスやお茶との関係では，識別力がない。しかしながら，回転するジャイロスコープはこれらのサービス又は商品との関係で識別力がある。

〔英国知的財産庁商標ワークマニュアル〕
The acceptability of a movement marks and holograms, like words or other types of trade marks, must depend upon whether it is, or has become, a distinctive sign; that is, whether the average consumer will perceive the moving image(s) as meaning that the goods or services are exclusively associated with one undertaking. Consideration should also be given to whether other economic operators are likely, without improper motive, to wish to use the same or similar image(s) in the ordinary course of their business. For example, a moving image/hologram of a teapot pouring tea into a cup will not be distinctive for e.g. café services or for tea, but a spinning gyroscope would be distinctive for these goods and services.

(2) 類 似 性
　ホログラム商標の類否判断については，特別の規定を設けていないので，

最高裁判決（最判昭43・2・27民集22巻2号399頁〔氷山印事件〕）の判断手法，すなわち，商標の外観，観念，称呼等によって需要者等に与える印象，記憶，連想等を総合して全体的に考察し，取引の実情に基づき（恒常的なもの），対比される両商標が，同一又は類似する商品・役務に使用された場合に，商品の出所の誤認混同が生ずるおそれがあるか否かにより基本的には判断されることになる。

■図表3—5—3にあるように，文字商標「MOUN」とホログラム商標「MOUN」，「TAIN」（2つの表示面）は，ホログラム商標が一連に「MOUNTAIN」と把握されるので，類似しない。

■図表3—5—4にあるように，ホログラム商標「HBG」，「カタニ」（2つの表示面）は，文字商標「HBG」又は文字商標「カタニ」に類似する。

(3) 一商標一出願

ホログラム商標が一商標概念を超えると一商標一出願の原則に反することになる。

第22回商標制度小委員会検討資料では，以下のような基準が提示されたが，商標審査基準〔第11版〕（2015年3月2日公表）では，特に規定されなかった。

「ホログラムの商標は，ホログラムに映し出される図形等が見る角度によって変化して見える商標であり，『標章』の形状等が変化するものとされる。ホログラムとは，物体にレーザー光などにより干渉パターンを記録したもので，立体的に見えるように記録されたものをいう。この技術を用いることで，立体的に描写される商標，光の反射により輝いて見える商標，角度により別

■図表3—5—3　非類似の例

（文字商標）　　　　　（見る角度によって文字が異なるホログラム商標）

 ≠

■図表3－5－4　類似の例

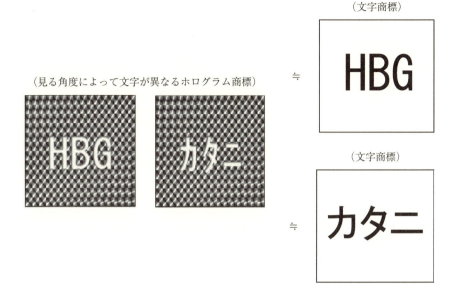

の画像が見える商標などをフィルム上に描くことができる。
　図形等の装飾目的でホログラムが施されているときは，従来の商標に多次元の模様が施されたものと解することができ，特段の事情のない限り，全体として一つの商標であると解することができるのではないか。
　ホログラムが平面上に複数の表示面を与えるために使用されているときは，ホログラム技術を用いることで，複数の商標を単一のフィルム上に表現できるようになったものと解することができる。それぞれの表示面に表現された商標だけに着目すれば複数の標章が表示されているが，ここで特定されたホログラムの商標は複数の表示面を有する単一の客体として用いられることを前提としていることからすれば，特段の事情のない限り，全体として一つの商標を構成していると捉えることが適切ではないか。」

5　商標権侵害

(1)　商標権侵害

商標権侵害事件におけるホログラム商標の類否判断については，上記4(2)を参照。ただし，取引の実情については，恒常的な取引の実情だけでなく，侵害時点における具体的な取引の実情（被告の使用態様等）も考慮される。

(2)　商標権の効力の制限

ホログラム商標が商標として使用されていないことを抗弁事由として主張・立証し，それが認められた場合には，商標権侵害は否定されることになる（新商標26条1項）。

〔新商標法26条1項〕
　1号～4号（略）
　5号　商品等が当然に備える特徴のうち政令で定めるもののみからなる商標
　6号　前各号に掲げるもののほか，需要者が何人かの業務に係る商品又は役務であることを認識することができる態様により使用されていない商標

6　経　過　措　置

変化するホログラム商標については，一定条件の下で，継続的使用権，先使用権が認められている（附則（平成26年5月14日法律第36号）抄5条3項・5項）。

7　ホログラム商標に関する不正競争防止法事件

調査した範囲ではホログラム商標に関する不正競争防止法事件は発見されなかった。

8　外国におけるホログラム商標の登録例

(1)　米　　国

■図表3－5－5は，36類「クレジットカードサービス」について登録されたAmerican Express社のホログラム商標である。真中の正方形がホログラムの部分である。生来的に識別力があるとして登録になっている。

第5節　ホログラム商標　　417

■図表3−5−6は，16類「トレーディングカード」について登録されたThe Upper Deck Company, LLCのホログラム商標である。使用による識別力獲得により登録になっている。

■図表3−5−5　米国登録第3045251号

商標：（真中がホログラムの部分である）　　　使用例

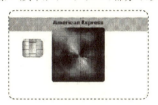

指定役務：36類　クレジットカードサービス
商標の説明：The mark consists in part of a hologram image in the center of the mark.
識別性：生来的に識別力あり
権利者：American Express 社

■図表3−5−6　米国登録第2710652号

商標　　　　　　　　　　　　　　　使用例

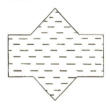

指定役務：16類　Trading Card
商標の説明：The mark consists of a hologram in a miscellaneous shape comprising the outline of a rectangle imposed on a diamond geometric shape, the design element in the party's Upper Deck logo. The content of the hologram is not claimed as a feature of the mark. The drawing is lined for the color silver or gold, but color is not claimed as a feature of the mark.
識別性：2条(f)
権利者：The Upper Deck Company, LLC

(2) 欧　州

■図表3－5－7は，GDS VIDEO社の欧州におけるホログラム商標の登録例であるが，見え方としては，立体に見える。生来的に識別力があるとして登録されている。欧州では，6図までの図面の提出が認められている。

■図表3－5－8は，ドイツで，ニコンが登録した「カメラ」についてのホログラム商標である。

■図表3－5－7　CTM登録第2117034号

商標

指定商品：9類　ビデオカセット等
商標の説明：The letters VF in white on blue spheres, the name VIDEO FUTUR in blue on a black background.
識別性：生来的に識別力あり
権利者：GDS VIDEO社

■図表3－5－8　ドイツ登録第304532819号

商標

指定商品：カメラ
権利者：ニコン

9　外国におけるホログラム商標の商標権侵害

　外国におけるホログラム商標の商標権侵害事例は調査した範囲で発見されなかった。●

第6節 音商標

1 はじめに

　音商標（Sound marks）とは，「音からなる商標」をいう（新商標施規4条の5）。音楽，音声，自然音等からなる商標であり，聴覚で認識される商標である。音楽的な音（musical sound）と非音楽的な音（non-musical sound）の商標に分けられる。

　音商標に該当するか否かは，願書に記載した商標，物件（音声ファイル）及び商標の詳細な説明から判断される。

　新商標法2条1項は，以下のように規定して，商標に音を含めることとした。

〔新商標法2条1項〕
　この法律で「商標」とは，人の知覚によつて認識することができるもののうち，文字，図形，記号，立体的形状若しくは色彩又はこれらの結合，音その他政令で定めるもの（以下「標章」という。）であつて，次に掲げるものをいう。
　1号・2号（略）

　米国（1950年より），欧州（1996年より），オーストラリア（1996年より），台湾（2003年11月28日より），韓国（2012年3月15日より），カナダ（2012年3月28日より）[*1]，中国（2014年5月1日より）では既に，音の商標は，登録の対象となっている（括弧書は，音商標の登録開始年）。

　米国で109件（2012年2月まで），欧州で129件（2012年2月まで），シンガポールで26件（2012年4月まで），台湾で39件（2012年4月まで）の登録例[*2]があり，その中には日本企業の登録例もある。

音商標を登録の対象とする場合に，どのような特定方法で音商標を特許庁へ出願させるか，どのような要件をクリアすれば，音商標を登録できるか，どのような場合に商標権侵害になるかが問題となる[*3]。

なお，音商標は，改正前の日本の商標法では保護されないが[*4]，日本の不正競争防止法，著作権法では，一定の要件を満たせば保護される[*5]。

2　音商標の使用の定義

音商標の使用の定義として，以下の条項が新商標法で設けられた。

すなわち，取引の過程で音を発する行為や記録媒体に音を記録する行為が音の商標の使用となる。

〔新商標法2条3項〕
　　この法律で標章について「使用」とは，次に掲げる行為をいう。
　1号～8号（略）
　9号　音の標章にあつては，前各号に掲げるもののほか，商品の譲渡若しくは引渡し又は役務の提供のために音の標章を発する行為
　10号　前各号に掲げるもののほか，政令で定める行為

〔新商標法2条4項〕
　　前項において，商品その他の物に標章を付することには，次の各号に掲げる各標章については，それぞれ当該各号に掲げることが含まれるものとする。
　1号　文字，図形，記号若しくは立体的形状若しくはこれらの結合又はこれらと色彩との結合の標章　商品若しくは商品の包装，役務の提供の用に供する物又は商品若しくは役務に関する広告を標章の形状とすること。
　2号　音の標章　商品，役務の提供の用に供する物又は商品若しくは役務に関する広告に記録媒体が取り付けられている場合（商品，役務の提供の用に供する物又は商品若しくは役務に関する広告自体が記録媒体である場合を含む。）において，当該記録媒体に標章を記録すること。

3　音商標の出願方法

(1) 商標法3条1項柱書

　音商標が，文字又は五線譜以外にて記載されている場合，例えば，サウンドスペクトログラム（ソノグラム）による記載の場合，タブラチュア譜（タブ譜，奏法譜）や文字譜による記載の場合には，音商標に該当しないとして，商標法3条1項柱書違反により拒絶されることになる。

　ここで，サウンドスペクトログラム（ソノグラム）とは，音を，音響分析装置によって周波数・振幅分布・時間の三次元で表示した記録図のことであり，タブラチュア譜とは，楽器固有の奏法を文字や数字で表示した楽譜のことであり，現在では，ギターの楽譜として多く用いられている。

　■図表3－6－1にあるように，次のすべての事項が記載された五線譜にて記載されている場合には，音商標と認められる。

① 音符又は休符
② 音部記号（ト音記号等）
③ テンポ（メトロノーム記号や速度標語）
④ 拍子記号（4分の4拍子等）
⑤ 言語的要素（歌詞等が含まれる場合）

　必要がある場合には，五線譜に加えて一線譜を用いて記載することができる。

　■図表3－6－2にあるように，次の事項が文字により記載されている場

■図表3－6－1　五線譜による記載例

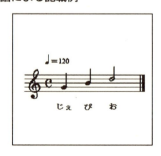

■図表 3 − 6 − 2　文字による記載例

> 本商標は、「パンパン」と 2 回手をたたく音が聞こえた後に、「ニャオ」という猫の鳴き声が聞こえる構成となっており、全体で 3 秒間の長さである。

合には，音商標と認められる。文字は外国語でもよい（新商標施規 2 条，様式第 2 備考 7 ソ）。
  ① 音の種類（擬音語，擬態語，それらの組合せ等）
  ② その他商標を特定するために必要な要素
  音の長さ（時間），音の回数，音の順番，音の変化を記載する。
  音の変化とは，音量の変化，音声の強弱，音のテンポの変化等のことをいう。

(2) **新商標法 5 条 5 項，新商標法施行規則 4 条の 5，同 4 条の 8**

　新商標法 5 条 5 項を受けて，音商標の願書への記載は，「文字若しくは五線譜又はこれらの組み合わせを用いて商標登録を受けようとする音を特定するために必要な事項を記載することによりしなければならない。ただし，必要がある場合には，五線譜に加えて一線譜を用いて記載することができる。」と規定されている（新商標施規 4 条の 5）。

　また，1 の光ディスクを物件として提出する必要がある（新商標施規 4 条の 8 第 2 項 4 号・3 項）。光ディスクは，MP3 形式で記録した CD-R 又は DVD-R（5 メガバイト以下）であり，オンライン手続をした日から 3 日以内に手続補足書により提出する必要がある。

　願書に記載した商標に演奏楽器としてピアノが記載され，物件がピアノにより演奏されたと認識される音声ファイルである場合，願書に記載した商標に演奏楽器について記載されておらず，物件がピアノにより演奏されたと認識される音声ファイルである場合には，登録が認められる。

　一方，願書に記載した商標に演奏楽器としてピアノが記載され，物件がギターにより演奏されたと認識される音声ファイルである場合，願書に記載

した商標に演奏楽器について記載されておらず，物件がギターにより演奏されたと認識される音声ファイルであり，かつ，商標の詳細な説明にはバイオリンで演奏されたものである旨の記載がある場合は，商標法5条5項違反となり，登録することができない。

　願書に記載した商標が，「本商標は，『パンパン』と2回手をたたく音が聞こえた後に，『ニャオ』という猫の鳴き声が聞こえる構成となっており，全体で3秒間の長さである。」という文章であり，物件が「パンパン，ニャオ」と聞こえ，全体で3秒間の音声ファイルである場合には，登録が認められる。

　一方，願書に記載した商標が，上記と同一の文章であり，物件が「パンパン」と聞こえ，全体で2秒間の音声ファイルである場合には，商標法5条5項違反となり，登録することができない。

4　音商標の登録要件

(1) 識別性

　音商標を構成する音の要素（音楽的要素，自然音等）及び言語的要素（歌詞等）を総合して，商標全体として観察する。

　言語的要素が商標法3条1項各号に該当しない場合には，音商標は登録可能。

　音の要素が商標法3条1項各号に該当しない場合には，音商標は登録可能。

　普通名称を読み上げたにすぎない音商標，慣用商標，ありふれた氏を読みあげたに過ぎない音商標は，それぞれ商標法3条1項1号，2号，4号に該当して登録することができない。

　次にあるような，商品又は役務の特徴等に該当する音商標は商標法3条1項3号に該当し，登録することができない。

　① 商品が通常発する音
　　（i）商品から自然発生する音
　　　（例）商品「炭酸飲料」について，「『シュワシュワ』という泡のはじける音」
　　（ii）商品の機能を確保するために通常使用される又は不可欠な音

（例）商品「目覚まし時計」について，「『ピピピ』というアラーム音」
　　　　　例えば，商品「目覚まし時計」について，目を覚ますという機能を確保するために電子的に付加されたアラーム音は，『ピピピ』という極めてありふれたものであっても，メロディーが流れるようなものであっても，アラーム音として通常使用されるものである限り，これに該当するものとする。
　② 役務の提供にあたり通常発する音
　　(i) 役務の性質上，自然発生する音
　　　（例）役務「焼肉の提供」について，「『ジュー』という肉が焼ける音」
　　(ii) 役務の提供にあたり通常使用される又は不可欠な音
　　　（例）役務「ボクシングの興行の開催」について，「『カーン』というゴングを鳴らす音」
単音やこれに準ずる極めて短い音は，商標法3条1項5号に該当し，登録することができない。
　次に該当する音は，商標法3条1項6号に該当し，登録することができない。
・　自然音を認識させる音（例：風の吹く音）
・　需要者がクラッシック音楽，歌謡曲，オリジナル曲等の楽曲としてのみ認識する音
　（例）CM等のBGMに流れる楽曲
・　商品の機能確保に不可欠な音ではないが，商品の機能又は魅力を向上させる音
　（例）子供靴について，歩くたびに鳴る「ピヨピヨ」という音
・　広告等において効果音として使用される音
　（例）焼き肉のたれの広告におけるビールをそそぐ「コポコポ」という効果音
・　役務の提供の用に供する物が発する音
　（例）「車両の発するエンジン音」（役務：車両による輸送）

「コーヒー豆を挽く音」（役務：コーヒーの提供）

しかしながら，識別力のない音も長年の使用により，識別力を獲得した場合には，商標法3条2項により登録することができる。その際に，使用してきた音と出願した音商標との同一性を立証する必要がある。

使用してきた音の一部を切り出して出願した場合には，メロディーが同一であることを条件に，同一性が認められる。

一方，メロディーが同一でも，リズム又はテンポが異なることにより需要者が受ける印象が異なる場合には，同一性は認められない。

(2) **類 似 性**

出願した音商標Aが，先に出願され登録された他人の音の登録商標Bと類似する場合には，登録できない（商標4条1項11号）。ただし，Aの指定商品又は指定役務が，Bの指定商品又は指定役務と類似しない場合には，全体として類似しない（非類似）ので登録できる。

音商標の類否判断について，特別の規定を設けていないので，最高裁判決（最判昭43・2・27民集22巻2号399頁〔氷山印事件〕）の判断手法，すなわち，商標の外観，観念，称呼等によって需要者等に与える印象，記憶，連想等を総合して全体的に考察し，取引の実情に基づき（恒常的なもの），対比される両商標が，同一又は類似する商品・役務に使用された場合に，商品の出所の誤認混同が生ずるおそれがあるか否かにより基本的には判断されることになる。

音商標の類否の判断は，音商標を構成する音の要素（音楽的要素であるメロディー，ハーモニー，リズム又はテンポ，音色等，自然音等）及び言語的要素（歌詞等）を総合して，商標全体として考察される。

音楽的要素を要部として抽出し，音商標の類否を判断するにあたっては，少なくともメロディーが同一又は類似であることを必要とする。

音楽的要素が著名なものであり自他商品役務の識別機能が非常に強く，それに比して言語的要素の自他商品役務の識別機能が相当程度低いと考えられる場合には，音楽的要素のみが要部として抽出される場合がある。

音商標「JPO」（音楽的要素の識別機能が弱い）と文字商標「JPO」は類似する。

(3) **公序良俗違反**

音商標が国歌を想起させる場合，音商標が我が国でよく知られている緊急

用のサイレン音を認識させる場合には，商標法4条1項7号違反（公序良俗違反）により拒絶される。

(4) **機 能 性**

機能性については，**本章第2節4(3)**参照。

同じような規定を設ける国として，例えば，米国，韓国及び台湾がある。これらの国では，使用により識別力を獲得したとしても，機能的音に該当する場合には，登録することができない。

米国商標法2条(e)(5)は，「商標は主登録簿に登録することができる；出願人の商品を他人の商品から識別することを可能にする商標は，その性質を理由として，主登録簿に登録することを拒絶されることはない。ただし，その商標が次に該当するときはこの限りでない。(a)～(d)（略）(e)次の標章から成ること。(1)～(4)（略）又は(5)全体として機能的である事項を含むもの(f)（略）」と規定する。

米国商標法2条(e)(5)は，1998年10月30日施行の改正米国商標法により導入されたが，それ以前から判例法で機能的な商標は保護されないことになっていた。

米国のHarley-Davidson社が米国特許商標庁へ，12類「motorcycles」について出願（出願番号第74485223号）した音商標，すなわち，オートバイのV-twinエンジンの音「The exhaust sound of applicant's motorcycles, produced by V-twin, common crankpin motorcycle engines when the goods are in use」が，機能的音に該当するか否かが争われたが，結論のでないまま出願取下げとなっている[*6]。

米国のVertex社が主登録簿に，出願した出願番号第76601697号の音の商標「The particular sound generated by the bracelets consists of a descending frequency sound pulse（省略）」（9類：子供のブレスレットの形状をした個人用セキュリティー用アラーム）が，大きな鼓動の音を発する出願人の製品の性能は，その製品の使用や目的に不可欠であるから，機能的であるとして拒絶の審決が下されている[*7]。

韓国商標7条①13は，「商標登録を受けようとする商品又はその商品の包装の機能を確保するのに不可欠な（サービスの場合には，その利用と目的に不可欠

な場合をいう）立体的形状，色彩，色彩の組合せ，音，又は匂いだけで構成された商標」は登録できない旨規定する[*8]。

台湾商標法30条1項1号は，「商品又は役務の機能を発揮するためにのみ必要なもの。」は登録できないと規定する。

機能的音を排除する特別規定を設けず，識別性がないとして拒絶する国としては，オーストラリア，欧州共同体商標意匠庁，英国がある。

なお，オーストラリアでは，実務においては，救急車やパトカーのサイレン音は機能的な音とされ，識別力がないとの理由で登録は認められていない[*9]。

(5) 著作権・著作隣接権との関係

音商標が，著作権の有効な他人の音楽の著作物と同一又は類似する場合に，音商標を登録するか否かが問題となる。

過去の裁判例（東京高判平13・5・30判時1797号150頁〔キューピー人形事件〕）で，商標と他人の著作権との抵触関係は，商標法4条1項7号に該当しないと判断されている。

よって，出願された音商標が他人の音楽の著作物と同一又は類似する場合（抵触する場合）でも，識別性等他の登録要件を満たせば，当該音商標は登録されることになる。ただし，商標権の効力のところで制限され，登録された音商標は他人の著作権若しくは著作隣接権と抵触するという理由で，他人から利用許諾を受けないと使用できないことになる（新商標29条）。

音商標の導入を契機に，商標権と著作権との抵触関係の規定（新商標29条）に，「著作隣接権」が新たに挿入された[*10]。

〔新商標法29条〕
　商標権者，専用使用権者又は通常使用権者は，指定商品又は指定役務についての登録商標の使用がその使用の態様によりその商標登録出願の日前の出願に係る他人の特許権，実用新案権若しくは意匠権又はその商標登録出願の日前に生じた他人の著作権若しくは著作隣接権と抵触するときは，指定商品又は指定役務のうち抵触する部分についてその態様により登録商標の使用をすることができない。

5 商標権侵害

(1) 商標権侵害

音商標Aが登録された場合，当該音商標Aと同一又は類似の音商標Bを，音商標Aの指定商品又は指定役務と類似する商品又は役務に，第三者が無断で使用した場合には，商標権侵害となり（商標25条・37条），差止請求，損害賠償請求，謝罪広告，刑事罰の対象となる（商標36条・38条・39条・78条，民709条）。

ただし，他人が登録された音商標を「商標として（商品または役務の出所を表示する態様で）」[*11]使用していない場合には，商標の出所表示機能が害されないので商標権侵害にならない（「商標的使用論」）。例えば，後述するNokia社の米国における音の登録商標は，フランシスコ・タレガの作曲した「大ワルツ」からなる音商標であるが，他人が，喫茶店で「大ワルツ」の音楽を流したとしても，特定の商品又は役務の出所を表示しているわけではないので，Nokia社の商標権を侵害していることにならない。

登録された音商標が音声（例：♪HISAMITSU♪）を含む場合には，文字商標「HISAMITSU」の第三者の使用が商標権侵害になる。

逆に，例えば，登録された文字商標「HISAMITSU」の第三者による音声的使用（例：♪HISAMITSU♪）も商標権侵害になる可能性がある。

登録された文字商標の音声的使用を，文字商標の専用権の範囲とするか，又は，禁止権の範囲とするかは，立法の問題であるが（オーストラリア商標法7条(2)は専用権の範囲），日本は，専用権の範囲とはしなかった。その意味で，登録された文字商標の使用が音声的使用に限られている場合には，不使用取消審判には対抗できない可能性がある。

音商標は，商品の購入後に消費者が聴く場合が多いことを捉えて（パソコンの起動音や携帯電話の着信音等），商標権侵害の態様に「購入後の混同」[*12]を含めないと商標権侵害が成立しないとの見解がある[*13]。音商標が広告で使用されない場合には，「購入後の混同」理論に依拠する必要性がでてくるであろう。

テレビコマーシャルで，「♪紳士服のコナカ♪」と「♪紳士服のフタタ

♪」を聴いたことがある。音声が異なっていたが，旋律が同じであったため，関係のある会社であると混同した（実際に関連会社である）。このような場合商標権侵害を認容するか否かが問題となる。旋律の共通性が音声の相違点を凌駕していれば，類似し，商標権侵害を構成することになると解する。

(2) 商標権の効力の制限

登録された音商標が，他人の著作権・著作隣接権と抵触する場合には，登録された音商標を使用することができない（新商標29条）。使用したい場合には，著作権者から利用許諾を受ける必要がある。

著作権が存続期間満了により消滅している場合（パブリックドメイン）には，著作権の抵触はないので，登録された音商標を使用することができる。

新商標の導入を契機に，裁判例で認められてきた上述の「商標的使用論」が新商標法26条1項に，以下のとおり規定され，被告の抗弁事由となった。

〔新商標法26条1項〕
　商標権の効力は，次に掲げる商標（他の商標の一部となつているものを含む。）には，及ばない。
1号〜5号（略）
6号　前各号に掲げるもののほか，需要者が何人かの業務に係る商品又は役務であることを認識することができる態様により使用されていない商標

6　外国における音商標の登録例

(1) 米　　国

米国では，楽譜（音楽の場合）又は商標の説明（音名（musical tones）等を用いる）により，音商標を特定するが，商標の説明を補足するために，オーディオ又はビデオファイル（5MB以内のWAV，WMV，MP3，MPEG，AVIの形式）を提出する必要がある[*14]。商標の説明とオーディオファイルが一致しない場合には，商標の説明を補正する場合がある。

日本における音名と米国における音名の対応は，■図表3−6−3のとおりである。

■図表3−6−4は，Metro-Goldwyn-Mayer Lion社のライオンの吼える

声からなる音商標であり，言葉で表現している。映画の始まる前に流れる音商標である[*15]。

■図表3－6－5は，久光製薬の「HISAMITSU」の文字と音からなる商標であり，音名により表現している。ラジオコマーシャルの最後に流れる音商標である。

■図表3－6－3　音名の対応表

日本	ド	レ	ミ	ファ	ソ	ラ	シ	ド
米国	C スィー	D ディー	E イー	F エフ	G ジー	A エイ	B ビー	C スィー
イタリア	Do	Re	Mi	Fa	Sol	La	Si	Do

■図表3－6－4　米国における音商標の登録例（文字による表現）

米国商標登録番号：1395550（生来的に識別力あり）
出願番号：73553567
商標：図面なし
指定商品：9類　映画フィルム
商標の説明：THE MARK COMPRISES A LION ROARING.
権利者：Metro-Goldwyn-Mayer Lion 社

■図表3－6－5　米国における音商標の登録例（音名による表現）

米国商標登録番号：2814082（生来的に識別力あり）
出願番号：78101339
商標：図面なし
指定商品：5類　医療用のジェル
商標の説明：The mark consists of the word "HISAMITSU" sung over the sound of four musical tones, E, A, E, and F sharp. The first three notes being eight notes and the final note being a tied eight and half note.
権利者：久光製薬
※下記の楽譜も米国特許商標庁へ提出されている。

■図表3―6―6は，McDonald社による音商標で，音名により表現している。テレビコマーシャルの最後に流れる音商標である。

■図表3―6―7は，Nokia社による音商標で，音名により表現している。携帯電話の着信音として使用されているものである。1902年にフランシスコ・タレガが作曲した「大ワルツ」の一モチーフを編曲したものである。フランシスコ・タレガは，1909年に亡くなっており，著作権も切れているので（パブリックドメイン），Nokia社は著作権の利用許諾を得ることなく，音商標として使用できる。

■**図表3―6―6　米国における音商標の登録例（音名による表現）**

米国商標登録番号：3034331（生来的に識別力あり）
出願番号：78362291
商標：図面なし
指定商品：35類　レストランサービス
商標の説明：The mark is a sound mark consisting of a five tone audio progression of the notes A B C E D.
権利者：McDonald社
※下記の楽譜とビデオテープも米国特許商標庁へ提出されている。

■**図表3―6―7　米国における音商標の登録例（音名による表現）**

米国商標登録番号：2413729（生来的に識別力あり）
出願番号：75743899
商標：図面なし
指定商品：9類　携帯電話等
商標の説明：The mark is a distinctive sound comprised of the following musical notes：e, d, f sharp, g sharp, c sharp, b, d, e, b, a, c［．］sharp, e, a.
権利者：Nokia社

上記商標は，いずれも使用による識別力獲得を立証することなく，生来的に識別性があるとして登録されている。

■**図表3－6－8**は，日本のアイホン社が9類「インターフォン」について補助登録簿（識別力が弱くとも登録できる登録簿）に登録した「ピンポン」で有名な音の商標である。楽譜ではなく，音名を利用して，商標の詳細な説明（description）により商標を特定している。

欧州では，文字又は音名（musical tones）で音商標を表現することはできない。その意味で，米国の方が，音商標についての表現の幅がある。

米国は使用主義であり，使用意思に基づく出願の場合でも，登録査定時に使用証拠を提出しないと登録することができない（最大，6か月×5まで延期が可能）。商品の場合には，商品が音を発するか，商品の購入時・輸送時にその商品の売り場において音が流されている必要がある。役務の場合には，TVやラジオ等の広告において音が流れていればよい[*16]。

音商標の類否判断の審査は，インターネットの一般サイトで検索した類似する音を実際に再生し，審査官が聴覚的に聞き比べて行う。音商標の審査のために2名の審査官を配置している[*17]。

(2) 欧　　州

欧州では，以下に述べるShield Mark事件（Case C-283/01, Shield Mark BV v Kist（t/a Memmex））欧州司法裁判所判決（2003年11月27日）[*18]を受けて，音商標は，原則，楽譜により写実的に表現する必要がある。ただし，非音楽的商

■**図表3－6－8　米国における音商標の登録例（音名による表現）**

米国商標登録番号（補助登録簿）：3912599（生来的に識別力なし）
出願番号：85063162
商標：図面なし
指定商品：9類 Intercoms
商標の説明：The mark consists of a sound. The mark consists of an electronic chime playing an E5 quarter note, followed by a C5 half note, and E5 quarter note, and a C5 half note. The sound is similar to a simple doorbell chime that is repeated.（本商標は音からなる。四分音符のF5，八分音符のC5，四分音符のF5，八分音符のC5の電子チャイム音からなる。普通のドアベルが繰り返し鳴る音に似ている。）
権利者：A：phone Co., Ltd.

標の場合には，ソノグラム又はオシログラムと MP3 の電子ファイル（2MB 以内）の提出による表現が認められている。言葉のみによる表現は米国と異なり認められない[*19]。

Shield Mark 事件では，原告の「雄鶏の鳴き声と『エリーゼのために』の初めの9音」からなる音の登録商標の有効性が問題となり，欧州司法裁判所は，音商標が視覚的表現という要件を満たすためには，①伝統的記譜法（楽譜）に音部記号，音符，休符，必要があれば臨時記号を加えたものが必要であり，②擬音や音部記号などの言語による説明では不十分であり，原告の音商標は②に該当すると判示している。

以下，欧州共同体商標意匠庁（OHIM）で登録された音商標について紹介する。

■図表3－6－9は，Metro-Goldwyn-Mayer Lion 社のライオンの吼える声からなる音商標であり，ソノグラム及び商標の説明により表現されている。

■図表3－6－9　欧州における音商標の登録例（ソノグラムによる表現）

欧州共同体登録第5170113号（生来的に識別力あり）
商標：

指定商品：9類 記録ディスク等
商標の説明：The sound mark is a sound of a lion roar having a duration of approximately 2.5 seconds. It is composed of two successive roars (0 to around 1.4s and 1.4 to 2.6), the second one having a slightly lower amplitude. The sound is non-harmonic, has fast (>15Hz) non-periodic amplitude envelope modulation (perception of sound roughness) and has dominant frequency content in the low and low-medium range (approximate −6dB range: 40 to 400 Hz for both roars with a peak at 170 Hz for the first one and a peak at 130 Hz for the second one). The perceived dominant frequency range (related to the spectral controid) of the first roar increases until around 0.35s and decreases afterwards. In the second roar, it increases until around 1.7s, decreases until around 2.2s, increases again until around 2.3s and decreases afterwards.
権利者：Metro-Goldwyn-Mayer Lion 社

ソノグラムの場合には，MP3ファイルを一緒に提出する必要がある。
　■図表3−6−10は，久光製薬の「HISAMITSU」音商標であり，楽譜で表現されている。
　■図表3−6−11は，日産自動車の音商標であり，楽譜で表現されている。
　■図表3−6−12は，ソニーの音商標であり，オシログラムで表現されている。
　■図表3−6−13は，オリンパスの音商標であり，楽譜で表現されている。
　上記商標は，いずれも使用による識別力獲得を立証することなく，生来的に識別力があるとして登録されている。

■図表3−6−10　欧州における音商標の登録例（楽譜による表現）
欧州共同体登録第2529618号（生来的に識別力あり）
商標：

指定商品：5類　薬剤
商標の説明：The mark is a sound mark and corresponds to the words HI SA MI TSU,
　　sung to the musical notes shown in the representation.
権利者：久光製薬

■図表3−6−11　欧州における音商標の登録例（楽譜による表現）
欧州共同体登録第8622144号（生来的に識別力あり）
商標：

指定商品：12類　自動車等
商標の説明：なし
権利者：日産自動車

■図表3－6－12　欧州における音商標の登録例（オシログラムによる表現）

欧州共同体登録第8411969号（生来的に識別力あり）
商標：

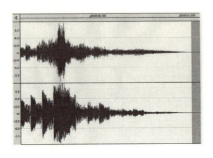

指定商品：9類　ディジタルオーディオプレイヤー等
商標の説明：なし
権利者：ソニー

■図表3－6－13　欧州における音商標の登録例（楽譜による表現）

欧州共同体登録第8655433号（生来的に識別力あり）
商標：

指定商品：9類　カメラ等
商標の説明：なし
権利者：オリンパス

7　外国における音商標の商標権侵害事例

　音商標の登録例は，米国，欧州等であるが，商標権侵害の事例は僅かしかない。

(1)　アヒルの鳴き声事件

　米国の音商標に関する侵害事件で，ペンシルベニア州のDuck Boat Tours, Inc（被告）がツアーガイドに使用するアヒルの鳴き声の音は，Ride the Ducks, L. L. C.（原告）が所有する米国登録第2484276号のアヒルの鳴き声の音商標「Quacking noise made by tour guides and tour participants by use of duck call devices throughout various portions of the tours」（39類：ツアーガイドサービス）の商標権を侵害しないと判断されている（In Ride the Ducks, L. L. C. et al v. Duck Boat Tours, Inc.et al, No. 04-CV-5595, 2005 U.S. Dist. Lexis 4422（ED. Penn March 21, 2005））。

裁判所は，登録商標は生来的に識別力がないと判断しており，被告がアヒルの鳴き声を使用しているペンシルベニア州で，原告が使用により識別力を獲得したことを立証できなかったことが商標権侵害を否定する理由となっている。原告は被告より10か月前にアヒルの鳴き声を使用したにすぎなかった。

(2) AFLAC事件

2つ目の米国における音商標に関する侵害事件では，American Family Life Ins. Co.（原告）が所有する米国登録第2484276号の音の商標「The mark consists of the sound of a duck quacking the word "AFLAC".」（36類：保険等）に基づき，オハイオ州知事候補であるTimothy Hagan（被告）が，インターネット上の選挙のキャンペーンコマーシャルにおいて，相手方の現職知事Robert Taftをアヒルに見立てて，「Taftquack」と泣かせる行為が商標権侵害を構成すると訴えた。しかしながら，裁判所は，混同が生じないとして商標権侵害を否定している（American Family Life Ins. Co. v. Timothy Hagan, et al., 266 F. Supp. 2d 682 (N. D. Ohio 2002), October 25, 2002）。

【注】

（＊1） http://www.cipo.ic.gc.ca/eic/site/cipointernet-internetopic.nsf/eng/wr03433.html でカナダ知的財産庁に出願された音の商標を聴くことができる。

（＊2） 産業構造審議会知的財産政策部会第26回商標制度小委員会（2012年4月27日）資料1「新しいタイプの商標に関する海外主要国のおける実態について」参照。

（＊3） 新しいタイプの商標の解説については，鈴木將文「新しい形態の商標の保護」日本工業所有権法学会年報31号（2008年）49頁，小塚荘一郎「新しいタイプの商標と商標法の新しい理論」知財研フォーラム75号（2008年）32頁，渋谷達紀『知的財産法講義(3)〔第2版〕』（有斐閣，2008年）323頁，328頁，329頁，拙稿「色彩商標の保護——日米欧の比較法的考察と商標法改正の動向」CIPICジャーナル187号（2008年）48頁乃至50頁，拙稿「色彩，動き，音等の『新しいタイプの商標』の保護——

米国及び欧州における保護の現状と産業構造審議会 WG での議論を中心に」パテ62巻5号（2009年）55頁，鈴木將文「新しいタイプの商標の保護」L&T43号（2009年）32頁乃至39頁，江幡奈歩「商標制度をめぐる最近の動きと今後の課題」特研51号（2011年）22頁，内藤順子「新しいタイプの商標を巡る動向」Japio Year Book（2012年）96頁乃至99頁，拙稿「音の商標の権利形成と商標権侵害」CIPIC ジャーナル209号（2012年）19頁乃至30頁参照。

(＊4) ただし，田村善之『商標法概説〔第2版〕』（弘文堂，2000年）144頁は，登録商標（文字商標）の音声的使用は，改正前商標法でも商標権侵害を構成するとする。満田重昭「商標の使用とその保護の範囲の関係について述べよ」紋谷暢男編『商標法50講』（有斐閣，1975年）162頁，162頁，小野昌延＝三山峻司『新・商標法概説』（青林書院，2009年）305頁も同旨。

(＊5) 音商標をめぐる著作権の紛争例として，2秒半の♪住友生命♪のサウンドロゴに著作物性があるか否かが問題となったケースがあるが，2006年12月15日に和解が成立している。江幡奈歩「サウンドロゴから新商標へ」『知財立国の発展へ——竹田稔先生傘寿記念』（発明推進協会，2013年）849頁参照。

(＊6) *Kawasaki Motors Corp. v. H-D Michigan, Inc.*, 43 U. S. P. Q. 2d 1521（T. T. A. B. 1997）; *Honda Giken Kogyo Kabushiki Kaisha v. H-D Michigan Inc.*, 43 U. S. P. Q. 2d 1526（T. T. A. B. 1997）

(＊7) *In re* Vertex Group LLC, 89 U. S. P. Q. 2d 1694（T. T. A. B. 2009），2009年12月13日審決，http://ttabvue.uspto.gov/ttabvue/ttabvue-76601697-EXA-10.pdf より入手可能。

(＊8) 本規定を受けた韓国商標審査基準においては，音・におい等が機能的か否かを判断するために，次の事項が考慮される。①商品の特性から発生する特定の音又はにおいであるか（ビール瓶の栓を抜く音，タイヤのゴムのにおい等），②商品の仕様に必ず必要である，又はその商品に一般的に使用される音又はにおいであるか（オートバイのエンジン音，香水の香り，飲食物のにおい等），③商品の販売増加と密接な原因となる音又はにおいであるか（チャイムベルの音，芳香剤等に使用されるにおい等）（韓国商標審査基準27条）。

(＊9) オーストラリア審査マニュアル Part21 6.2.1 Functional sounds

(＊10) 著作隣接権が設けられる前の立法論については，飯田圭「音の商標の保護と著作権，実演家の権利およびレコード制作者の権利との関係商標法改正にあたり留意すべき事項の考察」コピライト49巻582号（2009年）38頁乃至45頁参照。

(＊11) 商標権侵害を構成するためには，明文の規定はないが，被告が被告標章を「商標として」使用していることを要件とする下級審の裁判例が多数出ている。例えば，東京地判平12・2・28裁判所ホームページ〔ニンニク事件〕は，「被告標章の被告商品等の出所表示機能を有する態様での使用行為，すなわち，商標としての使用行為であると解することは到底できない。」と，東京地判平22・11・25判時2111号122

頁〔塾なのに家庭教師事件〕は，「役務の出所表示機能・出所識別機能を果たす態様で用いられているものと認めることはできないから，（中略）本来の商標としての使用（商標的使用）に当たらないというべきである。」として，商標権侵害を否定している。「商標として」の使用の要件がいつから考慮されたかは，不明であるが，土肥一史教授は，ドイツ1874年商標保護法の影響があったのではないかと述べている（土肥一史「商標的使用と商標権の効力」『日本弁理士会中央知的財産研究所研究報告第25号「商標の使用について」』パテ62巻2009年別冊1号（2009年）216頁）。また，ドイツ1936年商標法が商標としての使用について明文で規定していたことを紹介している（土肥一史「著名商標の保護」L&T43号（2009年）67頁）。

(＊12) 通常，商標権侵害事件において，混同が生じるか否かを判断するのは，「販売時の混同（point of sale confusion）」，すなわち，商品を購入する時点での混同であるが，「購入後の混同（post purchase confusion）」は，商品を購入する時点ではなく，購入された商品を見た第三者が混同する場合をいう。ダウンストリーム・コンフュージョン（downstream confusion）とも呼ばれ，米国で商標権侵害を判断する際にとられている考え方である。日本でも，ELLEGARDEN事件において東京地裁（東京地判平19・5・16（平成18年(ワ)第4029号）裁判所ホームページ〔ELLEGARDEN 1審事件〕）が採用したが，控訴審（知財高判平20・3・19判タ1629号288頁〔ELLEGARDEN 2審事件〕）で否定されている。「購入後の混同」の詳細については，田村善之「インクの詰め替えと商標権侵害の成否——リソグラフ事件」知的財産法政策学研究4号（2004年）175頁，井上由里子「購買後の混同（post-purchase confusion）と不正競争防止法上の混同概念」『知的財産法の理論と現代的課題——中山信弘先生還暦記念論文集』（弘文堂，2005年）417頁，龍村全「不正競争防止法における『混同』概念の客観化——わが国におけるポスト・セール・コンフュージョンについての解釈論的対応」『知財年報2006』（商事法務，2006年）297頁，田村善之＝小嶋崇弘「商標上の混同概念の時的拡張とその限界」『『ブランド』と法』（商事法務，2010年）241頁乃至246頁，小嶋崇弘『特許庁委託平成22年度産業財産権研究推進事業（平成22〜24年度）報告書 米国商標法における混同概念の拡張について』（知的財産研究所，2012年）25頁〜56頁を参照。

(＊13) 峯唯夫「音の商標を商標法で保護する必要があるのか」パテ64巻5号別冊5号（2011年）51頁。

(＊14) 37 C.F.R.§2.52(e)；37 C.F.R.§2.61(b)；Trademark Manual of Examining Procedure（TMEP）7th Ed., 米国特許商標庁，807.09

(＊15) 米国商標意匠庁（USPTO）のウェブサイト「Trademark "Sound Mark" Examples」（http://www.uspto.gov/trademarks/soundmarks/）で，出願番号をクリックすることにより音を聞くことができる。

(＊16) 一般社団法人日本国際知的財産保護協会『平成25年度 諸外国における「新しい商標」の商標審査実務と審査体制に関する調査研究』（平成26年2月28日）6頁参照。

(＊17) 前掲（＊16）7頁，8頁参照。
(＊18) 産業構造審議会知的財産政策部会第26回商標制度小委員会（2012年4月27日）参考資料1「新しいタイプの商標に関する海外登録例・主要判決例」参照。
(＊19) Commission Regulation (EC) No 2868/95, Rule 3; The Manual Concerning Proceedings Before the Office for Harmonization in the Internal Market (Trade Marks and Designs), Part B Examination 7.6.1

第7節 香りの商標

1 はじめに

香りの商標（Olfactory marks）は，臭覚で認識される商標である。

香りの商標は，商標の定義に含まれていない。香りの商標を保護するためには，政令により追加する必要がある（新商標2条1項）。

TPP交渉の結果，香りの商標を保護することになった場合には，政令で，定義に追加されることになる。米国とFTA協定を締結している国は，香りの商標を保護する義務を負う[*1]。

〔新商標法2条1項〕
　この法律で「商標」とは，人の知覚によつて認識することができるもののうち，文字，図形，記号，立体的形状若しくは色彩又はこれらの結合，音その他政令で定めるもの（以下「標章」という。）であつて，次に掲げるものをいう。
　1号～2号（略）

2 香りの商標の使用の定義

香りの商標を保護対象とする場合には，香りの商標の使用の定義も政令で定められることになる（新商標2条3項10号）。

〔新商標法2条3項10号〕
　　前各号に掲げるもののほか，政令で定める行為

3 香りの商標の特定方法

香りの商標を保護対象とする場合には，その特定方法が政令で定められる

ことになる（新商標5条2項5号・5条4項・5条5項）。

政令で定める場合には，願書に香りの商標である旨（タイプ）を記載し，商標見本（商標記載欄）に香りを言葉で表現することになる。

4　香りの商標の登録要件

(1)　識別性

香りの商標が保護対象となった場合，香りの商標が，商品の特徴，役務の特徴を普通に用いられる方法で表示するにすぎない場合には，新商標法3条1項3号により登録することができない。

〔新商標法3条1項3号〕
　　　その商品の産地，販売地，品質，原材料，効能，用途，形状（包装の形状を含む。第26条第1項第2号及び第3号において同じ。），生産若しくは使用の方法若しくは時期その他の特徴，数量若しくは価格又はその役務の提供の場所，質，提供の用に供する物，効能，用途，態様，提供の方法若しくは時期その他の特徴，数量若しくは価格を普通に用いられる方法で表示する標章のみからなる商標

第28回商標制度小委員会（2012年6月18日）検討資料（資料2－3）では，以下のような基準が提示された。
「(a)　商品又は役務から自然発生的（必然的）に生ずる香り・におい
　（例）商標『檜のにおい』，指定商品『檜製の風呂桶』
　　　　商標『ゴムのにおい』，指定商品『自動車のタイヤ』
ある商品等から自然に生ずる香り・においは，通常，当該商品等から自然発生的に生ずるものであって，かつ，ありふれたものでもある。そのため，このような香り・においのみによって，需要者が商品等の出所を認識するということは難しいことから，このような商標は通常識別力を有しないと考えられるのではないか。
加えて，これらは，多くの事業者が当該商品等において，その使用が避けられないことからすれば，たとえ使用による識別力を有するに至ったとして

も，これらが商標権として保護された場合には，当該商品等自体を独占させることにつながりかねず，自由競争を不当に制限するおそれがあることから，その登録を排除することが適切ではないか。

　(b)　商品又は役務の必須要素からなる香り・におい
　　(例)　商標『麝香のにおい』，指定商品『香水』
　　　　　商標『フローラルのにおい』，指定商品『芳香剤』

　香水にとっての香り・においが商品そのものであるように，このような商品等の需要者は，商品等の必須要素である香り・においを，商品等そのもの又は商品の品質等として認識することから，通常，商品等の出所を表したものとして認識されないと考えられる。そうすると，このような商標は，通常識別力を有しないと考えられるのではないか。

　加えて，香り・においが商品等の必須要素であるものに，香り・においを商標として保護することは，商品等自体の独占につながるおそれもある。したがって，このような商標については，たとえ使用による識別力を有するに至ったとしても，自由競争を不当に制限するおそれがあるものとして，その登録を排除することが適切ではないか。

　(c)　商品又は役務の必須要素ではないが，その市場において香り・においが通常付加されるもの
　　(例)　商標『ラベンダーのにおい』，指定商品『柔軟剤』
　　　　　商標『ミントのにおい』，指定商品『シャンプー』

　商品等に香り・においを人為的に付加するのは，多くの場合に，商品等の機能又は魅力の向上に資することを目的として採用されるものであるといえる。そして，その商品等の需要者においても，商品等の機能又は魅力の向上に資するものとして認識されることから，通常，商品等の出所を表したものとして認識されないと考えられる。さらに，当該商品等の市場において，香り・においを使用した他人の商品等が多数販売・提供されているような場合もある。

　そうすると，商品等に人為的に付加された香り・においのみによって，需要者は商品等の出所を認識するということは難しいと考えられることから，このような商標は，通常識別力を有しないと考えられるのではないか。

なお，当該商品等の市場において，多くの事業者が香り・においを使用しているような商品等であればあるほど，類似の香り・においが複数の事業者によって使用されていることが想定されるため，使用による識別力を有するに至るのは相当程度限られるのではないか。
　(d)　商品又は役務の必須要素ではなく，かつ，その市場において香り・においが通常付加されないもの
　（例）商標『ビールのにおい』，指定商品『ダーツの矢』
　　　　商標『チェリーのにおい』，指定商品『エンジンオイル』
　商品等に香り・においを人為的に付加するのは，多くの場合に，商品等の機能又は魅力の向上に資することを目的として採用されるものであるといえる。そして，その商品等の需要者においても，商品等の機能又は魅力の向上に資するものとして認識されることから，通常，商品等の出所を表したものとして認識されないと考えられる。
　そうすると，商品等に人為的に付加された香り・においのみによって，需要者は商品等の出所を認識するということは難しいと考えられることから，このような商標は，通常識別力を有しないと考えられるのではないか。
　ただし，使用による識別力を獲得することによって，需要者が商標としての香り・においからその商品等の出所を認識できるようになった場合には，登録されることもあり得るのではないか。」
　英国知的財産庁商標ワークマニュアルでは，もし，香りが商品又は役務の生来的な又は自然の性質ではなく，出願人により，出願人の商品を特定するために追加されたもので，公衆が商業上の出所を示すものとして認識する場合には，香りの識別力が認められると述べている。

〔英国知的財産庁商標ワークマニュアル〕
Many products have scents, the purpose of which is to make the use of the products more pleasant or attractive. These goods could include cleaning preparations, cosmetics and fabric softeners. Even less obvious goods are now manufactured with particular scents to add to the product's appeal, for example, pens, paper and erasers. Consumers

of such fragranced goods are unlikely to attribute the origin of the products to a single trader based on the fragrance. A smell may be distinctive as a trade mark if it is not an inherent or natural characteristic of the goods/services but is added by the applicant to identify their goods and is recognised by the public as indicating trade origin.

(2) 類似性

　香りの商標が保護対象となっても，香りの商標の類否判断については，特別の規定を設けないと解されるので，最高裁判決（最判昭43・2・27民集22巻2号399頁〔氷山印事件〕）の判断手法，すなわち，商標の外観，観念，称呼等によって需要者等に与える印象，記憶，連想等を総合して全体的に考察し，取引の実情に基づき（恒常的なもの），対比される両商標が，同一又は類似する商品・役務に使用された場合に，商品の出所の誤認混同が生ずるおそれがあるか否かにより基本的には判断されることになる。

　上記判断基準に加えて，香りの商標の特徴，臭覚により認識される点を踏まえて，類否判断がなされることになる。

　第28回商標制度小委員会（2012年6月18日）検討資料（資料2－4）では，以下のような基準が提示された。

　「香り・におい，触感，味等の商標は，通常は，需要者が商品又は役務の出所を認識するということは難しいと考えられるが，使用の結果，識別力を獲得した場合に登録を認めることはあり得る。

　海外主要国においては，これらの商標の登録例は極めて少なく，類否の判断基準等を具体的に定めている例もない。

　香り・におい，触感，味等の商標の類否については，我が国における商取引の実態を踏まえ，商品又は役務の出所につき誤認混同を生ずるおそれがあるか否かを原則としつつ，出願人等から提出される資料をもとに，商標の類否について個別具体的に判断していくべきではないか。」

(3) 機能性

　香りの商標の保護対象となった場合，香りの商標の構成が，技術機能的で

ある場合や，競争上優位に立つ場合には，新商標法4条1項18号が適用される可能性がある。

〔新商標法4条1項18号〕
　　　商品等（商品若しくは商品の包装又は役務をいう。第26条第1項第5号において同じ。）が当然に備える特徴のうち政令で定めるもののみからなる商標

5　商標権侵害

(1)　商標権侵害
　商標権侵害事件における香りの商標の類否判断については，上記4(2)を参照。ただし，取引の実情については，恒常的な取引の実情だけでなく，侵害時点における具体的な取引の実情（被告の使用態様等）も考慮される。

(2)　商標権の効力の制限
　香りの商標の保護対象となった場合には，被告が被告表示を商標として使用されていないことを抗弁事由として主張・立証し，それが認められた場合には，商標権侵害は否定されることになる（新商標26条1項）。

〔新商標法26条1項〕
　1号～4号（略）
　5号　商品等が当然に備える特徴のうち政令で定めるもののみからなる商標
　6号　前各号に掲げるもののほか，需要者が何人かの業務に係る商品又は役務であることを認識することができる態様により使用されていない商標

6　経過措置

　香りの商標の保護が政令で認められた場合には，政令で経過措置が設けられる可能性がある（商標77条の2）。

7　香りの商標に関する不正競争防止法事件

　調査した範囲では香りの商標に関する不正競争防止法事件は発見されなかった。

香りが不正競争防止法2条1項1号における「商品等表示」に該当するか否かについても議論のあるところであろう。ただし，商標法の保護対象になれば，自動的に不正競争防止法上の「商品等表示」に該当することになる（不競2条1項1号・2条2項）。

香りのタイプとして他人の商標を使用した事案については，不正競争防止法を適用しなかった東京高裁昭和56年2月25日判決（無体集13巻1号134頁〔シャネル No.5事件〕）と商標権侵害を認容した東京地裁平成5年3月24日判決（判時1457号137頁〔Chanel No.5事件〕）がある[*2]。

8　外国における香りの商標の登録例

(1)　米　　国

■図表3―7―1は，商品「糸」について，「プルメリアの花の香り」が香りの商標として，生来的に識別力があるとして登録になっている。米国では文字による記述により，香りの商標を登録することができる。個人の登録である。

■図表3―7―2は，商品「自動車用合成潤滑油」について登録された「チェリーの匂い」からなる香りの商標である。使用による識別力獲得

■図表3―7―1　米国登録第1639128号

商標：図面なし
指定商品：15類　糸
商標の説明：THE MARK IS A HIGH IMPACT, FRESH, FLORAL FRAGRANCE REMINISCENT OF PLUMERIA BLOSSOMS.
識別性：生来的に識別力あり
権利者：CLARKE, CELIA DBA CLARKE'S OSEWEZ（個人）
現状：消滅

■図表3―7―2　米国登録第2463044号

商標：図面なし
指定商品：4類　自動車用合成潤滑油
商標の説明：The mark consists of a cherry scent.
識別性：2条(f)
権利者：Mantel, Mike dba Manhattan Oil（個人）

(Secondary meaning) により登録されている。個人の登録である。

■図表3―7―3は，久光製薬の商品「貼り薬」についての「ミント」の香りの商標である。当初，使用意思出願に基づき主登録簿への登録を試みたが，以下の識別力がないとの拒絶理由がでたため，使用に基づく出願に変更して補助登録簿に登録している。

〔拒絶理由の内容〕
Registration is refused because the applied-for scent mark is not inherently distinctive. Such marks are registrable only on the Supplemental Register or on the Principal Register with sufficient proof of acquired distinctiveness. Trademark Act Sections 1, 2 and 45, 15 U.S.C. §§ 1051-1052, 1127; see *Qualitex Co. v. Jacobson Prods. Co.*, 514 U.S. 159, 34 USPQ2d 1161 (1995); *In re Owens-Corning Fiberglas Corp.*, 774 F.2d 1116, 1120-21, 227 USPQ 417, 419 (Fed. Cir. 1985); *cf. Wal-Mart Stores, Inc. v. Samara Bros., Inc.*, 529 U.S. 205, 211-12, 54 USPQ2d 1065, 1068 (2000). A scent of a product may be registrable if it is used in a nonfunctional manner. *See In re Clarke*, 17 USPQ2d 1238 (TTAB 1990) (Trademark Trial and Appeal Board held that a scent functioned as a mark for "sewing thread and embroidery yarn"). When a scent is not functional, it may be registered on the Principal Register under §2(f), or on the Supplemental Register if appropriate. However, the amount of evidence required to establish that a scent or fragrance functions as a mark is substantial. *Cf. In re Owens-Corning Fiberglas Corp.*, 774

■図表3―7―3　米国登録第3589348号（補助登録簿）
商標：図面なし
指定商品：5類 貼り薬
商標の説明：The mark is a scent mark having a minty scent by mixture of highly concentrated methyl salicylate (10wt%) and menthol (3wt%).
識別性：主登録簿に登録する識別性がないとして補助登録簿に登録
権利者：久光製薬

F. 2d 1116, 227 USPQ 417 (Fed. Cir. 1985). On the other hand, scents that serve a utilitarian purpose, such as the scent of perfume or an air freshener, would be functional and not registrable on the Principal Register under Trademark Act Section 2(f) or on the Supplemental Register, regardless of evidence of acquired distinctiveness. TMEP § 1202.05(b); *see Brunswick Corp. v. British Seagull Ltd.*, 35 F. 3d 1527, 1534, 32 USPQ2d 1120, 1125 (Fed. Cir. 1994). To permit proper examination of the applied-for scent mark, applicant must provide the following information and documentation: (1) An explanation as to whether the identified scent(s) serve(s) any purpose as used on the goods; (2) An explanation as to whether the identified scent(s) is/are a natural by-product of the manufacturing process for the goods; (3) Any available advertising, promotional or explanatory literature concerning the goods, particularly any material that relates specifically to the applied-for scent mark; (4) An explanation as to the use of the identified scent in applicant's industry and any other similar use of scent in applicant's industry; (5) A statement clarifying any other similar use of scent by applicant; (6) An explanation as to whether competitors produce the goods in the identified scent(s) and in scent(s) other than the identified scent(s); and (7) Examples of competitive goods in applicant's industry.

(2) 欧　州

■図表3—7—4は，商品「テニスボール」について，「刈ったばかりの芝の香り」が，使用による識別力獲得の立証をすることなく，生来的に識別力があるとして登録されている。

しかしながら，この商標の登録後に出された Sieckmann 事件 ECJ 判決（2002年12月12日／事件番号 C-273/00）[*3]が，香りの商標の特定は，特にイメージ，線又は文字によって図案表現ができ，またその表現は明確及び正確であり，自己完結し，楽に利用でき，分かりやすく，耐久性があり，さらに客観

■図表3—7—4　欧州における香りの商標の登録例

CTM登録第428870号
商標：**The smell of fresh cut grass**
指定商品：28類　テニスボール
商標の説明：The mark consists of the smell of fresh cut grass applied to the product.
識別性：生来的に識別力あり
権利者：Vennootschap onder Firma Senta Aromatic Marketing

的であることが必要であり，化学式によって，文字による記述によって，においの見本の提出によって，又はそれらの要素の組合せによっては，図案表現の要件を満たされないと判断しているため，この判決後は，香りの商標の登録は欧州では認められていない。

　■図表3—7—5は，商品「ダーツ用矢」に登録された「苦いビールの強い香り」からなる商標である。

　■図表3—7—6は，当初，住友ゴム工業が商品「乗用車用タイヤ」について登録した「バラを想起させる花の香り」の商標である。

9　外国における香りの商標の商標権侵害

　香りの商標について，米国では，原告の香水「Opium」との関係で，被告

■図表3—7—5　英国登録第2000234号

商標：図面なし
指定商品：28類　ダーツ用矢
商標の説明：The mark comprises the strong smell of bitter beer applied to flights for darts.
識別性：不明
権利者：Unicorn Products Limited

■図表3—7—6　英国登録第2001416号

商標：図面なし
指定商品：12類　乗用車用タイヤ
商標の説明：Floral fragrance/smell reminiscent of roses as applied to tyres.
識別性：不明
権利者：Goodyear Dunlop Tyres UK Limited（当初：住友ゴム工業）

の香水「Omni」のトレードドレス，スローガン，香りが，米国商標法43条(a)に該当すると判断されたケースがあるが，香りの商標単独で商標権侵害を認めたものではない (Charles of the Ritz Group, Ltd. v. Quality King Distributors, Inc., 832F. 2d 1317 (2d Cir. 1987))。

【注】

（＊1） 産業構造審議会知的財産政策部会第25回商標制度小委員会（2012年2月20日）参考資料3「最近のFTA協定等における新しいタイプの商標に関する規定」は，米国とFTA協定を結んだ国（韓国，シンガポール，オーストラリア，バーレーン，チリ，ドミニカ共和国，中央アメリカ（コスタリカ，エルサルバドル，グァテマラ，ホンジュラス，ニカラグア），ペルー，モロッコ，オマーン，パナマ）は，視認性を登録条件にすることができず，音，香りであることを唯一の理由で登録を拒絶してはならないことを紹介している。

（＊2） 拙稿「『商標として』の使用，『自己の商品等表示として』の使用は必要か？──欧州からみた，日本の商標権侵害要件及び不正競争防止法2条1項1号，2号」CIPICジャーナル200号（2011年）37頁乃至63頁参照。英国で香りのタイプの使用について商標権侵害を認容した裁判例（Court of appeal decision of May 21, 2010, L'Oreal SA v BELLURE NV [2010] EWCA CIV535）も紹介している。

（＊3） Case C-273/00, Sieckmann v. Deutsches Patent‐und Markenamt, [2002] ECR-I-11737. 詳細については，鈴木將文「新しい形態の商標の保護」日本工業所有権法学会年報31号（2008年）53頁参照。

第8節 触覚の商標

1 はじめに

触覚の商標（Touch marks）は，触覚で認識される商標である。

触覚の商標は，商標の定義に含まれていない。触覚の商標を保護するためには，政令により追加する必要がある（新商標2条1項）。

〔新商標法2条1項〕
この法律で「商標」とは，人の知覚によつて認識することができるもののうち，文字，図形，記号，立体的形状若しくは色彩又はこれらの結合，音その他政令で定めるもの（以下「標章」という。）であつて，次に掲げるものをいう。

2 触覚の商標の使用の定義

触覚の商標を保護対象とする場合には，触覚の商標の使用の定義も政令で定められることになる（新商標2条3項10号）。

3 触覚の商標の特定方法

触覚の商標を保護対象とする場合には，その特定方法が政令で定められることになる（新商標5条2項5号・5条4項・5条5項）。

政令で定める場合には，願書に触覚の商標である旨（タイプ）を記載し，商標見本（商標記載欄）に触覚を言葉で表現することになる。

4 触覚の商標の登録要件

(1) 識別性

触覚の商標が保護対象となった場合，触覚の商標が，商品の特徴，役務の

特徴を普通に用いられる方法で表示するにすぎない場合には，新商標法3条1項3号により登録することができない。

〔新商標法3条1項3号〕
　　その商品の産地，販売地，品質，原材料，効能，用途，形状（包装の形状を含む。第26条第1項第2号及び第3号において同じ。），生産若しくは使用の方法若しくは時期その他の特徴，数量若しくは価格又はその役務の提供の場所，質，提供の用に供する物，効能，用途，態様，提供の方法若しくは時期その他の特徴，数量若しくは価格を普通に用いられる方法で表示する標章のみからなる商標

(2) **類 似 性**

触覚の商標が保護対象となっても，触覚の商標の類否判断については，欧米のように特別の規定を設けないと解されるので，最高裁判決（最判昭43・2・27民集22巻2号399頁〔氷山印事件〕）の判断手法，すなわち，商標の外観，観念，称呼等によって需要者等に与える印象，記憶，連想等を総合して全体的に考察し，取引の実情に基づき（恒常的なもの），対比される両商標が，同一又は類似する商品・役務に使用された場合に，商品の出所の誤認混同が生ずるおそれがあるか否かにより基本的には判断されることになる。

上記判断基準に加えて，触覚の商標の特徴，触覚により認識される点を踏まえて，類否判断がなされることになる。

(3) **機 能 性**

触覚の商標が保護対象となった場合，触覚の商標の構成が，技術機能的である場合や，実用的機能とは別の競争上の便益（competitive advantage）がある場合のように独占に適さない場合には，新商標法4条1項18号が適用される可能性がある。

〔新商標法4条1項18号〕
　　商品等（商品若しくは商品の包装又は役務をいう。第26条第1項第5号において同じ。）が当然に備える特徴のうち政令で定めるもののみからなる商標

5　商標権侵害

(1)　商標権侵害
　商標権侵害事件における触覚の商標の類否判断については，上記4(2)を参照。ただし，取引の実情については，恒常的な取引の実情だけでなく，侵害時点における具体的な取引の実情（被告の使用態様等）も考慮される。

(2)　商標権の効力の制限
　触覚の商標の保護対象となった場合には，被告が被告表示を商標として使用されていないことを抗弁事由として主張・立証し，それが認められた場合には，商標権侵害は否定されることになる（新商標26条1項）。

〔新商標法26条1項〕
　　1号～4号（略）
　　5号　商品等が当然に備える特徴のうち政令で定めるもののみからなる商標
　　6号　前各号に掲げるもののほか，需要者が何人かの業務に係る商品又は役務であることを認識することができる態様により使用されていない商標

6　経 過 措 置

　触覚の商標の保護が政令で認められた場合には，政令で経過措置が設けられる可能性がある（新商標77条の2）。

7　触覚の商標に関する不正競争防止法事件

　調査した範囲では触覚の商標に関する不正競争防止法事件は発見されなかった。

8　外国における触覚の商標の登録例

(1)　米　　　国
　■図表3－8－1は，33類「ワイン」について，American Wholesale Wine & Spirits社により登録された「ベルベットの触覚」の触覚の商標である。ボトルの黒い部分がベルベットになっており，ワインのボトルにタッチする

■図表3－8－1　米国商標登録第3155702号

指定商品：33類　ワイン
商標の説明：The mark consists of a velvet textured covering on the surface of a bottle of wine. The dotted line in the drawing is not a feature of the mark but is intended to show the location of the mark on a typical container for the goods; the dark/lower part of the container drawing shows the mark. The stippling in the drawing is not a feature of the mark, but a representation of how one type of velvet covering may appear in visual form. The mark is a sensory, touch mark.
識別性：生来的に識別力あり
権利者：American Wholesale Wine & Spirits
現状：消滅

と，どこの会社のワインかが分かる。
　■図表3－8－2は，33類「ワイン」について，The David Family Group LLC 社が登録した触覚の商標である。ボトルの中央が皮で覆われている。
　■図表3－8－3は，3類「香水」等について，Touchdown Marketing 社により登録された立体形状（basketball）と触覚（rubberized "soft-touch" feel）からなる商標である。
　■図表3－8－4は，米国で登録された点字で「STEVIE WONDER」を表した触覚の商標で，41「エンターテイメントサービス」について，STEVIE WONDER により登録されている。
　(2)　欧　　州
　■図表3－8－5は，ドイツで登録された点字で「UNDERBERG」を表した触覚の商標で，商品「飲料」について登録されている。

456　第3章　新しい商標と商標権侵害Ⅱ

■図表3－8－2　米国商標登録第3896100号

指定商品：33類　ワイン
商標の説明：The mark consists of a leather texture wrapping around the middle surface of a bottle of wine. The mark is a sensory, touch mark.
識別性：生来的に識別力あり
権利者：The David Family Group LLC

■図表3－8－3　米国登録第334836号

指定商品：3類　香水
商標の説明：The color(s) orange and black is/are claimed as a feature of the mark. The mark consists of a spherical personal fragrance dispenser that resembles a basketball, which: 1) contains lined marking that run throughout; 2) contains a flattened bottom for balancing purposes; 3) contains a "pebble-grain" texture; and 4) contains a rubberized "soft-touch" feel. The color orange appears as the base-color of the proposed mark. The color black appears in the lined marking that runs across the proposed mark.
識別性：生来的に識別力あり
権利者：Touchdown Marketing

■図表3－8－4　米国商標登録第3495230号

商標の説明：Color is not claimed as a feature of the mark. The mark consists of the wording STEVIE WONDER in Braille code and the corresponding raised dots.

■図表3－8－5　ドイツ登録第30259811号

第9節 味の商標

1 はじめに

味の商標（Taste marks／Gustatory sign）は，味覚で認識される商標である。

味の商標は，商標の定義に含まれていない。味の商標を保護するためには，政令により追加する必要がある（新商標2条1項）。

〔新商標法2条1項〕
　この法律で「商標」とは，人の知覚によつて認識することができるもののうち，文字，図形，記号，立体的形状若しくは色彩又はこれらの結合，音その他政令で定めるもの（以下「標章」という。）であつて，次に掲げるものをいう。
　1号・2号（略）

2 味の商標の使用の定義

味の商標を保護対象とする場合には，味の商標の使用の定義も政令で定められることになる（新商標2条3項10号）。

3 味の商標の特定方法

味の商標を保護対象とする場合には，その特定方法が政令で定められることになる（新商標5条2項5号・5条4項・5条5項）。

政令で定める場合には，願書に味の商標である旨（タイプ）を記載し，商標見本（商標記載欄）に味を言葉で表現することになる。

4 味の商標の登録要件

(1) 識別性

　味の商標が保護対象となった場合，味の商標が，商品の特徴，役務の特徴を普通に用いられる方法で表示するにすぎない場合には，新商標法3条1項3号により登録することができない。

〔新商標法3条1項3号〕
　　その商品の産地，販売地，品質，原材料，効能，用途，形状（包装の形状を含む。第26条第1項第2号及び第3号において同じ。），生産若しくは使用の方法若しくは時期その他の特徴，数量若しくは価格又はその役務の提供の場所，質，提供の用に供する物，効能，用途，態様，提供の方法若しくは時期その他の特徴，数量若しくは価格を普通に用いられる方法で表示する標章のみからなる商標

(2) 類似性

　味の商標が保護対象となっても，味の商標の類否判断については，欧米のように特別の規定を設けないと解されるので，最高裁判決（最判昭43・2・27民集22巻2号399頁〔氷山印事件〕）の判断手法，すなわち，商標の外観，観念，称呼等によって需要者等に与える印象，記憶，連想等を総合して全体的に考察し，取引の実情に基づき（恒常的なもの），対比される両商標が，同一又は類似する商品・役務に使用された場合に，商品の出所の誤認混同が生ずるおそれがあるか否かにより基本的には判断されることになる。
　上記判断基準に加えて，味の商標の特徴，味覚により認識される点を踏まえて，類否判断がなされることになる。

(3) 機能性

　味の商標が保護対象となった場合，味の商標の構成が，技術機能的である場合や，実用的機能とは別の競争上の便益（competitive advantage）がある場合のように独占に適さない場合には，新商標法4条1項18号が適用される可能性がある。

〔新商標法4条1項18号〕
　商品等（商品若しくは商品の包装又は役務をいう。第26条第1項第5号において同じ。）が当然に備える特徴のうち政令で定めるもののみからなる商標

5　商標権侵害

(1)　商標権侵害

　商標権侵害事件における味の商標の類否判断については，上記4(2)を参照。ただし，取引の実情については，恒常的な取引の実情だけでなく，侵害時点における具体的な取引の実情（被告の使用態様等）も考慮される。

(2)　商標権の効力の制限

　味の商標の保護対象となった場合には，被告が被告表示を商標として使用されていないことを抗弁事由として主張・立証し，それが認められた場合には，商標権侵害は否定されることになる（新商標26条1項）。

〔新商標法26条1項〕
　1号～4号（略）
　5号　商品等が当然に備える特徴のうち政令で定めるもののみからなる商標
　6号　前各号に掲げるもののほか，需要者が何人かの業務に係る商品又は役務であることを認識することができる態様により使用されていない商標

6　経　過　措　置

　味の商標の保護が政令で認められた場合には，政令で経過措置が設けられる可能性がある（商標77条の2）。

7　味の商標に関する不正競争防止法事件

　調査した範囲では味の商標に関する不正競争防止法事件は発見されなかった。

8　外国における味の商標の登録例

(1)　米　　　国

他の不快な薬のにおいを隠すために役立つという状況で，医薬品（抗うつ剤）のためのオレンジ風味（orange flavor）が機能的であるとされた事例がある（In re N. V. Organon 79 USPQ 2 d 1639, 1645-46 (TTAB 2006)）[*1]。

(2) 欧　　州

味の商標は商品について出願されているが，役務については出願されていない。

欧州共同体商標意匠庁（OHIM）に出願番号第1452853号商標「いちごの人工的な味からなる商標（The mark consists of the taste of artificial strawberry flavor）」が5類「薬剤」を指定商品として出願されたが，言葉（written words）では，視覚的に表現（graphic representability）できていない（EUCTM 4条・7条1(a)），識別力がないとして，OHIM審判部は拒絶している（EUCTM 7条1(b)）[*2]。審決は，香りの商標に関するSieckmann事件ECJ判決（2002年12月12日／事件番号C-273/00）[*3]は，味の商標（gustatory sign）にも適用されると述べている。

WIPO SCTの作業文書（16/2）注56）によると，味の商標の登録例は，ベネルクスに1件あり，16類の商品「紙，印刷物」について「甘草の味からなる商標」が登録されている[*4]。

【注】

(*1) In a recent holding by the Trademark Trial and Appeal Board, *In re N. V. Organon*, 79 U. S. P. Q. 2d (BNA) 1639 (TTAB 2006)

(*2) In Case R 120/2001-2, OHIM 審判部2003年8月4日審決。

(*3) Case C-273/00, Sieckmann v. Deutsches Patent-und Markenamt, [2002] ECR-I-11737.

(*4) For example, in the Benelux Office the following mark has been registered (DE SMAAK VON DROP BX No. 625971). "The trademark consists of the taste of liquorice applied to goods in class 16 (taste mark)". See RØNNING, *op. cit.*

第10節 トレードドレス

1 はじめに

　トレードドレス（Trade Dress）とは，国際的にその定義が確立していないのが実態であり，保護される対象も一義的に定まっていない。海外主要国で登録されている例をみると，商品の立体的形状，商品の包装容器，店舗の外観又は内装，建築物の特定の位置に付される色彩等が含まれる。

　トレードドレスは，商標の定義に含まれていない。トレードドレスを保護するためには，政令により追加する必要がある（新商標2条1項）。ただし，色彩のみからなる商標，動き商標，ホログラム商標，位置商標，立体商標などにより，ある程度トレードドレスは保護されることになる。

　店舗の内装全体となると，事案によっては，新商標法2条1項の商標の定義に含めるのが難しい場合もある。そのような場合には，不正競争防止法2条1項1号の「商品等表示」として保護されることになる。

〔新商標法2条1項〕
　この法律で「商標」とは，人の知覚によつて認識することができるもののうち，文字，図形，記号，立体的形状若しくは色彩又はこれらの結合，音その他政令で定めるもの（以下「標章」という。）であつて，次に掲げるものをいう。
　1号・2号（略）

2 トレードドレスの使用の定義

　トレードドレスを保護対象とする場合には，従来の使用の定義でカバーできない場合には，トレードドレスの使用の定義も政令で定められることになる（新商標2条3項10号）。

3 トレードドレスの特定方法

トレードドレスを保護対象とする場合には、その特定方法が政令で定められることになる（新商標5条2項5号・5条4項・5条5項）。

政令で定める場合には、願書にトレードドレスである旨（タイプ）を記載し、商標見本（商標記載欄）にトレードドレスを図面又は写真で表現することになる。

4 トレードドレスの登録要件

(1) 識別性

トレードドレスが保護対象となった場合、トレードドレスが、商品の特徴、役務の特徴を普通に用いられる方法で表示するにすぎない場合には、新商標法3条1項3号により登録することができない。

〔新商標法3条1項3号〕
　　その商品の産地、販売地、品質、原材料、効能、用途、形状（包装の形状を含む。第26条第1項第2号及び第3号において同じ。）、生産若しくは使用の方法若しくは時期その他の特徴、数量若しくは価格又はその役務の提供の場所、質、提供の用に供する物、効能、用途、態様、提供の方法若しくは時期その他の特徴、数量若しくは価格を普通に用いられる方法で表示する標章のみからなる商標

(2) 類似性

トレードドレスが保護対象となっても、トレードドレスの類否判断については、特別の規定を設けないと解されるので、最高裁判決（最判昭43・2・27民集22巻2号399頁〔氷山印事件〕）の判断手法、すなわち、商標の外観、観念、称呼等によって需要者等に与える印象、記憶、連想等を総合して全体的に考察し、取引の実情に基づき（恒常的なもの）、対比される両商標が、同一又は類似する商品・役務に使用された場合に、商品の出所の誤認混同が生ずるおそれがあるか否かにより基本的には判断されることになる。

上記判断基準に加えて，トレードドレスの特徴，外観により認識される点を踏まえて，類否判断がなされることになる。

(3) **機 能 性**

トレードドレスが保護対象となった場合，トレードドレスの構成が，技術機能的である場合や，実用的機能とは別の競争上の便益（competitive advantage）がある場合のように独占に適さない場合には，新商標法4条1項18号が適用される可能性がある。

〔新商標法4条1項18号〕

　　　商品等（商品若しくは商品の包装又は役務をいう。第26条第1項第5号において同じ。）が当然に備える特徴のうち政令で定めるもののみからなる商標

5　商標権侵害

(1) **商標権侵害**

商標権侵害事件におけるトレードドレスの類否判断については，上記4(2)を参照。ただし，取引の実情については，恒常的な取引の実情だけでなく，侵害時点における具体的な取引の実情（被告の使用態様等）も考慮される。

(2) **商標権の効力の制限**

トレードドレスが保護対象となった場合には，被告が被告表示を商標として使用されていないことを抗弁事由として主張・立証し，それが認められた場合には，商標権侵害は否定されることになる（新商標26条1項）。

〔新商標法26条1項〕

　1号～4号（略）

　5号　商品等が当然に備える特徴のうち政令で定めるもののみからなる商標

　6号　前各号に掲げるもののほか，需要者が何人かの業務に係る商品又は役務であることを認識することができる態様により使用されていない商標

6　経過措置

トレードドレスが保護対象として政令で認められた場合には，政令で経過

措置が設けられる可能性がある（新商標77条の2）。

7　トレードドレスに関する不正競争防止法事件

(1)　ユニクロ事件——店舗の内装

ユニクロの店舗の外装・内装とダイエー「PAS」の店舗の外装・内装との間に混同が生ずるとして，不正競争防止法2条1項1号該当性が問題となった事件（仮処分事件・千葉地裁松戸支部）があるが，2012年に和解している。

ユニクロの内装の特徴としては，床は明るい木目調，店舗の柱部分にモデルの写真を設置，壁面に天井近くまである金属製陳列棚を設置した点等が主張された(*1)。

(2)　まいどおおきに食堂事件——店舗の外観・内装（大阪高判平19・12・4（平成19年（ネ）第2261号）裁判所ホームページ）

原告店舗外観（まいどおおきに食堂）と被告店舗外観（めしや食堂）の個々の構成要素に共通点があることを考慮しても，被告店舗外観が原告店舗外観に全体として類似するとは到底認められないというべきであり，したがって，需要者が被告店舗と原告店舗の営業主体を誤認混同するおそれがあるとは認められないとした事案である。

大阪高裁は以下のとおり判示している。

「店舗外観全体の類否を検討するに，両者が類似するというためには少なくとも，特徴的ないし主要な構成部分が同一であるか著しく類似しており，その結果，飲食店の利用者たる需要者において，当該店舗の営業主体が同一であるとの誤認混同を生じさせる客観的なおそれがあることを要すると解すべきであるところ，双方の店舗外観において最も特徴がありかつ主要な構成要素として需要者の目を惹くのは，店舗看板とポール看板というべきであるが，いずれも目立つように設置された両看板に記載された内容（控訴人表示又は被控訴人表示）が類似しないことなどにより類似せず（中略），かかる相違点が，控訴人店舗外観及び被控訴人店舗外観の全体の印象，雰囲気等に及ぼす影響はそもそも大きいというべきである。」

「外装については，木目調メニュー看板，ボード状メニュー看板，店舗脇に設置された幟，店舗内部のメニュー看板に，いずれも軽視し得ない相違点

がある。」

　内装については，①玉子焼き専用の注文を受けてから焼くコーナーであることを示す表示があること，②カウンターの上にカフェテリア方式の３列の陳列台が設置されていること，③目隠しバーの設置された横長の大テーブル及び吊り下げ式の長い蛍光灯が設置されていることが共通するものの，①については，このような営業形態は役務提供の方法そのものであり，かかる形態で注文を受ける旨の表示が共通することをもって営業表示が類似しているとして表示の差止めを認めうるとすると，上記の営業形態そのものについて控訴人に独占権を認める結果を招きかねず妥当でないし，②③については，セルフサービスを用いるなどした多集客型の飲食店の店構えとしてきわめてありふれたものであるから，上記各点を捉えて控訴人店舗外観と被控訴人店舗外観との類似性を基礎づける事情とすることはできない。」

　店舗の外観や内装が類似するというためには，漠然とした印象，雰囲気，コンセプトが似ているだけでは足りず，少なくとも，特徴的ないし主要な構成部分が同一であるか著しく類似しており，その結果，飲食店の利用者たる需要者において，当該店舗の営業主体が同一であるとの誤認混同を生じさせる客観的なおそれがあることが必要となる。

(3) 西松屋事件——商品陳列デザイン（大阪地判平22・12・16（平成21年（ワ）第6755号）判時2118号120頁）

　西松屋（原告）の商品陳列デザインとイオンリテール（被告）の商品陳列デザインとの間の紛争において，原告の商品陳列デザインが不正競争防止法２条１項１号の商品等表示（営業表示）に該当しないと判断された事案である。

　原告は，平成20年には615億0900万円の子供服の売上げがあり，7082万点を扱っていた。

　原告の商品陳列デザインの特徴は，以下のとおりである。

① 商品をすべてハンガー掛けの状態で陳列する。
② 床面から少なくとも210cmの高さまで陳列する。
③ ひな壇状ではなく陳列面を連続して陳列する。
④ 少なくとも陳列面の３分の２はフェースアウトの状態で陳列する。
⑤ 来店者の使用に供するための商品取り棒を，一壁に少なくとも１本設

置する。
　裁判所は以下のとおり判示している。
　「商品陳列デザインに少し特徴があるとしても，これを見る顧客が，それを売場における一般的な構成要素である商品陳列棚に商品が陳列されている状態であると認識するのであれば，それは売場全体の視覚的イメージの一要素として認識記憶されるにとどまるのが通常と考えられるから，商品陳列デザインだけが，売場の他の視覚的要素から切り離されて営業表示性を取得するに至るということは考えにくいといわなければならない。
　したがって，もし商品陳列デザインだけで営業表示性を取得するような場合があるとするなら，それは商品陳列デザインそのものが，本来的な営業表示である看板やサインマークと同様，それだけでも売場の他の視覚的要素から切り離されて認識記憶されるような極めて特徴的なものであることが少なくとも必要であると考えられる。」
　「原告において売上増大を目的とされた商品陳列デザイン変更の到達点として確立した原告商品陳列デザインは，商品の陳列が容易となるとともに，顧客が一度手にとった商品を畳み直す必要がなくなり，見やすさから顧客自らが商品を探し出し，それだけでなく高いところの商品であっても顧客自らが取る作業をするので，そのための店員の対応は不要となり，結果として少人数の店員だけで店舗運営が可能となって，店舗運営管理コストを削減する効果を原告にもたらし，原告事業の著しい成長にも貢献しているものと認められるのであるから，原告商品陳列デザインは，原告独自の営業方法ないしノウハウの一端が具体化したものとして見るべきものである。
　そうすると，上記性質を有する原告商品陳列デザインを不正競争防止法によって保護するということは，その実質において，原告の営業方法ないしアイデアそのものを原告に独占させる結果を生じさせることになりかねないのであって，そのような結果は，公正な競争を確保するという不正競争防止法の立法目的に照らして相当でないといわなければならない。したがって，原告商品陳列デザインは，仮にそれ自体で売場の他の視覚的構成要素から切り離されて認識記憶される対象であると認められたとしても，営業表示であるとして，不正競争防止法による保護を与えることは相当ではないということ

になる。」

　商品陳列デザインそのものが，本来的な営業表示である看板やサインマークと同様，それだけでも売場の他の視覚的要素から切り離されて認識記憶されるような極めて特徴的なものである場合には，商品陳列デザインが営業表示に該当するが，本件商品陳列デザインは，特別な特徴があるとはいえないと判断されている。

　また，裁判所は，商品陳列デザインを保護することは，営業方法やアイデアを保護することになるので，不正競争防止法の立法目的に照らし相当でないと説示しているので，商品陳列デザインが保護されるのは，極めて限定的な場合に限られることになる。

　本件では，以下のようなアンケート調査が実施された。

調査方法：インターネット

対象：東京都，千葉県，埼玉県，新潟県，三重県，大阪府及び奈良県のいずれかに在住する９歳未満の子供のいる女性1000人

質問：原告と被告の売り場の写真を示して，原告，被告，アカチャン本舗，バースディ，ベビーザらス及びダイエーのいずれかを選択させる。

回答：原告店舗の写真──622人が原告と回答
　　　被告店舗の写真──279人が原告と回答

　被告店舗の写真は，商品陳列部分の直ぐ上に天井が写りこんでいて，高さ方向での広がりが，原告店舗の写真と明らかに異なるため，被告店舗をみて原告と回答した者が，原告店舗の写真を見て，原告と回答したものの半分以下になっており，この点が原告の商品陳列デザインの営業表示性を否定する方向で斟酌されている。

8　外国におけるトレードドレスの登録例

■図表３―10―１，２，３はいずれも，使用による識別力獲得（米国商標法２条(f)）を理由に登録されている。

　また，■図表３―10―１，３は，店舗の内装と外装のトレードドレスの登録で，35類の小売サービスに関する登録である。

　■図表３―10―３の商標を基礎としたマドプロ出願は，日本，ドイツ等

■図表3―10―1　米国登録第3453856号

商標

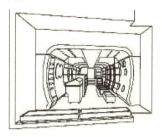

使用例（出典：USPTO）

指定役務：35類　旅行用品の小売店舗サービス
商標の説明：Color is not claimed as a feature of the mark. The mark consists of three-dimensional trade dress depicting the interior of a retail store evoking the theme of the interior cabin of a commercial aircraft and 1960s-era airline travel, with curved walls, a clearly defined center aisle, items on either side of the aisle, cubicle-styled shelving, wood paneling, a commemorative flight route map, a rectangular light panel in the ceiling over the center aisle, and recessed lighting on the ceiling on either side of the rectangular light panel.
識別性：2条(f)
商標権者：FLight 001 Holdings, Inc.

■図表3―10―2　米国登録第3182983号

商標

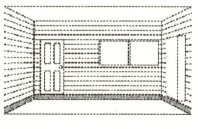

使用例（出典：USPTO）

指定商品：20類　ガレージ等
商標の説明：The color(s) YELLOW is/are claimed as a feature of the mark. The mark consists of A YELLOW STRIPE APPLIED TO THE BASE OF WALLS ON THREE SIDES OF ORGANIZATIONAL SYSTEMS INSTALLED IN GARAGES AND HOMES. THE DOTTED OUTLINE OF THE GOODS IS INTENDED ONLY TO SHOW THE POSITION OF THE MARK AND IS NOT PART OF THE MARK.
識別性：2条(f)
商標権者：GARAGETEK, INC.

■図表3—10—3　米国登録第4277914号

商標

使用例（出典：USPTO）

指定商品：35類 コンピュータ，モバイルフォンの小売店サービス

商標の説明：Color is not claimed as a feature of the mark. The mark consists of the design and layout of a retail store. The store features a clear glass storefront surrounded by a paneled facade consisting of large, rectangular horizontal panels over the top of the glass front, and two narrower panels stacked on either side of the storefront. Within the store, rectangular recessed lighting units traverse the length of the store's ceiling. There are cantilevered shelves below recessed display spaces along the side walls, and rectangular tables arranged in a line in the middle of the store parallel to the walls and extending from the storefront to the back of the store. There is multi-tiered shelving along the side walls, and a oblong table with stools located at the back of the store, set below video screens flush mounted on the back wall. The walls, floors, lighting, and other fixtures appear in dotted lines and are not claimed as individual features of the mark; however, the placement of the various items are considered to be part of the overall mark.

識別性：2条(f)

権利者：Apple Inc.

を指定したが（国際登録第1060320号/35類），日本では，本件「小売店舗のレイアウトデザイン」は，全体形状及び商標のアウトラインが特定の立体商標の形状として認識できないとして，商標法3条1項柱書違反を理由に[*2]，2011年12月22日に拒絶となっている。ドイツでも登録可能性について問題となり，ドイツ連邦特許裁判所は，欧州連合裁判所に「商標を構成しうる標識」の解釈について付託した。欧州連合裁判所は，小売店舗のレイアウトは，寸法（size）や比率（proportion）を示さないデザインだけでも商標登録できると判示した[*3]。

9 外国におけるトレードドレスの裁判例

米国において，被告のレストラン「Two Pesos」の外装・内装（トレードドレス）が，原告のレストラン「Taco Cabana」に類似し，混同するとして，米国商標法43条(a)項に基づき差止めが認められた事案である（Two Pesos事件[*4]．■図表3—10—4参照）。

連邦最高裁は，トレードドレスが生来的に識別力を有するときは，セカンダリーミーニングの立証がなくとも米国商標法43条(a)項は適用されると判示した。

【注】
(＊1) 三木茂＝井口加奈子「店舗デザインの法的保護——米国トレードドレス保護と我が国における保護の可能性——」牛木理一先生古稀記念『意匠法及び周辺法の現代的課題』（発明協会，2005年）769，770頁。
(＊2) 商標法3条1項柱書違反の拒絶理由は，「The trademark represented in this application is unrecognizable as a three-dimensional mark because the whole shape and the outline of the trademark of this application cannot be recognized as a particular three-dimensional shape. The trademark of this application, therefore,

■図表3—10—4

（原告標章）Taco Cabana　　　　　　（被告標章）Two Pesos

does not conform to the requirements (registrability of "trademark") as provided in the main paragraph of Section 3(1) of the Trademark Law」となっている。
(＊3)　In Case C-421/13, Apple Inc. v Deutsches Patent-und Markenamt, CJEU, July 10, 2014.
(＊4)　Two Pesos, Inc. v. Taco Cabana, Inc. 505U.S. 763, 765 n.1 (1992). 事件の詳細については,『各知的財産制度の適切な保護領域のあり方に関する調査研究報告書』知的財産研究所（平成14年3月）26頁ないし30頁〔宮川美津子〕, 三木茂＝井口加奈子「店舗デザインの法的保護——米国トレードドレス保護と我が国における保護の可能性——」牛木理一先生古稀記念『意匠法及び周辺法の現代的課題』（発明協会, 2005年）754頁参照。

第11節 補　正

1　一般的な考え方（「商標審査基準〔第11版〕」より）

　拒絶理由（特に，新商標法5条5項との関係）を解消する手段として，要旨変更にならない範囲で，補正が認められている。

　動き商標，ホログラム商標，色彩のみからなる商標，音商標及び位置商標である旨の記載の補正について，商標登録出願後，商標法5条2項の規定による動き商標，ホログラム商標，色彩のみからなる商標，音商標及び位置商標である旨の記載を追加する補正，又は削除する補正は，原則として，要旨の変更である。

　ただし，願書に記載した商標及び商標の詳細な説明又は物件から，動き商標，ホログラム商標，色彩のみからなる商標，音商標及び位置商標のいずれかとしてしか認識できない場合において，その商標である旨の記載を追加する補正，又は，その商標である旨の記載に変更する補正は，要旨の変更ではない。

　願書に記載した商標の補正は，原則として，要旨の変更である。ただし，音商標において，願書に記載した商標中に，楽曲名，作曲者名等の音商標を構成する言語的要素及び音の要素以外の記載がされている場合，これらを削除する補正は，要旨の変更ではない。

　商標が特定されていない場合における商標の詳細な説明又は物件の補正が，要旨変更であるか否かについては，補正後の商標の詳細な説明又は物件が，願書に記載した商標の構成及び態様の範囲に含まれているか否かによって判断するものとする。

　なお，音商標については，願書に記載した商標に記載がない事項（演奏楽器や声域等の音色等。ただし，歌詞等の言語的要素を除く）については，商標の詳細

な説明及び物件により特定されるため,その範囲に,補正後の商標の詳細な説明又は物件が含まれているか否かによって判断される。

2 要旨変更とならない例となる例（「商標審査基準〔第11版〕」より）

(1) 動き商標について
要旨変更とならない例は,例えば,次のとおりとする。
① 願書に記載した商標に記載されているが,商標の詳細な説明には記載されていない標章を,商標の詳細な説明に追加する補正。
② 願書に記載した商標に記載されているが,商標の詳細な説明には記載されていない時間の経過に伴う標章の変化の状態を,商標の詳細な説明に追加する補正。

(2) ホログラム商標について
要旨変更とならない例は,例えば,次のとおりとする。
① 願書に記載した商標に記載されているが,商標の詳細な説明には記載されていない標章を,商標の詳細な説明に追加する補正。
② 見る角度により別の表示面が見える効果を有するホログラム商標である場合に,願書に記載した商標に記載されているが,商標の詳細な説明には記載されていない表示面についての説明を,商標の詳細な説明に追加する補正。

(3) 色彩のみからなる商標について
要旨変更とならない例は,例えば,次のとおりとする。
① 願書に記載した商標の色彩が赤色であり,商標の詳細な説明では青色の場合に,商標の詳細な説明を赤色に変更する補正。
② 願書に記載した商標が,3つの色彩を組み合わせてなる商標であり,商標の詳細な説明では4つの色彩について記載している場合に,商標の詳細な説明を3つの色彩についてのものへ変更する補正。
③ 願書に記載した商標が,上から下に向けて25％ごとの割合で4色の配色からなる色彩を組み合わせた商標であり,商標の詳細な説明では上から下へ向けて30％,30％,20％,20％の割合で4色の配色からなると記

載している場合に，商標の詳細な説明を25％ごとの割合へ変更する補正。

(4) **音商標について**
① 要旨変更とならない例は，例えば，次のとおりとする。
・ 願書に記載した商標が，演奏楽器としてピアノが記載されている五線譜であり，物件がギターにより演奏されたと認識させる音声ファイルである場合に，物件をピアノにより演奏されたと認識させる音声ファイルに変更する補正。
② 要旨変更となる例は，例えば，次のとおりとする。
　(ⅰ) 願書に記載した商標が，歌詞が記載されていない五線譜であり，物件が歌詞を歌った音声がない音声ファイルである場合に，物件を歌詞を歌った音声ファイルに変更する補正。
　(ⅱ) 願書に記載した商標が，演奏楽器について記載されていない五線譜であり，物件がギターにより演奏されたと認識させる音声ファイルである場合に，物件をピアノにより演奏されたと認識させる音声ファイルに変更する補正。

(5) **位置商標について**
要旨変更とならない例は，例えば，次のとおりとする。
・ 願書に記載した商標が，標章を眼鏡のつるに付するものであり，商標の詳細な説明では，標章を眼鏡のレンズフレームに付する旨の記載がある場合に，商標の詳細な説明を，標章を眼鏡のつるに付する旨の記載へと変更する補正。

第12節 マドプロ出願の取扱い

　国際商標登録出願（マドプロ出願）に係る商標について，「動き商標」，「ホログラム商標」，「立体商標」，「色彩のみからなる商標」，「音商標」又は「位置商標」のいずれであるのかの判断については，原則として，次のとおり扱われる（特許庁「商標審査基準〔第11版〕」99頁，100頁）。

1 「Indication relating to the nature or kind of marks」との関係

　日本国を指定する領域指定（以下「指定通報」という）に「Indication relating to the nature or kind of marks」の記載がある場合は，その記載内容から，原則として，次のように判断する。

① 「Indication relating to the nature or kind of marks」に，「three-dimensional mark」と記載されていれば「立体商標」と判断する。

② 「Indication relating to the nature or kind of marks」に，「mark consisting exclusively of one or several colors」と記載されていれば「色彩のみからなる商標」と判断する。

③ 「Indication relating to the nature or kind of marks」に，「sound mark」と記載されていれば「音商標」と判断する。

2 「Description of the mark」との関係

　指定通報の「Description of the mark」の記載内容により，原則として，次のように判断する。

① 「Description of the mark」に，「moving」等と表示されていれば「動き商標」と判断する。

② 「Description of the mark」に，「hologram」等と表示されていれば

「ホログラム商標」と判断する。
③ 「Description of the mark」に、「positioning of the mark」や「position mark」等と表示されていれば「位置商標」と判断する。

3 上記1又は2より商標のタイプが判断できない場合

上記1の記載がない場合又は2の記載内容によっても判断ができない場合には、商標登録を受けようとする商標の記載に基づいて判断するものとする。

例えば、商標登録を受けようとする商標を記載する欄に五線譜の記載があるが、「Indication relating to the nature or kind of marks」に、「sound mark」と記載がない場合は、五線譜を商標登録を受けようとする商標とする図形商標として取り扱う。

4 商標の詳細な説明について

国際商標登録出願に係る商標について、商標法5条4項で規定する商標登録を受けようとする商標の詳細な説明については、次のようにする。
① 「色彩のみからなる商標」については、指定通報の「Colours claimed」と「Description of the mark」の記載事項を商標の詳細な説明とする。
② 「音商標」、「動き商標」、「ホログラム商標」及び「位置商標」については、指定通報の「Description of the mark」の記載事項を商標の詳細な説明とする。

5 物件について

国際商標登録出願に係る商標について、商標法5条4項で規定する物件は、国際登録簿に添付する手続がないことから、日本国を指定する領域指定時には、当該物件が添付されていないため、商標法5条5項を適用し当該物件の提出を促すこととする。

第4章●

新しい商標の国際的保護

第1節 商標制度の国際比較

1 はじめに

　商標制度については，パリ条約，WTO TRIPS協定，商標法条約，シンガポール条約により，方式面を中心に，制度の調和がなされているが，登録主義と使用主義，審査主義と無審査主義など，商標制度の基本原則については，調和がなされていない。

　商標の国際登録制度として，マドリッド協定議定書（以下，「マドプロ」という）があるが，保護対象，登録要件，権利の効力などについては，各国の法律に委ねられており，マドプロを利用する際にも各国の特異な制度の理解は不可欠である。

　そこで，本節では，商標に関する条約，各国商標制度の基本構造，日本からみた各国の特異な制度に分けて解説することにより，商標制度の世界一周を試みたいと思う。

2 商標に関する条約

　条約は各国商標制度を調和させるものであるから，条約により各国制度の骨格部分を理解することができる。新しい条約ほど調和の程度が高い。

(1) パリ条約

　パリ条約[*1]では，商標の保護について，優先権（第1国出願日から6か月），登録商標の不使用に対する制裁（相当の猶予期間の不使用，変更使用），内国民待遇，商標独立の原則，周知商標の保護，国旗の保護，外国商標登録制度（テル・ケル），サービスマークの保護（登録は義務でない），商号の保護，不正競争からの保護が規定されている。

　外国商標登録制度は，米国での出願方法（本国登録に基づく出願）にも影響

を与えている。

　パリ条約に不正競争からの保護が規定されているため、日本がパリ条約に加盟するために、1934年（昭和9年）に不正競争防止法を制定した経緯がある。

(2) WTO TRIPS 協定

　WTO TRIPS 協定（以下、「TRIPS」という）[*2]は、最恵国待遇、サービスマーク及び色の組合せの登録義務、実際の使用を登録要件とできるが出願要件としてはならない、出願日から3年間不使用でも出願は拒絶されない、パリ条約6条の2の周知商標の保護は非類似商品・役務まで拡大する、登録商標の存続期間は少なくとも7年とする、登録後少なくとも3年間継続して使用されていない登録商標は取り消される、他の商標との併用使用義務の禁止、強制使用許諾の禁止、商標の譲渡の条件（事業とともに移転することを条件とできる）、について規定している。

　TRIPS は、パリ条約をさらに一歩進めた規定となっており（「パリ・プラス・アプローチ」と呼ばれている）、例えば、サービスマークについては、パリ条約では登録は義務になっていないが、TRIPS では義務となっており、パリ条約では内国民待遇（National Treatment）であるが、TRIPS では最恵国待遇（Most-Favoured-Nation Treatment）も規定しており、不使用期間もパリ条約では「相当の猶予期間」であるが、TRIPS では、登録後少なくとも3年間となっている。

　色の組合せは、形状を伴わないものも含むとの解釈の下、中国では、形状を伴わない色の組合せが登録になっており（登録第4496717号）、商標権侵害が認容されている（北京市第2中級人民法院2013年12月24日判決）。

　実際の使用を出願要件とすることができないので、米国は使用意思の出願制度を導入して対応している。

　不使用期間が3年と規定されたため、米国の放棄の推定規定が、2年から3年に改正された。

(3) 商標法条約

　商標法条約[*3]は、標準文字、包括委任状、一出願多区分制度、多件1通主義（複数の名称・住所変更を1通で行える）、更新とリンクした実体審査の禁止、サービスマークの登録義務、存続期間10年間、出願分割と出願日の遡及、

登録の分割について規定している。

商標法条約では当初，立体商標，音響商標，識別性の登録要件，審査期間などの実体面での調和についても検討していたが，各国の意見が対立していたため，最終的には手続面での調和に絞って検討され，条約が成立している(*4)。

日本は，この条約の影響を受けて，一出願多区分制度，更新とリンクした実体審査の禁止などの条項を導入した（1996年改正商標法）。

(4) 商標法に関するシンガポール条約

商標法に関するシンガポール条約(*5)は，商標法条約を一歩進めるもので（商標法条約とは独立），電子出願，手続期間を守れなかった場合の救済，商標ライセンスの登録申請の簡素化について規定している。

シンガポール条約の規則では新しい商標（ホログラム，動き，色彩，位置，音）の出願手続についても規定されている。

日本はまだシンガポール条約に加盟していない。日本が加盟するためには，手続期間を守れなかった場合の救済装置（14条）及び使用権（ライセンス）の記録（17条）に対応するための検討が必要となる。

米国では，指令に対する延期はできないが，放棄された出願に対する回復（Revive）手続をとることができる。

(5) ニース協定

「標章の登録のための商品及びサービスの国際分類に関するニース協定」(*6)は，国際的に共通の分類（1類～34類（商品），35類～45類（役務））について規定している。

2015年現在は，「商品・サービス国際分類〔第10-2015版〕」である。

第10版より，商品及びサービスの表示に係る追加・変更・削除についての変更は毎年行われ，国際分類表の表題には，「版の数字―発効年」を用いることとなった。

なお，類の移行や新設をともなう変更は，従来どおり5年に一度の改訂において行われることになっており，次回の改正は，2017年となる。

第10-2013版を受けて，中国では，2013年1月1日より，35類「薬品の小売又は卸売」等について商標登録が可能となった。

(6) 欧州共同体商標規則

欧州共同体商標規則は、正確にいうと条約ではないが、EU加盟国28か国をカバーする規則であり、スペインのアリカンテにある欧州共同体商標意匠庁（OHIM）へ商標出願することにより、存続期間が出願の日から10年間の登録商標権（EU28か国をカバーする単一の権利）を取得することができる（■図表4－1－1参照）。

審査は絶対的不登録事由（識別性等）のみ行われ、相対的不登録事由（先行する商標権等との抵触）については審査されず、利害関係人による異議申立てに委ねられている。そのため、異議申立ての率は、出願の15％から20％と高い。しかしながら、指定商品を限定するなどの措置により、和解するケースが多い。登録後は、利害関係人は、無効宣言請求をOHIMに行うことができる。こちらは、識別性、抵触関係とも理由となる。

商標の真正な使用であれば、1か国での使用でもEUでの使用となる[*7]。

商標権侵害は、各国の裁判所で指定を受けた共同体商標裁判所で判断される。共同体商標裁判所による侵害に対する禁止行為の決定は、EU全域において有効である[*8]。

英国で商標登録されている場合には、自動的にフォークランド諸島に権利が拡張するが、欧州共同体商標登録にはこのような効果がないので、双方の登録がある場合、英国の登録を捨てるか否かについては、このメリットも考慮する必要がある。

■図表4－1－1　欧州共同体商標規則における手続

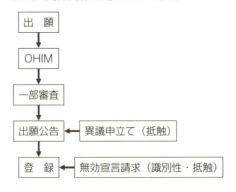

(7) バンギ協定（アフリカ知的財産機関／OAPI）

バンギ協定[*9]は，フランス語圏（大陸法系）の17か国（コモロ諸島，ベナン，ブルキナファソ，カメルーン等）をカバーする協定である。英語又はフランス語で出願すると17か国を自動指定したことになり，各国指定はできない。

香り及び音の商標の登録は認められない。

登録はカメルーンのヤウンデにあるOAPI中央官庁により管理されることになる。

OAPIは，方式審査のみ行う。

登録後，OAPIが商標を公告し，公告の日から6か月以内に何人も異議申立てを行うことができる。

存続期間は，出願の日から10年間。登録後5年間使用されていない場合には，裁判所への登録取消請求により，登録は取り消される。

商標権侵害は各指定国の法律による。

(8) マドリッド協定議定書

第4章第3節「商標の国際登録制度『マドリッド協定議定書』のリスクと対策」参照。

3 各国商標制度の基本構造

(1) 登録主義と使用主義

登録主義は，商標登録の前提として使用を要求しない制度をいう。日本，欧州，中国など，多くの国が登録主義をとる。

これに対して，使用主義とは商標登録の前提として使用を要求する制度，又は，使用の事実があれば，登録をせずに商標を保護する制度をいう。カナダ，米国の商標制度は双方に該当する。

(2) 審査主義と無審査主義

他人の出願商標・登録商標との抵触関係（類似・混同）を審査する制度を審査主義，審査しない制度を無審査主義として整理する場合が多い。

日本，米国，中国は審査主義であるが，欧州は無審査主義である。

欧州共同体商標規則では，OHIMは，識別性については審査するが，他人の出願商標等との抵触関係は，異議申立てをまって審査する。OHIMは，

調査は行い，調査報告書を出願人へ，出願の事実を先行商標保有者に通知することになっている。これにより，出願人は，出願の指定商品を抵触しない商品に限定することができ，また，先行商標保有者は，異議申立てを行うことができる。各国の先行商標については，特別料金を支払うことにより，特定の国について調査報告書を作成してもらうことができる。ただし，この場合には，先行商標保有者には出願の事実は報告されない[*10]。

英国では，審査はしないが，先行商標との抵触調査は行っており，調査結果は，出願人と英国の先行商標の保有者に通知される。その調査結果を見て，先行商標の保有者は異議申立てを行うことができる。欧州共同体の商標保有者には，調査結果は通知されないので，別途民間会社を使ってウォッチングをする必要がある。

(3) 商標法と不正競争防止法・パッシングオフ

登録商標は商標法により保護されるが，大陸法（シビルロー）の国では，日本のように不正競争防止法が制定されている場合が多く（ドイツ，スイス，台湾，中国，韓国等），不正競争防止法でも一定の要件を満たせば，未登録商標が保護される[*11]。フランスには不正競争防止法はなく，民法典の不法行為責任に関する規定がその役割を担う。

慣習法（コモンロー）の国（米国，英国，オーストラリア，香港，インド等）では，不法行為（TORT）の中の類型であるパッシングオフ（Passing Off／詐称通用）の法理によっても未登録商標が保護される。保護の要件としては，①商品又は役務に結びついた信用（goodwill）又は名声（reputation）の存在，②不実表示の存在，③業務上の使用に対する損害の3つがあり，クラシックトリニティー（Classic Trinity）と呼ばれている。

ドイツ商標法は，2元主義をとっており，商標法は，登録により権利が発生する登録商標権と取引通用により権利が発生する表装権（通用商標権）について規定している。両者の権利は同格であり，抵触した場合には，取引通用した日と出願日のいずれか早い方が優先する[*12]。

米国商標法43条(a)項は連邦不正競争防止法の性格を有し，混同惹起行為等を禁止している。

不正競争防止法とパッシングオフとの関係については，Mary LAFRANCE,

矢野敏樹訳「詐称通用（パッシングオフ）と不正競争：競争法における対立とコンバージェンス」北海道大学法政策学研究37号（2012年）1頁乃至35頁を参照。

(4) 米国商標法

日本人にとって，最も分かりにくい商標制度が米国商標法である[*13]。

米国では，日本と異なり，登録によって商標権は発生しない。判例により，商標権は，出所識別力ある商標の善意の採択と商業上の使用により発生し，その使用地域の先使用者により取得されることになる。

よって，米国で商標を登録しても，使用していなければ商標権は発生していないことになる。

米国で主登録簿に商標登録を行う意味は，登録後の第三者の商標の使用に悪意の擬制が働き（善意で商標を採択したことにならない），商標権の発生を阻止できること，訴訟における立証責任の負担の軽減を図れることにある（例：登録証主は商標権者として推定される）。

登録簿には，主登録簿（Principle Register）と補助登録簿（Supplemental Register）があり，前者は商品の出所識別力を有する商標のみが登録され，後者には商品の出所を識別する可能性のある商標が登録される。後者はコモンロー上の商標権が発生していない可能性があるので，悪意の擬制の効果がなく，登録証主は商標権者と推定されない。

1989年11月16日施行の改正米国商標法では，①使用に基づく商標出願，②優先権に基づく商標出願，③本国登録に基づく商標出願のみが認められていたが，現在では，④使用意思に基づく商標出願，⑤国際出願（マドプロ）による米国への領域指定が認められている。

①の場合には出願時に使用証拠（specimen）が必要であり，④の場合には，登録査定時に使用陳述書・使用証拠が必要となる。②，③，⑤の場合には，登録査定時に使用陳述書・使用証拠は必要ないが，使用していなければ，登録はされているが，商標権は発生していないことになる。②は本国出願が登録になることにより③と同じになる。⑤の場合には「誠実な使用意思宣言書（Declaration of bona fide intention to use the mark in commerce）が必要となる（■図表4－1－2参照）。

■図表4—1—2　米国における商標出願の種類と使用陳述書又は使用宣誓書・証拠提出時期

	商標出願の種類	使用証拠提出時期
1	使用に基づく出願	・出願時 ・登録日から5年～6年 ・登録日から10年
2	優先権に基づく出願 （本国登録に基づく出願）	・登録日から5年～6年 ・登録日から10年
3	本国登録に基づく出願	・登録日から5年～6年 ・登録日から10年
4	使用意思に基づく出願	・登録査定日（3年間延期可能） ・登録日から5年～6年 ・登録日から10年
5	国際出願	・登録日から5年～6年 ・登録日から10年

　現在もっとも利用されている出願の形態は、④の使用意思に基づく出願であり、登録査定の段階、登録後5年～6年、登録後10年の3回に亘り使用陳述書又は使用宣誓書・使用証拠を提出することになっている。これにより、登録簿からは不使用商標は徹底的に排除されることになっている。不使用取消審判制度のみにより不使用商標を整理する日本と対照的である。

　カナダ商標法も米国と似た制度をとるが（ただし、改正の可能性あり）、①本国登録に基づく出願の場合には、本国も含むいずれかの国での使用が必要となる、②使用意思に基づく出願から使用に基づく出願への途中での変更ができない、③使用意思に基づく出願の場合に登録査定時に使用陳述書は必要であるが、使用証拠が必要ないといった特殊性がある。なお、カナダでは使用陳述書の廃止も含め、商標法の改正が検討されている。

4　日本からみた各国の特異な制度

(1) 商標の対象

　欧米では、色彩、位置、動き、ホログラム、音も対象となっている[*14]。米国とFTA（自由貿易協定）を結んだ国（韓国、シンガポール、オーストラリア、

チリ，モロッコ，オマーン，パナマ等）は，音と香りを保護することが義務付けられており，TPP（環太平洋経済連携協定）交渉においても米国が同様の保護を要求している。

香りは，米国では保護可能であるが，EU（欧州連合）では途中から保護されなくなった。香りを文字等で正確に表現できないのが理由である。

触覚については米国で登録例がある（商品「ワイン」について商標「ベルベットの手触り」）。

味については，ベネルクスで登録例（16類の商品について商標「甘草の味」）があるが，米国では商品「抗うつ剤」について商標「オレンジの味」が機能的であるとして拒絶されている。

(2) **商標の種類**

1出願に商標のバリエーションを複数含めることができるシリーズ商標（Series of marks）は，英国，香港，シンガポール，インド，ナイジェリアで登録可能である。英国の場合，最大6商標まで1出願に含めることができ，3件目から追加費用がかかる。シリーズの要件を満たさない場合は分割出願はできず，削除する必要がある。

連合商標（Associated mark）は，本家の英国では廃止されたが，エジプト，ナイジェリア，インドでは存続している。

防護標章（Defensive mark）は，本家の英国では廃止されたが，エジプト，ナイジェリア，オーストラリア，香港，日本では存続している。

証明商標（Certification mark）は，多くの国で認められているが（EU，米国，中国，韓国等），日本では認められていないので，証明商標のマドプロ出願は日本では拒絶される。

(3) **出　　願**

EU，ノルウェー，スイスでは3区分を超えるとOfficial Feeが加算される。

1分類について，3（インドネシア），6（ベトナム），10（中国），20（韓国）を超える商品又は役務を指定すると料金が加算される。インドでは500文字を超えると1文字について加算される。

35類「小売・卸売」は多くの国で認められるようになっているが，中国では，2013年1月1日から「薬品の小売又は卸売」等限定的に小売・卸売の登

録を認めている。これは，国際分類第10-2013版の改定を受けたものである。

米国では，使用意思のない商品等を記載して出願すると，詐欺（fraud）になり，異議，取消請求の理由，商標権侵害事件では抗弁事由となるので，使用意思のある商品等を願書に記載する必要がある。

タイでは，包括表示（例：化粧品）は認められないので，具体的な商品を列挙する必要がある。

クウェートでは，外国登録（本国又はその他の国）が出願の前提となる。

リビア，サウジアラビアでは，イスラム教の関係で，クリスマスツリー（28類），豚肉（29類），ビール（32類），アルコール（33類）について商標を登録できない。

インド特許庁が2011年に約4万件の商標関係の書類を紛失したことがあり，再提出の必要があったので，出願・登録書類はすべて保持しておく必要がある。

(4) 登録要件

米国では，同一又は類似する商標を地域を分けて別々の会社に登録する制度（競合登録／concurrent registration）がある。

米国では，識別力のある商標は主登録簿（Principle Register）に，将来識別する可能性のある商標は，補助登録簿（Supplementary Register）に登録される。侵害事件における立証負担が前者の方が軽い。英国にも似た制度としてA部登録，B部登録があったが現在では廃止されている。ただし，ナイジェリアは当該制度をまだ維持している。

韓国では，2桁の数字，「123」，「345」のように連続する3桁の数字は識別力がないとして登録できないが，それ以外の3桁の数字，例えば，「815」は登録できる（韓国商標審査基準）。

タイでは，識別性の判断基準が厳しく，例えば，商標が地名に該当すると，特別な書体にしても登録できない。シンガポールでも観念により識別性の判断がなされるので，識別性のない文字を特別な書体にしても登録されない。

中国では，拒絶の通知に対して，意見書を提出する機会はなく，商標評審委員会（Chinese Trademark Review and Adjudication Board／TRAB）に再審請求をする必要があり，この期間が通知の日から15日間と短い。

中国では再審請求をした場合に，引用商標の商標権者からの同意書（written consent）を提出すれば，拒絶理由が回避される場合がある。「Mitsuboshi」は「Mitsubishi」に類似すると判断されたが，同意書を提出することにより登録されている。多くの国が同意書制度を採用しているが，米国のように混同が生ずる可能性がある場合には，同意書を提出しても登録できない場合がある。

中国では，県クラス以上の地名に該当する商標は，登録できないだけでなく，使用もすることができない（中国商標法10条2項・52条）。ただし，地名に別の意味があり，需要者が地名と思わない場合は登録できる。医薬品，たばこ，乳児用食品についての商標は登録が義務となっている。

中国では，拒絶理由を受けて，引用商標に不使用取消請求をしても，日本のように出願商標の審査を待ってくれないので注意を要する。

米国では，拒絶理由を受けて，引用商標に不使用取消審判を請求した場合には，その旨を応答すれば，日本のように，出願商標の審査を待ってくれる。ただし，拒絶理由への応答期限は延期することができず，その期間内に，引用商標の使用宣誓書（米国商標法8条）の期限がこない場合には，審査は中断されない。

韓国は，審査の判断基準時が出願時なので，拒絶理由を受けた後に不使用取消審判を請求しても，出願は救済されなかった。しかしながら，2003年10月6日施行の改正商標法では，この場合の判断時は査定時に変更されたので，不使用取消審判を請求することにより，出願は救済されることになった。

ロシアでは，商標出願と著作権・意匠権との抵触審査（同一性）がなされる。また，「NBMV」のような子音（consonant letter）のみからなる商標は識別力がないとして登録できない（ロシア民法1483条）。ただし，使用により識別力を獲得したことを立証すれば登録できる。なお，「JAL」は，子音のみではなく，子音＋母音からなるので登録可能である。

(5) 異議申立て

米国では異議申立てにディスカバリー（discovery）の制度が採用されており，香港では法廷弁護士が異議を取り扱う場合があり，コストがかかる。

EUでは，先行商標と抵触審査は，異議があった場合のみ行われるため，

異議率が高い（15%～20%）。

　異議期間は，公告日から30日（米国），60日（ブラジル），2か月（英国，韓国，シンガポール，カナダ），90日（サウジアラビア），3か月（中国，オーストラリア，ニュージーランド，ギリシャ）となっており，登録前に異議申立制度を設けている国が多い。

(6) 商標権

　商標権は日本のように設定登録により発生する国が多いが，米国は，商標登録をしても使用していなければ商標権は発生しない。

　英国では，同じ所有者の複数の同一商標を統合（merger）できるが，統合の対象が，①同一出願日，②登録商標，③不使用取消しの対象でないこと，④国際登録（マドプロ）の基礎登録の場合には国際登録日から5年以上経過していることが条件となる。統合することにより更新費用を減額することができる。香港にも統合の制度がある。

(7) 存続期間

　商標権の存続期間は，①起算日については，出願日，出願日の翌日，出願月末日，登録日，登録日の月の末日，②期間については，7年，10年，14年，15年，永久，③暦については，太陽年（1年が365日又は366日（閏年））と太陰年（1年が354日）がある（太陰年の方が1年が11日から12日短い）。

　具体的には，出願日から7年（バングラディッシュ，キプロス，エチオピア，ナイジェリア），出願日から10年（EU，英国，香港，マレーシア，タイ，メキシコ等多数），出願日の翌日から10年（ギリシャ），出願日の月の末日から10年（ドイツ），出願日から14年（バハマ），出願日から15年（レバノン），登録日から7年（マカオ，ネパール），登録日から10年（米国，中国，台湾，韓国，フィリピン，デンマーク等多数），登録日の月の末日から10年（オーストリア），登録日から15年（カナダ），ブルンジは，2009年7月28日前に登録されたものは永久であり，2009年7月28日以後に登録されたものは出願日から10年が更新期限となっている。

　ほとんどの国が太陽年であるが，サウジアラビアは太陰年（Hijira）であり，太陰年の10年の存続期間は太陽年で計算すると約9年8か月と短くなる。

　中国では，異議があった場合，公告後3か月経過した日から起算することになるが，通常，公告後3か月経過した日が登録日となっている。

(8) 更　新

商標権を更新した後の存続期間については，7年，10年，14年，15年がある。

商標権の存続期間と更新後の存続期間は通常一致するが，一致しない国もある（バングラディッシュは10年，キプロス及びナイジェリアは14年）。

商標法条約加盟国は，更新の要件として使用証拠を要求することはできないが，米国のように更新の要件としなければ，更新の時期に使用証拠を要求することができる。

(9) 移　転

米国では，商標権の移転は，営業のGoodwillとともに行う必要があり，エジプトも事業とともに行う必要がある。

(10) ライセンス

米国でライセンスをする場合には，契約書に品質管理条項を設けるとともに，実質的にライセンシーの商品の品質を管理している必要がある。このような管理を怠ると，商標権を喪失することになる。

(11) 商標権侵害

登録商標と同一又は類似の商標を類似の商品又は役務に使用する場合で，混同を生じさせるおそれがある場合には，商標権侵害を構成することになるのが一般的である。

米国では，混同には，①販売時の混同（商品を購入する際に混同する場合／point of sale confusion），②購入後の混同（購入した商品をみた第三者が混同する場合／post-purchase confusion），③当初の関心の混同（商品を購入する際には混同しないが当初混同する場合／initial interest confusion），④逆混同（先使用者の商品（senior user）が後発使用者（junior user）のものであると混同する場合／reverse confusion）が含まれる。

EUでは，登録商標が名声を得ている場合で，他人による登録商標と類似する商標の使用が，登録商標の識別性若しくは名声を不正に利用し，害するときは，商標権の効力が非類似の商品又は役務まで及ぶ。

米国にもEU同様の不鮮明化による稀釈化，汚染による稀釈化防止の規定が設けられており，登録商標だけでなく，未登録商標にも適用される。

中国では，登録商標の付された商品から当該商標をはがし，別の商標を付して販売する行為が商標権侵害になると規定されている。米国の判例法理「reverse passing off」を条文化したものである。

台湾では，侵害品の小売価格の1500倍まで損害賠償を請求することができる。原告の立証負担の軽減を図った規定である。実際にエルメスの偽物のバッグを4個販売しただけで，当該小売価格の500倍（約7億円）の損害賠償を認めた判決がある（知的財産裁判所2008年度民商上易字第2号掲載）。

メキシコ特許庁（920名）の内，156名は知的財産保護部に所属しており[*15]，査察権限及び行政罰を課す権限を有し，産業財産権に関する行政上の義務違反（他者の権利侵害も含まれる）を取り締まっている。

(12) 使用義務

3年（米国，中国，韓国，台湾，フィリピン，カナダ，オーストラリア，ニュージーランド）又は5年（EU，UAE，インド），商標を使用していない場合には，不使用取消審判により登録が取り消されることになる。ただし，チリにはこのような制度がない。

米国は，3年の継続的不使用は，放棄の一応の証拠となるとされており，3年不使用でも使用再開の意図がある場合には，放棄ではないとして登録は取り消されない場合がある。

欧州では，5年間使用をしていないと登録商標を異議の根拠とすることができず，また，権利行使もできない。

米国では，登録商標を使用していなくとも異議の根拠にできるが，権利行使ができない。

中国は，使用していなくとも登録商標を異議の根拠とでき，また，権利行使ができる（3年未使用の場合の損害賠償請求を除く）。

整理すると■図表4―1―3のとおりとなる。

(13) 登録表示

米国では，登録商標には Ⓡ を，未登録商標には TM をつけるのが一般的であるが，ドイツでは，未登録商標に TM を付けることが，不正競争防止法違反になった判決（Regional Court of Munich of July 23, 2003）があるので注意を要する。

■図表４－１－３　不使用商標の各国比較

	日本	米国	欧州共同体	中国
登録時の使用	不要	必要	不要	不要
定期的使用チェック	なし	登録後５年〜６年 登録後10年	なし	なし
不使用取消審判	３年の未使用	３年の未使用で放棄を推定	５年の未使用	３年の未使用
不使用の抗弁（審査時）	不可	不可	可能	不可
不使用の抗弁（侵害時）	不可	可能	可能	不可 損害賠償請求可

5　国際商標実務

(1)　商標調査

　まず，最初に商標調査をして，使用及び登録できる商標を出願することになる。

　①登録の可能性と②使用可能性の２つの点で調査を各国の弁理士に依頼することになる。％でリスクを表示してもらい，抵触する商標が発見された場合には，その解決方法（不使用取消審判請求，コンセント，商標の変更）も提示してもらう。

　米国は，使用主義をとっているので，連邦登録，州登録の他に，未登録商標の使用調査（コモン・ロー調査）も必要となる。ThomsonやCorsearchといったデータベースを利用するとビジネスネーム，ドメイン名，WEB，雑誌・新聞記事等から未登録商標を検索してもらえる。

　上記の米国のフルサーチは，1500〜2000ドルほどかかるので，料金の安い同一性調査で，候補を絞って，２ないし３の商標のみフルサーチするのが一般的である。

　欧州共同体商標出願をする場合には，１つの出願でEU加盟国28か国をカバーするので，本来は，28か国すべてについて調査した方がよいが，費用は

100万円以上かかるので，主要な国に絞って調査するのが一般的である。EUの中には英国のようなコモン・ローの国もあるので，このような国ではコモン・ロー調査までやった方が安全である。

　カンボジア，イスラエル特許庁のように有料でOfficial Searchをやってくれる国もあるが，サーチ結果と審査官の意見が一致しない場合もあるので注意を要する。

(2) 権利形成

　商標調査の結果，登録，使用とも問題がない場合には，出願をする。

　商標権を移転すると税金がかかるので，だれの名義で出願するかよく検討する必要がある。

　出願する商標は，アルファベット，現地語，漢字，カタカナ等実際に使用する商標と同一性のあるものにする必要がある。

　出願する商品，役務については，実際に使用するものを具体的に記載する必要がある。

　商品の製造国，役務の提供国，販売国，流通国が出願対象国となる。

　出願する方法として，①各国毎の出願，②欧州共同体商標意匠庁（OHIM），アフリカ知的財産機構（OAPI），アフリカ広域知的財産機関（ARIPO），ベネルクス等の広域出願，③マドリッド協定議定書（マドプロ）がある。

　安定した強い権利を取得したいのであれば，出願前に現地代理人に相談できる各国毎の出願がベストである。

　費用的には，マドプロ利用が最も安くあがるが（各国出願の5分の1），セントラルアタック，区分変更ができない，基礎出願又は基礎登録が必要で権利化にスピード感がない，出願前に現地代理人のアドバイスがないといったデメリットも踏まえて利用する必要がある。

　識別力がある商標で，商品又は役務の内容が明確にわかる商品に限定してマドプロを利用する必要がある。

　商標に識別力があるかないかはっきりしない場合，商品や役務の内容がはっきりしない場合には，各国毎の出願が向いている。また，拒絶率の高い国（米国，韓国，日本，中国）や登録要件の厳しい国（米国，中国）も各国毎の出願が向いている。

(3) 商標管理

登録された商標は，3年〜5年使用していないと，登録が取り消される可能性があるので，不使用取消審判を請求された時に，過去の使用を立証できるように日付立証の容易な雑誌広告等を確保しておく必要がある。

新しい商品の商標で業界トップのものは，普通名称化しやすいので，辞書や雑誌等で，自社の登録商標が普通名称として使用されていないか定期的にチェックをして，普通名称として使用されている場合には，出版会社に訂正を依頼する必要がある。EUで商標登録をとると出版社への商標表示請求権が認められる[*16]。「yo-yo」，「escalator」，「elevator」，「aspirin」（ドイツを除く）は，登録商標が普通名称化した例である。

【注】

(＊1) Paris Convention for the Protection of Industrial Property（1979年9月28日修正）。

(＊2) Marrakesh Agreement Establishing the World Trade Organization, Agreement on Trade-Related Aspects of Intellectual Property Rights／世界貿易機関を設立するマラケシュ協定附属書1C 知的所有権の貿易関連の側面に関する協定（1994年4月15日採択）。

(＊3) Trademark Law Treaty（1994年10月27日採択）。

(＊4) 樋口豊治＝青木博通「商標法条約外交会議出席報告」パテ48巻2号（1995年）86頁。

(＊5) Singapore Treaty on the Law of Trademarks（2006年3月27日採択）。

(＊6) Nice Agreement Concerning the International Classification of Goods and Services for the Purposes of the Registration of Marks（1979年10月2日修正）。

(＊7) 2012年12月19日欧州連合裁判所判決（C-149/11）。

(＊8) 2011年4月12日欧州連合裁判所判決（C-235/09）。

(＊9) Bangui Agreement（1999年2月24日改正，2002年2月28日施行）。

(＊10) 河合千明「ヨーロッパ共同体における商標実務——共同休商標制度の理解と留意点を中心として——」知管59巻12号（2009年）1567頁。

(＊11) 不正競争防止について，各国制度を俯瞰的に解説する比較的新しいものとして，経済産業省委託報告書『平成18年度　東アジア大における不正競争及び営業秘密に関する法制度の調査研究報告——欧米の法制度との対比において——』，同『平成19年度　東アジア大における不正競争及び原産地等に係る表示に関する法制度の調査研究報告——欧米豪の法制度との対比において——』（経済産業省のWEBより入手可能），当該委託研究をさらに発展させた，牧山嘉道＝森山義子「不正競争防

止に関する各国の法制度——12カ国の制度と運用」国際商事法務2008年7号〜2010年3号 がある。
(＊12) 玉井克哉「商標権と周知表示」特許研究18号（1994年）4頁ないし26頁参照。
(＊13) 米国商標法の概要については，大島厚「米国商標制度の概要——商標登録実務を中心に——」知管60巻7号（2010年）1049頁ないし1070頁，米国における商標の裁判例の紹介については，バサーム N. イーブラヒム＝ブライス J. メイナード＝大島厚「米国商標重要審判決」知管63巻3号（2013年）387頁ないし405頁参照。
(＊14) 拙稿「色彩，動き，音等の『新しいタイプの商標』の保護」パテ62巻5号（2009年）55頁ないし64頁。
(＊15) 奥田雄介「メキシコ産業財産庁のご紹介——新興国における知財の現状」特技懇226号（2012年）54頁。
(＊16) **第5章第5節**参照。

第2節 意匠制度の国際比較

1 はじめに

　各国の意匠制度は，ばらばらである。その原因は，パリ条約5条の5に「意匠は，すべての同盟国において保護される。」とあり，意匠の保護の方法について具体的に記載がないこと（例えば，昔，ギリシャには意匠法がなく，意匠は著作権法で保護されていた），特許や商標では既に成立している調和条約（ハーモナイゼーション条約）がまだ検討中であることが理由である。
　このように各国ばらばらの意匠制度を理解するには，意匠に関する条約，各国意匠制度の基本構造，日本からみた各国の特異な制度をパターン化して整理するのが手っ取り早い。
　そこで，本節では，これらについて解説し，意匠制度について世界一周を試みたいと思う。

2 意匠に関する条約

(1) パリ条約

　パリ条約では，意匠の保護について，優先権（第1国出願日から6か月），内国民待遇が規定されている。

(2) WTO TRIPS 協定

　WTO TRIPS 協定では，繊維の保護については早期に保護すること，意匠の保護期間を少なくとも10年とすることが規定されている。

(3) 調和条約

　意匠の調和条約（Design Law Treaty）はまだ，WIPO の SCT（Standing Committee on the Law of Trademarks, Industrial Designs and Geographical Indications）の会議で検討され，2015年に外交会議が開かれる可能性がある。

(4) 欧州共同体意匠規則（EU）

正確にいうと条約ではないが，EU加盟国28か国をカバーする欧州共同体意匠規則があり，スペインのアリカンテにある欧州共同体商標意匠庁へ意匠出願することにより，存続期間25年間の登録意匠権（EU28か国をカバーする単一の権利）を取得することができる。意匠の定義，公序良俗違反のみしか審査されないので，出願から2か月ほどで登録になる。

また，意匠出願をしなくとも，意匠が最初にEU域内で公衆に利用可能となった時から3年間保護できる非登録意匠権も無方式に発生することになっている。登録意匠権と非登録意匠権の2つが設けられたのは，意匠を長く保護してほしいニーズと短くともよいから安く保護してほしいニーズの2つを満たすためである。

意匠権侵害は，各国の裁判所で指定を受けた共同体意匠裁判所で判断される。

(5) バンギ協定（アフリカ知的財産機関／OAPI）

アフリカのフランス語圏（大陸法系）の17か国（コモロ諸島，ベナン，ブルキナファソ，カメルーン等）をカバーする協定である。出願すると17か国を自動指定したことになり，各国指定はできない。

公序良俗違反のみ審査され，新規性については審査されない。存続期間は，出願日から最大15年間である。出願から4年又は登録から3年のいずれか遅い期間内にOAPI加盟国で意匠が実施されていない場合には，強制実施権の対象となる。

登録はカメルーンのヤウンデにあるOAPI中央官庁により管理されることになる。

(6) 意匠の国際登録制度「ハーグ協定ジュネーブアクト」

WIPOへ加盟国を指定して直接出願することにより，意匠の国際登録を受けることができる（**本章第4節■図表4－4－3**参照）。

ハーグ協定ジュネーブアクト（「ヘーグ協定」から「ハーグ協定」と2012年11月から呼ばれるようになった）には，2015年5月13日現在49の国・政府間機関（EU，OAPI）が加盟している。

審査は，加盟国の特許庁で行われ，加盟国で登録できない場合には，

WIPOへ拒絶通報がなされる。出願人は意見書の提出や手続補正の機会が与えられる。手続補正書により，補正された製品名（物品名）や図面の内容は，各国の国内原簿で管理されることになる。国際登録原簿には各国における拒絶の結果が掲載される。

各国から拒絶通報がなされない場合には，一定期間後に各国の国内登録と同様の効果を得ることができ，意匠権の更新や移転は，WIPOへの手続で一括して行うことができる。

存続期間は登録の日から5年間で，5年毎に2回更新できるが，指定国が15年間より長い保護期間を定めている場合には，その保護期間が適用されることになる。

3 各国意匠制度の基本構造

(1) パテントアプローチ，コピーライトアプローチ，デザインアプローチ

パテントアプローチとは，特許法と同じ枠組みで意匠を保護する手法で，意匠権の効力が独自創作にも及ぶことになる。米国，ロシア，中国，EU（欧州共同体商標意匠庁）の登録意匠権，英国，フランス，韓国，日本，タイ，ベトナムなど多くの国がこのアプローチをとる。米国，中国，タイについては，特許法の中で意匠が保護されている。フランス，ベトナムについては，知的財産法の中で意匠が保護されている。

コピーライトアプローチとは，著作権法のように，意匠権の保護が独自創作に及ばない手法をいう。旧ドイツ意匠法，英国の非登録意匠権，EUの非登録意匠権が該当する。英国の非登録意匠権は，デザイン文書に意匠が記録されたときに発生する。EUの非登録意匠権は，意匠が最初にEU域内の公衆に利用可能となった時から発生する。

デザインアプローチとは，パテントアプローチとコピーライトアプローチを組み合わせた手法をいう。英国の登録意匠権（25年間）と非登録意匠権（10年間又は15年間），EUの登録意匠権（25年間）と非登録意匠権（3年間）が該当する。意匠保護の新しいアプローチとして注目されている。

(2) 審査主義と無審査主義

新規性について審査する制度が審査主義，新規性について審査しない制度

を無審査主義と整理する場合が多い。後者は審査負担が少ないので、発展途上国で多く採用されている。

米国、ロシア、日本、台湾、インド、タイ等は、審査主義をとっている。

EUやEU各国は、無審査主義をとっている。中国は新規性について審査することができるが、実際には、行っていないので、実質無審査の国と呼ばれている。

韓国は、特定の物品（例：衣類（2類）、織物生地（5類）、カレンダー（19類）等）については無審査主義で、それ以外の物品については、審査主義をとっている。画像デザインは審査対象に変更された。

オーストラリアは、無審査で登録になるが、登録後審査請求をすることができる。登録後の審査を得ないと意匠権侵害訴訟を提起することができない。2010年には、820件の登録について審査請求があり（年間登録件数は6000件弱）、登録が有効でないと判断されたのは20件に過ぎない。

(3) **英法系の国**

アジアには、英国意匠法の流れを汲む国が多い（例：香港、シンガポール、マレーシア、ニュージーランド等）。日本も、英国意匠法を参考に意匠法が制定された。

ただし、英国意匠法も何度も改正されているので、いつの時代の英国意匠法を参考にしたかによって、その内容が異なることになる。

4　日本からみた各国の特異な制度

(1) **意匠の保護対象**

タイプフェイスは、EU、米国、韓国では登録可能である。

汎用コンピュータのアイコンは、EU、米国、韓国、中国で登録可能である。

ロゴ（■図表4−2−1参照）、図形は、EUでは登録可能である。EUでは、意匠の保護範囲に製品名は影響を与えないので、ロゴや図形を登録すれば、あらゆる製品への使用に意匠権が及ぶことになる。もっとも、意匠権侵害は、外観の印象で決まるので、商標権侵害のように、称呼、観念は、侵害判断基準のファクターにはならない。

彫刻などの著作物もEUでは登録可能である。よって、この場合には、1

■図表4—2—1　欧州におけるロゴの登録例

EU意匠登録第103387—0001号
製品名：Logo
権利者：株式会社ミツカングループ本社
意匠：

mizkan

つの創作物に対して，著作権と意匠権の重畳的保護が及ぶことになる。

(2) **登録要件**

新規性の要件は，どこの国でもとられるが，日本や米国のような創作非容易性や非自明性の要件をとる国は少ない。

機能的な意匠は，多くの国で保護されないが，オーストラリアには，このような要件がない。その代わり，オーストラリアにおける意匠権の保護期間は10年間と短い。

EUでは通常の使用状態で見えないものは意匠として保護されない。例えば，自動車のボンネットを開けないと見えない自動車用エンジンは保護されないことになる。この規定によっても，実質的に機能的な意匠の保護が排除されることになる。

(3) **手続要件**

米国ではクレームを記載する必要があり，また，ロシアでは，意匠の本質的特徴記載リストを提出する必要があったが，2014年10月1日施行の改正民法の下で廃止された。

米国の場合には，図面に記載されたとおりのクレームを書くので，実質，図面がクレームとなる。よって，図面には余計な要素はなるべく書かない方が良い。

新規性喪失の例外については，起算日を第1国出願日前1年とする国（例：EU，メキシコ，米国）がある。会議などでは，International Grace Periodと呼ばれることもある。米国も2013年3月16日からこの制度を採用した。なお，日本のように，自己の行為に起因して公知にした場合や公知にした意匠と類似の意匠や創作非容易の意匠についてまで例外を認める国は少ないので

注意が必要である。

多意匠1出願主義を採用している国では、1つの出願に複数の意匠を含めることができる。例えば、EU の場合は、ロカルノ分類の同一分類の範囲であれば数の制限がなく、意匠の国際登録制度「ハーグ協定ジュネーブアクト」の場合には、ロカルノ分類の同一分類の範囲で100件まで意匠を含めることができる。

類似する意匠をいつまで登録できるかは、日本企業、特に、自動車メーカーの関心事であるが、中国では同日でないと保護されない。EU では先行意匠が公知になっていなければ保護されることになる。米国では後願の意匠の存続期間を自己の先行意匠の存続期間と同じにすれば（ターミナルディスクレーマー）、登録することができる。

EU やハーグ協定ジュネーブアクトでは、出願日（優先日）から30か月間、意匠の公告を遅らせることができる。また、ブラジルの場合には、この期間が出願日から180日間となっている。

(4) 存続期間

存続期間の長さは、オーストラリア（10年間）、米国（14年間、ハーグ協定が発効すると15年間）、フィリピン（15年間）、日本（20年間）、マレーシア・EU（25年間）、モナコ（50年間）となっており、モナコの50年間が一番長い。もっとも、旧ポルトガルでは料金を払えば半永久的に保護されていたようであるが、現在は EU の一員なので25年間となっている。

存続期間の起算日については、出願日又は優先日のいずれか早い方とする国として、マレーシア、ニュージーランドなどがある。出願日とする国としては EU、タイ、ブラジルなどがある。登録日とする国として、米国、カナダ、日本などがある。南アフリカは、出願日又は優先日前に意匠を公開している場合には公開日から存続期間を起算することになっており、公開日、優先日、出願日の3つの起算日がある。

(5) 権利の拡張

英国で意匠登録すると、その効力は、ベリーズ、ウガンダ、スワジランド、ケニア、ドミニカ等の旧植民地に及ぶことになる。昔は、香港、シンガポール、マレーシアにも効力が及んでいたが、現在はこれらの国では、独立した

意匠法ができたこともあり，効力は及ばないことになっている。
　フランスで意匠登録すると，その効力は，タヒチ，ニューカレドニアに及ぶことになる。
　ここで，注意をしなければいけないことは，EU（欧州共同体商標意匠庁）に意匠登録してもEU圏内しか意匠権の効力は及ばない点である。上記の旧植民地にも権利の効力を及ぼしたい場合には，英国，フランスでの個別登録が必要となる。

(6) 意匠権侵害

　米国では，先行意匠を知っている通常の観察者が，原告登録意匠と被告意匠を取り間違うような場合には，意匠権侵害を構成することになる。具体的には，登録意匠，先行意匠，被告意匠を並べて，被告意匠が先行意匠と遠く，登録意匠に近い場合には侵害になる可能性が高い。一方，被告意匠が先行意匠に近く，登録意匠から遠い場合には，侵害にはならない可能性が高い（Gorham Mfg. Co. v White, 81 U.S. (14 Wall.) 511, 20 L. Ed. 731 1872 及び Egyptian Goddess v Swisa, No. 2006-1562, US Court of Appeals for the Federal Circuit, 22 September 2008 (en banc)）。

　中国では，原告登録意匠と被告意匠の物品が同一又は類似で，形態も同一又は類似の場合には，意匠権侵害を構成することになる。物品が同一又は類似か否かは物品の用途に基づき判断されることになる。形態が同一又は類似か否かは，物品の一般消費者の知識水準と認知能力に基づき，特徴部分を踏まえて，意匠の全体的視覚効果をもって総合的に判断される。全体の視覚効果に相違がない場合（同一），実質的相違がない場合（類似）には，侵害となる（最高人民法院司法解釈）。

　EUでは，情報に通じた使用者に対して，被告意匠が登録意匠と異なった全体的印象を与えない場合には，意匠権侵害を構成すると判断される。この評価に際しては，意匠を開発する際の創作者の自由度を考慮しなければならない。よって，機能的な部分やありふれた部分は低く評価されることになる（事件番号C-281-10P：／2011年10月20日欧州連合裁判所判決）。登録意匠の製品名は，意匠の保護範囲に影響を与えないことになっているので，日本や中国のように，製品（物品）の同一又は類似は，意匠権侵害判断の前提とはならない。

5 おわりに

　日本，米国でも，2015年5月13日に意匠の国際登録制度「ハーグ協定ジュネーブアクト」が発効する。

　ジュネーブアクトは，入口までで，意匠の定義，登録要件，存続期間，意匠権侵害は各国の法律によることになっているので，ジュネーブアクトを使いこなすには，各国制度の理解が不可欠となる。本節がその一助となれば，幸いである。

第3節● 商標の国際登録制度「マドリッド協定議定書」のリスクと対策

1 はじめに

マドリッド協定議定書については，日本が加盟して15年以上が経過し，利用実績があるため，制度のリスクと対策については様々な機会に議論がなされており，そのような議論に基づき，マドリッド協定議定書の改正についても世界知的所有権機関（World Intellectual Property Organization／WIPO）で検討されている[*1]。

本節では，まず，マドリッド協定議定書の概要，マドリッド協定議定書と関係する日本の商標法について説明し，最後に，マドリッド協定議定書のリスクと対策について解説することとする。

2 マドリッド協定議定書の概要

(1) マドリッド協定議定書採択までの経緯

マドリッド協定議定書（Protocol Relating to the Madrid Agreement Concerning the International Registration of Marks）は，締約国（Contracting Parties）の1国の官庁（本国官庁／the Office of origin）に出願又は登録されている標章（商標及びサービスマーク）を基礎として，本国官庁を経由して，保護を求める締約国（指定国）を明示して世界知的所有権機関（World Intellectual Property Organization／WIPO）の国際事務局（International Bureau／IB）に国際出願し，同事務局が維持・管理する国際登録簿にその標章が国際登録されると，その指定国の官庁が一定期間内に暫定拒絶通報をしない限り，その指定国（designated country）において保護を確保できるとする標章の国際登録制度をその骨子とする。日本では，「マドリッド・プロトコル」，「マドプロ」とも呼ばれている。

国際登録は1つであるが，権利は指定国毎に発生するものであり，マドリ

ッド協定議定書（以下「マドプロ」という）は，権利の束を与える途を簡易，迅速（暫定拒絶通報期間が決まっている）かつ低廉なコストで開いたものといえる。

マドプロは，1989年6月27日に採択され，1995年12月1日に発効しており，1996年4月1日より国際出願の受付が開始されている。2015年3月25日現在の加盟国数は，日本，中国（香港，マカオは未適用），韓国，米国，英国，フランス，ドイツ，欧州連合等94の国・政府間機関である[*2]。最近では，フィリピン（2012年7月25日），ニュージーランド（2012年12月10日），メキシコ（2013年2月19日），インド（2013年7月8日），ルワンダ（2013年8月7日），チュニジア（2013年10月16日），OAPI（2015年3月5日），ジンバブエ（2015年3月11日），カンボジア（2015年6月5日）が加盟している（カッコ書きは効力発生日）。

なお，EU加盟国の中でマルタのみが，マドプロに加盟していない。

標章の国際登録制度については，1891年4月14日に採択されたマドリッド協定が存在し，現在55か国[*3]が加盟しているが，①暫定拒絶通報期間が領域指定通報の日から12か月と短い，②締約国が独自に個別手数料を設定し徴収できない，③国際出願の基礎として登録が必要，④セントラルアタックに対する救済措置がない，⑤使用言語がフランス語のみ，といった日本，米国等審査主義国が加盟しにくい問題点があった（■図表4―3―1参照）。

そこで，このような問題点を除去し，審査主義国も加盟しやすい標章の国際登録制度を創設するために，マドプロが採択された。

マドプロはマドリッド協定と密接な関係を有するが，該協定とは独立した多国間条約である。

日本では，マドプロの締結が，1999年5月14日に国会で承認されたため，2000年3月14日に効力が発生した。

2011年には，4万2270件の国際出願があり，54万0809件の登録が有効に存続しており，指定国数は，545万件となる。国際登録の保有者数（right holders）は1万7507で，500以上の登録商標を所有している者は35であり，1件から2件が14万1871と一番多い[*4]。

(2) マドリッド協定議定書のメリットとデメリット

(a) メリット　マドプロによれば，単一の言語（one language），単一の

第3節 商標の国際登録制度「マドリッド協定議定書」のリスクと対策　509

■図表4―3―1　マドリッド協定とマドリッド協定議定書の比較

項　目	マドリッド協定	マドリッド協定議定書
使用言語	仏語	英語，仏語又はスペイン語
国際出願の基礎	本国登録	本国出願又は登録
暫定拒絶通報期間	国際事務局による指定通報の日から1年	国際事務局による指定通報から1年又は18か月
存続期間	20年（更新可能）	10年（更新可能）
セントラルアタック	救済措置なし	救済措置あり
個別手数料	不可	可能
締結の主体	パリ条約同盟国	パリ条約同盟国及び政府間機関（例：EU）
加盟国数	55か国	94か国・政府間機関

　出願（single application），単一の手数料（single set of fees）支払により，複数国に標章登録したのと同一の効果を得ることができ，また，登録後も単一の国際登録簿により，各国毎に存在する権利の移転や存続期間更新を一元的に管理することができる（■図表4―3―2参照）。

　これにより，標章の所有者は，簡易，迅速，低廉な料金で各国毎に権利を取得したのと同様の効果を達成することができる。もっとも，欧州連合28か国のみでの権利取得の場合には，OHIM（欧州共同体商標意匠庁）への出願の方が圧倒的に安価である。

　一方，各締約国の官庁も，方式審査，国際分類付与，国際事務局が定期的に発行する公報（WIPO Gazette of International Marks）による公表，国際登録簿への登録，手数料の徴収が一括して行われるため，労力の負担が軽減されることになる。

　(b)　デメリット　　デメリットについては，4を参照。
　(3)　国際出願と国際登録日の認定（■図表4―3―3参照）
　締約国の国民等は，当該国の官庁（本国官庁）にした国内出願（基礎出願／the basic application）又は国内登録（基礎登録／the basic registration）に基づき，本国官庁を経由して世界知的所有権機関の国際事務局へ国際出願（the

■図表 4 — 3 — 2　直接出願と国際出願の比較図

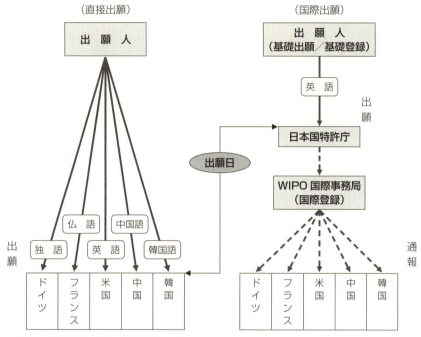

（出典：特許庁行政年次報告書2004年版）

■図表 4 — 3 — 3　本国官庁から国際事務局，指定国にいたるプロセス

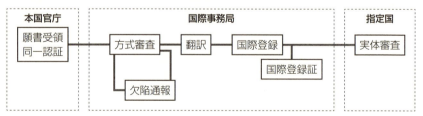

（出典：WIPO 日本事務所「平成24年度知的財産権制度説明会　商標の国際登録制度（マドリッド制度）について［管理実務］」）

international application）を行う（マドリッド協定議定書（以下略）2条1項）[*5]。その際，本国官庁は，基礎出願又は基礎登録と国際出願の記載事項（出願人，

商標, 指定商品・役務) が一致していることを証明する (3条1項)。

　国際出願の言語は, 英語, フランス語又はスペイン語 (2004年4月1日よりスペイン語を追加) のうち本国官庁が指定する言語 (日本の場合は英語) を使用する (標章の国際登録に関するマドリッド協定及び同協定の議定書に基づく共通規則 (以下「規」という) 6条)。国際出願の願書には, 出願人の氏名又は名称, 標章, 国際分類, 指定商品, 指定役務, 指定国 (領域指定) 等を記載する (3条, 規9条)。本国官庁を指定 (自己指定) することはできない (3条の2)。1出願多区分制度が採用されている。

　指定国が許容する場合には, 立体標章 (three-dimensional mark), 音響標章 (sound mark), 団体標章 (corrective mark), 証明標章 (certification mark), 保証標章 (guarantee mark) も国際出願の対象となる (規9条4項)。すなわち, 商標の対象, 登録要件等はすべて指定国の法律に従うことになるので, マドプロの利用には, 各国商標制度の知識が不可欠である。

　出願人が指定した国際分類 (International Classification) について, 本国官庁と国際事務局との間に意見の相違がある場合には (In the event of disagreement), 国際事務局が優先する (WIPO shall prevail／3条2項)。類の指定は, 標章に与える保護の範囲を決定するに際して締約国を拘束するものではない (4条1項(b))。

　指定商品・役務の表示に欠陥 (Irregularities with respect to the indication of goods and services) がある場合には, 国際事務局は, 表示欠陥通報を本国官庁及び名義人に送付する (規13条)。本国官庁は3か月以内に欠陥を是正するための提案をする必要があるため, 日本の特許庁の場合14日以内に是正提案書を提出するように通知がくる。14日の期限は法定期間ではないので, この期限を過ぎても問題ないが, 最終期限は3か月なのでなるべく早く提出する必要がある。

　国際事務局は, 方式に不備がない場合には出願された標章を直ちに登録し関係官庁に国際登録を遅滞なく通報し, その内容を定期的に発行する公報 (WIPO Gazette of International Marks／Gazette OMPI des marques internationales) に英語, フランス語及びスペイン語で掲載する (3条4項)。2012年1月1日発効の改正規則32条により, 公報はウェブサイトでのみ公表される。方式に不

備がある場合には、本国官庁及び出願人に通報され、通報の日から3か月以内に補正がされないときは、国際出願は放棄されたものとみなされる（規11条2項）。国際事務局は領域指定（Request for Territorial Extension／国際登録により標章の保護の効果が及ぶ領域の指定）を直ちに記録し、当該領域指定を指定国官庁に遅滞なく通報する（3条の3第2項）。本国官庁が国際出願を受理した日から2か月以内に国際事務局が国際出願を受理した場合には、本国官庁が受理した日を国際登録日とし、当該2か月の満了後に国際事務局が国際出願を受理したときは、国際事務局が国際出願を受理した日を国際登録日とする（3条4項）。

(4) 国際登録の効果と代替

国際登録された標章は、国際登録日から、指定国の官庁に直接出願された場合と同一の保護を与えられ、また、指定国の官庁が暫定拒絶通報期間（領域指定通報の日から1年又は18か月、異議があった場合にはそれより長い期間）内に暫定拒絶通報を行わない場合又は暫定拒絶通報が取り消された場合には、それぞれ、国際登録日からその標章が指定国の官庁に登録を受けていたならば与えられたであろう保護と同一の保護を与えられる（4条1項）。

国際登録は、一定の条件の下、国内登録又は広域登録（National or Regional Registration）により生ずるすべての権利を害することなく、国内登録又は広域登録に代替（replacement）することができるものとみなされる（4条の2第1項）。すなわち、過去登録した各国国内登録の出願日、登録日を維持して、国際登録に置き換えることができる。代替手続は各国により異なる。

(5) 暫定拒絶通報（■図表4−3−4参照）

指定国の官庁からの暫定拒絶通報（notification of provisional refusal）は、拒絶の理由を記載した文書とともに行われ（5条2項）、国際事務局は、国際登録の名義人（holder of the international registration）に暫定拒絶通報の写し1通を遅滞なく送付し、当該名義人は、暫定拒絶通報を行った官庁に標章登録を自ら直接求めていたならば与えられたであろう救済手段（the same remedies）、例えば、手続補正書、意見書などを与えられる（5条3項）。

日本は国際出願について出願分割を認めていないので、救済措置として出願分割を行うことはできない（商標68条の23）。米国は出願分割を認めている。

■図表4－3－4　指定国における実体審査プロセス

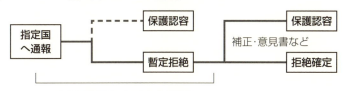

（出典：WIPO日本事務所「平成24年度知的財産権制度説明会　商標の国際登録制度（マドリッド制度）について［管理実務］」）

　中国は，暫定拒絶通報は再審査の対象とならない旨の宣言を行っているので（規17条5項(e)），暫定拒絶通報に対しては，商標評審委員会（審判部）に再審（審判）を請求することになる。

　暫定拒絶通報は，パリ条約上援用可能な理由に基づく場合にのみ行うことができ，一定数以上の類又は一定数以上の商品若しくはサービスを指定する標章登録が関係法令上認められないという理由のみによっては，保護の拒絶をすることはできない（5条1項）。例えば，中国は，指定商品・役務の数が10個を超えると料金が加算されるが，国際出願の場合には，指定商品・役務の数が10個を超えても料金は加算されない。

　標章の保護を拒絶する理由は，求めに応じ，すべての利害関係者（any interested party）に対して国際事務局が通報する（5条4項）。

　暫定拒絶通報を行わなかった官庁は，保護を与えない宣言をする権利を主張する利益を失う（5条5項）。

　暫定拒絶通報期間内にすべての手続が終了し，拒絶理由を発見しない指定国は，国際事務局に遅滞なく，保護認容声明（Statement of Grant of Protection／SGP）を送付することが義務となった（規18条の3第1項）。2011年1月1日までは経過措置があった（規40条5項）。

　しかしながら，暫定拒絶通報期間内にすべての手続が完了しない場合には，保護認容声明を送付する必要がないので，この場合，指定国で保護されているか否かを確認するには，WIPOのデータベース「Romarin」に「580 The refusal period has expired and no notification of provisional has been recorded」の表示がでるのを待つ必要がある。

(6) 存続期間と更新

最初の国際登録の存続期間は、国際登録日から10年間であり（6条1項），その後10年毎に更新をすることができる（7条1項）。

割増し手数料の支払により，6か月の猶予期間が存続期間の更新について認められる（7条4項）。

(7) 事後の領域指定

領域指定は，標章の国際登録の後においても追加して行うことができる。

領域指定は，当該領域指定が国際登録簿に記録された日から効力を生じ，当該領域指定に係る国際登録の存続期間の満了によりその効力を失う（3条の3第2項）。本国官庁又は一定の場合には国際事務局が領域指定を受理した日が国際登録簿への記録日となる（規24条）。領域指定の効果については国際登録の効果と同様マドプロ4条に規定されている。

インド，フィリピンのようにマドプロ14条(5)の宣言を行っている国は，その国におけるマドプロ発効日前の国際登録に基づき事後指定できない。

(8) セントラルアタック（国際登録の基礎出願・登録への従属性）

国際登録日から5年以内に本国における基礎出願が拒絶又は基礎登録が無効若しくは取消し等となった場合には，国際登録が取り消される所謂セントラルアタック（central attack）の制度が設けられている（6条3項及び同条4項）。ただし，セントラルアタックを受けた場合には，一定の条件により，国際登録日を維持して各指定国への国内出願又は広域出願（例：EU）に変更（transformation）できる（9条の5）。

国際登録は，国際登録日から5年の期間が満了したときは，原則として，基礎出願，基礎出願による登録又は基礎登録から独立した標章登録を構成し，セントラルアタックの適用はない（6条2項）。5年の期間の満了前に登録無効等の手続が開始されていた場合で，5年の期間の満了後にその登録が無効等になった場合を除く（6条3項）。

セントラルアタックの可能性が高い場合には，マドプロの利用は勧められない。

(9) 欧州連合の指定と転換——Opting Back

欧州共同体商標制度において，共同体商標出願が取り下げられ，拒絶される場合，又は共同体商標登録が失効する場合，その共同体商標の所有者は，欧州連合への指定を，加盟国の官庁に直接出願される国内出願か又はマドリッドシステムにおける当該加盟国の事後指定のいずれかに転換（conversion）することができる（規24条7項(a)）。

この仕組みは，Opting Back と呼ばれる。事後指定の場合，加盟国の代理人の指定が不要となる。

欧州連合28か国で事前に商標調査を行った場合には，登録の可能性が高いので，欧州共同体商標意匠庁（OHIM）に直接共同体商標を出願しても良いが，そのような調査を行っていない場合には，拒絶され，各国出願へ転換する必要がでてくるので，各国出願の転換に代理人の指定のいらない（Opting Back），マドプロ経由で欧州連合を指定した方が安全である。

(10) **手数料**

①本国官庁に対する手数料（本国官庁の裁量による／at its own discretion）のほか，②国際手数料（International fee）が必要であり，国際手数料は，(i)基本手数料（basic fee／色彩付きの場合には割高），(ii)追加手数料（supplementary fee／国際分類の類の数が3を超える場合に必要），(iii)付加手数料（complementary fee／指定国の数により加算）に分けられ，出願人は国際事務局へ口座引き落とし，銀行小切手等を利用してスイスフランで前払い（the advance payment）する必要がある（8条1項及び2項，規34条・35条・38条）。

指定国は，自国を指定する国際登録及び当該国際登録の更新について，追加手数料及び付加手数料による収入の配分を受けることに代えて，(iv)個別手数料（individual fee）の支払を受けることができる。個別手数料の額は，指定国における通常の手数料の額から国際手続の利用による節約分を減じた額に相当する額を上回ることができない（8条7項）。

出願人が追加手数料を一定期間内に支払わない場合又は商品若しくはサービス（役務）の指定を必要な範囲までに減縮していない場合には，国際出願は放棄されたものとみなされる（8条3項）。

(11) **ライセンスと担保権**

国際登録簿へのライセンス登録は，2002年4月1日より可能となったが

（規20条の2），宣言を行っている国については，その効力が及ばない[*6]。

日本は宣言を行っているため（規20条の2第6項(b)），国際登録簿へのライセンスの登録の効力は日本には及ばない。

国際登録簿に担保権の設定はできない。

(12) **商品等の限定又は放棄，国際登録の取消し**（■図表4—3—5参照）

すべての又は一部の指定国に関する指定商品・サービスについて限定（limitation）できる（規25条1項(a)(ii)）[*7]。限定する前の商品及びサービスを事後指定できる。

一部の指定国に関するすべての商品及びサービスついて放棄（renunciation）できる（規25条1項(a)(iii)）。一度放棄した指定国について再度事後指定することができる。

すべての指定国に関するすべての又は一部の商品及びサービスの国際登録の取消し（cancellation）をすることができる（規25条1項(a)(v)）。取消しは，抹消を意味し，事後指定ができなくなるので注意を要する。事後指定の余地を残すためには，限定又は放棄の手法をとる必要がある。

(13) **日本の宣言**

日本は，①個別手数料を受領する旨の宣言（8条7項），②拒絶通報を18か月以内にWIPOへ行う旨の宣言（規5条2項(a)），③国際登録簿へのライセンスの効力が日本に及ばない旨の宣言（規20条の2第6項(b)）といった，3つの宣言を行っている。

■図表4—3—5　限定・放棄・取消しの比較

	限　定	放　棄	取消し
商品・サービス	一部	全部	一部又は全部
指定国	一部又は全部	一部	全部
登録簿への効果	残存	残存	抹消
事後指定	可能	可能	不可
手数料	有料	無料	無料
書式	MM6	MM7	MM8

なお、④マドプロの効力が発生する前の国際登録をもとに事後指定をすることができない（14条5項）との宣言を日本は行っていない。トルコ、エストニア、ナミビア、フィリピン、インドは行っている。

3 マドリッド協定議定書と関係する日本の商標法

日本がマドプロに加入し、その実施を図るために、商標法の改正がなされ、2000年3月14日より施行された[*8]。

日本からWIPOへ出願する場合には、「国際登録出願」、WIPOから日本に出願される場合には、「国際商標登録出願」の語が使用されている（■図表4－3－6参照）。

改正商標法の内、マドプロの実施に直接関係する規定（次の(1)～(4)）は、マドプロが日本国について効力を生ずる日（2000年3月14日、その後の改正部分については2003年1月1日）より施行され、その他の関係規定（(5),(6)）については、2000年1月1日より施行された。

(1) 国際登録出願

日本国民等が日本の特許庁を本国官庁として国際出願をする場合の手続が、商標法68条の2ないし68条の8に規定されており、マドプロ上の「国際出願」、「標章」、「サービス」の語に代えて、「国際登録出願」、「商標」、「役務」の語が使用されている（商標68条の2）。

国際登録出願をしようとする者は、経済産業省令（商標施規5条の4）で定めるところにより外国語（英語）で作成した願書及び必要な書面を特許庁長官に提出する（商標68条の2第2項）。オンライン出願は認められない。

■図表4－3－6　国際登録出願（日本→WIPO）と国際商標登録出願（WIPO→日本）の出願件数

	2007年	2008年	2009年	2010年	2011年
国際登録出願件数 （指定国総数）	1005 (5790)	1265 (7311)	1310 (6364)	1567 (7242)	1547 (8001)
国際商標登録出願件数 （マドプロも含む外国からの出願総数）	1万2295 (2万5066)	1万2586 (2万3511)	1万0641 (2万0367)	1万0825 (2万1356)	1万2412 (2万3387)

特許庁長官は，当該願書等と基礎出願又は基礎登録との記載事項が一致する場合には，その旨及び国際登録出願の受理の日を願書に記載し，必要な書面等とともに国際事務局に送付する（商標68条の3第1項及び2項）。また，その願書の写しを国際商標登録出願の出願人に送付する（商標68条の3第3項）。

　国際登録の名義人は，経済産業省令で定めるところにより，国際登録後の領域指定（事後指定），国際登録の存続期間の更新の申請，国際登録の名義人の変更の記録の請求を特許庁長官にすることができる（商標68条の4・68条の5・68条の6）。

　「空指定」（国際登録出願時の指定商品・役務に，どの国に対しても保護を求めない区分を含めること。将来の事後指定において選択肢を増やすもの）が，2012年4月5日より可能となった（■図表4－3－7参照）。

(2) 国際商標登録出願

　日本国を指定する領域指定について，商標法68条の9ないし68条の31までに規定が設けられており，日本国を指定する領域指定はマドプロ3条4項に規定する国際登録の日にされた日本における商標登録出願とみなされ（商標68条の9第1項），当該出願は，「国際商標登録出願」と称される（商標68条の10）。

■図表4－3－7　空指定の例

■　基礎出願の指定商品及び役務　＝　1類～45類

■　国際出願の指定締約国　＝　米国，フランス，ドイツ
■　国際出願の指定商品及び役務（MM2⑩）
　(a) 国際登録を求める商品及び役務：
　　　1類～45類
　(b) 指定締約国に関する商品及び役務の限定：
　　　米国………1類
　　　フランス…2類
　　　ドイツ……3類
　　※残り4～45類は，いずれの締約国に対しても保護を求められていない。

（特許庁ホームページより）

国際商標登録出願に係る登録商標（国際登録に基づく登録商標）がその商標登録前の登録商標と同一であり，かつ，国際登録に基づく登録商標に係る指定商品又は指定役務と重複している場合であって，国際登録に基づく登録商標に係る商標権者と国内登録に基づく登録商標に係る商標権者が同一であるときは，国際商標登録出願はその重複している範囲については，国内登録に基づく登録商標に係る商標登録出願の日にされていたものとみなされる（商標68条の10）。マドプロ4条の2の「代替」に該当する規定であるが，マドプロ4条の2と異なり，国際登録に基づく商標登録の商品・役務（例：a，b）が，国内登録に基づく商標登録のすべての商品・役務（例：a，b，c）をカバーしていない場合，すなわち，一部重複する場合にも，商標法68条の10は適用される。

　国際商標登録出願については，出願分割及び出願変更の規定は適用されない（商標68条の12及び同68条の13）。このような手続がマドプロに規定されていないためである。

　国際商標登録出願の補正の時期は，所謂意見書提出期間内に限られる（商標68条の28）。よって，審判請求後は補正することができない。また，補正は指定商品又は指定役務の補正に限られる。このような期間が経過した後に指定商品等の補正をしたい場合には，国際事務局に直接，指定商品等の限定の手続（書式MM6）をとることになる。ただし，国際商標登録出願の商標の詳細な説明については，拒絶通報の応答期間でなくとも補正をすることができる（商標68条の28第2項）。

　商標法68条の30第1項2号に掲げる額の個別手数料の納付があったことを国際登録簿に記録した旨通報があったときは，商標権の設定登録をする（商標68条の19）。

　国際登録に基づく商標権については，商標権の設定又は処分の制限は，商標原簿に登録されるが，存続期間の更新，移転，変更又は消滅は国際登録簿に登録されたところによる（商標68条の27）。

　国際登録に基づく商標権の存続期間は，その国際登録の日（その商標権の設定の登録前に国際登録の存続期間の更新がなされているときは，直近の更新の日）から10年をもって終了する（商標68条の21第1項）。国際登録に基づく商標権の存続

期間は,国際登録の存続期間の更新により更新することができる(商標68条の21第2項)。

　国際登録に基づく商標権の個別手数料として,2万7000円に1つの区分につき8600円を加えた額に相当する額を国際登録前に国際事務局に納付しなければならない。また,3万7600円に区分の数を乗じて得た額に相当する額を経済産業省令で定める期間内に(商標登録をすべき旨の査定又は審決の謄本の送達のあった日から3か月/商標施規15条の2),納付しなければならない。2003年1月1日より,このような2段階納付制度が導入されている(商標68条の30)。2段階納付制度をとる国が少ないため(日本,ガーナ,キューバの3か国のみ),登録査定の段階で納付しないで,権利が消滅するケースが多発している。

　国際登録に基づく商標権の存続期間の更新をする者は,個別手数料として,1件ごとに4万8500円に区分の数を乗じて得た額に相当する額を国際事務局に納付する必要がある(商標68条の30)。

(3) 国際登録の取消し後及びマドプロ廃棄後の商標登録出願の特例

　マドプロ6条4項の規定により,日本国を指定する国際登録の対象であった商標について,当該国際登録において指定された商品又は役務の全部又は一部について当該国際登録が取り消されたときは(セントラルアタック),当該国際登録の名義人であった者は,当該商品又は役務の全部又は一部について商標登録出願をすることができ(9条の5の変更手続),当該商標登録出願が国際登録の取り消された日から3か月以内にされたものである等一定の要件を満たす場合には,当該商標登録出願は国際登録日にされたものとみなされる(商標68条の32)。

　マドプロ15条5項(b)の規定により,日本国を指定する国際登録の名義人が国際出願をする資格を有する者でなくなったときは,当該国際登録の名義人であった者は,国際登録で指定されていた商品又は役務について,商標登録出願がマドプロ廃棄の効力が生じた日から2年以内にされたものである等一定の要件を満たすことを条件に,当該商標登録出願は国際登録日にされたものとみなされる(商標68条の33)。

　当該商標登録出願の内,既に審査が終了しているものについては改めて審査は行われない(商標68条の34)。また,既に登録異議申立期間の経過してい

るものについては、登録異議申立ては認められない（商標68条の37）。

当該商標登録出願については、当該出願に係る国際登録の国際登録日（国際登録の存続期間の更新がなされているときは、直近の更新の日）から10年以内に商標登録をすべき旨の査定又は審決があった場合であって、当該出願に係る国際登録がマドプロ6条4項の規定により取り消された日前又はマドプロ15条3項の規定による廃棄の効力が生じた日前に商標法68条の30第1項2号に掲げる額の個別手数料が国際事務局に納付されているときは、商標法18条2項の規定にかかわらず、商標権の設定をする（商標68条の35）。当該商標権の存続期間は、当該出願に係る国際登録の日（当該国際登録の存続期間の更新がなされているときは、直近の更新の日）から10年をもって終了することになる（商標68条の36）。

(4) 拒絶理由通知を行うことができる期間の法定化

マドプロでは、一定期間内に拒絶通報をしなければならない旨規定されているため、審査官は、政令（商標施令2条2項）で定める期間内（領域指定の通報の日から18か月以内）に商標登録出願について拒絶の理由を発見しないときは、商標登録をすべき旨の査定をしなければならないこととした（商標16条）。

(5) 設定の登録前の金銭的請求権

登録が確定した場合には、国際登録日（出願日）から登録による効果と同一の保護を与えるとするマドプロ4条の趣旨に鑑み、出願から設定登録までの間について、警告を条件に設定登録後に金銭的請求権の行使をできることとした。すなわち、商標登録出願をした後に当該出願に係る内容を記載した書面を提示して警告したときは、その警告後商標権の設定の登録前に当該出願に係る指定商品又は指定役務について当該出願に係る商標の使用をした者に対して、当該使用により生じた業務上の損失に相当する額の金銭の支払を請求する権利を商標権設定登録後に行使することができる（商標13条の2）。

(6) 出願公開制度

マドプロに基づく国際商標登録出願についても通常の出願と同様、早期かつ容易に権利関係を知らしめる必要があるため、早期に情報提供を行う出願公開の対象とした（商標12条の2）。

4　マドリッド協定議定書のリスクと対策

　マドリッド協定議定書には，その基本構造からくるリスクと現地代理人を利用しないことによるリスクがある。以下，解説を加える。

　なお，知的財産研究所『平成18年度 特許庁産業財産権制度問題調査研究報告書 マドリッド協定議定書の利用に係る我が国ユーザーが抱える課題に関する調査研究報告書（平成19年3月）』では，日本企業のマドプロ利用率が低い理由として，①セントラルアタックがユーザーを不安にさせている，②我が国ユーザーに関心のあるアジア諸国がマドプロに加盟していない，③暫定拒絶通報期間が経過するよりも前に保護された旨を確認できる国が少ない，④基礎要件が制約となっている，⑤既に保有している商標権を国際登録に置き換えても問題がないか不明である，⑥出願手数料の送金手続が煩雑であることが挙げられている。

(1)　基本構造からくるリスク

　(a)　セントラルアタック　　国際登録日から5年以内に本国における基礎出願が拒絶又は基礎登録が無効若しくは取消し等となった場合には，国際登録が取り消される（セントラルアタック／central attack）リスクがある（6条3項及び同条4項）。

　2011年のセントラルアタックの総数は3838件で，全部取消しが1352件，一部取消しが2486件となっている。

　対策としては，先行商標調査をして，抵触する商標がないことを確認してから本国出願をし，異議申立てがなかったことを確認してから，国際出願をする[*9]。また，なるべく生来的に識別力のある造語を出願するといった方法がある[*10]。このような方法をとれば，基礎出願が拒絶されたり，基礎登録が無効等になるリスクが低くなる。

　EUのように28か国をカバーする出願を基礎とするのはリスクが高くなるので避けた方がよい[*11]。EUの出願に対しては，15%から20%ほどの異議申立てがかかるからである。しかしながら，実際には，EUを基礎とするものが全体の13.9%（2011年）と一番多い。

　1商標多区分を利用した場合，区分数が増えるとリスクが高くなる。2011

第3節　商標の国際登録制度「マドリッド協定議定書」のリスクと対策　523

年の出願をみると，1区分（43.6%），3区分（21.4%），2区分（16.9%），4区分（6.8%），6—10区分（5.8%），11—45区分（1.6%）の順になっており，1区分が圧倒的に多い。

　日本の場合には，精神拒絶に注意する必要がある。同一人が，自己の先行登録商標と同一の商標，同一の商品又は同一の役務について出願すると，条文の根拠はないものの「商標法制定の趣旨に反する。」との理由により[*12]出願が拒絶されることになる[*13]。精神拒絶を受けないようにするためには，自己の先行登録商標と異なった書体にする等の措置を講ずる必要がある。精神拒絶の存在が日本企業のマドプロの利用率が低い原因の1つと考えられる。

　上記のような対策をとってもセントラルアタックがあった場合には，取消日から3か月以内に，国際登録日を維持して各指定国への国内出願又は広域出願に変更（transformation）できるが（9条の5），この場合には各国代理人を指定する必要があるので，コストがかかる。具体的な手続は各国が定める。

　(b)　区分変更ができない　商品・役務の区分の判断は国際事務局の判断が最優先される（3条2項）。よって，指定国が分類付けに反対しても国際登録の区分は変更されない[*14]。ニース分類の版の変更があっても，区分は変更されない。

　しかしながら，商品・役務の表示に関しては，指定国が，その表示があまりにも広範又は曖昧であると判断する場合には，拒絶をし，限定をさせることができる。指定国の限定した案に納得できず，区分の変更を望む場合には，マドプロでは区分変更ができないので，指定国での登録を断念することになる[*15]。指定商品・役務がニース分類のアルファベティカルリストにない場合にこのようなことになる。

　対策としては，ニース分類のアルファベティカルリストにある商品又は役務の表示を使用する方法がある[*16]。

　アルファベティカルリストにない場合で，指定国段階で区分変更が必要になる商品・役務については[*17]，マドプロを利用することなく直接出願する方法がある。

　その他の方法としては，例えば，日本の基礎出願は41類であるが，米国では38類の分類に属することが明らかな場合には，マドプロの願書（MM2）

の10．GOODS AND SERVICES の項目に38類と41類に同じ役務を記載して，米国での運用を踏まえたものである旨を説明しておく方法がある。本国官庁と国際事務局を説得できるかどうかが鍵になる。

(c) 2段階納付　　日本，キューバ，ガーナでは，2段階納付の制度が導入されており，登録査定の段階で再度料金を支払う必要がある。この制度をとっている国は3か国だけなので，納付を忘れるケースが多発している。

対策としては，日本，キューバ，ガーナについては，2段階納付を忘れないように管理するしかない。

(d) 加盟国内のみでの利用に限定される　　加盟国が限定されているため，加盟国以外の国ついては，マドプロを利用できない。すなわち，加盟国以外へは出願をすることができず，また，権利を国際出願をする資格を有する者以外に移転することができない（9条）。

将来，国際出願をする資格のない会社に権利を移転する可能性がある場合には，マドプロは向かない。

(e) 基礎出願又は基礎登録が必要　　国際出願には基礎出願又は基礎登録が必要であり，出願人の同一性，商標の同一性，指定商品・指定役務の同一性が要求される。

米国へ直接出願した場合には，出願商標と使用商標が一致しない場合に，商標の補正も可能であるが，マドプロではこれができない。

対策としては，指定国で使用する商標，商品，役務に合わせて基礎出願をする必要がある。例えば，日本で，「被服」を指定すると「靴下」，「手袋」，「帽子」もカバーされているが，中国では，「被服」に「靴下」，「手袋」，「帽子」は含まれない。よって，マドプロ出願を前提とした場合には，基礎出願に「被服」の他に「靴下」，「手袋」，「帽子」を明示するとともに，国際出願でも明示する必要がある。

加盟国すべての法制度を考慮して基礎出願の準備をし，そして適正な国際出願をするまでに相当の時間を要するので，スピードを要求される案件にはマドプロは適さないといえる。

(f) 権利化が遅い　　当初マドプロ出願の場合，暫定拒絶通報が1年又は18か月以内に出されるので，早く権利化できるといわれていたが，現在では

第3節 商標の国際登録制度「マドリッド協定議定書」のリスクと対策　525

各国の審査が早くなったので，1年又は18か月というのは，直接出願より遅いとういことになる。

早期権利化を望むのであれば，直接出願が望ましい。

(g) 出願人不一致　指定国における先行登録商標の名称が，「○○」になっている場合で，国際出願の名称が「○○ also trading as △△」の場合，出願人が一致しないとして拒絶される場合がある。日本はそのような取扱いをする国の1つである。

対策としては，国際出願の名称を補正して，先行登録の名称と一致させる必要がある。

(h) コミュニケーション　マドプロ利用率が上がり，審査主義国が加盟したため，大量の暫定拒絶通報が発せられることになり，WIPO，指定国，出願人の間の通知が遅れる等のトラブルが生じる場合がある[*18]。

(i) 事後指定の制限　インド，フィリピン等では，マドプロ14条(5)の宣言を行っているので，発行前の国際登録に基づき事後指定することができない。

(2) 各国代理人を利用しないことによるリスク

(a) 指定国における商品・役務表示に起因した拒絶　指定商品・役務の表示については，各国特許庁の基準で，適正なものかどうか（広範又は曖昧かどうか）が判断されるため，多くの出願が指定商品・役務の表示が適正でないとして拒絶されている。

例えば，米国では，5類「Pharmaceutical preparations」，「Clothing」は認められず，「Pharmaceutical preparations for use in ～」，「Clothing, namely, shirts, pants, ～」のように用途を限定する必要がある[*19]。

暫定拒絶件数（様々な拒絶理由を含む）の率からいくと，■図表4—3—8にあるように，米国（94％），韓国（77％），日本（48％），中国（40％），ロシア（36％）の順になっており，これらの国は，暫定拒絶通報を受けた段階で現地代理人を指定する必要があるので，マドプロのメリットは半減してしまう。これらの国では，マドプロより，各国代理人の事前コメントがもらえる直接出願が向いているといえる。

(b) 各国特有の登録（保護）要件　各国特有の登録（保護）要件があり，

■図表4—3—8　指定国における暫定拒絶件数とマドプロ指定件数（2011年）

	国　名	暫定拒絶件数	指定件数	拒絶率
1	米国	14,959	15,890	94%
2	韓国	7,613	9,821	77%
3	日本	5,936	12,211	48%
4	中国	7,475	18,724	40%
5	ロシア	5,671	15,691	36%
6	シンガポール	2,424	7,589	32%
7	オーストラリア	3,290	10,453	31%
8	ノルウェー	2,062	8,546	24%
9	スイス	1,757	13,695	13%
10	EU	1,876	16,344	11%

（出典：WIPOのデータから作成）

　これを良く理解しないでマドプロ出願をすると、拒絶されたり、取り消されたりする。

　指定国の情報については、WIPOのWEBにある「Information concerning National or Regional Procedures before IP Offices under the Madrid System」[*20]、日本の特許庁のWEBにある「『マドリッド協定議定書に基づく国際商標出願に関する各国商標法制度・運用』報告書」、国際商標協会（INTA）のWEBにある「Practitioner's Guide to the Madrid Agreement and the Madrid Protocol」[*21]に詳しい。

　本節では、米国と中国について解説する。

　　(ｱ)　米　国　米国は使用主義を採用しているので、マドプロで米国を指定した場合には、国際出願の段階で使用意思宣言書（Declaration of intention to use the mark）を提出し、登録後5年から6年、登録後10年毎に使用宣誓書と使用証拠を各類毎に1件提出する必要があり、この管理を自己責任で行うといったリスクがある。

　直接出願の場合には、このような管理は現地代理人が行い、使用宣誓書や使用証拠についてもアドバイスを事前に受けることができる。

また，米国では，権利形成過程に詐欺行為（Fraud）があった場合には，異議申立て及び商標登録取消しの対象となり，商標権侵害事件おいて抗弁事由となるリスクがある（米国商標法13条・14条・33条）。国際出願で使用意思のない商品・役務を多数指定した場合にもFraudになるので，注意が必要である。
　対策として，米国を含む国際出願については，使用意思のある商品・役務のみを指定する必要がある[*22]。しかしながら，このような戦略をとると，Fraudの制度がなく，広く権利をとれる国とのバランスがとれなくなる。結局，米国については直接出願が適しているといえる。
　(ｲ)　中　国　　中国へのマドプロ出願については，①審査が18か月と長い（中国への直接出願の場合は1年），②登録証が発行されない，③国際登録出願の指定商品・役務の表示では，中国で使用予定の商品・役務がカバーされていない場合があるといったリスクがある。
　①については，中国の審査が早くなったので，スピードの点では，マドプロのメリットはなくなった。②については，中国では商標権を行使するのに，登録証が必要であり，国家工商行政管理総局商標局からの登録証明書の発行には3か月から6か月を要することになるため，模倣品対策には向かない。③については，中国では独自の商品・役務リストがあり，それにあった具体的な表示をしないと中国で使用予定の商品・役務をカバーできない。
　中国では，県又はそれ以上の地名に該当する場合には，その地名を商標登録できないだけでなく，商標として使用することもできないといった規定もある（中国商標法10条2項・52条）。地名が商標としても使用できないといった日本人には予想できない規定は中国特有のものである。
　中国は，巨大マーケットであり，直接出願により，現地代理人の指導を受けながら，模倣品対策のための安定した権利を取得することが得策である。

5　グローバル企業のマドリッド協定議定書の利用状況

　2010年のグローバル企業の主要39か国（日本，米国，欧州，中国，韓国，ブラジル，ロシア等）への出願件数とその内のマドプロ出願件数は，■図表4－3－9のとおりである[*23]。
　いずれの企業も，自国，米国，欧州，中国への出願が多いが，Samsung

■図表4－3－9　グローバル企業の商標出願件数（2010年／主要39カ国）

国　名	商　標	出願件数	マドプロ出願件数	売上高
日　本	Honda	236	1	8兆9368億円
	Kao	932	3	1兆1868億円
	Panasonic	548	52	8兆6926億円
	Konami	299	0	2580億円
	Nintendo	1027	182	1兆143億円
	Sony	422	9	7兆1812億円
	Sanrio	254	0	766億2500万円
	Shiseido	798	0	6707億円
	Toyota	169	0	18兆9936億円
	Yamaha	179	5	3738億円
米　国	Apple	932	466	1278億ドル
	Coca-Cola	625	109	309億ドル
	Colgate	403	0	155億6400万ドル
	Walt Disney	830	0	380億ドル
	Google	152	28	293億ドル
	GE	523	0	1502億1100万ドル
	Johnson & Johnson	2260	0	615億ドル
	IBM	275	128	998億ドル
	Microsoft	457	198	699億ドル
	Philip Morris	2074	705	677億ドル
	P&G	1051	0	825億ドル
	WAL-MART	1057	0	4050億4600万ドル
英　国	Glaxo	1524	195	283億ポンド
英　国オランダ	UNILEVER	1531	70	442億6200万ユーロ

第3節　商標の国際登録制度「マドリッド協定議定書」のリスクと対策　　529

ドイツ	BMW	617	217	605億ユーロ
	BAYER	1192	277	311億880万ユーロ
	HENKEL	1004	610	150億9200万ユーロ
	SIEMENS	605	294	759億7800万ユーロ
フランス	L'Oreal	1218	192	195億ユーロ
スイス	Nestlé	1263	296	1097億スイスフラン
	Novartis	2512	644	506億2400万ドル
中　国	Alibaba	503	0	5億5600万人民元
	Huwawei	106	8	312億ドル
	ZTE	23	0	107億ドル
韓　国	Hyundai	776	411	270億ドル
	LG	2266	23	55兆7450億ウォン
	Samsung	746	15	154兆6300億ウォン
台　湾	Hon Hai	39	0	790億ドル

は，2010年に自国への出願を大幅に減らしている。Hon Hai は，世界最大のEMS（電子機器受託製造サービス）企業であるため，自社の商標の出願は少ない。

　マドプロ出願については，0件の企業も多く，グローバル企業のマドプロ利用率は低い。

　上記4で述べたリスクと直接出願のメリットを考慮してのことと考えられる。コストの点を除けば，直接出願の方に軍配があがることは明らかである。2011年時点で国際登録の保有が多い企業は，① Henkel（ドイツ）2364件，② Janssen Pharmacutica（ベルギー）2032件，③ L'OREAL（フランス）1752件，④ Unilever（オランダ）1655件，⑤ Nestlé（スイス）1475件，⑥ Novarits（スイス）1265件，⑦ Sanof-Aventis（フランス）1129件，⑧ BASF（ドイツ）1125件，⑨ ITM Enterprises（フランス）1109件，⑩ Lidl Stiftung & Co（ドイツ）1092件の順となっている[*24]。

　マドプロを使い慣れている欧州の企業で，商品内容も明確な医薬品メーカーの出願が多い。

6 おわりに

属地主義の原則に基づき，各国異なった商標制度をとっており，マドプロを利用して94か国・政府機関において安定した権利を取得するのは容易ではない[*25]。

マドプロについては，識別力のある商標（例：造語）で，どの国でもその商品・役務内容が明確にわかる商品・役務に限定して出願する必要がある。

商標の識別力があるかないかはっきりしない場合，商品や役務の内容がはっきりしない場合には，各国への直接出願が向いている。

また，拒絶理由率の高い国（米国，韓国，日本，中国）や登録（保護）要件の厳しい国（米国，中国）は，マドプロより，直接出願の方が向いている。

マドプロのリスクを踏まえた，マドプロと直接出願の使い分けが重要である。

【注】

（＊1） マドリッド制度の法的発展に関する作業部会は，2012年までに10回開催され，国際出願のための基礎出願又は基礎登録の撤廃，セントラルアタック制度の在り方，国際登録の分割について議論がなされている。詳細については，http://www.wipo.int/meetings/en/details.jsp?meeting_id=25007を参照。

（＊2） 加盟国は次の94か国・政府間機関である（2015年3月5日）。OAPI (Organisation Africaine de la Propriété Intellectuelle), Albania, Antigua and Barbuda, Armenia, Australia, Austria, Azerbaijan, Bahrain, Belarus, Belgium, Bhutan, Bosnia & Herzegovina, Botswana, Bulgaria, Cambodia, China, Colombia, Croatia, Cuba, Cyprus, Czech Republic, Democratic People's Republic of Korea, Denmark, Estonia, Egypt, European Union, Finland, France, Georgia, Ghana, Germany, Greece, Hungary, Iceland, India, Iran, Ireland, Israel, Italy, Japan, Kazakhstan, Kenya, Kyrgyzstan, Latvia, Lesotho, Liberia, Liechtenstein, Lithuania, Luxembourg, Madagascar, Mexico, Moldova, Monaco, Mongolia, Montenegro, Morocco, Mozambique, Namibia, Netherlands (+Curaçao, Saint Martin, the BES Islands), New Zealand, Norway, Oman, Philippines, Poland, Portugal, Republic of Korea, Romania, Russian Federation, Rwanda, San Marino, San Tome and Principe, Serbia, Sierra Leone, Singapore, Slovakia, Slovenia, Spain, Sudan, Swaziland, Sweden, Switzerland, Syrian Arab Republic, the former Yugoslav Republic of

Macedonia, Tajikistan, Tunisia, Turkey, Turkmenistan, Ukraine, United Kingdom, United States of America, Uzbekistan, Viet Nam, Zambia, Zimbabwe

(*3) マドリッド協定加盟国でマドリッド協定議定書の加盟国でないのは，アルジェリア1か国のみである。

(*4) WIPO "Madrid System for the International Registration of Marks Report 2011" 参照。

(*5) 日本からの国際出願における日本の弁理士の利用率は90％と高い数値を示している。WIPO日本事務所「平成24年度知的財産権制度説明会　商標の国際登録制度（マドリッド制度）について［管理実務］」参照。

(*6) 河合千明＝齊藤純子『マドリッドプロトコル実務の手引き』（発明協会，2011年）75頁参照。

(*7) 澤里和孝（WIPO国際登録局法務部）＝佐藤厚子（特許庁国際商標出願室）『マドプロ実務研修』（日本弁理士会，2011年）30頁参照。

(*8) 改正の概要については，特許庁総務部総務課工業所有権制度改正審議室編『平成11年改正　工業所有権法の解説』（発明協会，1999年），田村善之『商標法概説〔第2版〕』（弘文堂，2000年）443頁ないし467頁を参照。

(*9) INTA "The Madrid Protocol: Key Benefits, Risks and Strategies"

(*10) INTA "The Madrid Protocol: Key Benefits, Risks and Strategies"

(*11) INTA "The Madrid Protocol: Key Benefits, Risks and Strategies"

(*12) 特許庁「商標審査基準〔改定第11版〕」144頁には，「第18　その他　同一人が同一の商標について同一の商品又は役務を指定して重複して出願したときは，第68条の10の規定に該当する場合を除き，原則として，先願に係る商標が登録された後，後願について『商標法制定の趣旨に反する。』との理由により，拒絶をするものとする。商標権者が登録商標と同一の商標について同一の商品又は役務を指定して登録出願したときも，同様とする。」と記載されている。

(*13) 商標の精神拒絶については，平成23年度日本弁理士会商標委員会第2商標委員会第3小委員会「商標出願の精神拒絶（同一名義の重複出願の拒絶）についての考察」パテ65巻7号（2012年）31頁ないし40頁参照。指定商品等の表示の仕方によって，精神拒絶を免れた審決（不服2010-25756，不服2010-25757）と免れなかった審決（不服2009-6879））についても紹介がある。

(*14) WIPO "Gude to the International Registration of Marks" B.Ⅱ.17.06で区分違いを理由に拒絶することが禁止されている。WIPO日本事務所「平成24年度知的財産権制度説明会　商標の国際登録制度（マドリッド制度）について［管理実務］」も参照。

(*15) 日本の弁理士のいくつかのブログでは，「ストリーミング方式によるインターネットを利用した画像及び音楽の提供」は日本では41類に分類されるが，米国では38類で分類されることが指摘されている。ブログ「商標登録ホットライン」，「プライムワークス国際特許事務所 商標弁理士のブログ」を参照。

(＊16) WIPO もリスクを軽減するために，アルファベティカルリストにある表示を使用することを推奨している。WIPO "Madrid system（Q&A）"を参照。

(＊17) 米国については，USPTO "U. S. Acceptable Identification of Goods and Services Manual（ID Manual）"で確認が可能。

(＊18) 李京林「マドリッド議定書における国際商標登録制度をめぐる論点──日本の商標法を中心に──」知的財産法政策学研究22号（2009年）299頁，300頁もこの点を指摘する。本論文は，日本の防護標章出願又は防護標章登録を基礎とした国際出願の問題点についても言及する。

(＊19) WIPO日本事務所「平成24年度知的財産権制度説明会 商標の国際登録制度（マドリッド制度）について［管理実務］」では，拒絶通報を受けないように，WIPO の「G&S Manager」及び「Romarin」，「各国特許庁データベース」を利用して，登録しやすい商品・役務表示にすることを推奨している。

(＊20) 翻訳については，河合千明＝齊藤純子『マドリッドプロトコル実務の手引き』（発明協会，2011年）119頁ないし310頁参照。

(＊21) INTAのWEBは，会員のみが閲覧可能。

(＊22) 大島厚「米国商標制度の概要──商標登録実務を中心に──」知管60巻7号（2010年）1058頁もこの点を指摘する。

(＊23) 特許庁『平成23年度商標出願動向調査』より作成。

(＊24) Antonia Stoyanaova（WIPO）"Fundamentals of the Madrid System for the International Registration of Marks and Recent Development" December 7, 2012

(＊25) マドプロも含めた国際的な商標出願戦略については，竹内耕三「戦略的商標出願の留意点」知管56巻3号（2006年）385頁を参照。無審査主義国についてはマドプロ利用，審査主義国については直接出願を推奨している。

第4節 意匠の国際登録制度「ハーグ協定ジュネーブアクト」のリスクと対策

1 はじめに

　意匠の国際登録に関する協定が，ハーグ協定ジュネーブアクト（以下，「ジュネーブアクト」という）である。

　ジュネーブアクトの締結については，2014年5月20日に国会で承認され，本条約の加入書が2015年2月13日に寄託され，2015年5月13日から日本で発効し，平成26年法律第36号改正による新意匠法（以下，「意匠法」という）も同日に施行される。

　日本から直接WIPO（世界知的所有権機関）へ出願する場合（「国際出願」）については，新意匠法には何も規定されていない。この場合には，ジュネーブアクトが直接適用されることになる。

　新意匠法には，日本から特許庁を通じてWIPOへ国際出願（「国際登録出願」）する場合（意60条の3乃至60条の5），WIPOから日本を指定して国際出願（「国際意匠登録出願」）が入ってくる場合が規定されている（意60条の6乃至60条の23）。

　「国際出願」，「国際登録出願」，「国際意匠登録出願」の用語の使い分けについては，■図表4−4−1を参照。

　ジュネーブアクト加入に伴い，意匠の国際分類を定めるロカルノ協定の締結についても，2014年5月20日に国会で承認され，加入書が同年6月24日にWIPO事務局長に寄託され，同年9月24日から本条約は発効した。

　本節では，ジュネーブアクトとそのリスクと対策について説明し，最後にジュネーブアクトを実施するための新意匠法の概要について言及することとする。

■図表4-4-1　国際出願，国際登録出願，国際意匠登録出願のルート

	出願の種類	ルート
1	国際出願（直接出願） (International Application)	日本→WIPO
2	国際登録出願（間接出願） (Application for International Registration)	日本→日本国特許庁→WIPO
3	国際意匠登録出願 (International Application for Design Registration)	加盟国→WIPO→日本

2　ハーグ協定ジュネーブアクト（日本→WIPO）

(1)　はじめに

　日本から直接 WIPO の国際事務局に国際出願する場合には，ジュネーブアクトが直接適用される。

　■**図表4-4-2**にあるように，2015年5月13日現在，49の国・政府間機関が加盟している。

　ハーグ協定には，意匠の定義，意匠の登録要件，新規性喪失の例外，15年を超える場合の存続期間，意匠権の効力，民事的救済，刑事的救済，担保権，ライセンスについては規定がない。これらは，指定国の法制による。

　2014年7月1日に韓国が加盟国になった関係で，願書（DM/1）の添付書類が追加され，本意匠と関連意匠の関係を記載することができ（DM/1-A），また，新規性喪失の例外の主張も記載することができ（DM/1-B），証明書も添付できるようになっている（DM1-B-docs）[*1]。

　公告繰延べ等，特定の規定について，自国には適用されない旨の留保宣言をしている国があるので注意を要する（下記(2)参照）。

(2)　出願手続

　締約国の国民等は，WIPO の国際事務局に直接（直接出願）に，また，締約国が許す場合には，締約国の国内官庁を通じて間接的（間接出願）に意匠を出願（電子出願[*2]も可能）することができ（ジュネーブアクト4条1項），そ

第4節　意匠の国際登録制度「ハーグ協定ジュネーブアクト」のリスクと対策

■図表4－4－2　ハーグ協定ジュネーブアクト加盟国・政府間機関
　　　　　　　（49か国・政府間機関）

地域・政府間機関	加盟国・政府間機関
欧州（北欧）	デンマーク，ノルウェー，フィンランド，アイスランド
欧州（西欧）	フランス，リヒテンシュタイン，スイス，ドイツ，スペイン，モナコ
欧州（東欧）	アルバニア，アルメニア，アゼルバイジャン，ボスニア・ヘルツェゴヴィナ，ブルガリア，エストニア，グルジア，クロアチア，タジキスタン，ハンガリー，キルギス，リトアニア，ラトビア，モンテネグロ，モルドバ共和国，マケドニア旧ユーゴスラビア共和国，ポーランド，ルーマニア，セルビア，スロベニア，ウクライナ
アフリカ	ボツワナ，エジプト，ガーナ，ナミビア，サントメ・プリンシペ，ルワンダ，チュニジア
アジア	モンゴル，シンガポール，トルコ，オマーン，シリア・アラブ共和国，ブルネイ，韓国，日本
北米・中南米	米国
政府間機関	EU・欧州共同体商標意匠庁（OHIM）――オーストリア，ベルギー，キプロス，チェコ共和国，デンマーク，エストニア，フィンランド，フランス，ドイツ，ギリシャ，ハンガリー，アイルランド，イタリア，ラトビア，リトアニア，ルクセンブルグ，マルタ，ポーランド，ポルトガル，スロバキア，スロベニア，スペイン，スウェーデン，オランダ，イギリス，ルーマニア，ブルガリア，クロアチア（28か国）
政府間機関	アフリカ知的財産機構（OAPI）――ベナン，ブルキナファソ，カメルーン，中央アフリカ，コンゴ共和国，コートジボワール，ガボン，ギニア，ギニアビサウ，赤道ギニア，マリ，モーリタニア，ニジェール，セネガル，チャド，トーゴ，コモロ諸島（17か国）

の後書誌的事項と図面又は写真が，国際意匠公報に掲載される（■図表4－4－3参照）。

　出願に際しては，意匠の保護を希望する国を加盟国の中から指定することになる。

　新規性審査を行う締約国又は保護の付与に対して異議申立制度を導入している締約国が自己指定の留保の宣言をした場合には，自国を指定国としても

■図表4−4−3　ハーグ協定の手続の流れ

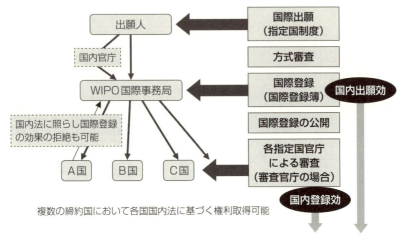

複数の締約国において各国国内法に基づく権利取得可能

(出典：特許庁行政年次報告書（2012年））

効果がない「自己指定の留保（optional prohibition of self-designation）」の規定が設けられている（ジュネーブアクト14条3項，ジュネーブアクト規則（以下「規則」という）18条(1)(b)）。この条文は，日本政府の提案により，外交会議で設けられた。

　直接出願（direct application）の場合には国際事務局が国際出願を受理した日が，間接出願（indirect application）の場合には国際出願を国際事務局が1か月以内に受理することを条件に締約国の官庁が国際出願を受理した日が，それぞれ国際出願日として認定される（規則13条(3)）。ただし，安全手続（Security Clearance）を要求する締約国は宣言をすることにより，上記1か月以内の期間を6か月以内とすることができる（規則13条(4)）。

　国際出願日は，原則として国際登録日となる（ジュネーブアクト10条2項）。

　出願書類には，出願人の名称（name），住所（address），創作者（creator），指定国（designated contracting parties），製品名（products）等の書誌的事項を記載し，意匠を表した図面，写真等の複製物（reproduction／1図の大きさは，16×16cm）を添付する必要がある（ジュネーブアクト5条1項）。指定国の官庁は，製品が2次元のものである場合には2図以上を要求することができず，製品

が3次元のものである場合には7図以上を要求することができない（規則9条(3)(b)）。

1出願にロカルノ国際分類同一クラスの範囲内であれば，100件まで意匠を含めることができる（ジュネーブアクト5条4項，規則7条(3)(v)）。

意匠が平面的なものであり，公告繰延べ請求がされている場合には，意匠の図面，写真等の複製物に代えて見本を提出することができる（ジュネーブアクト5条1項3号）。

特徴記載書には，意匠の操作や想定される利用方法に係る技術的な特徴に関する内容を記載することはできない（規則11条(2)）。特徴記載は100語までは無料で，100語を超えた場合には，1語につき2スイスフランの割増料金が必要となる（規則11条(2)）。

すべての国際出願が出願日の認定を受けるために満たすべき要件については，ジュネーブアクト5条1項に規定があり，所定の言語（英語，フランス語又はスペイン語）により，①国際登録を求める請求，②出願人の所定の情報，③所定の部数作成した国際出願の対象である意匠の1つの複製物又は出願人の選択によっては2以上の異なる複製物で，所定の方法により提出されるもの，④製品名等が規定されている。

また，審査主義国は，宣言をすることにより，①創作者の同一性に関する表示（Identity of Creator），②意匠の特徴又は再現物の簡潔な叙述（Description），③クレイム（Claim）を出願日認定要件として要求できる（ジュネーブアクト5条2項(b)(i)・(ii)・(iii)）。

これらの不備については，国際事務局が求めを送付した日から3か月以内に訂正をする機会が与えられるが，一定の不備については，国際出願日が繰り下がることになる（規則14条）。

なお，製品名の記載不備は国際出願日繰り下げの理由とはなっていない（規則14条）。物品名の記載がない場合には原則出願日の認定をしない日本の意匠法と異なる点である（方式審査便覧15.20）。

使用言語としては，英語，フランス語，又は，スペイン語のいずれかの選択が可能である（規則6条(1)）。指定国と出願人との間の言語については規則6条の適用はなく，指定国の定める言語による。

出願日(優先日)から,最大30か月間,出願の公告繰延べ(deferment of publication)をして,留保国(米国,ハンガリー,ポーランド,シンガポール等)を除き,意匠を秘密にすることができる(ジュネーブアクト5条5項,規則16条)。留保国を1か国でも指定すると,出願の公告繰延べはされないので注意を要する。

国際事務局は国際出願が要件を満たす場合には受領次第速やかに意匠を登録し,証明書を意匠所有者へ送付しなければならない(ジュネーブアクト10条1項,規則15条)。登録は公告繰延べがなされたか否かに関係なく行われる(ジュネーブアクト10条1項)。

国際登録は原則として国際登録の日から6か月後に国際意匠公報により公表される(規則17条(1)(iii))。ただし,出願人が早期公表を望む場合,公告繰延べの請求があった場合にはこの限りではない(規則17条(1)(i)・(ii))。

当該公表は締約国において十分な公表とみなされ,出願人は他の公表を要求されない(ジュネーブアクト10条3項)。

国際事務局は,希望する締約国へ国際登録の写しを関連する書類等とともに登録後速やかに送付する(ジュネーブアクト10条5項)。

公告繰延べがされた場合でも締約国は,宣言することにより,出願書類(秘密の写し/confidential copies)を入手して審査を進めることができる。

新規性について審査主義をとる指定国の内,宣言を行った国は,国際意匠公報受理の日から12か月以内に自国での保護を拒絶する旨を国際事務局に通報(拒絶通報)することができる(規則18条(1)(b))。

このような宣言を行わない国は,国際意匠公報受理の日から6か月以内に自国での保護を拒絶する旨を通報する必要がある(規則18条(1)(a))。

韓国については,新規性の審査をする物品については12か月の拒絶通報期間,新規性の審査をしない物品(2,5,19類)については6か月の拒絶通報期間となっている。

拒絶通報には,その根拠となるすべての理由が付される(ジュネーブアクト12条2項(b))。出願人には,拒絶通報に対して,指定国で国内出願に認められるのと同様の救済措置(例:意見書)が認められる(ジュネーブアクト12条3項(b))。

意匠の単一性に関する拒絶通報に対しては分割の手続をとることができる

第4節 意匠の国際登録制度「ハーグ協定ジュネーブアクト」のリスクと対策　　539

(ジュネーブアクト13条，規則18条(3))。

　手数料は，基本手数料（Basic Fee），各指定国についての指定手数料（Designation Fee），国際意匠公報掲載手数料（Publication Fee）に分けられる。指定手数料は，日本に当てはめれば，出願料と登録料5年分に相当する。

　指定手数料は，さらに，レベル1から3までの標準指定手数料（Standard Designation Fee）と個別手数料（Individual Fee）に分かれる。個別手数料は，審査主義国で，ジュネーブアクト7条2項の宣言をすることにより，標準指定手数料と選択的に徴収することができる。OAPI，EU，ハンガリー，キルギスタン，韓国，モルドバがジュネーブアクト7条2項の宣言を行っている。

　個別手数料は，2段階に分けて徴収することもできる。すなわち，①出願の時と②締約国が定める時（例：登録時）である（規則12条(3)）。日本は，一括納付制度を採用し，登録できなかった場合には請求により政令で定める金額を返還する。

(3)　国際登録の効果

　国際事務局への国際出願が国際登録簿に登録されることにより，指定国の国内法が定める出願の効果と少なくとも同様の効果が生ずることになる（ジュネーブアクト14条1項）。

　新規性について審査主義をとる指定国の内，宣言を行った国は，国際意匠公報受理の日から遅くとも12か月後（+6か月）に指定国の法に基づく意匠の保護の付与がなされたと同様の効果が生ずるとすることができる（ジュネーブアクト14条2項，規則18条(1)(c)）。このような宣言を行わない国は，国際意匠公報受理の日から遅くとも6か月後にこのような効果が生ずることになる（ジュネーブアクト14条2項，規則18条(1)(a)）。

　製品名の補正がなされた場合や図面が補正された場合には，各国の登録原簿等にその事実が登録される。よって，各国の登録原簿等に基づき，意匠権の効力範囲が決まる（ジュネーブアクト14条2項(c)）[*3]。

　存続期間は，登録の日から5年間であり，5年毎の更新により少なくとも15年間まで延長でき（モンゴルは10年なので条約違反の可能性があるが条約を直接適用する可能性もある），指定国が15年間より長い保護期間を定めている場合には，その保護期間が適用される（ジュネーブアクト17条）。例えば，シンガポールは

15年間,日本は20年間,EUは25年間,デンマーク,フィンランドは原則25年間であるが,スペアパーツについては15年間となっており,モナコは最長の50年間となっている。米国はハーグ協定加盟のため,14年間の存続期間を15年間に法改正した。

3　ジュネーブアクトのリスクと対策

(1)　はじめに

　ジュネーブアクトを利用した場合,各国代理人を利用する必要がないので,安いコストで意匠権を取得でき,また,権利の更新・移転は国際事務局のみで行えばよいといったメリットがある。

　一方,①国際意匠登録制度の基本構造（留保規定を含む）からのリスクと②各国代理人を利用しないことによるリスクがある。

　このようなリスクを踏まえてジュネーブアクトを利用する必要がある。

　日本は,加入に際し,自己指定の留保をしなかった。国際出願で日本を指定した場合には,通常の国内出願とは全く異なった取扱いを受け,国際出願特有のリスクがあるので注意を要する（■図表4－4－4参照）。

(2)　国際意匠登録制度の基本構造からのリスクと対策

　(a)　**秘密性の欠如と対策**　　意匠は秘密性が高いが,出願すると国際登録の日から6か月ほどで出願内容が自動的に公開される（規則17条(1)(ⅹⅲ)）。

　公告繰延べ制度もあるが（ジュネーブアクト5条5項,規則16条）,公告繰延べ制度を認めない留保宣言（ジュネーブアクト11条1項(b)）を行っているいずれかの国を指定した場合には,公告繰延べはできない（■図表4－4－5参照）。

　また,公告繰延べ期間は6か月又は12か月を超えることができないと留保宣言している国もあり（ジュネーブアクト11条1項(a)）,これらの国を指定した場合には（■図表4－4－5）,繰延べ期間の最も短い国に合わせて,公告繰延べがなされることになる。

　対策としては,出願と同時に公表するような製品に絞ってジュネーブアクトを利用し,自動車のように出願から2年後に公表するような製品についてはジュネーブアクトを利用しないか,又は,公告繰延べを認容しない国や繰延べ期間の短い国を指定国から外す方法が考えられる。

第4節　意匠の国際登録制度「ハーグ協定ジュネーブアクト」のリスクと対策

■図表4－4－4　国内出願とハーグ・自己指定との比較

	項　目	国内出願	ハーグ・自己指定
1	秘密性	あり	なし
2	拒絶理由の開示	なし	あり
3	秘密意匠制度	あり（権利行使可能）	なし
4	公告繰延べ	なし	あり（権利行使不可）
5	優先権	なし	なし
6	新規性喪失の例外（証明書）	出願日から30日	国際公表から30日
7	関連意匠	本意匠の公報掲載前	繰延べ期間（30か月）
8	意匠説明（意匠の操作に関する技術的特徴）	可能	不可
9	審査	速い	遅い
10	登録料	1年毎	5年毎

(b)　拒絶理由の開示と対策　　日本では，意匠出願が拒絶されても，その結果は公表されないが，ジュネーブアクトでは，国際登録原簿にその事実が掲載されてしまう[*4]。

中国では，意匠は模倣品対策の有効なツールとして使用されており，中国は実質無審査なので，容易に意匠登録をすることができる。ところが，中国では登録があっても，他の国での拒絶の審査結果が公表されると，その審査結果をもとに，中国の登録意匠が無効にされてしまうおそれがでてくる[*5]。

日本は自己指定を留保しないので，このデメリットを考慮して，自己指定をするか否か判断する必要がある。日本では，拒絶理由が通知される比率が20～40％[*6]と高いので，対策として，自己指定をしない方が安全といえよう。

WIPOの年次報告書によると[*7]，2011年に拒絶された国際意匠出願の数は231件で，エジプト，ノルウェー，シリアが多く，この3か国で拒絶件数全体の90％に達する。また，2013年に拒絶された件数は，119件で，内わけは，エジプト（27.7％），シリア（25.2％），モルドバ（24.4％），アルメニア

■図表4−4−5　公告繰延べを認めない国又は繰延べ期間が短い国（2015年5月）

	国　名	繰延べ期間
1	ハンガリー	不可
2	アイスランド	不可
3	モナコ	不可
4	ポーランド	不可
5	シンガポール	不可
6	ウクライナ	不可
7	米国	不可
8	デンマーク	6か月
9	フィンランド	6か月
10	ノルウェー	6か月
11	アフリカ知的財産機構（OAPI）	12か月
12	ブルネイ	12か月
13	クロアチア	12か月
14	エストニア	12か月
15	スロベニア	12か月
16	シリア・アラブ共和国	12か月

（8.4%），エストニア（8.4%），ジョルジア（1.7%）の順になっている。

対策として，これらの国は指定しない方が安全である。

審査国である韓国が加入し，2015年5月13日には日本，米国も加入するので，拒絶の件数は増大するものと考えられる。

(C)　複数意匠一括出願と対策　　一出願にロカルノ国際分類同一クラスの範囲内であれば，100件まで意匠を含めることができる（ジュネーブアクト5条4項，規則7条(3)(v)）。

ただし，ジュネーブアクト13条（意匠の単一性）の宣言を行っている国（エストニア，キルギス，ルーマニア，シンガポール，シリア・アラブ共和国，日本，米国）に対しては，多意匠一出願を利用できない。

対策としては、これらの国では出願の分割をするか、又は、あらかじめ、これらの国を指定から外す方法がある。

(d) 国際意匠登録の地域的範囲と対策 英国は、EUの加盟国であるが、ジュネーブアクトの加盟国でないため、英国を指定して国際登録をすることができず、英国での権利を取得したい場合には、EUを指定することになる。

英国の指定ができれば、英国の旧植民地（例：ベリーズ、ウガンダ等）もカバーできるが、EUを指定した場合には、英国の旧植民地をカバーすることができない。

対策として、英国の旧植民地に意匠権の効力を及ぼしたい場合には、別途英国へ直接出願する必要がある。

(e) 担保権及びライセンスと対策 ジュネーブアクトでは、担保権（security right）及びライセンスを登録することができない[*8]。

対策として、担保権又はライセンスの登録をしたい場合には、各国の法律に従い、各国の原簿に登録する必要がある。

なお、マドプロの場合は、ライセンス登録が可能であるが、日本はライセンス未適用の宣言を行っている[*9]。

(f) 国際登録原簿と各国国内原簿の相違と対策 製品名と図面は、意匠権の範囲を決めるものであるが、各国の国内官庁の拒絶通報に対して行われた製品名の補正や図面の補正は、WIPOにフィードバックされなかった。しかしながら、2015年1月1日よりWIPOへフィードバックされるようになり、Bolltinに補正した図面等が掲載されている。

(g) 国際出願の有効性と対策 新規性について審査主義をとる指定国の内、宣言を行った国は、国際意匠公報受理の日から遅くとも12か月後（＋6か月）に指定国の法に基づく意匠の保護の付与がなされたと同様の効果が生ずるとすることができる（ジュネーブアクト14条2項、規則18条(1)(c)）と規定しているため、このような国については、国際意匠公報受理の日から12か月（＋6か月）を経過しないと権利の有効性が判断できないことになる。

先行意匠調査にあたっては、この点を踏まえて、意匠の実施について判断する必要がある。

(h) 公告繰延べ（サブマリン意匠）と対策　出願日（優先日）から，最大30か月間，出願の公告繰延べ（deferment of publication）をすることができるため（ジュネーブアクト5条5項，規則16条），公告繰延べ期間経過後に突然登録意匠が現れる（サブマリン意匠）可能性がある。

また，日本のような関連意匠制度を設けている国（韓国も採用）においては，公告繰延べがなされている間に，多くの関連意匠が出願されてしまうリスクがある（韓国は関連意匠の出願期間が出願日から12か月に限定されているが，日本は限定されていない）。

先行意匠調査にあたっては，長期間の公告繰延べ期間経過後にサブマリンで本意匠が公開される可能性があること，さらに，本意匠の公開後に多くの関連意匠が公開される可能性があることに注意する必要がある。市場に出回っている製品と同一又は類似の意匠の採択は避けた方が安全である。

公告繰延べをした場合には，法的保護は何もなく，法的保護のある日本の秘密意匠制度と異なるので注意を要する。

日本で，意匠を秘密にし，かつ，法的保護を受けたい場合には，日本に直接出願して秘密意匠制度を利用する必要がある。

(i) 手数料の2段階納付と対策　手数料を出願段階と登録段階の2回に分けて納付する国と一括納付の国があり，前者の場合には，登録段階の手数料の納付を忘れる場合が多い（商標の国際登録制度「マドリッド協定議定書」でも登録段階の手数料の納付を忘れるケースが多発している）。

納付の際に，2段階納付の国かチェックする必要がある。

(3) **各国代理人を使用しないことによるリスクと対策**

ジュネーブアクトは，各国の意匠制度を調査する条約ではない（「ハーグはハーモではない」）。これは，7回に及ぶ専門家会合（1991年〜1997年）及び外交会議（1999年）で一貫してとられてきた考え方である。

よって，意匠の定義，手続要件（図面等），登録要件，審査は，各国の法律によることになる。例えば，新規性喪失の例外の要件，部分意匠，関連意匠，組物，動的意匠，文字を含む意匠，図面要件（CGは可能か）は，各国ごとに異なる。特に，新規性喪失の例外規定の把握が間違っていると，新規性がないとしてその国で保護を受けられなくなる。

第4節　意匠の国際登録制度「ハーグ協定ジュネーブアクト」のリスクと対策　545

各国への直接出願の場合には，事前に各国の弁理士と相談して出願できるが，国際意匠出願の場合には，コストの点もあり，そのような事前相談が難しい。

よって，ジュネーブアクトを使いこなすには，時々刻々変化する各国意匠制度の法律，解釈，裁判例，運用を自己責任で把握する必要がある。

しかしながら，これは実際には不可能に近い。

対策としては，リスクを軽減するために，新規性喪失の例外の要件が厳しい国や審査主義国を指定しない方法が考えられる。

また，意匠の調和条約を日本が主導権を握って早急に進め[*10]，各国の意匠制度が均一化した段階で，ジュネーブ改正協定を利用する方法が考えられる。

4　新意匠法の概要

(1) 国際登録出願（日本→日本国特許庁→WIPO）

日本から日本国特許庁を経由してWIPOの国際事務局に国際出願する場合（「国際登録出願」）の規定が，意匠法60条の3乃至60条の5に規定されている。

各国特許庁を経由してWIPOへ出願すること（「間接出願」）を認めるか否かは各締約国の自由となっているが，日本は間接出願を認めることにしたので（意60条の3第1項），そのための規定である。

国際登録出願の言語は，別途定める様式による（意施規2条5項）。

特許法17条3項（手続の補正）及び18条1項（手続の却下）が国際登録出願に準用される（意60条の4）。

その他，国際登録出願のための事項の細目は省令で規定されることになる（意60条の5）。

(2) 国際意匠登録出願（加盟国→WIPO→日本）

WIPOから日本を指定して国際出願（「国際意匠登録出願」）が入ってくる場合が，意匠法60条の6乃至60条の23に規定されている。

(a)　国際出願による意匠登録出願（意60条の6）　日本を指定する国際出願で，国際登録され，かつ，国際公表されたものは，国際登録の日に出願さ

れた意匠登録出願とみなされる（意60条の6第1項）。すなわち，国際登録及び国際公表を条件に国際出願が国際登録日にされた日本での出願とみなされることになる。

　2以上の意匠を包含する国際出願については，国際登録の対象である意匠ごとにされた意匠登録出願みなされる（意60条の6第2項）。すなわち，複数の意匠を包含する国際出願については，1意匠1出願の規定（意7条）を適用することなく，自動的に意匠ごとにされた意匠登録出願とみなされることになる。国際出願についてのみ，複数一括出願制度を認めたことになる。国際登録番号は1つであるが，意匠ごとに日本の登録番号が付されることになる。通常の国内出願については，1意匠1出願の原則が適用される（意7条）。

　意匠法60条の6第3項は，「国際登録の対象である意匠を構成する一若しくは二以上の製品又は国際登録の対象である意匠が使用されることとなる一若しくは二以上の製品」を「意匠に係る物品」とみなすと規定している。

　「国際登録の対象である意匠を構成する一若しくは二以上の製品」とは，例えば，日本の組物（set of articles）に対応する製品が該当する。

　「国際登録の対象である意匠が使用されることとなる一若しくは二以上の製品」とは，欧州や米国の意匠出願のように，製品名が複数記載されている場合（例：米国では，「自動車，おもちゃ，レプリカ」の表示が可能）をいう。

　(b) 意匠の新規性の喪失の例外の特例（意60条の7）　　意匠法4条の新規性の喪失の例外の適用の主張，証明書の提出時期については，省令で決めることになっており（意60条の7），意匠法施行規則1条の2で，国際公表があった日から30日と規定された。

　なお，韓国が2014年7月1日からジュネーブアクトの加盟国になった関係で国際出願の願書の書式が変更され，国際出願で新規性喪失の例外を主張し，また，証明書も添付できるようになっている。

　日本の国内段階で新規性喪失の例外を主張する場合には，日本の弁理士を指定して，必要な書類を提出する必要がある。

　(c) 関連意匠の登録の特例（意60条の8）　　国際意匠登録出願を本意匠又は関連意匠のいずれにもできる。

　バリエーションとしては，国内出願が本意匠，国際意匠登録出願が関連意

匠でもよいし，その逆でもよい。

(d) 秘密意匠の特例（意60条の9）　国際登録出願については，意匠法14条の秘密意匠制度を利用できない。

意匠を秘密にしたい場合には，国際出願の際に，公告繰延べの制度（優先日又は国際出願日から最大30か月）を利用する必要がある。

秘密意匠の場合には，登録後意匠権が発生するが（権利行使できる），公告繰延べの場合には，意匠権は発生しない点（権利行使できない）に注意する必要がある。

(e) パリ条約等による優先権主張の手続の特例（意60条の10）　国際出願において優先権を主張している場合には，国際意匠登録出願についても主張したことになる。

優先権証明書の提出時期については，省令で規定することになっており（意60条の10第2項），意匠法施行規則12条の2で，国際公表の日から3月と規定された。

優先権証明書は，日本の弁理士を指定して特許庁へ提出することになる。

(f) 意匠登録を受ける権利の特例（意60条の11）　意匠登録を受ける権利の承継については，「相続その他の一般承継」の場合も含め，すべて，WIPOの国際事務局に届けでなければ効力が生じない（意60条の11）。

(g) 国際公表の効果等（意60条の12）　国際公表後の意匠を保護するために，実施料相当額を請求できる補償金請求権が認められている（意60条の12）。

警告後意匠権の設定登録前に業として出願意匠と同一又は類似する意匠を実施した者が対象となる。警告をしない場合でも，国際公表がされた国際意匠登録出願に係る意匠であることを知って，業として出願意匠と同一又は類似する意匠を実施した場合にも適用がある。

(h) 意匠権の設定の登録の特例（意60条の13）　国際意匠登録出願については，出願段階で登録料の納付があるので，「意匠登録をすべき旨の査定又は審決」があると自動的に設定登録がされることになる（意60条の13）。

(i) 国際登録の消滅による効果（意60条の14）　国際意匠登録出願は，その基礎とした国際登録が消滅したときは，取り下げられたものとみなされる（意60条の14第1項）。

国際登録を基礎とした意匠権は，基礎とした国際登録が消滅したときは，消滅したものとみなされる（意60条の14第2項）。
　これらの効果は，国際登録簿から当該国際登録が消滅した日から生ずる（意60条の14第3項）。
　指定国のいくつか又はすべてについて放棄（renunciation）した場合，国際登録の対象である1又は2以上（one or some of）の意匠へ国際登録を限定した場合（limitation）が，上記に該当する。
　(j)　関連意匠の意匠権の移転の特例（意60条の15）　本意匠が60条の14の理由により消滅した場合における，関連意匠の分離移転禁止について規定している（意60条の15）。
　(k)　関連意匠の意匠権についての専用実施権の設定の特例（意60条の16）本意匠の意匠権が国際登録を基礎とした意匠権で，意匠法60条の14第2項の理由により消滅した場合には，専用実施権はすべての関連意匠の意匠権について同一の者に対して同時に設定する場合に限り，設定することができる（意60条の16）。
　(l)　意匠権の放棄の特例（意60条の17）　国際登録を基礎とした意匠権を放棄する場合には，通常実施権者の承諾を得る必要がない。ジュネーブアクトに通常実施権者の承諾を得る制度が規定されていないためである。
　(m)　意匠権の登録の効果の特例（意60条の18）　意匠法60条の19の規定と相まって，意匠権の移転及び放棄による消滅又は処分の制限については国際登録簿への登録が効力発生要件となる。
　(n)　意匠原簿への登録の特例（意60条の19）　国際登録を基礎とした意匠権の移転又は消滅（存続期間の満了によるものを除く）は，国際登録簿に登録されたところによる（意60条の19第2項）。
　意匠権の移転及び消滅は国際登録簿が管轄することになっているためである。ただし，存続期間は，指定国によって異なるので，存続期間の満了による意匠権の消滅は国内原簿により管理される。
　(o)　意匠公報の特例（意60条の20）　国際登録の更新がなかったことによる意匠権の消滅については，国際事務局により公表されるものであり，その数が非常に多いため，意匠公報に掲載されない[*11]。

第4節 意匠の国際登録制度「ハーグ協定ジュネーブアクト」のリスクと対策 549

(p) 個別指定手数料とその返還（意60条の21・60条の22）　国際意匠登録出願をしようとする者は，個別指定手数料として74,600円を国際事務局に納付する必要がある（意60条の21第1項）。

更新をする場合には，個別手数料として1件ごとに84,500円を国際事務局に納付する必要がある（意60条の21第2項）。

国際登録出願が取り下げられ，又は拒絶すべき旨の査定若しくは審決が確定したときは，個別手数料は，納付した者の請求により政令で定める額が返還される（意60条の22第1項）。この手続は，拒絶査定等の日から6か月以内に行う必要がある（意60条の22第2項）。

(q) 経済産業省令への委任（意60条の23）　国際意匠登録出願に関しジュネーブアクト及び下位規則を実施するために必要な事項の細目について，経済産業省令において定めることとした。

(r) 部分意匠，関連意匠，組物，出願変更　部分意匠，関連意匠，組物，出願変更（国際登録出願から特許出願又は実用新案登録出願）について，特に制限規定は設けられていないので，いずれの制度も国際意匠登録出願に利用できる。

【注】
（＊1）　国際出願の書式は，WIPOのWEBからダウンロードできる。
（＊2）　紙出願（an application on paper）と比べると，電子出願（e-filing）には，①年中無休24時間受け付け可能，②紙が不要，③意匠の複製物が鮮明，④記載項目の漏れがない（漏れがあると送付できない），⑤確認メールがくる，⑥ページ数が増えても追加料金（紙出願の場合は，2頁目から150スイスフランの追加料金が必要）がないといったメリットがある。
（＊3）　ジュネーブアクト14条2項(c)は，「この項に基づいて国際登録に与えられる効果は，指定官庁が国際事務局から受理し，又は該当する場合にはその官庁における手続で補正された，その登録の対象である一又は二以上の意匠に適用する。」と規定する。
（＊4）　ジュネーブアクト Rule 18(5) and (6), GUIDE TO THE INTERNATIONAL REGISTRATION OF INDUSTRIAL DESIGNS「09.15A refusal of protection is notified to the International Bureau by the Office of the Contracting Party concerned. The International Bureau records such refusal in the International Register (unless it is not considered as such; see paragraph B.II.09.18) publishes it in the Bulletin, and transmits a copy of the notification to the holder of the

international registration concerned.」参照。WIPO の International Design Bulletin で拒絶通報を受けた登録番号をチェックすることができる。国際登録原簿の記録については，WIPO にリクエストして入手できるようである（WIPO Frequently Asked Questions 33番目の質問と回答を参照）。

(＊5)　このようなリスク回避の方法として，優先権を主張して出願をして，国内出願が拒絶された段階で，国際出願を取り下げる方法を提言するものとして，小林徹「国際出願のツールとしてのヘーグ協定への加盟について考える」知財研フォーラム88巻（2012年）29頁乃至34頁がある。

(＊6)　拒絶理由の内訳の比率については，平成18年2月15日産構審知的財産政策部会配布資料『意匠制度の在り方について』49頁参照。

(＊7)　WIPO "Hague Yearly Review"（2012年，2014年）。

(＊8)　GUIDE TO THE INTERNATIONAL REGISTRATION OF INDUSTRIAL DESIGNS B.II. 58 17参照。

(＊9)　河合千明＝斎藤純子『マドリッド・プロトコル実務の手引き』（発明協会，2011年）123頁参照。

(＊10)　特許や商標の分野では，既に調和条約が成立している。すなわち，特許については，特許法条約（Patent Law Treaty／PLT），商標については，商標法条約（Trademark Law Treaty／TLT）及びシンガポール条約（Singapore Treaty on the Law of Trademarks）がある。日本は現在のところ商標法条約のみに加盟している。

(＊11)　特許庁総務課制度審議室編『平成26年　特許法等の一部改正　産業財産権法の解説』（発明推進協会，2014年）152頁，153頁。

第5章●

グローバル企業の
ブランド戦略

第1節 はじめに

　経済のグローバル化により，大企業だけでなく，中小企業も海外で経済活動を行っており，商標の登録は経済活動の前提となっている。

　本章では，グローバル企業の日本における商標実務，グローバルな商標実務，強いブランドの権利形成，商標の普通名称化対策，商標，意匠，デザインに関する法的リスクの見落とし事例について焦点をあてて，グローバル企業のブランド戦略について解説する。

　日本における商標実務については，どの商標を捨て，どの商標を残すかについて解説する。

　グローバルな商標実務では，どの名称で，どの国に，どのルートで出願するのが良いか解説する。

　強いブランドの権利形成では，拒絶理由通知書に対する対応方法についても言及する。

　商標の普通名称化対策では，欧州共同体商標規則における出版社への商標表示請求権について言及する。

　商標，意匠，デザインに関する法的リスクとの見落とし事例では，条文を読んだだけではわからない，商標，意匠に関する法的リスクの見落とし事例について解説する。

第2節 日本における商標実務
——新しい商標,残す商標,捨てる商標——

1 はじめに

　2013年の商標出願件数は11万7674件で,内,国内企業が9万2495件,外国企業が2万5179件となっている。リーマンショック後,商標出願件数は減少しているが,外国企業等の出願件数は,回復基調にある。

　2013年の商標登録総件数は,日本企業が149万7065件,外国企業が22万1795件の合計171万8860件で,2004年に比べると日本企業が約5万件の減少,外国企業も1万3000件の減少となっている。

　企業が,商標業務のフローを見直し,商標の選択と集中を行っているのが原因と考えられる。すなわち,新しく採択する商標,残す商標,捨てる商標をシビアに検討している。

　どのようなフローでこれらの見直しが行われているのか,新たに商標を採択する場合と既存の商標をブラッシュアップする場合の国内業務フローの主なポイントについて解説を加える。

2 新しい商標を採択する場合のフロー

　新しい商標を採択する場合のフローは,■図表5－2－1のとおりである。

(1) 商標調査

　商標のネーミングを行った後,その候補を商標調査にかけることになる。文字商標や図形商標が一般的であるが,最近では,キャッチフレーズ,スローガン,ドメイン名,商号,キャラクター,コンピュータ・アイコン,技術ブランド,パッケージ,立体商標,地域団体商標なども,商標調査の対象となる。同一性調査で完全同一のものをふるい落とし,残った商標について,類似商標まで検索する調査 (Full Search) を行う。

■図表5—2—1　新たに商標を採択する場合のフロー

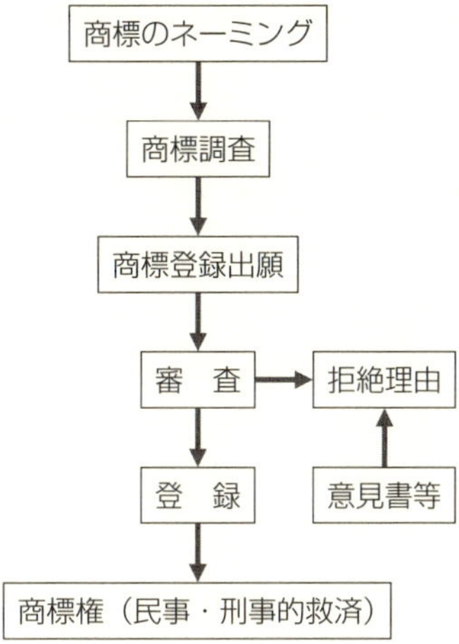

```
商標のネーミング
    ↓
  商標調査
    ↓
 商標登録出願
    ↓
  審　査 → 拒絶理由
    ↓        ↑
  登　録   意見書等
    ↓
商標権（民事・刑事的救済）
```

　自社の商標をどの商品（1類～34類）又は役務（35類～45類）について調査するかの絞込みも重要である。例えば，インターネットで配信されるコンピュータプログラムでも，ダウンロードするものは9類，ダウンロードしないものは42類に分類される。

　データベースによってタイムラグ（実際の出願がデータベースに掲載されるまでの期間）が異なる点に注意する必要がある。特許情報プラットフォームの無料のデータベースの場合，出願したものがデータベースに完全に掲載されるまでに2か月ほどかかる。これに対して，民間企業 Thomson Brandy の提供する有料のデータベースだと36日間～43日間まで短縮されている。商標調査を依頼する場合には，どのデータベースを利用しているか確認する必要がある。格安調査の場合には有料データベースを使用していないことが多い。

(2) **商標出願**

　商標調査の結果，類似する商標が発見されなければ，商標を出願する。出願する商標は，実際に使用するものと同一のものにする必要がある。登録後，3年間，同一の商標を使用していない場合には，不使用取消審判で，その登録が取り消されることになるからである。

　また，その商標を使用する商品又は役務を指定して出願することになる。

多くの商品又は役務を指定すると、使用の意思を確認する拒絶理由を受けることになるので、使用予定の商品又は役務に絞って出願する必要がある。

(3) 拒絶理由に対する対応

商標調査の上、出願した場合には、通常拒絶理由を受けることはないが、他人の登録商標と類似するとの拒絶理由を受けた場合には、①他人の登録商標と類似しないとの意見書を提出する、②他人の登録商標を買い取る、③他人の登録商標が継続して3年間使用されていない場合には不使用取消審判を請求してその登録を取り消す、④他人の登録商標と抵触する商品又は役務を削除する、⑤無効審判を請求するといった手段で対応することになる。

商標が登録になれば、全国的な独占排他権が発生し、商標権侵害に対して、民事的・刑事的救済を受けることができる。

3 既存の商標のブラッシュアップのフロー

既存の商標のブラッシュアップのフローは、■図表5−2−2のとおりである。

(1) 商標の抽出

自社のパンフレットやホームページをチェックして、自社の商標を抽出する。商品又は役務の出所を表示する機能を発揮しているものが商標となる。キャッチフレーズ（例：お口の恋人）、スローガン（例：Inspire the Next）、ドメイン名（例：amazon.com）、商号（例：佐藤製薬株式会社）、キャラクター（例：ダイキン工業のぴちょんくん）、コンピュータ・アイコン（例：Apple社のアイコン）、技術ブランド（例：プラズマクラスター）、パッケージ（例：ハウスのカレーのパッケージ）、立体商標（例：コカコーラ社の瓶の形状）なども商標として機能する場

■図表5−2−2　既存の商標のブラッシュアップのフロー

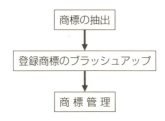

合が多い。

　また，登録商標について，消費者が略称して，新たな商標として一般にマスコミで使用される場合がある。例えば，「アメリカンエキスプレス」を「アメックス」，「ファミリーマート」を「ファミマ」，「ミスタードーナツ」を「ミスド」，「マツモトキヨシ」を「マツキヨ」と称呼する例があり，現在では，これらの略称も商標登録されている。

　最近の裁判例で，商品「雑誌」について商標「ハートナーシング／HEART NURSING」を登録していたが，「NURSING」の部分を小文字で小さく表記して使用するようになり，商標「HEARTnursing」が「HEART」と認知されるようになった事案で，第三者が商品「雑誌」に標章「HEART」を使用する行為に対して，不正競争防止法2条1項1号（混同惹起）を適用している（大阪地判平24・6・7（平成23年（ワ）第12681号）判時2173号127頁）。しかしながら，商標登録については，本件と関係のない会社が商品「雑誌」に商標「HEART」を登録している。「HEART」と一般に認知されるようになった段階で商標「HEART」を出願すべき事案であったといえよう。

　自社の商標登録リストと上記商標の抽出結果を照らし合わせ，登録されていないものがあれば，出願することになる。

　大手企業の場合，自社の商標はチェックできていても子会社のチェックが手薄になる場合が多い。

(2)　登録商標のブラッシュアップ

　実際に使用している商標は残す商標となる。

　登録されている商標に無駄がないかチェックし，無駄がある場合には，捨てる商標となる。

　無駄がある場合としては，①使用されていない商標，②書体が違うだけで重複して登録されている商標，③旧日本分類から国際分類への登録商標の書換えの際に不要な商品も含め書換えを行った商標，④同じ分類で商品がばらばらに複数同じ商標が登録されている場合，⑤登録商標と使用商標に同一性がない場合，⑥登録商標が実際に使用している商品又は役務をカバーしていない場合などがある。

　①の場合，将来使用する可能性がない場合には，登録商標の更新をするこ

となく，権利を消滅させることになる。

②の場合，大文字と小文字，筆記体とブロック体は，同一の範囲となるので，重複している商標をいずれかの書体の商標に限定して，残りは登録商標の更新をすることなく，権利を消滅させることになる。

③については，旧日本分類から国際分類に書き換えたときには，国際分類が何類にまたがっても同じ料金であったが，書換え後の商標の更新の際には，国際分類の数に応じて印紙代がかかるので，不要な商品又は役務は更新しないようにする。

④については，まとめて再出願をして，登録商標を更新しないことによりコストダウンを図ることができる。ただし，2012年1月1日に『類似商品・役務審査基準』が発行され，2012年1月1日前には，お互いに類似しないことになっていた商品，例えば，「飲料用野菜ジュース」と「清涼飲料」が2012年1月1日からは類似することになったので，2012年1月1日以降に再出願を行った場合，商品「飲料用野菜ジュース」の商標「A」が商品「清涼飲料」の商標「A」と類似するとして登録できないことになるので，このような商標は更新をして残す商標となる。

また，日本の登録商標が，商標の国際登録の基礎登録になっている場合には，日本の登録を維持しないと国際登録も維持されないので（セントラルアタック），注意が必要である。税関登録の対象も同様。

⑤については，使用商標について再出願する必要がある。

⑥については，実際に使用している商品又は役務について再出願する必要がある。

(3) 商標管理

商標の管理は，CIマニュアルを使用して管理するのが一般的であるが，CIマニュアルどおりに使用しているかチェックする必要がある。

CIマニュアルどおりに使用していない場合には，①登録商標と同一の商標を使用していないとして不使用取消審判によりその登録が取り消されたり，②本物と偽物の区別がつかなくなったり，③他人の商標権と抵触したり，④商標の識別力を喪失して普通名称になったり，⑤商標の求心力が低下するといった弊害がでてくるので注意が必要である。

CIマニュアルも古くなりすぎると、キャッチフレーズ、スローガン、キャラクター、立体商標等の使用方法がカバーされていないことが多いので、定期的な見直しが必要となる。●

第3節 グローバルな商標実務

1 グローバル企業の出願動向

　企業は，国際企業（International）→多国籍企業（Multinational）→グローバル企業（Globally Integrated）と発展をとげている。

　IBMビジネスコンサルティングは，国内製品を海外で販売する輸出入企業を「国際企業」，海外現地法人毎に権限を委譲したミニ本社機能を備えた企業を「多国籍企業」，地球上にひとつの本社をもち，人・もの・金・情報というすべての経営資源をグローバル規模で最適化する企業を「グローバル企業」と定義している。

　多国籍企業の場合，複数の法人名（例：○○ EUROPE，○○ USA）で商標権を取得することがあるが，国際企業，グローバル企業の場合には，一法人の名義で各国の商標権を取得する傾向がある。

　日本企業の場合，出願人名として Kabushiki Kaisha ○○ also trading as ○○ Co., Ltd. と和文名の音訳と英文名を表記する場合が多かったが，最近は，英文名のみとする企業が多い。ただし，香港では和文名の音訳が必要であり，また，中国では，中国語表示をする必要がある。

　グローバル企業の主要39か国（日本，米国，欧州，中国，韓国，ブラジル，ロシア等）における2010年の総出願件数は，第4章，第3節■図表4－3－9参照。

　2008年のリーマンショック後，グローバル企業の商標出願件数は減少し，まだ，回復の途中といえる。今後増える可能性が高い。トイレタリー，食品などの一般消費者向けの商品の商標は種類も多いため出願件数が多い。

　いずれの企業も，自国，米国，欧州，中国への出願が多いが，サムスンは，2010年に自国への出願を大幅に減らしている。ホンハイは，世界最大の

EMS（電子機器受託製造サービス）企業であるため，自社の商標の出願は少ない。

ブランド価値を高めるのに，良いデザインは欠かせない。ホンダ，パナソニック，ソニー，トヨタ，アップル，マイクロソフト，P&G，サムスン，LG は，意匠出願も多い。特にソニー，P&G は，日本，米国，欧州において，LG は，米国，欧州，韓国においてベスト20に入っている。また，サムスンは米国（296件），韓国（735件）でトップ，欧州で8位（257件）となっており，携帯電話に限定すると，日本，米国，欧州，中国，韓国でトップとなっている(*1)。

2　商標調査

商標調査にあたっては，実際に使用する予定の商標，商品・役務を絞り込む作業から入る。

文字，図形からなる商標が一般的である。ハウスマーク（例：Toyota）は，企業が関係するあらゆる商品・役務に使用されるので，広い範囲での商品・役務を調査することになる。グローバル企業のハウスマークの変更になると，特定の国については，国際分類1類〜45類すべての商品・役務を調査することもある。

プロダクトマーク（例：Aquos）の場合には，個別の商品に使用されるので，特定の商品（例：液晶テレビ）について調査することになるが，ブランド拡張される場合には，その拡張する商品についても調査することになる。例えば，シャープ社の商標「Aquos」は，液晶テレビについて使用されていたが，最近では携帯電話にも使用されるようになっており，携帯電話についての調査も必要となる。

ハウスマークと一緒に使用されるスローガンも長く使用され，商品・役務の出所を表示する機能を有する場合が多いので，調査の対象となる。

パナソニック社の「idea for life」は著名なスローガンであるが，先に，英国のドラッグストア Boots 社が「ideas for life」を使用していたので，パナソニック社は許諾を受けたようであるが(*2)，現在欧州では両社の併存登録となっている。

商標調査は，各国の特許事務所に依頼をして，①識別性（地名を含む），②

登録可能性，③使用可能性について，コメントを貰うのが一般的である。最近は，％でリスクを提示する事務所が多い。

中国では，商標が中国の県クラス以上の地名に該当する場合には，商標が登録できないだけでなく，使用もできないので注意を要する。

フランス，中国，韓国，日本等登録主義をとる国（商標を登録することにより商標権が発生）では，各国特許庁に出願・登録された商標を調査することになる。データベースは民間のものが多い。フランスの場合，①フランス産業財産庁，②欧州共同体商標意匠庁，③マドリッドプロトコルによる国際登録の3つのルートからの出願・登録を調査する必要がある。

米国のように使用主義（商標を使用することにより商標権が発生）をとる国では，①米国特許商標庁の出願・登録調査，②各州の出願・登録調査，③マーケットでの使用調査（コモンローサーチ）を行うことになり，コストがかかる。

英国，オーストラリア等の英連邦の国では，パッシングオフ（詐称通用）による訴訟があるので，米国と同様にコモンローサーチまで行う場合がある。

このような詳細な最終調査をする前に，同一の商標のみをざっくり調査することも可能であり，コストはかなり安くなる。

類似する商標が発見された場合には，①別の商標を採択するか，②登録を取り消すか，③商標を買い取るか，④ライセンスを受けるか，⑤同意書（written consent）を受けて登録するかの選択をする必要がある。

③の場合，グローバル企業に対して高額な買取請求が一般的なので，ダミーを使うなど慎重に対応する必要がある。

⑤の同意書は，米国や欧州では昔から認められていたが，中国でも審判段階で認められるようになっている。商標「MITSUBOSHI」の出願に対して，商標「MITSUBISHI」が引用されたが，同意書を得ることにより併存登録された。

3　権利形成

(1) だれを商標権者とするか

だれを商標権者とするかは，重要なポイントである。商標権の移転をする場合には，高額な税金を支払う必要がでてくるからである。

多国籍企業の場合，複数の法人（例：〇〇 EUROPE，〇〇 USA）が，同じ地域で別々に商標（例：AとB）を登録する場合があり，その後，〇〇 EUROPE が出願した商標（C）が双方の商標と類似するとして登録できないといったケースも生じている。お互いに関連会社で混同は生じないといった同意書（written consent）を提出して併存登録を認めてもらえる国もあるが（例：米国，欧州），同意書の制度のない国（例：日本）もある。この場合，どちらか一方に商標権を移転させる方法もあるが，高額な税金を支払うことになる。

グローバル企業の場合には，一法人の名義で商標権を取得して，現地法人に商標ライセンスを行うことになる。ライセンス料が高すぎると移転価格税制の問題がでてくるので注意を要する。

(2) **どの商標，商品，役務を出願するか**

商標調査の結果，使用可能な商標を，使用を予定している商品・役務について出願することになる。すなわち，商標と商品（国際分類1類～34類）・役務（国際分類35類～45類）はセットで出願する必要がある。

この商標，商品，役務の絞り込みは調査段階でも行う必要があるが，出願段階では，さらに，出願する商標と使用する商標との同一性を厳密に検討する必要がある。各国とも（ただし，チリを除く），登録から3年ないし5年，登録商標と同一の商標を使用していない場合には，第三者の請求により取り消されることになっているからである。同一性の判断は各国によって異なるので，各国弁理士の意見を事前に聞くことになる。

2段書で使用している商標「〇〇／〇」を1段書「〇〇〇」で商標登録して問題ないか確認したところ，使用商標と登録商標の同一性の観点から，中国は2段書で登録する必要があり，マレーシア，タイでは，1段書で登録しても，問題ないとの回答があったこともある。

識別力がないと判断された商標でも，長年の使用により識別力を獲得できる場合（セカンダリーミーニング）もあるので，このような戦略をとるか検討する必要もある。例えば，747（飛行機），501（ジーンズパンツ），PHILADELPHIA（クリームチーズ），GEORGIA（コーヒー）などは，このような戦略をとって日本登録した商標である。

中国では，「HONDA」と「ホンダ」，「ほんだ」，「本田」，「BENTIAN」，「宏達」は類似しないので，これらカタカナ等も保護したい場合には別途出願が必要となる。

商標の種類としては，文字商標，図形商標が一般的であるが，最近では，スローガン，キャッチフレーズ，キャラクター，立体商標，技術ブランド，色彩，位置，動き，ホログラム，音，香り，タッチ，味の商標まで認める国もある。

キャラクターについては，著作者の死後50年又は70年で著作権が切れてしまうので，著作権の保護だけでなく，商標登録も必要となる。

ビジネスの過程で使用するどの表示を商標として登録するか検討する必要がある。その際，デザインを意匠登録することも検討する必要がある。

欧州共同体商標意匠庁では，審査官は識別性のみ審査をして，他人の登録商標と抵触するか否かは異議申立てに委ねているため，異議率が15％～20％と高い。異議申立てを受けないコツは，商品・役務の表示を限定することである。

(3) どのルートで出願するか

出願するルートとしては，①各国出願，②欧州共同体商標意匠庁（28か国），アフリカ知的財産機構（17か国），ベネルクス知的財産庁（3か国）のような広域出願，③世界知的所有権機関（WIPO）への国際登録出願（91か国・政府間機関）がある。

①の場合には各国の特許事務所に出願を依頼することになる。出願前に，出願の態様など現地の弁理士に相談できるので，もっともきめ細やかな出願をすることができる。自動車のような高価な商品を扱うグローバル企業は，各国別の出願をする場合が多い。ただし，コスト的には，②，③より高くなる。一方，トイレタリーのように単価の安い商品を扱うグローバル企業は，③の国際出願を利用する場合が多い。

②の場合には，1つの出願で多くの国をカバーできるので，コストも安くなる。欧州共同体商標意匠庁で登録すると欧州連合28か国を1つの登録でカバーすることができ，1か国で使用していれば（ただし，争いあり），欧州共同体28か国での使用とみなされる点がメリットである。出願した商標と類似

の商標が加盟国で先に登録されている場合には，登録できないことになるので，28か国での事前調査をした上で出願した方が安全である。

③は，マドリッドプロトコル（マドリッド議定書）であり，1つの国際登録出願で94か国・政府間機関をカバーできる（2015年3月5日現在）。政府間機関には，欧州共同体商標意匠庁も含まれるため，国際登録出願を通して，欧州共同体商標出願を行うことができる。欧州共同体商標出願が拒絶された場合には，出願人は，マドリッドプロトコルの加盟国の官庁の国内出願に切り替えることができる（Opting Back）。

マドリッドプロトコルの場合には，セントラルアタックの制度があり，国際登録出願の基礎となる出願が拒絶されるか，又は，基礎となる登録が無効となった場合には，国際登録全体が取り消されることになるので，このようなリスクのある商標については，国際登録出願は勧められない。

中国については，国際登録出願は勧められない。(i)審査が18か月と長い（中国への直接出願の場合は1年），(ii)登録証が発行されない，(iii)国際登録出願の指定商品・役務の表示では，中国で使用予定の商品・役務がカバーされていない場合がある等が理由である。(ii)については，中国では商標権を行使するのに，登録証が必要であり，国家工商行政管理総局商標局からの登録証明書の発行には6か月を要することになる。(iii)については，中国では独自の商品・役務リストがあり，それにあった具体的な表示をしないと中国で使用予定の商品・役務をカバーできないが，その表示を90か国以上をカバーする国際登録出願で行うのは難しい。

また，米国のような使用主義をとり，登録後の管理に手間のかかる国（登録後5年～6年，登録後10年毎に使用宣誓書の提出が必要）については，上記①の米国へ直接出願するグローバル企業が多い。

(4) どの国へ出願するか

商品（模倣品を含む）の製造国，販売国，流通国に出願するのが一般的である。その意味で，中国への商標出願が増えており，2013年の出願件数は，約188万件となっている。

中国で製造された模倣品は，アジア諸国，ロシア，欧州，アフリカ，中近東，南米にも流れており，これらの国への商標出願も必要となる。

中国で商標登録しても，香港，マカオ，台湾にはその効力は及ばないので，別途出願が必要である。

(5) 登録後

　商標は特許より管理が重要といわれている。3年ないし5年，登録商標を使用していな場合には，その登録が取り消されることになるので，使用証拠をしっかり確保しておく必要がある。

　また，辞書などに，商標が普通名称として記載されると，商標が普通名称化してしまうので，そのような使用がされていないか，各国の辞書のチェックも必要である。グローバルブランドである，「XEROX」，「BAND-AID」，「Coca-Cola」などは，厳重なチェックを行っている。

　欧州では，欧州共同体商標権者には，辞書等の出版社に，辞書に記載された文字が，商標であることを表示するように請求する権利が認められており，これを行使しないことは，普通名称でないと主張する際に不利に働くことがあるので注意が必要である。

【注】
(＊1)　特許庁「平成23年度意匠出願動向調査報告書」。
(＊2)　山崎攻「松下電器からパナソニックへ」商工振興2009年1月号1頁。

第4節 強いブランドの権利形成

1　強いブランドと出所識別力の関係

　商標法から見た強いブランドとは，商標の最も重要な機能である，商品又は役務の出所を識別する機能（出所識別力）の強い商標ということになる。出所識別力の強い商標は，出所識別力がないとの理由により，商標登録出願が拒絶されることもなく，また，商標権侵害訴訟においても厚い保護を受けることができるからである。なお，ここでは，ブランド＝商標ということで説明する。

　出所識別力の強い商標を採択することが，強いブランドを作る基本中の基本ということになる。これは，ブランド・ロイヤルティ（brand loyalty／消費者とブランドとの絆，消費者が反復して特定のブランドを購入する程度）の形成にも寄与する。

　商標の出所識別力については，■図表5―4―1にあるように強い順に，①～⑤まで5段階に分けることができる。

　①　奇抜なマークとは，辞書に掲載されていない特定の意味を有しない造語からなる商標をいう。例えば，「SONY」（家電製品），「EXXON」（ガソリン）が該当する。

　②　恣意的なマークとは，辞書に掲載されている語からなる商標であるが，その語の意味と全く関係のない商品に使用される商標をいう。例えば，「SUBWAY」（サンドイッチ），「APPLE」（コンピュータ）が該当する。「APPLE」がリンゴに使用される場合には，商品の普通名称に該当するので，登録することができないが，コンピュータに使用される場合には，出所識別力があり，登録することができる。

　③　暗示的なマークとは，直接的に商品の品質，用途，産地等を示

■図表5－4－1　強い商標（Strong mark）と弱い商標（Weak mark）

	種　類	商　標	登録の可能性
1	奇抜なマーク (fanciful mark)	SONY EXXON	○
2	恣意的なマーク (arbitrary mark)	SUBWAY APPLE	○
3	暗示的なマーク (suggestive mark)	Coppertone からまん棒	○
4	記述的なマーク (descriptive mark)	SUPER GEORGIA	△
5	普通標章 (generic mark)	BANANA ESCALATOR	×

すものではないが，これらを間接的に表示する商標をいう。例えば，「Coppertone」（日焼け用・日焼け止め化粧品），「からまん棒」（洗濯機）が該当する。「Coppertone」は，「Coper（銅）」と「tone（色）」が語源であり，「銅色に焼く」を暗示させ，「からまん棒」は，「洗濯物がからまない」を暗示させるものであり，直接的には商品の品質等を示すものではないので，生来的に出所識別力があり，商標登録をすることができる。

④　記述的なマークとは，商品の品質等を直接表示する商標をいう。例えば，「Super」は，極上を意味し，また，「GEORGIA」は米国ジョージア州を意味する地名なので，生来的に出所識別力がないとして，登録することができない。しかしながら，「GEORGIA」は商標として，商品「コーヒー」について，コカ・コーラ社により独占的に長年使用された結果，出所識別力を取得したとして，商標法3条2項により登録されている。

⑤　普通標章とは，商品の普通名称をいう。例えば，商品「バナナ」について「banana」，商品「エスカレーター（移動階段）」について「escalator」が該当する。普通標章は，だれもが商品を特定するのに必要な語であり（公益性），独占させるべきでないとの理由により，登録することができない。記述的なマークと異なり，商標法3条2項の適用もない。

「escalator」は，当初は商標として使用されていたが，管理を怠ったため，

普通名称化が進み，いまでは，だれでも使用することができる。ぶどうについての「巨峰」（大阪地判平14・12・12裁判所ホームページ），薬についての「正露丸」（大阪高判平19・10・11判時1986号132頁）も普通名称になったと裁判で判断されている。

様々な商品・役務に使用されるハウスマーク（house mark）としては，特定の意味を有さず，強い出所識別力を有する，①の奇抜なマークの採択が望ましい。例えば，「SONY」は，家電製品だけでなく，金融業務についても使用されている。

ただし，①の奇抜なマークは，辞書に掲載されていない語（造語），すなわち，消費者の頭の中にない語からなるため，ブランドを浸透させるために，かなり強力な広告宣伝を長期間に亘りしなければならないといったデメリットがある。

特定の商品に使用されるプロダクトマーク（product mark）については，商品の内容を間接的に表示する③の暗示的なマークが最適である。④記述的なマークもプロダクトマークに向いているが，生来的に出所識別力がないとの理由により，拒絶されるので，使用による出所識別力の取得（商標3条2項）を立証できるようなブランド戦略が必要となる。このような戦略により，登録された商標としては，前述した「GEORGIA」（コーヒー）の他に，■図表5―4―2にある商標がある。現在，商標法3条2項を適用して登録された商標は1000件以上ある（インフォソナー調べ）。

■図表5―4―2　商標法3条2項により登録された商標

商　標	商　品	商標権者
501	ジーンズパンツ	リーバイス
747	大型ジェット旅客機	ボーイング
PHILADELPHIA	クリームチーズ	クラフト
G4	痔の薬	佐藤製薬
純	焼酎	宝ホールディングス
角瓶	角型瓶入りウイスキー	サントリー
一粒300メートル	キャラメル	グリコ

2 商標調査の3つのポイント

ネーミングから商標登録までの流れは，■図表5－4－3のとおりとなる。

まず，ブランド（商標）のネーミングを行い，商標調査にかける候補を絞り込む。3件から5件ほどに絞り込むのが一般的である。ネーミングは，自社開発，ネーミング会社への依頼の方法がある。例えば，ドコモ，au，日興コーディアル証券は，ネーミングに定評のある株式会社ジザイズがネーミングした。

商標調査では，①商標が生来的に出所識別力があるか否か，②先行する登録商標と類似するか否か，③他人の周知・著名な商標と混同を生ずるおそれがあるか否かの3点が重要なポイントになる。この調査をしっかり行うことが，強いブランド形成に繋がる。

①については，辞書に掲載されている記述的な語（商品の品質等を直接的に示す語）や同業者が記述的に使用している語は，生来的に出所識別力がないので，ブランドとしては，採択しない方が望ましい。それでも採択したい場合

■図表5－4－3　商標登録までの流れ

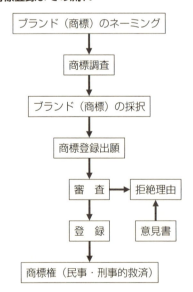

には，商標法3条2項の主張により，登録できるような広告宣伝を打つ戦略をとる必要がある。

②については，先行する登録商標と商標が類似するか否か，商品が類似するか否かの2点をチェックする必要がある。商標が類似するか否かは，対比される両商標が同一又は類似の商品に使用された場合に，商品の出所につき誤認混同を生ずるおそれがあるか否かによって，決せられることになる。その際には，商標の外観，観念，称呼等によって取引者に与える印象，記憶，連想等を総合して全体的に考察され，取引の実情も勘案される。育毛剤については，「大森林」と「木林森」は，称呼が異なるが，外観，観念が紛らわしいため，類似と判断されている（最判平4・9・22裁判集民165号407頁）。

商品が類似するか否かは，同一の営業主により製造又は販売される商品か否かにより判断される。「清酒」と「焼酎」は，同一の営業主により製造又は販売されるので，類似と判断されている（最判昭36・6・27民集15巻6号1730頁）。

③については，採択しようとする商標の使用する商品と異なる分野の商標でも，その商標が他人の周知（一定の地域で有名）又は著名（全国的に有名）な商標と同一又は類似する場合には，採択をとりやめる必要がある。そのような商標は，他人の業務にかかる商品等と混同を生ずるおそれがある商標に該当するとの理由（商標4条1項15号）により登録することができず，例え，登録したとしても，その登録は無効となり，また，その使用は，不正競争防止法2条1項1号（混同惹起行為）又は同2号（著名表示冒用行為）により差止めの対象となるためである。例えば，登録商標「ラ・ヴォーグ南青山」（建物の売買）は，著名商標「VOGUE」（雑誌）との関係で，商標法4条1項15号に該当するとして，特許庁審判部により登録無効と判断されており（特許庁審決平16・9・14），また，当該商標の使用が不正競争防止法2条1項1号に該当すると判断されている（東京地判平16・7・2判時1890号127頁）。

周知・著名商標のリストは特許情報プラットフォームで見ることができる。2015年3月27日現在1175件の周知・著名商標がリストにある。このリストは，特許庁又は裁判所により，審査，審判又は裁判において周知又は著名と判断された商標に基づいて作成されている。

3 ブランド拡張（brand extension）と商標登録出願

　事前の商標調査の結果，その登録及び使用とも問題ないと判断された場合には，使用する予定の商標及び商品又は役務を指定して特許庁へ出願することになる。

　ブランド拡張をする場合には，本来使用している商品又は役務以外に出願の対象を拡大する必要がある（水平的ブランド拡張）。例えば，Chanel 社は，当初，帽子について，「Chanel」を使用していたが，現在では，化粧品や時計にブランド拡張を図っている。

　このように段階的にブランド拡張をする場合には，将来ブランド拡張をする可能性のある商品や役務分野について，他人に同一又は類似する商標を取得されないように，登録商標のウォッチングをして，登録された場合には，特許庁審判部へ，商標登録異議申立てを行って，その登録を取り消す手法をとる必要がある。取り消す理由としては，商標法4条1項15号（他人の周知・著名な商標と混同を生ずるおそれ）がよく利用される。

　ブランド拡張を当初から予定している場合には，3年位先を見越して出願することが望ましい。例えば，ディズニー社の「ミッキーマウス」のようなキャラクターは，ブランド拡張が当初から予定されている例といえる。登録商標は，3年継続して使用していないと，第三者の不使用取消審判請求（商標50条）により，取り消される可能性があるので，ブランド拡張の射程範囲は，3年先が安全である。

　出願する商標は，実際に使用する商標と同一性のある商標にする必要がある。登録商標と使用商標に同一性がない場合には，不使用取消審判請求により，その登録が取り消されることになるからである。例えば，登録商標「MAGIC」と使用商標「LIP MAGIC」とは同一性がないと判断され，当該登録商標は取り消されている（東京高判平13・6・27裁判所ホームページ）。

　また，自社の商標と近い商標がある場合には，その外観が区別できるような態様で出願することが望ましい。拒絶理由を受けたときに反論がしやすいためである。例えば，先行登録商標として「★」（靴）の登録があったため，コンバース社は，「☆」と「CONVERSE」を組み合わせ，それを長方形で

一体に囲む構成の商標を商品「運動用特殊靴」等に出願し，当該商標の著名性も斟酌され，最終的に登録が認められている（東京高判平6・3・31判時1503号137頁）。

商標の種類（ブランド要素）としては，文字，数字，図形，立体，色彩，位置，動き，ホログラム，音の商標がある。

最近，ブランドの数を絞りこみ，昔から使用している商標を継続的に使用し，その商標と一緒に使用するパッケージやキャッチフレーズを変えることにより，ブランドをブラッシュアップする傾向がみられる。このような傾向の中で，パッケージやキャッチフレーズも出願の対象とする場合が多い。

4　ブランド戦略と拒絶理由への対応

商標登録出願した後，審査官より①商品の品質等を直接表示する商標なので，出所識別力がない（商標3条1項），②先行登録商標と類似する（商標4条1項11号），③他人の周知・著名な商標と混同を生ずるおそれがある商標（商標4条1項15号）に該当するとの拒絶理由が出されることがある。

①に対しては，意見書において，商品の品質等を示す語としては，別の一般的な語があり，そちらが一般的に使用されており，出願した商標は，商品の品質等を直接示す語として使用されていないので，生来的に出所識別力があり，独占にも適するとの反論をすることになる。

数字からなる商標は，生来的に出所識別力がないとして拒絶されることになる。「数字＋図形」で出願した場合には登録できる可能性が高くなるが，この方法をとると，商標権侵害訴訟において，登録された商標の要部（出所識別力のある部分）は，数字の部分にないと判断され，他人が数字を商標として使用しているのを排除することができない。数字をブランド戦略の中心に据えて，商標として独占したいのであれば，数字のみで出願をし，商標法3条2項の主張・立証をしっかり行う必要がある。リーバイス社は，このようなブランド戦略に基づき，「501」をジーンズパンツにブランドとして積極的に使用し，広告宣伝も「501」を前面に打ち出し，「501」を商標法3条2項を適用することにより登録している（商標登録第2624101号）。

②に対しては，特に，取引の実情を意見書で述べることにより，商標が類

似しないとの結論を導き出すことができる。例えば，商品「食用魚介類」について，商標「魚耕」と「魚幸」は，称呼が「ウオコー」で同一であるが，魚介類の取引では，外観が重視されるとの取引の実情を旨く立証することにより，両商標は類似しないとの判断がなされている（東京高判平16・11・29裁判所ホームページ）。

なお，意見書で述べた内容と相反することを商標権侵害訴訟の場で主張することは，禁反言の原則（file wrapper estoppel）との関係で，できなくなる可能性があるので，意見書作成にあたっては，慎重を要する。禁反言の原則を適用した事件として，KII事件（東京地判平6・6・29判時1511号135頁）がある。

③については，引用された，周知・著名商標と同一の商標が他の分野で複数の企業により使用されていることを立証することにより，又は，出願商標も周知・著名であり，一連に称呼・観念されることを立証することにより，混同のおそれがないとの結論を導き出すことができる。例えば，商標「三共消毒」（害虫の駆除）は，当該商標も害虫駆除の分野で著名で，一連に称呼されるので，周知・著名商標「三共」（薬剤）との関係で，混同の可能性はないと判断されている（東京高判平12・10・25裁判所ホームページ）。

なお，ブランド戦略の中で，他人の周知・著名商標にただ乗りしようという意思がある場合には，その商標の構成や使用方法も，周知・著名商標に擦り寄ることになり，③の拒絶理由を回避するのは難しくなる。ブランド採択時のチェックが重要である。

第5節 商標の普通名称化と出版社への商標表示請求権
―― 日本, 欧州, 米国の比較法的考察と立法論 ――

1 はじめに

　知的財産権は，法定された保護期間を過ぎると一般にパブリック・ドメインとなり，だれでも利用できるようになるが，商標権に限っては，商標を使用する者の業務上の信用を維持するため（商標1条），使用，更新を条件に半永久的に存続することになる。

　しかしながら，登録商標が普通名称化すると，権利は存続するものの，その商標はだれでも使用できるようになり（商標26条1項2号及び同3号），財産的価値はゼロになってしまう。（財）知的財産研究所の調査（2006年）によると，日本企業853社中，94社（11%）が登録商標の普通名称化を経験している[*1]。

　本節では，日本，欧州，米国における商標の普通名称化の判断基準について検討し，普通名称化の有効な対応策として，欧州で認められている出版社に対する商標表示請求権について立法論も含めて解説することとする。

2 商標権へのダメージの類型

　商標権へのダメージ（商標の本質的機能である出所表示機能を害する場合）としては，①第三者が登録商標と同一又は類似の商標を，指定商品・役務と同一又は類似の商品・役務に使用して，商品・役務の出所の混同を生じさせる場合（第1類型），②第三者が登録商標と同一又は類似の商標を非類似の商品・役務に使用して，商品・役務の出所の混同は生じないが，商標の出所識別力を稀釈化する場合（第2類型），③そして，第三者が登録商標を普通名称として使用することにより，商標の出所識別力をゼロにしてしまう場合（第3類型）がある（■図表5－5－1参照）。

　第1類型については，商標法25条，37条又は不正競争防止法2条1項1号

■図表5—5—1　商標権へのダメージの類型

類　型	ダメージの態様	法的救済措置	保護の対象者
第1類型	出所の混同	差止め・損害賠償請求，信用回復の措置，刑事罰（商標25条・37条，不競2条1項1号）	商標保有者 需要者
第2類型	稀釈化	差止め・損害賠償請求，信用回復の措置，刑事罰（不競2条1項2号）	商標保有者
第3類型	普通名称化	な　し	商標保有者

により，第2類型については，「商品等表示として」の使用といった歯止めがあるものの，不正競争防止法2条1項2号により差止め等の救済を受けることができるのに対して，第3類型については，何ら法的救済措置が設けられていない。

　権利付与法である商標法は，需要者保護に関係する第1類型については，保護規定を設けているが，需要者保護と関係のない第2類型及び第3類型については，何ら保護の規定を設けておらず，第2類型については，行為規制法である不正競争防止法に保護を委ねるという構造になっている。欧米に比べると，商標法による保護が薄いといえる。

3　商標の普通名称化の判断基準

　普通名称，慣用商標は，商標法3条1項1号，同2号違反を理由に拒絶され，誤って登録されても，無効審判請求により登録無効となる（商標46条）。

　登録後，登録商標が普通名称化した場合には，登録商標が取り消されることはないが，商標権の効力が制限されることになる（商標26条）。

　商標の普通名称化を判断する場合の人的判断基準は，業者とする裁判例[*2]，取引者及び需要者（消費者）双方とする裁判例[*3]がある。最近は，後者の裁判例が多い。

　特許庁編『工業所有権法（産業財産権法）逐条解説〔第19版〕』は，業者とする[*4]。

学説は、競業者とするもの[*5]、業者及び消費者とするもの[*6]、慣用商標について需要者とするもの[*7]がある。

普通名称・慣用商標を登録しない趣旨（出所識別力と独占適応性の欠如）の独占適応性の欠如に重きを置くと、判断主体は業者・取引者ということになる。この考え方が妥当であると考えるが、業者及び取引者は、消費者及び最終使用者の分かりやすい表示を商品の普通名称として採択するので、消費者及び最終使用者の認識も重要な意味をもってくるといえよう[*8]。

消費者及び最終使用者に商品の出所を保証するという商標の本質的機能に重きを置くと、原則として、消費者及び最終使用者が判断主体となる。後述するBOSTONGURKA事件の欧州司法裁判所は、この考え方に立脚している。

商標権を業務上の信用とは別個の財産権として捉えると[*9]、商標権者が権利を放棄（renounce）しない限り、普通名称化が認定されることはない。後述する1960年代の欧州のCivil Law諸国はこの考え方に立脚している。

地域的範囲については、普通名称であると日本全国で認識されている必要はなく、一地方で普通名称と認識されていれば、普通名称化が認定される[*10]。

普通名称としての浸透度については、アンケート調査を実施して普通名称化を認定した裁判例はないが[*11]、米国には、75％の普通名称としての認知率、12％の商標としての認知率で普通名称化を認定した裁判例がある[*12]。

4　商標の普通名称化の要因

商標の普通名称化は、商標権者、関連会社、ライセンシーが適正に登録商標を使用しないために（例：普通名称を併記しない場合）生ずる場合もあるが、辞書に普通名称として記載することは、商標の普通名称化に多大な影響を与えるといえる[*13]。業者、取引者、広告代理店[*14]は、辞書を参考に普通名称を使用する場合が多いからである。これらの誤用により、消費者も登録商標が普通名称であると認識し、普通名称化が一気に進むことになる。

商品「葡萄」について、登録商標「巨峰」の普通名称化が認定された、巨

峰事件判決（大阪地判平14・12・12裁判所ホームページ）をみると、国語辞典、事典、図鑑類等に「巨峰」、「キョホウ」の表示が、ぶどうの一品種を表す名称として用いられていたことが、普通名称化の要因となっている。

巨峰事件では、商標権者が、辞書等の記載について、訂正の申入れを行ったが[*15]、11社が訂正の申入れを受け入れる旨回答したものの、5社が無回答、1社が訂正を拒絶していた[*16]。

辞書等における登録商標の記載は、商品の出所を表示し、自他商品を識別する態様での使用（商標的使用）ではなく、商標権侵害を構成しないため、商標権者は、辞書等における登録商標の記載を差し止めたり、登録商標である旨を表示させたりすることができない。辞書等への対応は御願いベースにならざるを得ない。

欧州には、辞書等への商標表示請求権の制度があり、普通名称化防止策として、有効に活用されている。

どのような法的枠組みの中で、商標表示請求権の制度が存在しているのか、欧米の普通名称化の取扱いについて日本との比較を行った後に解説する。

5　欧米の状況

(1) 制度枠組み

商標の普通名称化に関する規定を日米欧で比較すると■図表5－5－2のとおりとなる。

(a) 拒絶・無効（取消し）理由　いずれの国においても、普通名称化した商標は、拒絶理由になっており、登録することができない（日本3条、米国2条、EU7条、英国3条、ドイツ8条［以上、商標法］、フランス711条の2［知的財産法］）。

過誤登録の場合には、無効（取消し）理由となる（日本46条、米国14条、EU51条、英国47条、ドイツ50条、フランス714条の3）。

(b) 登録取消理由（登録後の普通名称化）　登録後普通名称化した場合には、日本では、登録取消理由になっていない。商標権の効力が制限されるのみであり、いつ復活して権利行使されるか分からない不安定な状況に競業者は置かれることになる。

昭和34年商標法改正の際に、登録後普通名称化した場合の取消制度につい

■図表5—5—2　日米欧における普通名称化に関する規定

国名	拒絶理由	無効取消し理由	取消判断時（請求時）	効力の制限	商標表示請求権	不競法	民法
日本	3条	46条なし	なし	26条	なし	なし	なし
米国	2条	14条	14条	33条 45条	なし	不明	不明
EU	7条	51条 50条	50条	12条	10条	なし	なし
英国	3条	47条 46条	46条	11条	なし	なし	不明
ドイツ	8条	50条 49条	49条	23条	16条	可能性あり	823条 1004条 可能性あり
フランス	711条の2	714条の3 714条の6	714条の6	713条の6	なし	なし	1382条 1383条 適用例

※ EU，英国，フランスには成文法としての不正競争防止法はない(*17)。

て検討されたが，最終的に導入されなかった。理由は，後発的に普通名称になっているかどうかの判断は裁判所においてした方が良いとの意見があったためである(*18)。

これに対して，米国，EU，英国，ドイツ，フランスでは，商標権者の作為又は不作為（acts or inactivity）により登録商標が普通名称化した場合には，その登録は請求により取り消されることになっている（米国14条，EU50条，英国46条，ドイツ49条，フランス714条の6）。ただし，登録後一旦普通名称化しても，取消請求の段階で普通名称化していない場合には，その登録は取り消されない（米国14条，EU50条，英国46条，ドイツ49条，フランス714条の6）。

(c)　権利の効力の制限　　普通名称化した登録商標の商標権の行使が制限されることは，日米欧で共通している（日本26条，米国33条・45条，EU12条，英国11条，ドイツ23条，フランス713条の6）。米国では，登録商標が普通名称化すると商標権は放棄したものとみなされ（45条），その結果商標権の効力は制限

されることになる（33条）。

(d) 辞書等への商標表示請求権　辞書等に登録商標が普通名称であるとの印象を与えるように記載されている場合には，登録商標である旨を表示するように，商標権者が出版社に請求できる商標表示請求権の規定が，EU，ドイツ，スペイン，デンマーク，スウェーデン，ノルウェー，フィンランドの商標法に設けられている（EU10条，ドイツ16条，スペイン35条，デンマーク11条，スウェーデン11条，ノルウェー11条，フィンランド11条）。日本，米国，英国，フランスには，このような規定は設けられていない。

第三者が登録商標を雑誌や新聞に普通名称として使用する場合は，商標権侵害の要件（商標所有者と商品・役務とのマテリアル・リンクがあること[*19]）を満たさない場合が多いので，商標法による救済には困難を伴う。上述の商標表示請求権の対象からは，雑誌・新聞は除外されている。

(e) 不正競争防止法・民法による救済　新聞・雑誌に登録商標が普通名称として使用された場合，ドイツでは，不正競争防止法又は民法823条1項[*20]及び1004条[*21]による救済が可能な場合がある[*22]。

フランスでは，民法による救済が可能である。登録商標「CADDIE」（台車，カート）の商標権者が，新聞「Liberation」に「"The trolley commonly called caddie would be responsible for 7,000 accidents each year"」と記載されたことについて，民法1382条[*23]，1383条[*24]に基づき，訴訟を提起した事件がある。普通名称としての使用により，著名商標の識別力が弱くなるというのが理由である。裁判所は，原告の訴えを認容している（Case CADDIE vs SARL Societe Nouvelle De Presse Et Communication (SNPC), First Instance Court, 29 October 1997, European Trade Mark Reports - Issue 1 January 1999 – Sweet & Maxwell）。

日本の場合，民法709条（不法行為）を適用するためには，普通名称化するような稀釈化行為は違法行為であると構成する必要があり，商標権侵害，不正競争防止法違反の場合，「商標的使用」，「混同」，「商品等表示としての使用」が要件となっていることとの関係で，その適用には困難を伴うといえよう（2007年1月17日に開催された第二東京弁護士会知的財産権法研究会の出席者より示唆を受けた）。

(2) 欧米における普通名称化の判断基準

(a) 欧州

(ア) 1960年代　1960年代においては、フランス、ベルギー、イタリア、オランダのような Civil law の体系の国では、登録商標の普通名称化は原則認められていなかった。商標権は、Goodwill とは別の独立した財産権として保護されなければならないという考え方があったためである。よって、商標権者が商標権を放棄しないかぎり、登録商標は普通名称化しないことになる。

これに対して、英国、米国のような Common law の国では、普通名称化が容易に認められていた。商標権は、Goodwill を財産権として保護するための権利であり、商標それ自体を保護するものではないとの考え方があったためである。

この中間領域にあったのが、ドイツ、スイスであり、購買者層、競争関係にある製造業者や販売業者も普通名称と認識して初めて普通名称化が認定されていた[*25]。最近の日本の裁判例は、ドイツ、スイスに近いといえよう。

(イ) 1990年代　1990年代に入り、欧州各国商標法は、欧州商標指令12条2項(a)により、普通名称化についての規定も統一され、その解釈については、欧州司法裁判所（ECJ）の判決に従うことになった。

商標の普通名称化の判断主体については、BOSTONGURKA 事件（商標権者の製品については■図表5－5－3参照）[*26]で、欧州司法裁判所は、仲介業者（intermediaries）が商品の流通に関与する場合には、判断主体は、消費者及び最終使用者（all consumer and end users）であり、マーケットの特性（depending on the features of the market concerned）によっては、取引者（all those in the trade who deal with that product commercially）も含むと判断している。商標は、消費者及び最終使用者に商品の出所を保証するのが本質的機能であるため、このような結論となっている[*27]。スウェーデン控訴裁判所は、欧州司法裁判所の本判決に従い、普通名称化について判断することになる。

本件は、商標「BOSTONGURKA」が商品「刻んだキュウリのピクルス」の普通名称に該当するか否かについてスウェーデン控訴裁判所で争われ、欧州商標指令12条2項(a)（スウェーデン商標法25条）における普通名称の解釈につ

■図表 5 ― 5 ― 3　商標権者の BOSTONGURKA の製品写真

出典：http://www.felix.se

いて，欧州司法裁判所へ照会された事案である。商標権者は，取引者を対象とした市場調査結果を提出し，商標登録の取消請求権者は，消費者を対象とした市場調査結果を提出した。

　弁論では，判断主体 (relevant circle) として，イタリア政府は消費者 (consumers)，スウェーデン政府は取引者 (operators who deal with the product commercially)，欧州委員会は，消費者，事案によっては仲介者 (all the consumers of the product but that, depending on the circumstances of the case, it may also include other groups, in particular intermediaries) との見解を示していた。

　上述した1960年代の商標の普通名称化に対する欧州各国の伝統的な考え方が，この BOSTONGURKA の判決により，どのような影響を受けるか今後注目する必要がある。なお，本件はスウェーデンの裁判所で和解で終わっている。

　(b)　米　　国　　米国商標法14条(3)は，登録商標が普通名称となった場合の取消事由について規定するとともに，普通名称化の判断基準についても規定する。すなわち，判断基準は，①関連する公衆 (relevant public) に対する，②主たる意味 (primary significance) が商品又はサービスの普通名称 (generic name) となっているか否かである。

　「主たる意味」のテストは，Trademark Clarification Act of 1984により追加された。このテストは，In Bayer Co. v. United Drug Co., 272 F. 505 (S. D. N. Y. 1921) で，Learned Hand 判事により述べられたものである。

「主たる意味」のテストについては，『平成12年度　特許庁工業所有権制度問題調査報告書　内外商標法における商標登録要件の解釈及び運用に関する調査研究報告書』（知的財産研究所，2001年）28頁及び29頁〔井上由里子〕に詳しい。

　井上由里子教授の解説によると，需要者の認識が分かれる場合，需要者層を構成する者の多数が当該標章を普通名称と認識すれば，表示の「主たる意味」は，普通名称と評価されることになる。業者間で普通名称として機能していても，一般消費者にとって普通名称となっていない場合には，記述的表示となり商標としての保護を受ける余地があることになる。米国では，一般消費者の認識に重きが置かれているといえよう。

　普通名称としての認知率については，商標「thermos」（商品：魔法瓶）が普通名称か否かが争われた裁判で，3000名に対してアンケート調査を行ったが，普通名称として認識したものが75％あり，商標として認識しているものは12％に過ぎなかったため，商標「thermos」を，普通名称として判断した裁判例がある[*28]。ただし，大文字で始まる「Thermos」は商標であると判断している。

　米国には，日本にはない，音声表記等価（Phonetic Equivalent）の原則[*29]，外国語表記等価（Foreign Equivalents）の原則[*30]，取引経路別普通名称化の認定（Dual Usage）[*31]に関する裁判例がある。

6　出版社への商標表示請求権

　商標の普通名称化を防止する有効な手立てとして，上記5(1)(d)で説明したように，欧州共同体商標規則及び欧州の特定の国（ドイツ，スペイン，デンマーク，スウェーデン，ノルウェー，フィンランド）の各国商標法には，辞書等の出版社に対する商標表示請求権が設けられている。

　1994年3月15日に発効した欧州共同体商標規則（EUCTM）10条は以下のとおり規定する。

「欧州共同体商標規則10条[*32]

　辞書，百科事典又はその他の同様な書籍（dictionary, encyclopedia or similar reference work）における共同体商標の複製（reproduction）が，その商標の登

録されている商品又はサービスの普通名称 (generic name) であるとの印象を与える場合は，その共同体商標の所有者の請求により，その書籍の発行者は，遅くともその書籍の次の版 (at the latest in the next edition) において，その商標の複製にそれが登録商標である旨の表示 (indication that it is a registered trade mark) を付すことを確実にしなければならない。」

　本条に基づき，欧州共同体商標登録の保有者は，辞書等の出版社に対して，商標表示請求権を有する。

　このような商標表示請求権は，デンマーク[*33]，スウェーデン，ノルウェー，フィンランド（以上，北欧4か国），ドイツ[*34]及びスペインの各国商標法にも規定がある。

　1959年に制定されたデンマーク商標法で商標表示請求権の制度が設けられたのが最初であると考えられる。

　デンマークで，このような制度が設けられた経緯については，次のように説明されている。すなわち，著名商標の所有者は，商標が普通名称として使用されないようにたえず警戒する必要があるが，商標の普通名称としての誤用は，一般に辞書等において行われ，このような使用は，著名商標の保有者のコントロールの範囲外になってしまう。そこで，この問題を解決するために，デンマークでは，辞書の出版社等に対する商標表示請求権制度が設けられた[*35]。

　EUCTM10条も，規則の前文に，「共同体商標により与えられる保護は，特に，出所表示として商標を保証する機能が，標章及び標識と商品若しくはサービス間の同一性について絶対的であるが故に」との記載があり，また，EUCTM10条に関するExplanatory Memorandumにも，「辞書への使用は，特に科学的著作の裏付けがある場合には，商標の取返しのつかない普通名称化を引き起こす危険がある」[*36]との記載があるところから，デンマークと同様の趣旨により設けられた規定といえる。

　本条の導入については，出版業界からの異議はなかったようである[*37]。次の版から訂正すれば良いといった，出版社にも配慮のある規定となっていることがその理由の1つのようである。

　本条の意義は，2つあり，1つは，商標権者が辞書等の出版社に対して，

商標表示を請求できること，2つめは，この規定の存在により，辞書に商標との記載がないことにより，直ちに，商標の普通名称化が認定されることがないことである(*38)。

請求権者は，欧州共同体商標（CTM）の登録の所有者に限られ，出願商標又は各国登録に基づいては，請求できない(*39)。また，登録商標のライセンシーも請求できない。

請求の名宛人は，「書籍の発行者（publisher of the work）」である（ドイツ，スペインも同じ）。北欧4か国では，名宛人は，「著作者，編集者及び発行者（the author, editor and publisher）」となっている。

本条により，商標の使用の阻止はできない。

「辞書，百科事典又はその他の同様な書籍」には，雑誌，新聞は含まれない。辞書等は繰り返し使用され，普通名称化する可能性が高いため，規定されている。雑誌や新聞は，1回限りのため，規定されていない。

普通名称との印象を与える場合に限られているので，例えば，「Apple：りんご」との記載のみでは，商品「コンピュータ」の登録商標「Apple」の保有者は，出版社に対して，商標表示を請求することはできない。辞書に，「Apple：りんご，コンピュータ」と記載されていた場合には，請求することができる。

出版社は，®，TM，Trademark 等のいずれかの表示を用いることができる。出版社は，表示（Reproduction）を削除することもできる。商標権者は，それを止めることはできない。

英国商標弁護士会編『The Community Trade Mark Handbook』（Sweet & Maxwell, 2001年）によると，このような規定があるにもかかわらず，辞書への商標である旨の掲載を請求しないことは，商標が普通名称であることを否定することについて，否定的なエストッペルが働くことになると指摘する(*40)。

出版社が商標表示請求を拒絶した場合には，裁判所（英国の場合であれば，Chancery Division of the High Court）へ，出版社が次の版で登録商標である旨を記載するようにとの請求（Order）を行う。出版社は，登録商標が普通名称であるとの反論（EUCTM12条），又は，登録の取消請求（EUCTM50条）を行うこ

とができる。なお，登録されている限りでは，CTM の商標登録は有効とみなされる（EUCTM95条1項）。

　裁判で，普通名称と判断されれば，登録は取り消され，EUCTM10条に基づく商標表示請求も棄却される。普通名称と判断されなければ，出版社は，次の版から登録商標である旨を表記する必要がある。出版会社が，それでも拒否した場合，ドイツであれば（国内法の問題となる），制裁金を科して実行させることができる。

　EUCTM10条に損害賠償の規定はないが，EUCTM98条により損害賠償を請求することは可能である。

7　立　法　論

　日本，欧州，米国における商標の普通名称化の判断基準と普通名称化に対する制度的枠組みを見てきたが，EUCTM10条の辞書等の出版社に対する商標表示請求権は，商標の普通名称化防止には最も有効な手立てであると考える。業者，取引者，広告代理店，消費者，最終使用者すべてのサークルに，商標が普通名称ではなく，登録商標である旨を認識させることができるからである。

　知的財産研究所の調査（複数回答／2006年実施）でも，出版物などで普通名称として扱われたため普通名称化した例が53.2%となっている[*41]。

　日本で商標表示請求権制度を設けた場合，商標権者は，出版社に対して，次の版で，辞書等に商標である旨を表示することを請求できる。出版会社が次の版で訂正しない場合には，「辞書に商標である旨を表示せよ」との趣旨の訴えを提起することができ，その旨の判決があったにもかかわらず，債務者が実行しない場合には，間接強制の規定（民執172条1項）により，執行裁判所は，債務者のなすべき作為を特定した上，その作為義務の履行を確保するために相当と認められる一定の額の金銭＝強制金を債権者に支払うべき旨を命ずることになろう[*42]。

　商標法32条2項の混同防止請求権の場合には，表示の特定の問題があるが[*43]，辞書等の出版社に対する商標表示請求権の場合は，このような特定の問題は生じない。表示の内容が特定されているためである。

第5節　商標の普通名称化と出版社への商標表示請求権　587

　商標表示請求権制度を設ける場合には，出版社に過度な負担を与えないようにする必要がある。EUCTM10条は，商標表示請求の対象を辞書等に限定しており，辞書等の記載が普通名称であるとの印象を与える場合にのみ，次の版から訂正すればよく，また，後発的に登録商標が普通名称化した場合には，その登録を出版社は取り消すことができるようになっており（EUCTM50条），商標権者と出版社とのバランスがうまくとれている。

　日本で，EUCTM10条のような商標表示請求権を設ける場合には，登録商標が後発的に普通名称となった場合に，商標権の効力を制限するだけでなく（商標26条），EUCTM50条のような登録取消制度も併せて導入する必要があろう。

8　おわりに

　本節を作成するにあたっては，知的財産研究所「各国における商標権侵害行為類型に関する調査研究」委員会（委員長：土肥一史一橋大学大学院教授（当時））における議論，2007年2月に行った欧州における現地調査（OHIM，ドイツ特許商標庁，マックスプランク研究所，ドイツ及びスペインの法律事務所）及び委員会報告書[*44]を参考にさせていただいた。

　関係者各位にこの場をお借りしてお礼申し上げる。　●

【注】
(＊1)　『平成18年度　特許庁産業財産権制度問題調査研究報告書　各国における商標権侵害行為類型に関する調査研究報告書』（知的財産研究所，2007年）626頁参照。(＊44) も参照。
(＊2)　商標「セロテープ」が普通名称に該当しないと判断した神戸地決昭36・1・25下民集12巻1号62頁は，「ところで，商標の普通名称化ということについては，種々の見解が存し得るところではあろうが，当裁判所としては，この事柄は，矢張り取引市場，詳言すると，その企業の分野における業者間において，その商標が普通名称として使用されるに至り，そのような状態が一般化して，商標が商標権所持者の製造，販売にかかる商品としての出所を指標する機能を喪失するに至った時において，初めて，かかる現象を生じたものであると解すべきであって，一般需要者の認識は必ずしもこれを左右するものではないという考え方が妥当であり，このことは商標法の改正の前後を通じて変わりはないと思料するものである。」と判示している。走井餅事件（大阪高判昭46・12・21判時664号83頁），FLOORTOM事件（東

京高判平 3・6・20知的集23巻 2 号461頁），SAC 事件（東京高判平14・12・26裁判所ホームページ），カンショウ乳酸事件（東京高判平13・10・31裁判所ホームページ）も業者（界）を基準としている。

(＊3) 杵屋うどんすき事件において裁判所は，「本件商標の『杵屋うどんすき』の構成中『うどんすき』の文字は，取引者，需要者に『うどんを主材料とし魚介類，鶏肉，野菜類等の各種の具を合わせて食べる鍋料理』の一般的名称として認識されているものであるから，本件商標の登録査定時には普通名称化しており，その指定商品との関係においては自他商品の識別機能を有しないものというべきである。」と判示している（東京高判平 9・11・27知的集29巻 4 号1290頁）。巨峰事件（大阪地判平14・12・12裁判所ホームページ）も，一般消費者，ぶどう生産者，青果卸売業者などの需要者において，「巨峰」という語は，特定の業者の商品にのみ用いられるべき商標であるとは認識されておらず，ぶどうの一品種である本件品種のぶどうを表す一般的な名称として認識されているものと認められると判示している。正露丸審決取消事件（東京高判昭46・9・3 判タ269号204頁）では，多数の業者により使用された結果，普通名称として国民の間に広く認識されたと判断されており，正露丸商標権侵害事件（大阪地判平18・7・27判タ1229号317頁）も取引者，一般消費者を判断主体としている。PEEK 事件（知財高判平17・7・6 裁判所ホームページ）は，業界の取引者，需要者を判断主体としている。サークライン事件（東京高判昭42・7・6 行集18巻 7 号845頁）では，蛍光燈関係の技術者・研究者等には商標「サークライン」（環状蛍光燈）が普通名称と知られていたが，取引において普通名称として使用されていなかったので，普通名称化が認定されていない。

(＊4) 特許庁編『工業所有権法（産業財産権法）逐条解説〔第19版〕』（発明推進協会，2012年）1276頁は，「普通名称とは，取引界においてその名称が特定の業務を営む者から流出した商品又は特定の業務を営む者から提供された役務を指称するのではなく，その商品又は役務の一般的な名称であると意識されるに至っているものをいうのである。しかし，一般の消費者等が特定の名称をその商品又は役務の一般的名称であると意識しても普通名称ではない。問題は特定の業界内の意識の問題であり，それ故に，例えばある商標がきわめて有名となって，それが一般人の意識ではその商品の普通の名称だと意識され，通常の小売段階での商品購入にその商品の一般的名称として使われても，それだけではその商標は普通名称化したとはいえないのである。」として業者を判断主体とする。

(＊5) 玉井克哉「商標登録阻止事由としての『自由使用の必要』」知的財産研究所編『知的財産の潮流』（信山社，1995年）226頁。「自由使用の必要」が競業者の利益を図っての要件であることを論拠とする。

(＊6) 網野誠『商標〔第 6 版〕』（有斐閣，2002年）197頁参照。三宅正雄『商標法雑感』（冨山房，1973年）61頁，64頁は，普通名称は業者及び一般消費者，慣用商標は業者とする。小野昌延『商標法概説〔第 2 版〕』（有斐閣，1999年）104頁，107頁は，

第5節　商標の普通名称化と出版社への商標表示請求権　589

普通名称は業者及び消費者，慣用商標は同業者とする。平尾正樹『商標法』（学陽書房，2006年）118頁ないし122頁は，同業者はとかく希望的観測を抱きがちであり，普通名称化の問題は，商標主と同業者間の争いとして露呈することを指摘し，普通名称の判断主体を同業者と一般消費者，慣用商標については主として同業者間で多用されているものをいうとする。

(＊7)　田村善之『商標法概説〔第2版〕』（弘文堂，2000年）193頁。需要者への取引便宜を論拠とする。普通名称については，言語構成の問題とする。

(＊8)　拙著『知的財産権としてのブランドとデザイン』（有斐閣，2007年）2頁。

(＊9)　UNO PER UNO 事件（大阪高判平17・7・14裁判所ホームページ）は，不使用登録商標について，商標権の業務上の信用と結びついた顧客吸引力がなくても，それ以外の理由で当該商標自体が顧客吸引力を有しているような場合には，潜在的な顧客吸引力という財産の価値として評価して，不使用登録商標に基づく損害賠償請求を認容している。

(＊10)　磯最中事件（大判明36・7・6磯長昌利「普通名称」別ジュリ14号（1967年）22頁）では，神奈川・横浜・東京地方における需要者又は同業者の認識，しろくま事件（大阪地判平11・3・25（平成8年（ワ）第12855号）判例集未登載）では，鹿児島県を中心とした九州地方における認識で普通名称化が認定されている。

(＊11)　被告標章「ENOTECA KIORA」（レストラン）が，登録商標「ENOTECA」（レストラン）に類似しないと判断された商標権侵害事件（東京高判平16・3・18裁判所ホームページ）で，「enoteca」の語が「ワインを提供する飲食店」を意味する普通名詞として日本で認識されているか否かについて，アンケート調査が原告により実施されている。街頭調査で103名中13名が普通名詞と回答しており，「enoteca」の語が「ワインを提供する飲食店」という意味での普通名詞として認識している者は1人しかいなかった。しかしながら，このアンケート調査は，「回答人の母集団と声をかけた対象者の選択，回答を拒否した者の数，拒否の段階・態様・理由の有無等，回答した者の発問趣旨の理解の程度，聞き取りした結果に基づいてしたメモの正確性などについての記述や資料がなく，事後的に第三者がアンケートの信頼性について検証することができないことなど，この種街頭調査の結果は，裁判所における事実認定に供する証拠としてふさわしくないものといわざるを得ない。」との理由により採用されていない。正露丸事件（大阪地決平18・7・27判タ1229号317頁）においては，商標「正露丸」の商標権者（原告）の依頼を受けたIpsos日本統計調査株式会社が，平成17年10月及び11月に，関東（東京，千葉，埼玉，神奈川，茨城の各都県）及び関西（大阪，兵庫，京都，奈良，和歌山，滋賀の各府県）の20歳から69歳の男女合計500名に対して，「正露丸」が普通名称に該当しないことを立証するためのWEB調査を行っている。質問事項は，①「正露丸」は下痢止め薬ですが，あなたはこの「正露丸」は特定の会社の商品名であると思われますか，それとも下痢止め薬全般の一般名称であると思われますか，②あなたは「

正露丸」を製造・販売している会社名をご存じですか，③「正露丸」について思いつくことを自由に記載，となっていた。回答では，①の質問に対して，特定の会社の商品名と回答した者が約86％，一般名称と認識している者が約14％となっており，②の質問は，①の質問に対して特定の会社の商品名と回答した者に対してなされ，427名中54.6％の者が知っていると回答し，③の質問に対しては，497名中51.5％の者が想起することとして原告の名称あるいは「ラッパのマーク」を挙げていたが，裁判所より，「調査対象がたかだか500名にすぎないことや，その調査方法が『正露丸』の名称を認知している者に対し，『正露丸』を『特定の会社の商品名か下痢止め薬全般の一般名称か』という二者択一の方法で尋ねるというものであって，他の選択肢，すなわち，本件医薬品を指す普通名称が『正露丸』の他にもあり得ることを調査対象者の念頭に置かせた上でなされたものではないことなどから，上記調査結果に調査対象者の認識が正確に反映されているのかについて疑問を抱かせるところもないわけではない」，「一般消費者に『正露丸』について思いつくことを自由に筆記させれば，その大量の宣伝広告活動やシェアの大きさ等から，まず原告の社名や『ラッパのマーク』を想起するのは当然というべきであり，そのことから直ちに一般消費者が『正露丸』をもって原告製品の識別表示として認識していると速断することはできず，かえって，一般消費者による上記連想からすれば，原告の社名やラッパの図柄をもって原告製品の識別表示として認識しているとの評価もできるのである。」との指摘を受けて，「正露丸」の普通名称化が認定されている。本件は大阪高裁に控訴され，3000名を対象にテフロン調査がなされたが採用されていない（大阪高判平19・10・11判時1986号132頁）。「ラッパのマークの正露丸」といった「ラッパのマーク」を付加した広告が負の要因となっている。

(＊12) American Thermos Products Co. v. Aladdin Industries, Inc. 207 F. Supp. 9, 134 USPQ 98 (D. C. Conn. 1962), aff'd 321 F. 2d 577, 138 USPQ 349 (2d cir. 1963)

(＊13) 商標の普通名称化の要因については，拙著『知的財産権としてのブランドとデザイン』（有斐閣，2007年）22頁参照。

(＊14) 筆者の大手広告代理店へのインタビューでも，キャッチフレーズ等の広告文を作成するにあたっては，辞書を参考に他社の登録商標を避けるように努力しているとのことであった。

(＊15) 訂正申入れ文書の内容は次のとおりである。「日本巨峰会は，昭和32年の設立以来，商標『巨峰』について商標権を確立するなどしてきた。貴社の書籍等に日本巨峰会の登録商標があたかも一種のぶどうの普通名称であるかのように使用されているのを見て大変遺憾に思っている。『巨峰』の商標は，昭和29年11月6日に出願し，昭和30年10月27日に登録第472182号として登録されている。ぶどうの新品種『石原センテ』に商標『巨峰』の名称を付して生産を可能にするまでには多くの困難を経てきた。商標が商品の一般名称となってしまい，企業が大きな損失を受けた例は枚挙にいとまがない。そのような事態になりかかったのを，再び商標として確立する

第5節　商標の普通名称化と出版社への商標表示請求権　591

ために関係者が多くの努力を払ったことは業界ではよく知られている。農産物の品質の低下を防ぐためにも，商標のもつ意味は重要になっている。貴社の書籍等の影響力は大きいものであり，『巨峰』のところに，登録商標である旨又は®を付記するなど訂正することを求める。」

(＊16)　朝日新聞から，「各種事典等にもみられるとおり，『巨峰』はぶどうの品種名として広く用いられている。また，『巨峰』についての『朝日園芸百科』の記述は，ぶどうの品種の性質を紹介したもので，ぶどうの商品名について記述したものではない。したがって，『朝日園芸百科』に『巨峰』が商標登録されたものであることを付記するなどの訂正をする必要はないものと考える。」との訂正拒否があった。

(＊17)　渋谷達紀「不正競争防止法の歴史」小野古稀『知的財産法の系譜』（青林書院，2002年）648頁，649頁参照。

(＊18)　特許庁編『工業所有権制度百年史(下)』（発明協会，1985年）315頁。

(＊19)　Arsenal事件判決（Case C-206/01 Arsenal Football Club plc v Matthew Reedk [2003] ETMR 19 (ECJ)）。

(＊20)　ドイツ民法典823条1項は，「他人の生命，身体，健康，自由，所有権その他の権利を故意・過失によって違法に侵害した者は，これによって生じた損害を賠償する責に任ずる」と規定する。「その他の権利（Ein sonstiges Recht）」とは，通説によれば絶対権（氏名権，物権，狩猟権，著作権，特許権等）のみを意味する。山田晟『ドイツ法概論Ⅱ〔第3版〕』（有斐閣，1987年）164頁及び165頁参照。

(＊21)　山田晟『ドイツ法概論Ⅱ〔第3版〕』（有斐閣，1987年）216頁及び217頁には，「所有物の占有が他人によって侵奪され，または抑留されたときは，所有者は占有者に対して所有権にもとづく返還請求権を有する（民法958条，1004条）」，「占有の侵奪または抑留以外の方法で所有権が侵害されたときは，所有者は妨害排除請求権を有する（民法1004条）」と紹介されている。所有権に基づく返還請求権（Herausgabeanspruch aus dem Eigentum; rei vindicatio），所有権に基づく妨害排除請求権（Der negatorische Anspruch; Eigentumsfreiheitsanspruch）の規定。

(＊22)　雑誌に登録商標「ACC」を普通名称として使用したことに対する，ドイツ商標法14条2項（商標権侵害）に基づく請求，ドイツ商標法16条に基づく商標表示請求権，民法823条1項，1004条に基づく損害賠償請求・妨害排除請求が棄却さた事件としては，ACC事件（フランクフルト・アム・マイン上級地方裁判所・1999年12月9日の判決及び控訴審判決）がある。『平成18年度　特許庁産業財産権制度問題調査研究報告書　各国における商標権侵害行為類型に関する調査研究報告書』（知的財産研究所，2007年）71頁〔青木博通〕参照。

(＊23)　フランス民法1382条は，「Any action by one person which causes damages to another obliges the person whose fault is to compensate the other.」と規定する。

(＊24)　フランス民法1383条は，「A person is liable for the damage which he has caused not only by his actions but also by his negligence or recklessness（各人はその所

為によってばかりでなく，その怠慢または軽率によって生じさせた損害についても責任を負う）」と規定する。山口俊夫『フランス債権法』（東京大学出版会，1986年）91頁参照。

(＊25) Stephen P. Ladas, "*Transformation of a Trademark into a Generic Term in Foreign Countries*" Trademark Reporter, Vol. 54-Dec. 1964, Stephen P. Ladas, "*Transformation of a Trademark into a Generic Term*", Industrial Property-Mar, 1965及び網野誠「登録商標の普通名称化の取扱に関する主要国の判例の傾向について」『商標法の諸問題』（東京布井出版，1978年）39頁ないし54頁参照。

(＊26) BOSTONGURKA 事件（In Björnekulla Fruktindustrier AB v Procordia Food AB (Case C-371/02；April 29, 2004））。判決文は，欧州共同体商標意匠庁のウェブサイトより入手可能 (http://oami.europa.eu/en/mark/aspects/pdf/JJ020371.pdf)。

(＊27) "The essential function of the trade mark is to guarantee the identity of the origin of the marked goods or services to the consumer or end user by enabling him, without any possibility of confusion, to distinguish the goods or service from others which have another origin".

(＊28) American Thermos Products Co. v. Aladdin Industries, Inc. 207 F. Supp. 9, 134 USPQ 98 (D.C. Conn. 1962), aff'd 321 F. 2d 577, 138 USPQ 349（2d cir. 1963）

(＊29) 米国では，綴りが違っても音声が普通名称と一致する場合には商標登録することができない。商標「C-Thru」（商品：透明の定規等）は，「see-through」とちょっとした綴り違い (slight misspelling) で等価 (equivalent) であるから，merely descriptive と判断された（C-Thru Ruler Co. v. Needleman, 190 USPQ 93 (E. D. Pa. 1976)）。

(＊30) 外国語で普通名称に該当する場合には，米国でも普通名称と認定される。登録商標である「男山」，「おとこやま」，「オトコヤマ」，「OTOKOYAMA」は，日本で，商品「酒」について普通名称化しているとして，被告標章「陸奥男山」の使用が商標権侵害を構成しないと判断された（Otokoyama Co., Ltd. v. Wine of Japan Import, Inc., 175 F. 3d 266；50 U. S. P. Q. 2D (BNA) 1626 (2nd Cir, C. of A. 1999)）。「米国における商標事件判決（男山株式会社 v. WINE OF JAPAN IMPORT, INC.)」AIPPI48巻3号（2003年）46頁。

(＊31) 「ASPIRIN」（商品：鎮痛剤）について，裁判所は，①一般消費者と②医師及び薬剤師とに分け，①には商標「ASPIRIN」が普通名称として認識されているが，②にはバイエル社の商標として認識されているとして，①に対して第三者は「ASPIRIN」を鎮痛剤に使用することはできるが，②に対してそのような使用は禁止されると判示した（Bayer Co. v. United Drug Co., 272F. 504 (D. N. Y. 1921)）。2つの取引経路に分けて普通名称化を認定したものである。なお，「ASPIRIN」は，ドイツでは普通名称化していない。

(＊32) 欧州商標指令には，対応する条文がなく，このような規定を設けるか否かは各国

第5節　商標の普通名称化と出版社への商標表示請求権　　593

　　　　　の裁量となっている。
(＊33)　デンマーク商標法11条は，「(1)　百科事典，手引き書，教科書又は専門的性質を
　　　　　有する類似の出版物については，著作者，編集者及び発行者は，登録商標の所有者
　　　　　からの請求があったときは，登録商標である旨の表示なしに，登録商標が複製され
　　　　　ることがないようにしなければならない。(2)　(1)の規定を守らなかった当事者は，
　　　　　合理的とみなされる方法によって訂正の広告をするための費用を支払う義務を負う
　　　　　ものとする ("(1) In encyclopedias, handbooks, textbooks or similar publications
　　　　　of professional nature the author, editor and publisher shall, at the request of
　　　　　the proprietor of a registered trade mark, ensure that the trade mark is not
　　　　　reproduced without indication to the effect that it is a registered trade mark.
　　　　　(2)　If any party fails to comply with the provisions of subsection (1), he shall be
　　　　　liable to pay the costs of publishing a correcting notice in the manner deemed
　　　　　reasonable.")。」と規定する。
(＊34)　ドイツ商標法16条（出版物における登録商標の複製）は，次のように規定してお
　　　　　り，[3] には電子データベースについても言及している。
　　　　　　　[1]　辞書，百科事典又はこれらと類似の出版物における登録商標の複製が，当
　　　　　該商標がその登録に係る商品又はサービスについての普通名称であるとの印象を与
　　　　　える場合は，当該商標の所有者は，その商標の複製とともにそれが登録商標である
　　　　　旨の表示を加えることをそれら出版物の発行者に要求することができる。
　　　　　　　[2]　当該出版物が既に発行されている場合は，かかる要求は，[1] に規定する
　　　　　表示を当該出版物の次版から付すよう求めることに制限されるものとする。
　　　　　　　[3]　出版物が電子データベースの形で販売される場合又は出版物を含む電子デ
　　　　　ータベースにアクセスが認められる場合は，[1] 及び [2] の規定を準用する。
(＊35)　Misuse of Trademarks in dictionaries: The Remedy in Denmark, 61 TMR 468
　　　　　(1971)
(＊36)　"There was a real danger that such use will entail the irremediable
　　　　　degeneration of the trade-mark particularly as it has the backing of a scientific
　　　　　work"
(＊37)　ドイツ司法省政府代表として CTM の立法にも関与した，元 OHIM 副長官
　　　　　Alexander von Mühlendahl 氏への筆者のインタビューによる（2007年2月9日）。
　　　　　『平成18年度　特許庁産業財産権制度問題調査研究報告書　各国における商標権侵害
　　　　　行為類型に関する調査研究報告書』（知的財産研究所，2007年）63頁〔青木博通〕。
(＊38)　『平成18年度　特許庁産業財産権制度問題調査研究報告書　各国における商標権侵
　　　　　害行為類型に関する調査研究報告書』（知的財産研究所，2007年）63頁〔青木博通〕。
(＊39)　北欧4か国，ドイツ，スペインの商標法には，商標表示請求権制度が設けられて
　　　　　いるので，各国登録に基づき，請求することができる。
(＊40)　"Failure to make such request may help to create an estoppels preventing the

trade mark proprietor from denying that the name is generic." Institute of Trade Mark Attorney and Chartered Institute of Patent Agents "The Community Trade Mark Handbook"(Release 3, April 2003) Thomson Sweet&Maxwell 19-043, 19-044

(＊41)　『平成18年度 特許庁産業財産権制度問題調査研究報告書 各国における商標権侵害行為類型に関する調査研究報告書』（知的財産研究所，2007年）626頁参照。(＊44）も参照。

(＊42)　中野貞一郎『現代法律学全集 民事執行法〔増補新訂6版〕』（青林書院，2006年）811頁。

(＊43)　司法研修所編『工業所有権関係民事事件の処理に関する諸問題』（法曹会，1995年）は，「この請求権の原告が，一定の文字等を選択して，被告の商品等に付加することを求めることまでできるかは問題である。適当な表示をどこまで特定すべきかの問題であり，強制執行面の可能性を考えると，特定の範囲については困難な側面が大きい。」と指摘している。

(＊44)　報告書については，『平成18年度 特許庁産業財産権制度問題調査研究報告書 各国における商標権侵害行為類型に関する調査研究報告書』（知的財産研究所，2007年）参照。特許庁のWEBからも入手可能（http://www.jpo.go.jp/shiryou/toushin/chousa/zaisanken.htm）。

第6節
商標，意匠，デザインに関する法的リスクの見落とし事例

1 商標法に規定のない拒絶理由「精神拒絶」

　A社は，自社の登録商標の指定商品をチェックしたところ，「電子出版物」（9類）をカバーしていないことを発見した。そこで，9類の従来の指定商品にプラスして，当該商品を指定した同じ商標を再度出願した。コストダウンを図るため，当該商標が登録になれば，古い登録商標は更新しない予定であった。すると，特許庁から，「同一人が同一の商標を同一の商品について重複して出願するものであるから，商標法制定の趣旨に反する」との拒絶理由通知書を受けた。

　商標法に規定してある拒絶理由をみても，上述のような所謂，「精神拒絶」の記載はない。特許庁「商標審査基準〔第11版〕」144頁「第18　その他」にその記載があるだけである。

　商標法に規定のない理由で不利益処分ができるか，争う余地があると思われるが，戦前から続いている実務のようである。

　このような拒絶理由は，①上記のように新しい商品を含めて出しなおしをし，古い登録を放棄する場合や，②マドリッド・プロトコルに基づく国際登録のため，複数の登録商標を統合する形で，基礎出願をしたときに生じる。

　精神拒絶における同一性は，厳格に解されているので，登録商標と書体を変えて出願すれば，拒絶理由を受けることはない。

　登録商標と完全に同一の商標を出願してしまった場合には，重複する指定商品を削除するか，リスクはあるが，登録商標を放棄すれば，登録することができる[*1]。

2 適法な真正商品の並行輸入が突然商標権侵害に

　米国法人のA社は，商品「靴」について，欧州，米国，日本において登録商標「A」を所有していた。B社は，30年前から，A社の靴を米国から，並行輸入をしていた。ところが，A社の経営が上手くいかなくなり，A社は，日本の登録のみ，日本の総合商社である，C社に譲渡した。すると，B社は，C社から，B社が米国から輸入しているA社の靴は，C社の商標権を侵害するとの訴えを提起された。

　本件の場合，米国法人A社が，米国と日本の商標権を所有している時期においては，A社が日本で販売している靴とB社が販売している靴は同じ靴なので，商標の出所表示機能及び品質保証機能は害されず，商標権侵害にはならなかった。

　ところが，C社が日本の商標権を買い取り，C社も独自に靴の製造，販売をはじめたので，B社の靴は，米国では真正商品であるが，日本では，C社の靴と出所，品質が異なり，侵害品となってしまった。

　日本の消費者は，商標「A」の付された靴は，A社の製造に係る商品だと認識しているから，B社の靴は，消費者の認識している商品の出所と合致している。また，本件では，A社とC社の間に，共同マーケティング契約が存在しているため，商標「A」の付された靴は，同一の出所体からでているといえなくもない。

　本件は，実際にあった事件で，約11億6914万円の損害賠償（商標の分野では過去最高）が認められている（知財高判平22・4・27裁判所ホームページ〔コンバース事件〕）。知財高裁は，登録主義の下では，日本の商標権者を商標法の保護する出所として取り扱う必要があるとし，独自のグッドウイルの構築の有無や需要者認識は，出所を判断する明確な基準とはいえないとしている。

　旧法では，商標権の譲渡は，営業とともに行う必要があり，また，日刊新聞紙への事前公告が義務付けられていた時期があったが，現行法では，営業と分離して商標権を移転することができ，日刊新聞紙への事前公告も不要である。したがって，突然，警告状とともに商標権者が変わったことを知り，真正商品の並行輸入が認められなくなる場合もあるので，並行輸入業者，小

売業者は注意を要する。

3 商標権者の使用が商標権侵害に

　A社は，図形商標「A」を商品「被服」に出願し，登録になったので，商品の販売を開始した。ところが，A社の図形商標の登録を知ったB社は，当該商標は，B社の図形商標「B」(被服)に類似するとして，商標掲載公報発行の日から2か月以内に，特許庁審判部に異議申立てを行った。特許庁審判部は，図形商標「A」と「B」は，犬のデザインであるが，構成が異なるとして，類似しないとの異議決定を行った。

　ところが，B社は，この異議決定に不服であるとして，東京高等裁判所に訴えを提起した。裁判所は，図形商標「A」と「B」は類似すると判断し，図形商標「A」の登録は取り消されてしまった(東京高判平13・10・24裁判所ホームページ)。この間，B社は，A社の図形商標「A」の使用は，B社の商標権を侵害するとの訴えを提起しており，損害賠償請求が認められた(東京地判平14・7・31判時1812号133頁，東京高判平15・3・13裁判所ホームページ)。

　商標の出願前には，事前に調査をして，類似する商標がなければ，出願し，使用を開始するのが一般的である。本件もそのような手順を踏んだと思われる。商標登録の後に，商標が公告され，第三者は，異議申立てをすることができる。本件では，異議申立てがあったが，特許庁審判部は類似しないとの判断を行っている。通常は，異議申立てで負ければ，異議申立人は諦めるが，本件では，裁判所で争って，類似の判断を勝ち取った。

　A社の過去の使用は，B社の商標権侵害を構成するとして，損害賠償請求が認容されている。B社が異議申立てではなく，無効審判を請求していた場合には，一定の要件(周知性)の下，無効審判の請求登録前の使用による商標の使用をする権利，すなわち，中用権(商標33条)がA社に認められるので，A社は，適法に継続して，図形商標「A」を使用することができ，損害賠償も請求されることはなかった。

　本件は，異議申立てにより，登録が取り消されたので，中用権も認められなかった。

　異議申立てがあった場合には，中用権が認められないことも考慮して，登

録商標の使用を継続するべきか，慎重に判断する必要がある。

4 検索連動型広告は商標権侵害か

A社は，検索エンジン会社から，Keywordを購入して，それに連動する広告を行った。Keywordの中には，「チョコレート」のような普通名称もあるが，ライバル企業であるB社の登録商標も含まれていた。B社から，検索連動型広告は，商標権侵害を構成するとして，訴えられた。

検索連動型広告の商標権侵害については，検索エンジン会社，広告主のいずれが，侵害主体になるのかの問題がある。

日本では，広告主が侵害主体として争われた事件があるが（大阪地判平19・9・13裁判所ホームページ〔カリカセラピ事件〕），「原告商品の名称及び原告商標をキーワードとして検索した検索結果ページに被告が広告を掲載することがなぜ原告商標の使用に該当するのか，原告は明らかにしない。のみならず，上記の被告の行為は，商標法2条3項各号に記載された標章の『使用』のいずれの場合にも該当するとは認め難いから，本件における商標法に基づく原告の主張は失当である。」として，商標権侵害が否定されている。

検索エンジン会社が訴えられたケースは，日本ではまだない。

欧州連合司法裁判所（2010年3月23日）は，Googleのような検索エンジン会社は，侵害主体にならないが，広告主は侵害主体になる可能性がある旨を先行判決として判示している[*2]。

すなわち，検索連動型広告における商品又は役務が商標権者又はそれに経済的に関連する事業に由来するのか，反対に，第三者に由来するのかを，平均的なインターネットユーザーが確認できない場合，又は，確認することに困難がともなう場合において，広告主が商標権者の同意なく登録商標と同一のキーワードに基づいて，商標登録された商品又は役務と同一の商品又は役務を広告することを阻止する権利を商標権者が有すると判示している。

世界的にみても，広告主が，どのようなKeywordを購入して，どのように広告した場合に，商標権侵害になるかについては，まだ，安定した判断がでていないのが，現状である。今後の成り行きに注意する必要がある。

5　インターネットの世界性と属地主義・商標契約

　A社は，日本と米国で，商標「A」を商品「テレビ」に使用している。B社は，米国で商標「B」を登録しており，商標「A」は，商標「B」に類似するので，商標権侵害を構成するとの警告状を受けた。話合いにより，米国においては，商標「A」の頭に打消表示として，「C」をつけて，商標「C＋A」で使用することで和解した。日本では，引き続き，商標「A」でテレビを販売している。

　ところが，A社のホームページ（英語版）が，米国でも見ることができ，そこには，商標「C＋A」ではなく，商標「A」が表示されており，B社の商標「B」と紛らわしいとの意見が，B社の役員からでた。

　インターネットは，どこからでも見ることができ，国境はない（世界性）。一方，商標権は，属地主義に基づき，各国毎に商標権が設定される。このようなインターネットの世界性と商標権の属地主義との抵触の問題の解決方法については，世界知的所有権機関（WIPO）の場で検討され，2001年に共同勧告がだされている。

　この共同勧告によると，①インターネット上における商標の使用を特定国における使用と認めるか否かについては，「商業的効果（commercial effect）」の有無によって判断する，②商標権のある国での取扱いを行わない旨の権利不要求（disclaim）がある場合には，商業的効果は否定される，③サイバースクワティングのようなバッドフェイス（bad faith）による使用の場合を除き国の領域を越える差止命令（global injunction）を禁止することになっている。

　共同勧告には，法的拘束力はないが，各国の立法，司法，行政機関が，当該共同勧告を尊重することが期待されている。

　この共同勧告によれば，A社のホームページに，商標「A」を付したテレビを米国では販売しない旨を記載しておけば，商標権侵害を免れることになる。

　また，B社との和解契約の中で，インターネットの世界性を踏まえて，A社のホームページが米国での商標「A」の使用について，権利不要求している場合には，当該ホームページに，商標「A」を使用することについてクレ

ームをつけない旨の条項を設けておくことが望ましい。

6　米国では通用しない日本流・商標ライセンス契約

　A社は，米国で登録した商標に基づき，米国で商標ライセンス契約をB社と締結した。日本の商標ライセンス契約を下敷きに契約書を作成したため，A社はB社に対して，商標権を行使しないという内容の契約書になっていた。また，B社のサンプルチェックなども定期的に行っていなかった。C社は，A社の登録商標と類似する商標を出願したところ，A社の登録商標を引用されたので，A社の登録商標に対して，商標権放棄を理由とする取消審判を請求し，請求が認容された。

　米国では，①商標のライセンス契約において品質管理条項を設け，②サンプルを入手して定期的に品質を管理していないと，「Naked License（裸のライセンス，裏付けのないライセンス）」となり，商標の識別力を喪失し，商標権を放棄したものと見なされる。商標権者と全く関係のない第三者が登録商標を使用している状態が形成されているためである。

　本件では，A社とB社との間に品質管理条項がなく，定期的にサンプルチェックをしていなかったため，商標権を放棄したものと見なされ，登録商標が取り消されることになった。

　Naked Licenseによる商標権放棄の主張は，本件のような取消請求のほか，商標権侵害の場で，被告の抗弁として主張される場合が多い。

　B社がA社の100％子会社の場合には，米国特許商標庁の実務では，品質管理条項が設けられていなくとも，品質管理が及んでいると解釈されるが，そうでない場合には，管理条項と実際の品質管理が必要となる。

　もっとも，A社のB社に対する過度な品質管理があった場合（例：製造から販売まですべての過程を管理）には，A社は，製造物責任を負う可能性があるので，注意を要する。

7　意匠権侵害を回避できても不十分

　チョコレートメーカーであるA社は，電卓の形状をしたチョコレートを販売したところ，B社から，B社の電卓の形状をしたチョコレートの登録意匠

の意匠権を侵害するとの警告状を受けた。そこで，B社の登録意匠の有効性を調査してみると，同じチョコレートの分野では，登録意匠と同一又は類似の公知意匠は発見できなかったが，電卓の分野では，登録意匠と類似する公知意匠があり，B社の登録意匠は，意匠法3条2項の創作非容易性の規定に違反して登録されたことが判明したため，A社は電卓のチョコレートの販売を続行した。ところが，次に，B社から，不正競争防止法に違反するとの警告状を受けた。

意匠が登録されるためには，新規性，創作非容易性の要件をクリアする必要がある。

同一又は類似の物品分野に同一又は類似の意匠が既に存在する場合は，新規性がないことになる。さらに，非類似の物品分野に類似する公知意匠があり，デザイナーの視点からみて，その意匠から登録された意匠が容易に創作できる場合には，意匠登録を受けることができず，登録を受けても無効になることになっている。

本件では，電卓の分野で類似の公知意匠があったため，B社の登録意匠は無効になると判断した。登録意匠が無効になる場合には，B社は意匠権の行使をすることができない。

ところが，A社のチョコレートは，B社のチョコレートを模倣したものであり，その形状も実質的同一であり（デッドコピー），B社のチョコレートの販売から3年が経過していなかったため，不正競争防止法2条1項3号の規定（商品形態模倣禁止規定）に反することとなった。

不正競争防止法2条1項3号は，意匠の出願から登録までに日数を要するため，その間の模倣を排除するために，意匠法の補完として設けられた規定であるが，保護期間が3年間と短いので，保護要件は，意匠法より緩やかで，新規性や創作非容易性の要件は設けられていない。

製品の外観について法的な問題がないか，意匠法だけでなく，不正競争防止法2条1項3号にも目配りをする必要がある。

【注】
（＊1） 精神拒絶については，日本弁理士会平成23年度第2商標委員会第3小委員会「商

標出願の精神拒絶（同一名義人の重複出願の拒絶）についての考察」パテ65巻7号（2012年）31頁参照。
（＊2）　Cases C-236/08 to C-238/08, Google France and Google Inc. et al. v Louis Vuitton Malletier et al.

初 出 一 覧

第1章

第5節　事実表記と商標の使用
　→「事実表記と商標の使用——他人の登録商標はどこまで使用できるか」知財管理62巻10号（2012年）

第6節　「類似商品・役務審査基準（国際分類第10版対応）」の改定の主なポイントと留意事項
　→「『類似商品・役務審査基準（国際分類第10版対応）』の主なポイントと留意事項」知財管理62巻8号（2012年）

第7節　オリンピックと商標法
　→「オリンピックと商標法」ビジネス法務2014年1月号

第8節　国旗と知的財産法
　→「国旗と知的財産法——国旗の商標登録・使用はどこまで可能か？」CIPICジャーナル192号（2009年）

第9節　商標の稀釈化からの保護
　→「商標の稀釈化からの保護——各国の比較法的考察とAIPPIパリ総会決議（2010年）」『松田治躬先生古稀記念論文集』（東洋法規出版，2011年）

第2章

第2節　キャッチフレーズ商標
　→「キャッチフレーズの紛争事例に見る商標登録可能性と侵害の動向」Business Law Journal 2巻10号（2009年）

第7節　立体商標制度の基本構造とその解釈
　→「立体商標制度の基本構造とその解釈——日米欧の比較法的考察」知的財産法政策学研究26号（2010年）

第8節　小売等役務商標
　→「小売等役務商標制度の守備範囲」NBL858号（2007年）

第9節　地域団体商標と地理的表示（GI）
　→「地域団体商標制度の基本構造と侵害判断基準」知財研フォーラム72号（2008年）

第4章

第1節　商標制度の国際比較
→「商標制度の国際比較(1)(2)」IPマネジメントレビュー9号, 10号（2013年）

第2節　意匠制度の国際比較
→「意匠制度の国際比較」IPマネジメントレビュー7号（2012年）

第3節　商標の国際登録制度「マドリッド協定議定書」のリスクと対策
→「商標の国際登録制度『マドリッド協定議定書』のリスクと対策」CIPICジャーナル212号（2013年）

第4節　意匠の国際登録制度「ハーグ協定ジュネーブアクト」のリスクと対策
→「意匠の国際登録制度『ヘーグ協定ジュネーブアクト』のリスクと対策」CIPICジャーナル210号（2012年）

第5章

第2節　日本における商標実務
→「国内商標業務の基本と見直しの実務――新しい商標, 残す商標, 捨てる商標」Business Law Journal 5巻9号（2012年）

第3節　グローバルな商標実務
→「グローバル展開のための商標調査・権利形成のポイント」Business Law Journal 5巻9号（2012年）

第4節　強いブランドの権利形成
→「商標法から見た『強いブランド』の権利形成」Business Law Journal 2巻6号（2009年）

第5節　商標の普通名称化と出版社への商標表示請求権
→「商標の普通名称化と出版社への商標表示請求権」パテント60巻5号（2007年）

第6節　商標, 意匠, デザインに関する法的リスクの見落とし事例
→「商標, 意匠, デザインに関する法的リスクの見落とし事例」Business Law Journal 3巻7号（2010年）

事項索引

<あ>

アイコン意匠の登録例 …………… 219
アイコン商標 ………………………… 219
　——の登録例 …………………… 219
アイコンの意匠としての保護と商標として
　の保護 ……………………………… 220
悪意の擬制 ………………………… 284
アジア・ドメイン名紛争解決センター
　……………………………………… 187
味の商標（Taste marks／Gustatory sign）
　…………………………………… 323, 458
アフリカ知的財産機関 ……… 485, 500
アンケート調査 …………………… 147
　——の結果の比率 ……………… 152
アンケート調査・標本数リスト ……… 150
暗示的なマーク …………………… 567
アンブッシュ・マーケティング ……… 92
異議申立て ………………………… 334
意匠権侵害 ………………………… 505
意匠的使用 ………………………… 70
意匠の国際登録制度「ハーグ協定ジュネー
　ブアクト」
　→「ハーグ協定ジュネーブアクト」参照
意匠の調和条約（Design Law Treaty）
　……………………………………… 499
位置商標（Position marks）……… 323, 378
一般トップレベルドメイン名 ……… 187
移転 ………………………………… 493
インターネット商標 ……………… 179
インターネットショッピングモール … 181
インターネットの世界性 ………… 599
ウェブサイトの階層性 …………… 185
動き商標（Moving marks／Movement
　marks）……………………… 323, 394
動きと音の商標（Moving and Sound Marks）
　……………………………………… 323
打消表示 …………………………… 74
映像面 ……………………………… 61
英法系の国 ………………………… 502
役務同士の類似 …………………… 46
欧州共同体意匠規則 ……………… 500
欧州共同体商標規則 ……………… 484
欧州共同体の裁判所 ……………… 250
汚染による稀釈化（Dilution by tarnishment）
　……………………………………… 116
音商標（Sound marks）……… 323, 420
オリンピック ……………………… 90
音名の対応表 ……………………… 431

<か>

外国国章損壊罪 …………………… 110
外国出願の際に注意する点 ……… 89
外国の国旗等の商業上の使用禁止 … 94
改正商標法 ………………………… 321
改造 ………………………………… 76
香りの商標（Olfactory marks）… 323, 441
香りのタイプ ……………………… 69
貸し渡し …………………………… 60
画像デザイン ……………………… 219
空指定 ……………………………… 518
カリカセラピ事件 ………………… 64
慣習法（コモンロー）…………… 486
間接出願（indirect application）
　………………………………… 534, 536
環太平洋経済連携協定 …………… 489
稀釈化 ……………………………… 116
記述的なマーク …………………… 568
基礎出願 ……………………… 510, 524
基礎登録 ……………………… 510, 524
機能性 ……………………………… 327
奇抜なマーク ……………………… 567
逆混同（reverse confusion）……… 358
キャッチフレーズ ………………… 170
キャラクター商標 ………………… 206
　——の意匠法による保護 ……… 217
　——の侵害事件 ………………… 214
　——の著作権法による保護 …… 217

――の登録可能性 ……………… 207
――の登録の実態 ……………… 207
――の不正競争防止法による保護 … 218
キャラクターの種類 ……………… 206
拒絶通報 …………………………… 538
拒絶理由に対する対応 …………… 556
拒絶理由の開示 …………………… 541
区分変更 …………………………… 523
グローバル企業の出願動向 ……… 560
グローバル企業のマドリッド協定議定書の利用状況 ………………… 527
グローバルな商標実務 …………… 560
クロスサーチ ……………………… 262
経過措置 …………………… 334, 335
継続的使用権 ……………… 274, 335
結合商標 …………………………… 21
県クラス以上の地名 ……………… 491
検索連動型広告（Search Advertising, Keyword Buy）………… 180, 598
限定 ………………………………… 516
権利の拡張 ………………………… 504
行為規制定型化説 ………………… 281
広義の混同（confusion as to sponsorship or affiliation）………… 358
広告 …………………………… 62, 64
広告機能 …………………………… 78
公告繰延べ（deferment of publication）………………………… 544
公序良俗違反 ……………… 296, 327
更新 ………………………………… 493
――の際に注意する点 …………… 88
購入後の混同（post purchase confusion）………………………… 358
小売等役務商標 …………………… 258
コカ・コーラ立体商標事件 ……… 153
顧客吸引力（commercial magnetism）……………………………… 295
国際意匠登録出願 ………… 534, 545
国際出願（直接出願）…………… 534
国際商標登録出願 ……… 476, 517, 518
国際登録出願 ……………… 517, 545
国際登録の効果 …………………… 539
国旗 ………………………………… 94

コピーライトアプローチ ………… 501
コモン・ロー調査 ………………… 495
混同惹起行為 ……………………… 309

＜さ＞

サービスマーク …………………… 258
サブマリン意匠 …………………… 544
産業政策説 ………………………… 281
3桁の数字 ………………………… 490
暫定拒絶通報 ……………………… 512
恣意的なマーク …………………… 567
色彩の組合せ ……………………… 352
色彩のグラデーション …………… 366
色彩の特例 ………………………… 334
色彩のみからなる商標（Color marks）
 ……………………………… 323, 338
識別性 ……………………………… 325
――を害する（is detrimental to the distinctive character）………… 126
――を不正に利用（takes unfair advantage of the distinctive character）…… 126
事後の領域指定 …………………… 514
事実表記 …………………………… 66
自他商品識別力欠如商標 ………… 229
実際の希釈化（actual dilution）… 134
質問事項 …………………………… 148
指定国における暫定拒絶件数とマドプロ指定件数 ………………… 526
社会調査 …………………………… 147
周知・著名性 ……………………… 37
自由貿易協定 ……………………… 488
出願 ………………………………… 334
出願方法 …………………………… 328
主登録簿（Principle Register）… 283, 487
使用義務 …………………………… 494
使用主義 …………………………… 485
使用証拠（specimen）…………… 487
使用陳述書 ………………………… 487
使用の定義の拡大 ………………… 57
商標管理 …………………… 497, 558
商標権侵害の要件 ………………… 3
商標調査 ……………… 495, 554, 561
――の3つのポイント …………… 570

商標的使用 …………………………… 4
商標としての使用 …………………… 78
商標に関する条約 …………………… 481
商標の種類 …………………………… 489
商標の使用 ……………………… 57, 66
商標の抽出 …………………………… 556
商標の普通名称化と出版社への商標表示請求権 ………………………………… 575
商標のブラッシュアップ …………… 556
商標の類似 …………………………… 6
商標評審委員会(Chinese Trademark Review and Adjudication Board／TRAB) … 490
商標法条約 …………………………… 482
商標法に関するシンガポール条約 …… 483
商標ライセンス契約 ………………… 600
商品・役務の類似 …………………… 42
商品形態模倣 ………………………… 312
商品同士の類似 ……………………… 44
商品と役務の類似 …………………… 52
証明商標（Certification mark）…… 489
触覚の商標（Touch marks）… 323, 452
シリーズ商標（Series of marks）… 489
新規性喪失の例外 …………………… 503
審査主義 ………………………… 485, 501
真正位置商標 ………………………… 378
図形商標 ……………………………… 29
ストーリー …………………………… 206
スローガン ……………………… 170, 176
誠実な使用意思宣言書（Declaration of bona fide intention to use the mark in commerce）………………………… 487
精神拒絶 ……………………………… 595
世界知的所有権機関 ………………… 187
先使用権 ……………………………… 335
セントラルアタック ………… 514, 522
全米仲裁協会 ………………………… 187
総合小売等役務 ……………………… 261
双方著名 ……………………………… 37
属地主義 ……………………………… 599
存続期間 ………………………… 492, 504

＜た＞

代替 …………………………………… 512

第2次ヤクルト立体商標事件 ……… 158
他人の登録商標 ……………………… 66
だれを商標権者とするか …………… 562
単一色 ………………………………… 348
担保権 ………………………………… 515
地域団体商標 ………………………… 277
中古品の広告 ………………………… 66
直接出願（direct application）…… 536
著作権 ………………………………… 428
著作隣接権 …………………………… 428
著名表示冒用行為 …………………… 310
地理的表示（GI）…………………… 277
通過 …………………………………… 59
強い商標（Strong mark）………… 568
強いブランド ………………………… 567
提供の用に供する物 ………………… 61
提供を受ける者の利用に供する物 … 61
ディスカバリー（discovery）……… 491
デザインアプローチ ………………… 501
電気通信回線 ………………………… 59
展示 …………………………………… 60
電磁的方法 …………………………… 61
伝達機能等 …………………………… 78
同意書（written consent）………… 491
統一紛争処理方針（UDRP）……… 187
投資機能 ……………………………… 78
当初の関心の混同(initial interest confusion) ………………………………… 358
登録主義 ……………………………… 485
登録表示 ……………………………… 494
独占不適商標 ………………………… 229
特徴記載書 …………………………… 537
特定小売等役務 ……………………… 261
特定農林水産物等の名称の保護に関する法律 …………………………………… 290
特例期間内の出願 …………………… 274
どの国へ出願するか ………………… 565
どの商標，商品，役務を出願するか … 563
どのルートで出願するか …………… 564
ドメイン名紛争 ………………… 179, 187
取消し ………………………………… 516
取引書類 ……………………………… 62
取引の実情 …………………………… 16

トレードドレス（Trade Dress）
·····················120, 323, 462

〈な〉

内容・用途の説明的使用 ················71
ニース協定 ···························483
2段階納付 ··························524
日米欧の立体商標制度の比較 ··········247

〈は〉

ハーグ協定ジュネーブアクト ······500, 533
ハーグ協定ジュネーブアクト加盟国・政府
　間機関 ····························535
パッシングオフ ······················486
パテントアプローチ ··················501
パリ条約 ···················95, 481, 499
パロディ商標 ························295
バンギ協定 ····················485, 500
販売時の混同（point of sale confusion）
·······························358
比較広告 ··························5, 68
引渡し ································59
秘密性の欠如 ························540
標本誤差 ····························152
標本の抽出 ··························149
品質保証機能 ·························79
不可争性（incontestability） ·········284
複数意匠一括出願 ····················542
不使用商標の各国比較 ················495
不正競争防止法に使用の定義がない理由
·······························64
不鮮明化による稀釈化（Dilution by
　blurring） ·························116
普通標章 ····························568
不当景品類及び不当表示防止法（景品表示
　法） ·······························112
ブランド・イメージ ··················140
ブランド拡張（brand extension） ······572
ブランド戦略 ························573
ブランド・ロイヤルティ（brand loyalty／
　消費者とブランドとの絆，消費者が反復
　して特定のブランドを購入する程度）
·······························567

平均的な消費者の経済行動（a change in
　the economic behavior of the average
　consumer） ························134
並行輸入業者の広告 ···················77
米国連邦商標稀釈化防止法 ············188
放棄 ································516
防護標章（Defensive mark） ··········489
防護標章登録 ························335
保護認容声明 ························513
母集団 ······························149
補助登録簿（Supplemental Register）
··························284, 487
補正 ································473
ポパイ・シャツ事件 ··················214
ポパイ・マフラー事件 ················215
ホログラム商標（Hologram marks）
··························323, 411

〈ま〉

マドプロ
　→「マドリッド協定議定書」参照
マドプロ出願 ························476
マドリッド協定議定書（マドリッド・プロ
　トコル） ······················485, 507
　――のメリットとデメリット ········508
　――のリスクと対策 ················522
無効審判 ····························334
無審査主義 ····················485, 501
名声（reputation） ··················125
　――を不正に利用（takes unfair advantage
　of the repute） ····················125
メタタグ（Meta tags） ···············179
文字と図形（図形が近似する場合）の結合
　商標 ······························21
文字と図形（文字が近似する場合）の結合
　商標 ······························25
文字と文字の結合商標 ·················26

〈や〉

輸出 ································59
譲渡し ······························60
要件事実 ····························147
要旨変更とならない例となる例 ········474

弱い商標（Weak mark）················*568*

＜ら＞

ライセンス···················*493, 515*
楽天インターネットショッピングモール事件··························*64*
立体商標··························*222*
利用に供する物······················*60*
類似群コードの付替え··················*85*
類似商品・役務審査基準（国際分類第10版対応）························*83*
類似性···························*326*
連合商標（Associated mark）··········*489*
ローズオニールキューピー事件·········*162*
ロゴ····························*503*

＜わ＞

ワンポイントマーク················*297*

＜abc＞

a change in the economic behavior of the average consumer ···········*134*
actual dilution ·····················*134*
ADNDRC·························*187*
AIPPI 決議文······················*136*
Associated mark···················*489*
brand extension····················*572*
brand loyalty······················*567*
CAC（Czech Arbitration Court）······*187*
Certification mark·················*489*
Chinese Trademark Review and Adjudication Board ············*490*
Color marks················*323, 338*
commercial magnetism···············*295*
confusion as to sponsorship or affiliation ······························*358*
Declaration of bona fide intention to use the mark in commerce···········*487*
Defensive mark····················*489*
deferment of publication···········*544*
Description of the mark············*476*
Design Law Treaty·················*499*
Dilution by blurring···············*116*

Dilution by tarnishment············*116*
direct application·················*536*
discovery························*491*
double identity····················*80*
EVERREADY 法·····················*149*
EXXON 法·························*149*
FTA·····························*488*
GI······························*277*
Gustatory sign ············*323, 458*
Hologram marks············*323, 411*
ICANN···························*187*
incontestability ···················*284*
Indication relating to the nature or kind of marks·····················*476*
indirect application···············*536*
initial interest confusion···········*358*
is detrimental to the distinctive character ······························*126*
JPドメイン名不正登録に対する紛争処理方針（JP-DRP）···············*197*
Keyword Buy················*180, 598*
Meta tags·······················*179*
Moving and Sound Marks ···········*323*
Moving marks／Movement marks ·····················*323, 394*
NAF（The National Arbitration Forum） ······························*187*
OAPI······················*485, 500*
Official Search···················*496*
Olfactory marks············*323, 441*
Opting Back······················*514*
point of sale confusion············*358*
Position marks············*323, 378*
post purchase confusion············*358*
Principle Register··········*283, 487*
reputation·······················*125*
reverse confusion·················*358*
ROSE'ONEILLKEWPIE 事件···········*162*
SCT（Standing Committee on the Law of Trademarks, Industrial Designs and Geographical Indications）········*499*
Search Advertising··········*180, 598*
Series of marks···················*489*

Simonson 法 ·············· 149
Sound marks ············ 323, 420
specimen ·············· 487
Strong mark ············· 568
Supplemental Register ········ 284, 487
takes unfair advantage of the distinctive character ············· 126
takes unfair advantage of the repute ················· 125
Taste marks ············ 323, 458
Touch marks ············ 323, 452
TPP ················· 489
TRAB ················ 490
Trade Dress ········· 120, 323, 462
UDRP ················ 187
Weak mark ············· 568
WIPO ················ 187
written consent ············ 491
WTO TRIPS 協定 ········· 482, 499

著者紹介

青木　博通（あおき　ひろみち）

日本弁理士会意匠委員会委員長，同商標委員会委員長，同不正競争防止法委員会委員長，北海道大学大学院法学研究科客員教授，産業構造審議会臨時委員（新商標）を歴任。
現在，ユアサハラ法律特許事務所パートナー弁理士，金沢工業大学大学院客員教授。

【主要著作】
- 『サービスマークのすべて――登録手続から管理実務まで』（中央経済社，1992年）
- 『知的財産権としてのブランドとデザイン』（有斐閣，2007年）
- 『意匠の国際登録制度「ハーグ協定」と欧州意匠制度』（経済産業調査会，近刊）
- 『Industrial Design Rights-An International Perspective』（共著，Kluwer，近刊）

新しい商標と商標権侵害――色彩，音からキャッチフレーズまで

2015年4月21日　初版第1刷印刷
2015年5月6日　初版第1刷発行

　　　　　　　　　　　Ⓒ著　者　青　木　博　通
　　　　　　　　　　　　発行者　逸　見　慎　一

発行所　東京都文京区本郷6丁目4の7　株式会社　青林書院
振替口座　00110-9-16920／電話03(3815)5897～8／郵便番号113-0033

印刷・星野精版印刷㈱／落丁・乱丁本はお取替え致します。
Printed in Japan　　ISBN978-4-417-01654-0

JCOPY〈(社)出版者著作権管理機構　委託出版物〉
本書の無断複写は著作権法上での例外を除き禁じられています。複写される場合は，そのつど事前に，(社)出版者著作権管理機構（電話03-3513-6969，FAX 03-3513-6979，e-mail:info@jcopy.or.jp）の許諾を得てください。